設楽博己・石川岳彦 著

弥生時代人物造形品の研究

同成社

序　文

　弥生時代の人物造形品は、西日本では木偶をはじめとして、土偶や人面付土器、石偶などが、東日本では土偶のほかに土偶形容器、人面付土器など数多くが知られている。最近では、奈良県で木製仮面が出土して注目されている。

　日本先史・原史時代の人物造形品といえば、縄文時代の土偶と古墳時代の人物埴輪があり、それぞれ研究が進展しており論文の数も多い。しかし、その間に挟まれた弥生時代の人物造形品に関する研究は、あまり活発におこなわれているとはいえない。種類こそ多いものの、あまり注目されない。これは、弥生文化の人物造形品をもっともよく特徴づける木偶や石偶、西日本の弥生土偶などについては、体系的に論じるには素材不足などの面から敬遠されていることがあり、東日本の弥生土偶は縄文時代の名残としての評価が与えられていることなどが起因していよう。

　縄文時代の土偶は悉皆的な集成作業の成果が公開されており〔八重樫純樹編1992『土偶とその情報』国立歴史民俗博物館研究報告第37集、「土偶とその情報」研究会編1997～2000『土偶研究の地平1～4』勉誠社など〕、それにもとづいた製作技法の検討などによる様々な仮説から、土偶の役割の議論が進行している。弥生時代の人物造形品の研究では、柴田俊彰の論文「人面付土器の意義」（1976年）や宮下健司の「縄文土偶の終焉―土偶形容器の周辺―」（1983年）は、いずれも30～40年前のものであるが記憶に残る著作であり、最近ではジェンダー論の視点から光本順が2006年に刊行した『身体表現の考古学』（青木書店）は、弥生人物造形品のユニークな研究成果として高く評価されるものである。このように弥生時代の人物造形品の研究は、個別の研究は少ないとは言えないし、すぐれた著作もあるとはいえ、縄文時代の土偶のような資料の悉皆的な集成と統一的な観察にもとづいた、総合的な研究はまだなされていない。

　縄文時代から弥生時代へ移り変わるにあたって、土偶などの呪的形象がどのように性格を維持したり変化させたりしているのか、その社会的な背景に迫る研究が必要である。それを基礎にして、弥生時代の儀礼や社会組織の研究が進展していくことが期待される。

　さらに注目されるのが、地域的な多様性である。弥生時代の人物造形品は弥生文化の範囲にまんべんなく広がりを見せているものの、地域によって種類の違いが著しい。したがって、それらを集成して分布状況を把握したのちに、それぞれの人物造形品に対して、その起源や縄文文化と古墳文化のそれらとの違いや継承のあり様を明らかにし、地域性の由来を解き明かしていかなくてはならない。

　たとえば、関東地方の弥生後期の人面付土器は、同地方の弥生時代初期の人面付土器が引き継がれたものといった解釈が一般的であるが、西日本の土製品の影響がたぶんにうかがわれると同時に、古墳時代の人物埴輪に継承される特徴を有していることが予測できる。このことは、それぞれの人物造形品に考察を加えると同時に、時代や地域のしばりを取り払い、相互比較するといった総合的な考察が必要であることを示唆しており、それは未開拓の分野である。

本書は、執筆者の一人設楽博己が上に述べたような学問的な要請にもとづいて、2010（平成22）年度〜2012（平成24）年度に交付を受けておこなった科学研究費基盤研究C「人物造形品の集成と分析にもとづく弥生時代の儀礼と社会組織に対する基礎的研究」の研究成果報告書である。集成は、a）土偶、b）土偶形容器、c）人面付土器、d）分銅形土製品、e）木偶・石偶・仮面を対象におこなった。集成に際しては、既存の論文や報告書などを頼りにデータベース化し、図面もそこから収集したが、できる限り自ら実測をおこなった。その結果、縄文晩期終末の資料を含めておよそ600点の資料が蓄積された。さらに、これまでに公表してきた関連論文を母体として、集成作業の結果を加えながら弥生時代の人物造形品に新たな考察を加えた。

　なお、弥生土偶の集成のなかに不十分ながら長原式台式土偶や黥面土偶のあるものなど縄文晩期に属するもの、あるいは弥生時代か微妙なもの、さらに続縄文文化の土偶や石偶を含んでいるが、系統論を展開するうえで必要であったことをお断りしておく。

　原著論文は巻末を参照していただきたいが、そのうち第9章第1〜3節は、筆者が静岡大学学部4年次の1978年2月に藤田等先生に提出した期末レポートを採録した。筆者には分銅形土製品に関する論考はなく、科研の遂行期間にもそこまで手を伸ばすことができなかったので、あえてそのような措置をとった。1978年までの関連する論文は一応網羅されており、この遺物に対する当時の理解のほどを知ることができるのに加えて、第4節として付け加えたその後の新たな研究の展開につながっていく課題はすでに示されていることによる。読み直してみると第3節の後半などは大きく改稿したいところであるが、誤字脱字を修正し、引用者の敬称を省いて一書としての統一をはかり、図面は手書きの部分を製版してもらった以外、当時の私自身の考えとしてあえてほとんど提出した内容のまま掲載した。

　本研究のうち集成作業を分担した石川岳彦は、中国考古学を専門とする。中国の先史時代と弥生時代とでは系譜・年代ともに開きが多いので、両者をいきなり比較するのは危険だが、同じ東アジアの農耕文化であり、直接的な脈絡はなくてもどのような傾向の異同があるのかという点での比較は興味深い。石川は第14章で中国東北地方の先史時代から青銅器時代の人物造形品を執筆した。

　なお、造形には絵画を含むが、絵画は弥生時代を中心とした『原始絵画の研究　資料編』をまとめつつあるので、弥生時代の人物絵画はそれに譲る。

　これから図面にもとづきながら述べていくが、図〇-〇と表記したのは本文中の図の表示であり、図番号のない数字だけのものは、巻末資料編収録の集成図番号に対応した表示である。

2017年1月11日

設楽　博己

目　次

序　文 *i*

第1章　東北地方の弥生土偶とその周辺 ……………………………… *3*

第1節　東北地方の弥生土偶 *3*

第2節　弥生前期の土偶 *5*

第3節　弥生中期の土偶 *7*

第4節　北海道地方の縄文晩期終末の土偶 *8*

第5節　東北地方の弥生土偶と農耕文化 *9*

第2章　黥面土偶とその周辺 ……………………………… *11*

第1節　研究略史 *11*

第2節　黥面土偶の類型と年代と分布 *14*

第3節　黥面土偶の諸系列 *17*

第4節　黥面の系譜 *21*

第3章　副葬される土偶 ……………………………… *27*

第1節　土偶の役割 *27*

第2節　土偶副葬の系譜 *31*

第3節　土偶の副葬の背景と再葬 *37*

第4章　土偶形容器考 ……………………………… *43*

第1節　土偶形容器の起源をめぐって *43*

第2節　土偶形容器の諸系列と年代 *45*

第3節　土偶形容器の出自と性格 *47*

第5章　神奈川県中屋敷遺跡出土土偶形容器の年代 ……………………………… *51*

第1節　中屋敷遺跡出土の土偶形容器をめぐって *51*

第2節　中屋敷遺跡出土土器の特徴と年代 *54*

第3節　中屋敷遺跡出土土偶形容器の年代 *61*

第6章　人面付土器の諸類型 ································ 65

第1節　人面付土器の分類　65
第2節　人面付土器 J について　67
第3節　人面付土器 A　67
第4節　人面付土器 B　69
第5節　人面付土器 W　70

第7章　土偶形容器と人面付土器の区分 ···················· 73

第1節　土偶形容器における製作技術の二者　73
第2節　顬面付土器の用語の再検討と人物造形品の分類　77

第8章　西日本と中部高地地方の弥生土偶 ··············· 81

第1節　北部九州地方　81
第2節　中国地方　82
第3節　近畿地方・中部高地地方　83

第9章　分銅形土製品に対する一考察 ······················ 85

第1節　研究略史　85
第2節　分銅形土製品の変遷と分布　85
第3節　分銅形土製品の性格　88
第4節　分銅形土製品の起源に関する近年の研究　91

第10章　木偶と石偶 ··· 95

第1節　弥生時代の木偶　95
第2節　弥生時代・続縄文文化の石偶　97

第11章　偶像の農耕文化的変容 ································ 99

第1節　問題の所在　99
第2節　東日本の男女像の系譜　100
第3節　東日本における男女像成立の契機　101
第4節　生業からみた縄文／弥生時代の男女関係　102
第5節　男女像形成の背景　106

第12章　人面付土器Cから盾持人埴輪へ ················· 111

第 1 節　女方遺跡と有馬遺跡の人面付土器　*111*
　　第 2 節　有馬遺跡の人面付土器の類例と系譜　*112*
　　第 3 節　人面付土器 C と盾持人埴輪の共通点　*115*
　　第 4 節　盾持人埴輪と人面付土器 C の性格　*117*
　　第 5 節　盾持人埴輪の遡源　*117*

第 13 章　方相氏の伝来と仮面 …………………………………… *119*
　　第 1 節　問題の所在　*119*
　　第 2 節　中国における方相氏の資料　*120*
　　第 3 節　盾持人埴輪と方相氏　*123*
　　第 4 節　弥生時代の方相氏関係資料　*123*
　　第 5 節　日本列島における方相氏に関する思想の導入とその意義　*127*

第 14 章　中国東北地方における先史時代の人物造形品 …………… *129*
　　第 1 節　中国先史時代の人物造形品と中国東北地方　*129*
　　第 2 節　中国東北地方新石器時代の人物造形品　*131*
　　第 3 節　中国東北地方青銅器時代の人物造形品　*135*
　　第 4 節　中国東北地方先史時代人物造形品の展開と特徴　*148*

終　章　弥生時代における人物造形品の特質 …………………………… *159*
　　第 1 節　台式土偶の広域性　*159*
　　第 2 節　農耕文化と土偶　*160*
　　第 3 節　男女像の成立と人物造形品の多様化　*162*

参考文献　*165*

出典一覧　*175*

資　料　編 …………………………………………………………………… *177*
　　弥生時代人物造形品集成図（図 31～図 79）　*179*
　　弥生時代人物造形品集成一覧表　*228*
　　弥生時代人物造形品および関連資料の集成参考文献　*271*
　　弥生時代人物造形品分布図（図 80～図 82）　*283*

おわりに　*287*

索　引　*289*

弥生時代人物造形品の研究

第 1 章　東北地方の弥生土偶とその周辺

第 1 節　東北地方の弥生土偶

　縄文晩期終末から弥生時代にかけての土偶にはじめて本格的な論考を加えたのは、会田容弘である〔会田 1979〕。会田は、それまで同一型式の土偶の類例を集めて分布を論じたものはほとんどなかったことと、縄文時代以降の土偶、たとえば青森県田舎館村垂柳遺跡出土の土偶などに対して縄文的伝統は強調されていたものの、その系譜をとらえる作業がなされてこなかったことを問題にして、おもにその時期の土偶の分布と変遷を議論した。

　会田は大洞 A′ 式前後の二種類の土偶を、「結髪形土偶」と「刺突文土偶」と明確に呼び分けて分類したが、これまで一括して扱われることの多かったこれらの土偶の特徴を細かく調べあげて、はじめて型式分類をおこなった点が高く評価されよう。また、それ以降の土偶にこのような型式学的特徴としうる共通の要素を抽出するのは困難であるとして終末期土偶としたが、それはそこに大洞 A′ 式あるいはそれ以降の弥生時代の土偶の特徴が反映している可能性を示唆するものであった。

　その後、大洞 A 式から弥生時代にいたる土偶を集成して研究したのが佐藤嘉広と金子昭彦である〔佐藤嘉 1996、金子昭 2015〕。

　佐藤は、会田がおこなった縄文晩期終末の土偶の二種類の型式区分を踏襲したうえで、終末期土偶と呼んだものを弥生土偶と呼んだ。結髪形土偶と刺突文土偶のそれぞれの変遷をたどり、大洞 A′ 式から弥生時代に両者が融合していく過程をおさえながら、個々の遺跡の弥生土偶の時期と系譜を明らかにした。さらに土偶の製作技術や出土状況、破損状況、性別の表現などから東北地方における該期の土偶の特徴を整理したうえで、縄文土偶との連続性やほかの地域との関連性を論じ、土偶祭祀にまで話を及ぼした。東北地方の弥生土偶に関するはじめての総括的な研究として意義深い。

　それからおよそ 20 年を経て、資料が増加した。土器の編年もさらに整備されたことを受けて、金子は最新の土器編年をもとにしてこれらの土偶を再吟味し、各型式の東北地方における地域間の消長を追った。

　本章では、佐藤の業績を基盤とした金子の資料集成にもとづいて、東北地方の弥生土偶を概観しておきたい。さらに北海道地方の縄文晩期終末の土偶を取り上げて、東北地方の弥生土偶の性格を考える一助にしたい。

　金子は結髪形土偶を結髪土偶と呼んでおり、近年の傾向を反映したこの呼称にしたがう。

表1　結髪土偶と刺突文土偶の特徴〔佐藤嘉 1996〕

	結 髪 土 偶	刺 突 文 土 偶
頭　部	結髪状の表現	冠状（帽子状）の表現
顔　部	斜め上方を向くことが多い	斜め上方を向き、仮面状に浮き出した表現をとることがある
肩　部	とくに装飾を持たない	粘土が貼付られ、そこに刺突などを持つ
胸　部	乳房は肩から延びる隆帯となる	乳房は小さな円形の貼付となる
胴　部	丁寧なミガキ、地文等を持たない沈線による文様が描かれる	刺突や縄文が全面に施される、正中線以外の文様は原則として描かれない

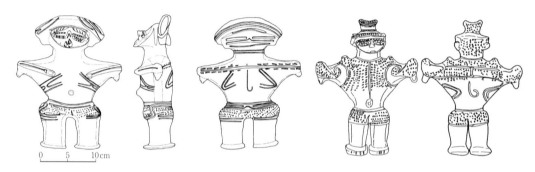

図1　結髪土偶と刺突文土偶〔佐藤嘉 1996・金子昭 2015〕

　大洞式土器編年における砂沢式土器の位置づけには諸説あるが、大洞A′式に後続する土器型式ととらえて、ここからを弥生土器とする意見にしたがう。

　表1は佐藤による結髪土偶と刺突文土偶の特徴だが、図1に並べた山形県真室川町釜淵遺跡の結髪土偶（縄文晩期終末大洞A′式）と、青森県平川市程森遺跡の刺突文土偶（弥生前期砂沢式）を比較されたい。この二つの型式をもとにして弥生土偶は展開するが、佐藤は弥生土偶を以下のa類からf類の六つに区分した。金子もそれに準拠して分類している。

　a類：刺突文土偶および刺突文と結髪形が融合した土偶
　b類：結髪土偶の系譜を引いた土偶
　c類：奴凧形の土偶
　d類：ヒトデ形の板状土偶
　e類：脚部が台状の土偶
　f類：土版形の土偶

　弥生前期と中期に分けて、それぞれの時期の土偶を佐藤の分類を参考にしながら概観していくが、若干大洞A′式あるいは大洞A_2式に属す土偶もあることをお断りしておきたい。

第2節　弥生前期の土偶

結髪土偶　結髪土偶は大洞 C_2 式に祖形があらわれて、大洞 A′ 式に確立して弥生中期にまで継続する。2は全身がわかるが、腰部が左右に丸く張り出し、両足は大きく離れて踏ん張ったように表現されているのが特徴である。これは遮光器土偶の流れのなかにある大洞 C_2 式土偶を受け継いでいる。

頭部の装飾は、頭頂部を平らにつくり、そこにアーチ状で吹き抜けのあるブリッジを渡し、側面に突起状の装飾を付けるのが一般的であるが（2・5・9・10・49）[1]、吹き抜けを欠いたもの（1・33）、あるいはブリッジがなく頭頂部を平坦に仕上げたもの（6・7・8・12・41など）も多い。頭部の両側に角のような上を向いた突起をつけたものもある（2・5）。これには砂沢式土器の口縁部装飾と同じ列点文が充填されており、型式・時期比定の根拠にされているが、この装飾は大洞 A 式の土偶にすでに認められるので、それが砂沢式期である根拠にはならない。

3は頭頂部が弧状になる珍しい例であるが、鼻の隆起が頭頂部にまでかかっていて、鼻と目が十字になるのは黥面土偶池花南系列（図5-1～5）と類似している。

乳房の両側と下に工字状の沈線文が見られる1は、大洞 A′ 式にさかのぼるもので、13を含めて背面の肩の部分の竹管状列点文に中軸線が伴い、2条の U 字状沈線を左右対称に施す点も、砂沢式や青木畑式などよりも古い特徴である。のちにみる台式土偶に大洞 A_2 式ながら軸線を欠いた列点文もあるので、古いものはすべて軸線をもつわけではないが、中軸線をもつものが古いことは言えよう。

砂沢式・青木畑式になると、肩や乳房の下の沈線は2～数条の直線的な装飾になり、背面の竹管状の列点文は軸線を欠いた2列となっている（5・16・18・20・21・23・25・32）。40は表裏の両面に2条の沈線と6字状の正中線が引かれており、背面に竹管状の工具による列点文をもつ規範を逸脱した新しい段階のものである。44も小型で沈線文のみによる簡略化されたものであるが、胸の沈線文はU字形の2条であり、乳房の両側の隆線文を沈線で描いた要素としては古いものである。

腰部には2のようにパンツ状の装飾があるが、本例は乳房の下や背面の沈線文や腰部背面の両脇の2条の沈線文などに古い要素が見受けられ、砂沢式でも古い段階に属すであろう。腰部の装飾は、2のように細線文を加えたものがあるが、15や20は列点文を充填しており、この部分に刺突文土偶との融合が観察される。

これらの土偶には、1・12のように、視線が斜め上を向いたように顔面がつくられているものが多い。

ヒトデ状板状土偶　44は佐藤がd類として区分したものである。胸の2条の沈線による左右対称のU字状沈線文は、系譜的には結髪土偶の古い装飾要素である。

刺突文土偶　頭部に四角い王冠状の突起をもち、肩パット状の装飾と呼ばれる弧状の隆起をもち、腹部と下半身以外に刺突文を密に充填させる土偶である。刺突文は砂沢式土器の特徴である

が、刺突文土偶は全身を刺突文で飾ったものが、岩手県北上市九年橋遺跡などですでに大洞A式期に認められる。

弥生前期の砂沢式・青木畑式の刺突文土偶にも新古がある。50は背面の沈線文がV字形の2条であり、結髪土偶に照らせば古い要素である。また、この土偶や55の背面の2条の平行線を区切る縦線は三叉状に抉られているが、こうした装飾は大洞A′式の土偶にさかのぼって認められるものであり、古い要素といえる。

一方、肩パットの末端が細長くのびてステッキ状の隆起線になり、乳房の脇で丸まるものがあるが（59・60・82）、こうした装飾をもつ土偶は薄い板状なので、より新しいものの可能性がある。

頭部の装飾は50や55のように四角形の大きな盤状の突起が特徴的であり、これも大洞A′式に典型的な装飾を継承したものである。それとは別に、53のように頭頂部両端に丸い突起をつけたものがあり、これは結髪土偶の装飾（2・5など）を取り込んだ可能性が考えられる。26の後頭部の刺突も刺突文土偶の要素である。55の胴部に沈線文を引いてその下を無文帯とするのもまた結髪土偶の特徴とされる〔佐藤嘉1996：168〕。62はいわゆる肩パット状の装飾があり、腹から正中線のまわりに刺突文が及んでいる点で刺突文土偶の特徴をもっているが、胸の部分の刺突を欠いて両脇に沈線文を加えているのは、結髪土偶の特徴といえる。50のような柱状の脚ではなく、2と共通する踏ん張って2足が離れた脚である点も、結髪土偶の特徴といってよい。

結髪土偶が浮線網状文土器の分布域に入っていかないのに対して、肩パット状の装飾にみるように、刺突文土偶は東海地方に至るまで入り込む分布の差異が、佐藤によって指摘されている〔佐藤嘉1996：170〕。のちに述べる土偶形容器は、体部が楕円形をなすのを大きな特徴とするが、332はその影響を受けて壺形土器を変容させて人体表現を意識した造形品としている。これが全体を刺突文で埋めているのも、刺突文土偶と浮線網状文土器群との関係の深さを示す。

青森県弘前市砂沢遺跡から出土した82のように、顔面が斜め上を向いてつくられたものが多いのは、結髪土偶と共通する。

台式結髪土偶　台式結髪土偶は、脚部が台状をした結髪土偶である。結髪土偶とおよそ同じような変遷をたどる。

85は大洞A_2式の土偶。87は背面の列点に軸線がある、砂沢式でも古い段階に属す。87の両足はわずかに飛び出し、86は両足が接合しており、屈折土偶から台式へと変化した名残をみせている。より古い85が真正な台式なので、台式の形成にはいくつかの系列があったのであろう。89・92は軸線を欠いた2列の列点文であり、あたらしい。87・91・92のように、脚台部に刺突文や竹管状の列点文をもつのも、結髪土偶の仲間であることを示している。

91や92の脚部に刺突文が密に認められるのは、刺突文土偶との融合である。

T字形結髪土偶・奴凧形結髪土偶　T字形土偶は頭部を欠いており、奴凧形土偶の頭部は丸く簡略なつくりでありあって、いずれも結髪土偶と特徴を異にするが、体部の文様が共通するので、結髪土偶の一類と考えられている。奴凧形台式土偶の腰部に列点文（100）や細線刺突文（102）がほどこされているのも、結髪土偶と軌を一にする。

T字形結髪土偶の94・98は、台式である。94は文様が隆起線で構成され、大洞A式ないしA′

式と古いものである。95 は表裏とも列点文、98 は沈線文であり、砂沢式・青木畑式である。

奴凧形結髪土偶の 100 の背面には軸線をもたない列点文が 2 列に並ぶ。この点は新しいが、腕の文様は流水状の沈線文であり、結髪土偶に照らせば古い要素である。しかし、97・101・102・103 に見るように、腕の区画線の中に数条の沈線文を施すのがこの類型の特徴であり、そのなかの 97 や 101 は背面の沈線が左右でつながるなど、あとで見る弥生中期の結髪土偶の装飾と共通するので、一概に古いとは言えない。

100 や 102・103 は両足先が飛び出しており、台式結髪土偶と同様、この種の土偶が屈折土偶から変化してきたことを示している。

奴凧形刺突文土偶　105・106 は全体あるいは下半部の広い範囲に細かな刺突が密に加えられた刺突文土偶の一類型である。

土版形土偶　42・107 は佐藤の f 類である。いずれも結髪土偶の一類型である。

第 3 節　弥生中期の土偶

伝統の墨守と変容　弥生中期の土偶の特徴は、①結髪土偶と刺突文土偶という二種類を維持し、②台式と奴凧形も継承し、③大型と小型からなるが、④全体的に小型化の傾向があるのと大型品に顕著な中空の衰退が認められ、⑤結髪土偶は背面の 6 字状の沈線が見られなくなり、刺突文土偶は肩パット状の表現が見られなくなるなどつくりが雑になり、⑥磨消縄文が加わり、中期中葉になると黥面の表現があらわれるなどの諸点があげられる。

結髪土偶と刺突文土偶　指摘されるように刺突文土偶の肩パット状の装飾の欠落など、全体的に簡略化が認められる。背面の上部に横に施された沈線文は、弥生前期には真ん中で左右に分断されていたのが、中期になると連続してくることが指摘されている。それは結髪土偶（120）や T 字形土偶（127）、あるいは大型結髪土偶（118・119）にも当てはまる傾向である。刺突文土偶のなかには、磨消縄文を組み込んだものがあらわれた（132・138）。

黥面には、目と口の周りを囲むもの（109・113）があり、109 の口の周りは二重の線で囲まれている。108 は目の下に横方向の沈線を加える。こうした黥面の表現は、土偶形容器や黥面土偶の 290、214 に認められるので、西からの影響が強まったことが明らかである。

もっとも新しい例は、宮城県仙台市下ノ内浦遺跡から出土した、弥生後期、天王山式の例である（130）。これは弥生土偶を通じてもっとも新しい。青森県域では田舎館村垂柳遺跡の弥生中期中葉で土偶は消滅するらしい。

大型結髪土偶　118 と 119 は大型である。118 は現状で高さが 21.2 cm である。いずれも中空であり、中空の大型品と中実の小型品の組み合わせは、遮光器土偶など縄文時代の土偶の構造を受け継いだものといえよう。弥生中期の土偶の特徴として、大型品の衰退があげられているが、これなどは前期の大型土偶よりもむしろ大きなくらいであり、大小のセット関係の意識が根強いことを物語る。118 は垂柳遺跡から出土したものであり、弥生中期中葉とされているが、中期前半にさかのぼる可能性も指摘されている〔佐藤祐 2016：14〕。

台式結髪土偶 設楽は福島県いわき市の毛萱遺跡から出土した土偶（126）をかつて顗面土偶としたが、佐藤嘉広は台式土偶のｅ類に含め、金子は台式結髪土偶としている。顗面土偶とした理由は、群馬県沖Ⅱ遺跡の台式顗面土偶と類似していることであったが、顗面表現を欠いているうえに胴部背面の正中線として両脇を列点で飾る♀状の沈線文を加えて肩に竹管によると思われる列点文を加えているなど、結髪土偶の特徴を備えているので、佐藤らの分類が正しい。

結髪土偶のまげ状の頭部形態は、福島県三島町小和瀬遺跡から出土した浮線網状文をもつ土偶の後頭部の形態を引き継いでいる。沖Ⅱ遺跡を含む顗面土偶の池花南系列の後頭部の形態も、小和瀬遺跡の土偶から生まれたものであろう。したがって、顗面土偶池花南系列は、毛萱遺跡例を含めた南奥地方の結髪台式土偶と深い関係をもっているといえる。それでは、台式という特徴はどうであろうか。台式は結髪土偶にもかなり多くみることができるが、もっとも古いのは大洞 A_2 式である。

顗面土偶の台式は近畿地方の長原式土偶との関係を考える意見もあり、それを認めれば長原式は大洞Ａ式併行であるから、年代的には西からの影響もありうる。土偶形容器が台式であり、土偶形容器と顗面台式土偶は鈴木正博のいう上位土偶と下位土偶の関係にあり、土偶形容器の背面にしばしばみとめられる６字状の沈線文は結髪土偶と関係をもつなど、土偶形容器と顗面台式土偶は東北地方の結髪土偶と密接な関係をもちながら生成した土偶である可能性も捨てがたいので、広域における相互交渉の過程で台式土偶が形成されていった点を重視すべきであろう。

第４節　北海道地方の縄文晩期終末の土偶

北海道には亀ヶ岡文化の影響を受けながらも、独自な土偶が展開している。縄文晩期終末のタンネトウＬ式の土偶はそのよい例である。タンネトウＬ式の土偶の特徴は、薄い板状をなして、頭部や手足を表現するが、手足は短い。腰が少しくびれて足は踏ん張ったように表現されている。表裏全体に縄文を施文している（162～169）。

江別市大麻遺跡の例（162・163）がよく知られているが、土坑？の縁から大小２体が折り重なって出土した。性の表現はないものの、大きさに差があることや小さい方が若干腰のくびれがきついなど、男女像ではないかとされる。千歳市ウサクマイ遺跡の土偶には、陰茎と陰嚢の表現があるので、男性をかたどったことは明らかである（167）。数少ない縄文時代の男性土偶のうちの一つである。ほかにも同じ型式の土偶は３例ほど知られている。

これらとは別に、手も足もない土板状の土偶が知られている。頭部がつくりだされているので人物像であることは確かだが、土版にも顔面のついたものや、頭部のつけられた土版も知られているので、土版に分類したほうがよいのかもしれない。

このように、わずかな例であるが、北海道地方では縄文晩期終末になると男性土偶あるいは男女像という、弥生文化に認められる現象と同じ現象を見ることができる。第３章で述べるが、土偶を副葬する行為も北海道発であり、これは農耕とは無関係に生じて初期農耕文化である中部東海地方の条痕文文化にまで影響を与えた。性表現が弥生文化の影響であるのか否か、タンネトウＬ式が大洞Ａ′式併行であり、すでに東北地方北部で遠賀川系土器が出現している時期であるだけにその

可能性も踏まえて今後の類例の増加を待ちたい。

　続縄文文化になると、土偶は一切なくなる。東北地方が一部では弥生後期にまで土偶を使い続けるのと対照的である。亀ヶ岡文化の儀礼の道具の主座は土偶であったが、北海道地方、とくに南部は亀ヶ岡文化の影響が強かっただけに、同じ亀ヶ岡文化圏に属していた東北地方とのその後の土偶の扱いの差がこのように開いてしまった要因がどこにあるのか、考える必要に迫られる。

第5節　東北地方の弥生土偶と農耕文化

　東北地方の土偶は、弥生中期になっても大小の土偶をつくる点に縄文土偶の伝統の根強さがうかがえる。大型品を中空でつくるのも遮光器土偶以来の形勢にしたがった結果である。結髪土偶や刺突文土偶の特徴の多くが遮光器土偶を引き継いでいることからも、東北地方の弥生土偶の基盤が縄文文化にあったことは明らかである。

　一方、台式に関しては長原式土偶という近畿地方の土偶の影響も指摘されており、あらたな動向といえる。以前、沖Ⅱ遺跡の顰面土偶を考察した際に、身が反り返る特徴が福島県毛萱遺跡の台式土偶と共通する点を指摘したが、長原式の台式土偶も同じ特徴を備えていることを小林青樹が述べており〔小林青 2002：26〕、東北地方の弥生土偶は近畿地方までを視野に入れて、その性格などを考えていく必要がある。

　台式は土偶形容器や顰面土偶にも顕著な特徴なので、それらを介して西からの影響が及んだ結果かもしれない。中期になると加えられる顰面の表現もその一環といえよう。第4章で取り上げる、青森県八戸市八戸城跡出土の特殊土偶形容器（332）、あるいは北海道にまで土偶形容器（331）や顰面の意匠〔設楽 2001b〕が及ぶことも、その流れのなかで理解できるであろう。

　縄文土偶はほぼ一貫して女性性を強調した形象であり、男性性が強く抑えられていたが、その点はどうだろうか。第4章で述べるように、土偶形容器には男女一対の性格が認められるのであるが、それに関して佐藤嘉広は垂柳遺跡の土偶（108）ののどに見られる隆起粒がどぼとけの表現ではないかとしているのが注目される〔佐藤嘉 1996：183〕。土偶形容器が影響を与えたのは、顰面の表現ばかりではなかった可能性がある。

　土偶形容器の男女像成立の背景として、筆者は農耕文化の浸透を推測した。それは第12章を参照していただければよいが、東北地方の弥生土偶に関しては、金子昭彦がその編年と分布を整理した結果、水田稲作を追いかけるような盛衰があることを確認した点に農耕文化の影響との関連で注目することができる〔金子昭 2015：73〕。東北地方は弥生中期の津波や洪水によって水田稲作に大打撃を受けるが、そのなかで後期になっても小規模ではあるが水田稲作を継続するのが仙台平野であり、そこに最後の土偶が認められること、津軽平野では水田稲作の放棄とともに土偶が消滅すること、さらに北海道地方では非農耕文化である続縄文文化になるとまったく土偶が認められなくなることを結び付ければ、農耕文化の影響という可能性が浮かび上がる。

　結髪土偶や刺突文土偶の顔が斜め45度くらい上を向いていることもしばしば指摘される特徴であるが、これは西日本の土偶や人頭形土製品からの影響であろう。水田稲作と遠賀川系土器の受容

に積極的な東北地方の砂沢文化の土偶にあらわれた弥生文化の影響の一つと見なしたいが、この点は終章で改めて述べることにしたい。

　註
（1）　以下、たんに番号のみを記す場合は、巻末の集成図（図31〜79）の個体番号である。

第 2 章　黥面土偶とその周辺

第 1 節　研究略史

　「黥面土偶」は、縄文晩期後半から弥生前期に関東地方から中部高地地方を中心に分布する、ある一定の様式で顔面に多数の線を描いた土偶とその系譜を引いた土偶である。「有髯土偶」とも呼ばれており、設楽も黥面土偶をその名称で考察したことがある〔荒巻・設楽 1985〕。これらの土偶を有髯土偶と呼んだのは、愛知県田原市伊川津貝塚の典型的な黥面土偶（177）などが、古くから有髯土偶と呼ばれていた学史にのっとったものである。しかし、女性をかたどった土偶にもこの顔面表現があるからヒゲとは考えにくくイレズミを表現したのではないかと考えられるので、本書では「黥面土偶」と呼ぶことにする。

　縄文中～後期に、「ダブルハの字文」と呼ばれる 2 本一対の沈線を両頬にハの字に施した土偶が知られているが、これらはたとえばミミズク土偶など別の類型の土偶であり、黥面土偶には含めない。顔面の沈線表現が、それ以前のものにくらべて格段に複雑化した一群とその系譜下にある土偶を指す。

　「有髯土偶」や「黥面土偶」という呼称は、土偶は当時の風俗を表しているという素朴な考えや、人種・民族論争の産物である。いわゆる「ミミズク土偶」に分類される土偶にもヒゲ状の表現があり、当時それは有髯土偶と分類されている〔坪井 1906〕ので、「有髯土偶」あるいは「黥面土偶」という用語自体、適切なものかどうか検討を要する。

　学史に照らせば、有髯土偶の名称は、たとえば千葉県銚子市余山貝塚からの出土品で、口の周辺に刺突文を有する土偶などを代表として用いられた言葉である〔大野延 1904、坪井 1908〕。しかし、黥面土偶と有髯土偶という呼称は、当時盛んだった人種・民族論争において、「石器時代人」の風俗を考古遺物から推測する意図でつけられたものであり、どちらを選択するかは当時の研究者の民族論争における思惑がからんでいた。

　黥面土偶をはじめて縄文土器編年のなかに位置付けたのは、山内清男である。山内は 1930 年に「縄文土器終末に近い土器型式に伴う土偶として、三河国出土の諸例（保美貝塚・伊川津貝塚・吉胡貝塚）を挙げることができる。これらの形態・装飾は関東・東北の略掠同時代の土偶とは異なって居る」として、編年と地域性に言及した〔山内 1930〕。

　黥面土偶に対するはじめての本格的な論考は、永峯光一の 1957 年の論文である。永峯は長野県

小諸市氷遺跡の土製品（189・190）を報告したなかで、顰面土偶の類例として愛知県田原市伊川津貝塚（177）、豊橋市大蚊里貝塚（306）、長野県箕輪町上金遺跡（310）、松本市城山腰遺跡、大町市柿ノ木遺跡（214）、飯田市唐沢原遺跡の土偶（209）をあげて、「それが縄文の終末期頃に於けるこの地方特有の姿である」とした。それらの分布は「三河と信濃も中・東信及び南信とに限られ」、「網状浮線文土器の分布と、東海地方における縄文式晩期から弥生式へかけての条痕文土器の分布とが交錯した地域に当」り、「容器形土偶の分布地域も、これら有髯土偶の場合と殆ど等しく、分布的にも両者の関係に看過出来ないものを感じる」として、顰面土偶が「所謂容器形土偶」および「唐沢原の特殊例の顔面意匠と密接な関係を有」し、「更に岩代・上野尻や常陸・女方の弥生式土偶及び人面土器の顔面意匠にまで連がるものではないであろうか」という卓見を示した〔永峯 1957〕。

1977年に土偶に対する体系的な叙述を試みたなかで、永峯は氷遺跡の顰面土偶を氷I式に比定し、「同年代と推定される顰面土偶は、中部山地ばかりでなく、広く東海にも拡がって」おり、「そうした伝統の中に（中略）愛知県古井例が発生し」、神奈川県大井町中屋敷遺跡（298）などの「容器形半身立像につながって行く」、そして「容器形半身立像の系統は、弥生中期における」福島県西会津町上野尻遺跡例（338）のような「円筒形半身像に継承され、分岐しては人面付壺形土器に系譜を伝え」たとした。つまり、顰面土偶→古井例→容器形土偶→上野尻例→人面付壺という一系的系譜関係を想定したのであるが、その変遷の一つの特徴として、「顰面意匠はますます煩雑さを加える」としている。また、長野県上田市渕ノ上遺跡例（290）、愛知県安城市下橋下遺跡（当時は古井遺跡とされていた）例（297）の「肩から胴へかけての隆帯は、大洞A′型式土偶の一つの指標」であることから、「一群の容器形半身立像の年代想定に対する根拠になるであろう」とした見解も注目される〔永峯 1977〕。

江坂輝弥は1960年に、氷、上金、城山越、大蚊里、伊川津諸遺跡の例をあげて、「このような土偶は、縄文文化の終末、あるいはその直後、これらの地方に弥生文化が波及した当初の時代につくられたと考えられる」とし、製作時期に言及している。また、土偶形容器に対しては「これらの土偶の容貌は、前記した下伊那郡方面発見の土偶と類似しているが、時代もほぼ同一時期のもの」としている〔江坂 1960〕。

野口義麿は1969年、「容器形土偶」に論考を加えたなかで、「その表情は長野県氷、愛知県伊川津貝塚、大蚊里貝塚など、晩期末の遺跡で発見される、いわゆる有髯土偶と近似している」として、顔面描写により顰面土偶と土偶形容器の時間的近親性を説き、土偶形容器はその表情、製作法、出土状況において茨城県筑西市女方遺跡（357）、上野尻遺跡の弥生土偶、人面付壺と関係が深いことから、「形態が土偶という点で縄文的であり、単独に発見され、遺構をもち、埋葬に関係する事情は弥生的」で、「縄文文化の土偶と意味を異にし」、「容器形土偶は弥生文化の洗練を受けていた」と判断した〔野口 1969〕。

さらに野口は1974年に、上述の見解に対して具体的な資料を用いて肉付けをおこなっている。つまり、「容器形土偶の系譜を顔の表情に要点を絞りながらたど」るなかで、まず氷の顰面土偶を大洞A式からA′式にかけての縄文晩期終末に比定し、これに続く時期の土偶として長野県内出土と伝えられる土偶（196）を置き、さらにこれに類似するが、「はっきりと容器形土偶の形態をとっ

ている」ものとして、長野県松川町玄与原遺跡例（292）を取り上げた。そして土偶形容器は、「おそらく、長野県内出土例（黥面土偶＝筆者註）を仲介とし、氷から二時期ぐらい降った頃の所産と思われる」と、かなり明確な時期の比定をおこない、「初生児骨を納めていたり、単独出土例があったりすることから、これまでの土偶とは異なった用途に変身していった」ことを強調している〔野口 1974〕。

　1983年、宮下健司は「縄文土偶の終焉」という論題で土偶形容器を中心とした遺物の変遷と性格を論じたが、これははじめて集成という基礎作業をおこなった研究としての意義をもつ。多岐にわたる論点から、黥面土偶にかかわる部分を要約してみよう。

　集成された黥面土偶は愛知・長野の11遺跡12例で、土偶形容器は、福島・埼玉・神奈川・山梨・長野・愛知の12遺跡15例である。土偶形容器の系統に関して、「有髯土偶から系統関係が辿れるもの」と、「東北地方の晩期末の大洞A′式に伴う土偶」からの系統の二つの流れを想定し、前者は伝上伊那郡出土の黥面土偶（196）の体部文様の流れをくむ海戸例（301）を、後者はやはり上述の黥面土偶の肩から胸にかけての隆帯を継承する腰越遺跡（渕ノ上遺跡）例を代表例としてさらに頭部、顔面部のみでも系統関係を追求し、「有髯土偶の顔面部文様にはもはや大洞A′式の影響は全く見られず、黥面意匠が単純なものから複雑な文様に発展していく跡を認めることができる」と、永峯と同一の見解を示し、具体的な系統関係では、上述の変遷の大綱に沿って、

$$氷→阿島→伝上伊那郡→池上\begin{matrix}→上野尻→滝の森\\→足\ \ 洗→上\ \ \ 台\end{matrix}$$

という複雑な系統樹的進化論的な変遷系列を示した〔宮下 1983〕。

　黥面土偶から土偶形容器への変化などに関する部分は、基本的に永峯や野口らの見解の延長といえるが、具体的かつ詳細に個別資料を扱った点に新鮮味がある。しかし、たとえば変遷論に関しては、実際に宮下が説いたような系譜関係が存在したかどうかは資料的な限界が多いのではないだろうか。また、時期比定の事実認識と離れて語られている部分のある点に問題があろう。意欲的に微細な部分にまで議論が及んでいるため、なおのこと新たな問題を多く提起したといえよう。

　これが黥面土偶に関する1983年ころまでの研究略史であるが、いかなることが共通の理解とされてきたのかまとめておきたい。

（1）黥面土偶は中部、東海地方の浮線網状文土器の分布範囲内で出土しており、土偶形容器と分布が重なる。
（2）黥面土偶は氷Ⅰ式にさかのぼり、黥面の意匠は単純なものから複雑さを加えていく。
（3）大洞A′式の土偶の影響も受けた伝長野県の黥面土偶を経て、顔面表現は水神平式以降の土偶形容器へ、そしてやがて人面付土器へと変化していくが、その系統は単一のものではない。

　1985年に、荒巻実と設楽は、「有髯土偶小考」と題してこの種の土偶を集成して分析を加えた〔荒巻・設楽 1985〕。「有髯土偶」の名称を用いたのは、この種の土偶のなかでもっとも早く取り上げられた伊川津貝塚例が「有髯土偶」の名で呼ばれていたからである〔中村 1904〕。その後、永峯の用いた「黥面土偶」が適切だと考えて1998年に呼び換えた〔設楽 1998a：163〕。永峯は、当初

この種類の土偶を有髯土偶としていたが、黥面土偶の名も捨てがたいように記述されている〔永峯 1957〕。そして、その後黥面土偶と呼び換えた〔永峯 1969・1977〕。「髯」は頬ひげなので、女性土偶にはふさわしくない用語であり、この類型の土偶を通じて「黥」のもつ歴史的意義の一端が明らかにできる可能性を考えると、この名称がふさわしい。

旧稿では黥面土偶を集成し、頭部の形態と顔面の表現を中心に分類して編年したが、編年に対する鈴木正博の批判がある〔鈴木正 1989〕。本稿では、批判の妥当な点は旧稿を改め、納得できない部分には反論を加えた。また、前田清彦は顔面の表現だけでなく体部の形態も加味した分類の必要性を主張したが〔前田清 1988〕、それにもとづく分析は前田論文ですでに論じられているので、今回もまた顔面の表現と頭部の形態を中心に分類し、検討を加える。鈴木1989年論文で展開された、顔面の表現を細かな要素に分けて縦横に比較しながら、その系譜や消長を追究する方法が有効性をもつと判断したからである。

第2節　黥面土偶の類型と年代と分布

定義と顔面・頭部表現の分類　黥面土偶は、円形、楕円形、卵形、栗形、扇形の顔面をもち、眉と鼻がT字形に連結して隆起しているものが多く、眼、口がえぐられている。そして、額、眉の下、頬、口の周辺などに、数条の沈線文を左右対称に施すのを特徴とする、縄文晩期後半から弥生時代前半の土偶である。顔面の線刻はいくつかの類型はあるが一定の様式を有しており、縄文中期～晩期中葉の線刻の流れを引きながらも格段に複雑化・様式化したものから黥面土偶とする。顔面の沈線文は、しだいに略化される傾向にあり、終末になると目や鼻などともに省略されることがある〔設楽 1990a〕。

顔面と頭部の形態、首との接合関係によって、5類に分類する（図2）。

Ⅰ類：顔面は、顎のやや尖った卵形ないし小判形をなす。斜めにのびた首に顔面が接合する形態のもの。

Ⅱ類：顔面は円形で、後頭部が半球状をなすもの。斜めにのびた首に顔面が接合すると思われる。

Ⅲ類：顔面は栗の実のような形をなす。頭頂部から後頭部に隆起帯をもち、その末端はしばしば二股に分かれるのを特徴とする。この土偶は、後頭部結髪土偶という型式に属す。

Ⅳ類：顔面は円形ないし小判形で、顔面が後頭部から溝で区画され、仮面をつけたような表現のもの。後頭部は光背状に大きくつくられるものが多い。

Ⅴ類：頭部は扇形、隅丸方形であり、顔面は突出することなく扁平である。頭部と首と体部も一直線で、全体的に扁平な感を受ける。

時期と分布　これから黥面土偶の変遷を考察するにあたり、Ⅰ～Ⅴ期の時期区分を土器編年表に示しておく（表2）。

黥面土偶は縄文晩期終末～弥生時代に及ぶが、3期にわけられる。

Ⅰ期：浮線網状文の土器以前。Ⅰ類が主体を占める。黥面土偶は古いものほど顔面の線刻が複雑

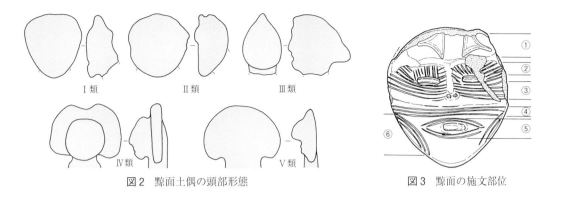

図2 黥面土偶の頭部形態　　　　　　　　図3 黥面の施文部位

表2 東日本の縄文晩期後半～弥生中期土器編年

地域 時期	東　　海	中部高地	北・西関東	南・東関東	北陸東部・南東北	中・北東北
Ⅰ	五　貫　森〈古〉	＋	（千網の一部）	安行3d・前浦2	（上野原・田子畑）	大洞C₂〈新〉
Ⅱ	〈新〉 馬　見　塚	女鳥羽川 離　山	（谷地の一部） 千　網〈古〉	桂　　台	鳥　屋　1 鳥　屋　2a	大洞A〈古〉 〈新〉
Ⅲ	（元屋敷）　樫　王 （高蔵SD03）	氷Ⅰ〈古〉 〈中〉 〈新〉	千網〈新〉 如　来　堂	荒　　海	鳥　屋　2b	大洞A'〈古〉 〈新〉
Ⅳ	（弥勒）　水　神　平	氷　　Ⅱ	沖	殿　　内	緒立・御代田	青木畑・砂沢
Ⅴ	朝　日　丸　子	庄ノ畑 寺　所	（岩櫃山） （平　沢）	＋	今　和　泉	寺下囲・二枚橋
Ⅵ	貝田町〈古〉 〈新〉　瓜郷・嶺田	阿　島	池　　上	＋	南　御　山　2	枡形・田舎館

で、しだいに簡略化されていく傾向がある。黥面土偶でもっとも古いと考えられる栃木県藤岡町後藤遺跡例（図3・174）と同県那珂川町三輪仲町遺跡例（173）を取り上げて、顔面の構成要素を抽出する。

まず、後藤遺跡例だが、

① 額に対向する三叉文
② 目の上に10数条の沈線文
③ 目の下に5条の沈線文
④ 鼻の下に3条の沈線文
⑤ 口のまわりに2条の杏仁形の沈線文
⑥ 両あごに2、3条の弧線文

から成り立っている。

額の三叉文が千網式以前の安行3d式にさかのぼることを示す、今のところもっとも古い黥面土偶である。三輪仲町遺跡例は、①が10数条の縦沈線になっており、⑤・⑥のかわりに口のまわりから顎にかけて放射状の沈線文が加えられる以外、構成要素は後藤例と変わらない。目の下の沈線文などは後藤例よりも多い6条であり、ともに前浦式土偶と共通したつくりのⅠ類であることから、同じ年代か直後のⅡ期初頭と考えてよい。

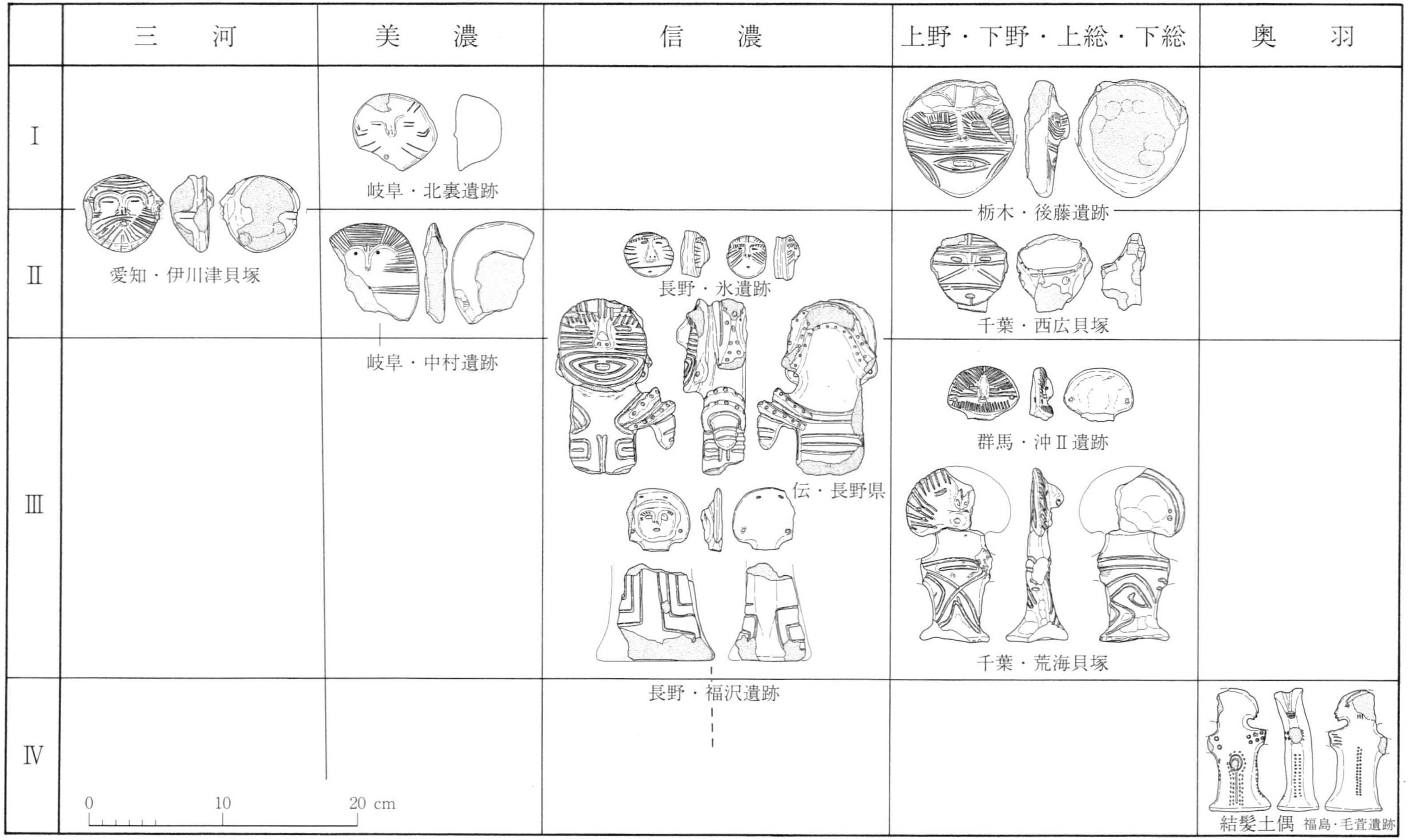

	三 河	美 濃	信 濃	上野・下野・上総・下総	奥 羽
I				栃木・後藤遺跡	
II	愛知・伊川津貝塚	岐阜・北裏遺跡	長野・氷遺跡	千葉・西広貝塚	
III		岐阜・中村遺跡	伝・長野県 長野・福沢遺跡	群馬・沖II遺跡 千葉・荒海貝塚	
IV					結髪土偶 福島・毛萱遺跡

図4 顔面土偶と関連する土偶の地域的変遷

Ⅱ期：浮線網状文土器の時期。馬見塚式、樫王式、大洞A～A′式併行期である。分布が拡大し、愛知県伊川津貝塚例、長野県氷遺跡例など黥面土偶の典型期な例が確立する。Ⅰ類からⅤ類までが出そろう。Ⅳ類には後頭部が翼状に張り出すものが認められる。Ⅰ期、Ⅱ期の黥面土偶の体部は委縮した手足がつく。乳房をもつものはⅠ類に限られるようである〔前田清 1988〕。Ⅱ～Ⅴ類には板状の胴部がつく。これらには大洞A′式の刺突文土偶に典型的な肩パット状の盛り上がりが認められる。

　Ⅲ類の頭頂部の隆起は大阪府茨木市東奈良遺跡（425）や兵庫県神戸市長田遺跡（427）のように、西日本の土偶にもみられる。これらは黥面土偶ではないが、お互いに関連性をもっている。西日本には人面付土器などにも認められる造形であるのに対して、東日本は土偶の一類系に認められると同時に、それ以前の土偶に出自を求めることはできないので、西日本から伝わった造形方法の可能性がある。この点は、終章で述べることにする。

　Ⅲ期：浮線網状文土器の時期以降。Ⅰ～Ⅲ類の確実な例はない。黥面土偶を通じて言えるのは、黥面の顔面装飾の構成要素はⅠ期の後藤遺跡例の6か所を最高とし、基本的には徐々にその数を減らしていくことである。Ⅱ類では顔の条線の文様化、省略化が指摘できる。Ⅳ類では長野県塩尻市福沢遺跡例（208）のように後頭部が光背状に発達するのもこの時期である。この時期、足の省略された土偶が出現し、乳房も欠落するようになる。群馬県藤岡市沖Ⅱ遺跡例（206）は数少ないほぼ完形の資料である。

　黥面土偶は、関東地方から東海地方西部、そして関連する土偶は近畿地方にまで及ぶ広い分布を示す（図81・82）。これはおもに、縄文晩期終末の浮線網状文土器の主体的な分布範囲、および樫王式土器の分布範囲と重なる。しかし、これにも地域差がある。Ⅰ類は下野、上総地方に、Ⅱ類は美濃地方に、Ⅲ類は信濃、三河、尾張地方に、Ⅳ類は信濃地方を中心に三河、越後地方に、Ⅴ類は上野、下総に分布するように、類型ごとに分布域が異なっている。Ⅰ類には地方色というべきバリエーションが存在し、Ⅱ類は土偶形容器が多く分布する信濃地方に主に分布するなど、諸類型の分布には、いろいろと興味深い点がうかがえる。

　以上の変遷を地域もからめて整理したのが図4である。

第3節　黥面土偶の諸系列

　諸系列の設定　後藤遺跡例と三輪仲町遺跡例の類似性は、沈線文の文様形態という細部に及ぶ。たとえば目の下の沈線文は、弧状をなして顔の輪郭線にいたるといった点である。こうした特徴は、時期が下がって簡略化されながらも、香川県さぬき市鴨部川田遺跡例〔大山 1992〕（429）などに継承される。一方、氷遺跡1例（189）などのように、頬にハの字状の多条沈線が引かれたものもやはり数段階の変遷がたどれるので、それぞれの文様が別の系列を構成していることがわかる。こうした特徴的な顔面表現の構成要素のあり方によって、黥面土偶という型式には諸類型とその組列からなる複数の「系列」が設定できそうである[2]。関連の深い土偶形容器の顔も利用しながら、諸系列を設定しよう。

後藤系列（図5-9～14）　まず、後藤遺跡例、三輪仲町遺跡例のような、目の下に弧状の多条沈線をもつ類型の系列を、「後藤系列」とする。

後藤例／三輪仲町例（Ⅰ～Ⅱ期）→篠ノ井例・氷2例・尾立例・伝長野県例・石行1・2例（Ⅲ期）→平出例・鴨部川田例（Ⅳ期）→下境沢例（Ⅴ期）の順に変遷がたどれる。

長野市篠ノ井遺跡群例（187）が氷Ⅰ式（Ⅲ期）、長野県塩尻市平出遺跡例（307）が水神平式（Ⅳ期）、鴨部川田遺跡例が遠賀川式新段階の土器と共伴しておりⅣ期、長野県塩尻市下境沢遺跡例（299）が弥生前～中期初頭の土器と共伴するのでⅣ期新～Ⅴ期である。鴨部川田遺跡例の土偶の頭部形態はⅢ類で、土偶形容器の口のまわりの沈線文表現とも近似しており、中部高地地方の影響を強く受けてつくられたものといえる。問題は伝長野県例の時期であるが、これは後述したい。下境沢遺跡例は土偶形容器であり、平出遺跡例もその可能性がある。

池花南系列（図5-1～5）　後藤類型の強い影響によって成立したのが、千葉県四街道市池花南遺跡例（203）である。目の下の多条沈線の湾曲が強く、額の縦沈線のわきにまで及んでいることを除けば、鼻から上の顰面の構成は三輪仲町遺跡例と共通する。「池花南系列」とする。

池花南例（Ⅱ期）→荒海例（Ⅲ期）→沖Ⅱ例（Ⅳ期）→池上例（Ⅴ期）と変遷する。池上遺跡例は土偶形容器であり、弥生中期中葉の池上式である。これらは共伴した土器や、遺跡の形成時期から時期決定をした。

池花南系列の特徴は、頭部の形態がⅤ類に限られ、地域的にも関東地方に集中するなど、著しい独自性をみせることである。また、千葉県成田市荒海例貝塚例（204）以降、眉の隆起がなくなり、目と十字形をなす位置に高い鼻がつけられるようになる点も特徴である。池花南遺跡例から荒海貝塚例になると目の下の沈線が2条になり、さらに沖Ⅱ遺跡例は眼の下の沈線がなくなり、顎の沈線も消える。旧稿の変遷図で、荒海貝塚例と沖Ⅱ遺跡例の新古を逆に掲載し、鈴木正博に誤りを指摘していただいた〔鈴木正 1989〕。ただし、沖Ⅱ遺跡例は荒海貝塚例よりも氷遺跡例からの変遷のなかでとらえる必要があるという指摘〔鈴木正 1989〕は、池花南系列の特徴からして承服できない。埼玉県熊谷市池上遺跡例（305）は土偶形容器であるうえ、他の例と顰面の表現が異なるが、池花南系列の特徴が指摘できるので、同じ系列とみなした。

伊川津系列（図5-6～8）　後藤系列、池花南系列は額の沈線文が縦ないし斜めであったが、横方向に引かれたものがある。伊川津貝塚例がそれであり、愛知県豊川市麻生田大橋遺跡例（178）や岐阜県中村遺跡例（182）、山梨県北杜市金生遺跡例（179）もその仲間である。これらは鼻と連続する眉が弧状に貼り付けられ、頬に鼻まで達しない多条沈線文が加えられるなどの共通性がある。「伊川津系列」とする。

伊川津例（Ⅱ期）→中村例（Ⅱ～Ⅲ期）→金生例（Ⅲ期）と変遷する。これらは遺跡の形成時期と沈線文の特徴などから時期の判断をした。愛知県麻生田大橋遺跡からは、この系列の祖形と考えられる額に2条の沈線文を入れただけの土偶が出土している。

伊川津系列の頭部形態は、Ⅰ・Ⅱ類であり、伊川津貝塚例のそれは中部高地地方の縄文晩期の土偶の形態を踏襲している。この系列は、三河・美濃地方、一部海地方という地域的なまとまりをみせる。興味深いこととして、伊川津貝塚例の顎の沈線文の表現と三輪仲町遺跡例のそれが共

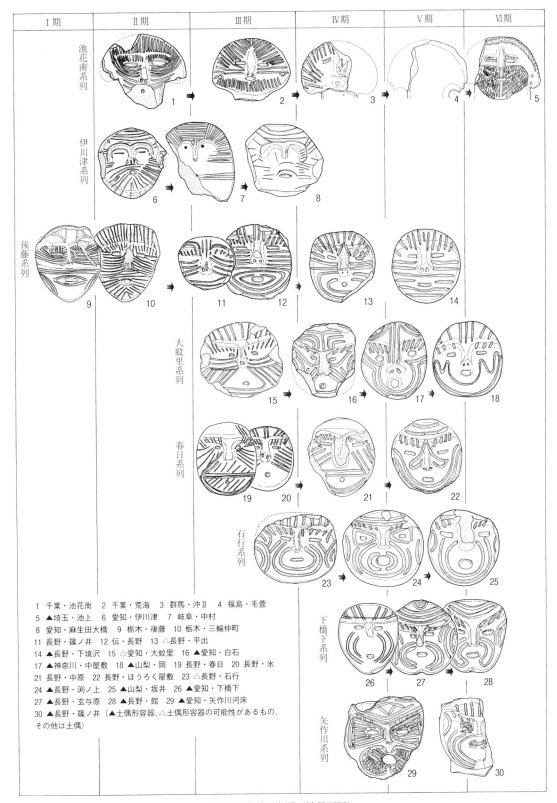

図5 鯨面の変遷（縮尺不同）

通することである。系列間における異系列の要素の交換現象といえるものであり、この時期に浮線網状文土器が東海地方にまで運ばれたり影響を及ぼしたことが背景にあるのだろう。また、中村遺跡例はサルの顔に似た表情であり、伊川津貝塚例は目の付近を残して赤く塗られていることも注目される。

春日系列（図5-19～22）　長野県望月町春日遺跡例（184）に代表されるのは、頬にハの字状の沈線を引いた類型の系列で、「春日系列」とする。春日例、長野県氷1例、同県石行3例（Ⅲ期）→長野県中原例（Ⅳ期）→長野県ほうろく屋敷例（Ⅴ期）と変遷する。

氷遺跡1例（189）以下はいずれも共伴土器や遺跡の形成時期から時期が明確である。春日遺跡例とⅣ期の長野県塩尻市中原遺跡例（197）は、口のまわりの斜線を除くと構成がきわめてよく似ており、春日遺跡例はおそらくⅢ期に位置付けられるだろう。口の上の沈線文は後藤系列の影響であり、氷遺跡1例のようにそれがなくなるのとは別に、中原遺跡例のように残る場合もあった。春日遺跡例の沈線が細いのに対して、中原遺跡例の沈線は太い点も注意しておきたい。長野県安曇野市ほうろく屋敷遺跡例（201）は、やはり沈線が太く、ハの字が一筆書きで二重に描かれている。額の横方向の沈線文とともに、土偶形容器との関連性が注目される。

その他　埼玉県蓮田市ささら遺跡例（172）は、額の隆帯に刻みが加えられ、目のわきに多条の短い沈線が施され、2条の沈線文が鼻のわきから横方向に伸び、さらに口を囲むように円形に引かれる。後藤系列と類似点が多いが、目の横の多条沈線文や額の隆帯の細かな刻み目は、後藤系列にはない。類例の増加によっては、「ささら系列」として独立させることができよう。

目の横の多条沈線文は、大洞A式の福島県羽山遺跡例や大洞A′式の山形県寒河江市石田遺跡例、あるいは宮城県角田市築瀬浦遺跡例などの結髪土偶や刺突文土偶との関連性が指摘できるので、東北地方と関係が深い系列といえるであろう。後藤遺跡例と同じ顎の付け方をしたⅠ類であり、鈴木正博が言うように黥面土偶としては古い部類に属すだろうが〔鈴木正 1989〕、大洞C₂式の古い段階に特定している点の型式学的な根拠は明瞭とは言いがたい。東北地方の類例との比較からすると、大洞A式併行（Ⅱ期）との見方もできるのではないだろうか。

愛知県名古屋市古沢町遺跡や長野県松本市石行遺跡の黥面土偶の頭部形態はⅢ類であり、前田清彦によって後頭部結髪状土偶とされたものである〔前田清 1988〕。Ⅱ類の後頭部にさらに粘土が貼り足されて形成された頭部形態である。この類型の土偶は、黥面表現の点ではこれといった特徴はもたない。むしろ、きわめて特徴的な頭部形態という、黥面表現とはまた別の指標によってまとまりをもつ一群であるので、「古沢町類型」としておく。

古沢町類型は、樫王式、氷Ⅰ式（Ⅲ期）にほぼ限られ、どこで発生したのかはよくわからないが、樫王式と氷Ⅰ式が交流する分布圏内で生まれたのであろう。鴨部川田遺跡例は後藤系列の古沢町類型である。なお、この類型の頭部が奈良県橿原市橿原遺跡などにみられる長方形の胴部（鈴木の橿原C系列）をもつという鈴木の見解〔鈴木正 1989〕は、前田清彦の研究〔前田清 1988〕に照らせば再考を余儀なくされる。

このほか、目の上の沈線文を除いて黥面が省略されてしまった福沢遺跡例のように、どの系列に属するのか明らかでないものもある。

山口県下関市綾羅木郷遺跡から出土した弥生Ⅰ期の土偶（428）の頬にも数条の弧線が引かれている。これも、黥面土偶の要素を受けた可能性があるが、線刻の様式はどの系列にも属さない。

第4節　黥面の系譜

個々の資料の特徴　三河、美濃地方の伊川津貝塚例、岐阜県可児市北裏遺跡例（175）は、後頭部が半球形であり、伊川津貝塚例と岐阜県中村遺跡例は、眉と鼻の表現に共通性がある。これに対して、黥面土偶と深い関係にある千葉県市原市西広貝塚例（170・171）は後頭部が緩やかなカーブを描いてテラス状の部分を形成し屈曲して首に連続していく特徴があり、Ⅰ類にも地域的なバラエティがある。栃木県後藤遺跡例は眉と目の間に縦に沈線を密集させているが、これは口のまわりの杏仁形の二重の沈線とともに信濃地方に受け継がれる要素である。

これらに施される沈線は、いずれも細線表現をとる。

氷遺跡例、長野県飯田市湯渡遺跡例（193）[(3)]も断面図からⅡ類の形態であることが明らかである。もしくは小判形。この類型の製作技術は、土偶形容器と共通性をもつことが注意を引く。

氷遺跡例は両者ともに頬の沈線は細密でハの字形を呈し、伊川津貝塚例にもっとも近い。また、春日遺跡例も同様だが、口の周辺に斜線と口を囲む沈線が加わっている。

伝長野県例は比較的大きな小判形の顔であり、後頭部は翼状に左右に張り出していたと思われる。口は3重の杏仁形の沈線で囲まれる。突出した顔の下縁には耳の表現があり、1孔有す。肩に2本の隆帯を貼り付け、後頭部と同じく刺突文を施す。体には短横線を囲んだコの字状の沈線文が加えられる。

福沢遺跡例、唐沢原遺跡例、柿ノ木遺跡例は、後頭部が隅丸方形の光背状に発達する。顔の表現は、福沢遺跡や柿ノ木遺跡例のように単純化してしまうものと、唐沢原遺跡例のように土偶形容器の表現に近づいたものとがある。唐沢原遺跡例は顔よりも小さな体部がつくが、手・足が省略され、土偶形容器と一致した裾広がりの脚部になるのはきわめて注目される。類例は福沢遺跡、山梨県敷島町金の尾遺跡（249）にあり、いずれも2～3重の沈線によるコの字文を描いている。Ⅲ類やその派生品にも同じ形態が認められる。

これらⅡ類のなかでも、氷遺跡例や春日遺跡例は細線表現をとるのに対して、伝長野県例などは沈線が太く、さらに柿ノ木遺跡例、福沢遺跡例、唐沢原遺跡例にいたると顔面表現が単純化したり土偶形容器に近づいたり、後頭部の形態も変化するなど、時間的な変化を推察できる。

Ⅲ類の沖Ⅱ遺跡例は、Ⅱ類に認められた裾開きの脚部を有している。沖Ⅱ遺跡例、荒海貝塚例はⅠ・Ⅱ類と異なり、眉の隆起は省略される。福島県相馬市三貫地貝塚例〔山崎京 1981〕などは、沈線の表現、さらに顔面表現自体が省略されてしまう傾向にある。

黥面の諸要素の系譜　黥面土偶は黥面の要素の構成によっていくつかの系列に分けられることを前節で明らかにしたが、黥面土偶の成立時には、すでに複数の系列が併存しているので、ある特定の類型が枝分かれして複数の系列を形成したのではなさそうである。それでは、黥面を構成するそれぞれの要素はどこに起源が求められるだろうか。

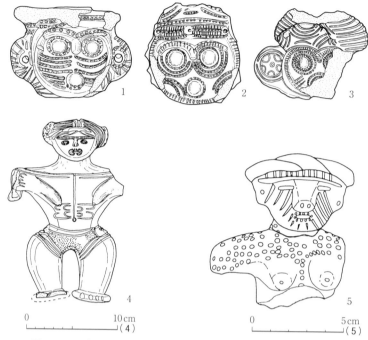

図6 ミミズク土偶（1〜3）と結髪土偶（4）、縄文後期の土偶（5）

　図6-1〜3は、縄文後期のミミズク土偶である。ミミズク土偶には、目の下に多条の弧線、口のわきに2条の円弧、両頬にハの字状の数条の沈線をつけたものがある。それぞれが後藤系列や春日系列につながる要素であるように、ミミズク土偶には顰面土偶に特徴的な文様モチーフのバリエーションを多くみることができる。

　頬のハの字状の沈線は、ミミズク土偶ばかりでなく、東日本の縄文後・晩期の土偶に広く認められる（図6-5）。後藤系列の顰面土偶や石行系列の土偶形容器にみられる、上部が途切れる口のまわりの弧線文が前浦式の土偶にあることは、鈴木正博が指摘している。矢作川系列の口のわきにみられる内部充填弧状沈線は、大洞A′式土偶に直接系譜を求めることができるが〔中村良 1979〕、さらにさかのぼると、東日本各地の縄文後・晩期の土偶にみられる口の両脇の三角形の文様にたどり着く（図6-4）。額の沈線にも系列の間で違いがあるが、おそらく顰面土偶が成立する以前の各地の土偶に出自が求められるであろう。

　このうち、春日系列の頬のハの字状の沈線は、縄文中期の中部高地地方における土偶にみられるダブルハの字文にまでさかのぼる。高山純は、顰面土偶のハの字状の頬の沈線の起源をそこに求めている〔高山 1969〕。

　このように、顰面土偶を特徴づける構成要素の起源は縄文中期にさかのぼり、後期後半から晩期にその多くが用意された。それが緊密に組み合わされ、きわめて複雑な一定の様式の顰面表現をとる土偶として、縄文晩期後半に突如出現したのが顰面土偶といえよう。

　顰面土偶にみられる複数の系列は、それ以前の各地の土偶の顰面構成要素のいずれかを選ぶことによって生じたものであり、出自の違いがあらわれたのであろう。縄文中期、後期後半、晩期後半

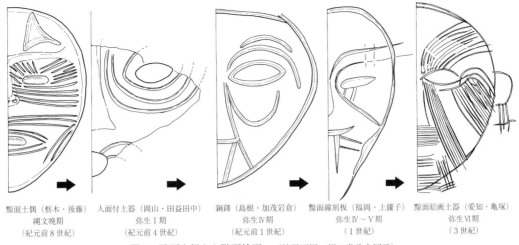

図7　黥面土偶から黥面絵画へ（縮尺不同・顔の半分を図示）

という、それぞれの画期の評価は今後の課題であり、ここでは問題のいくつかに対する予察をおこなうにとどめたい。そのためには、黥面土偶の顔面の線刻が何を意味するのか、ということに触れておく必要がある。

黥面の起源　設楽は、弥生時代後期から古墳時代に土器や石棺に描かれた一定の様式をもつ人面線刻絵画を集成し、考察したことがある（設楽 1990b）。その後、黥面の様式が、栃木・後藤＝黥面土偶（縄文晩期）→香川・鴨部川田、岡山・田益田中（弥生前期）→島根・加茂岩倉、大阪・亀井（弥生中期後半）→福岡・上鑵子（弥生中期末〜後期）→愛知・亀塚（3世紀）と変化することを確認した（図7）。この変化にもとづいて、古事記・日本書紀の黥面の記述と黥面埴輪を比較して黥面埴輪の顔面線刻がイレズミであることを論証し、黥面埴輪と亀塚遺跡例の型式学的連続性から3世紀のイレズミの存在を認め、あとは型式学的に連続性をもってそれが縄文晩期にまでさかのぼることを論じた〔設楽 1997〕。縄文時代の黥面土偶の顔面装飾は、イレズミという身体装飾を表現したものであるという仮説を提示しておきたい。

そのうえで問題になるのが、黥面土偶の成立であり、イレズミの線刻がそれまでとは格段の違いで複雑化している現象である。

縄文後期後半から晩期中葉の安行文化は、巨大な耳飾りを用いて耳朶伸長という風習を発達させた。関東地方の土製耳飾りは加曾利B式までは小型のものが多いが、東北地方ではすでにその時期に大型化しており、関東地方でも安行式期にその傾向を強め、さらに装飾性を増していった。また、加曾利B式には抜歯が複雑化するが、抜歯がいち早く普及するのは仙台湾などの東北地方だとされている。関東地方の通過儀礼にかかわる習俗は、耳飾りにしろ抜歯にしろ、いずれも東北地方からの影響によって強化されるが、むしろ東北地方よりも複雑化の度合いを強めていく点に特色がある。イレズミの習俗もそのうちの一つに数えることができるのは、縄文後期の東北地方に黥面土偶と黥面の要素の一致した類例が存在していることによる〔岩手県埋蔵文化財センター 1982〕。

ミミズク土偶にみられる顰面の構成要素の多様化という、顰面土偶成立の基礎は、東北地方の影響によって独自性を獲得していく安行式文化のなかで準備されたといえよう。

縄文晩期後半には、関東地方から中部高地・東海地方にいたる範囲で顰面土偶が成立した。東海地方では、縄文晩期に上顎の犬歯と下顎の切歯が抜去された4I型に代表される複雑な抜歯が発達しており、中部高地地方や関東地方でも取り入れている。複雑な抜歯は、成人式からはじまり、婚姻など度重なる人生儀礼を経ることによって完了すると考えられており、それは通過儀礼の強化を物語る。また、この地方では縄文晩期以降、何度も葬儀をおこなう再葬や、遺骨を焼いて葬る焼人骨葬が発達し、死に至る世界でも通過儀礼が強化された。今後、そうした状況を生んだ縄文晩期の社会的背景の考察が課題になるだろう。

伝長野県例の編年的位置付け　前節で、顰面の変遷は基本的に顰面の構成要素を減らす方向にあることを述べた。また、一つの要素における線刻の本数は、一般的に古いほど多い。したがって、限られた面積の中にたくさんの線を引くために、古い顰面の線は細いのが特徴的である。このことは、図5をみれば一目瞭然であろう。ただ一つだけ、池花南遺跡例は線が太いが、シャープで密である。それでは線が太く、まばらだという特徴を兼ね備えるようになるのはいつかというと、明確なのは顰面のⅢ期以降である。

このようにみてくると、共伴する土器がわからない伝長野県例の年代決定にも、一つの見通しが得られる。かつてこれを顰面のⅣ期でもⅢ期に近い時期においた〔荒巻・設楽 1985〕。その理由として、顔面の沈線が太いこと、肩の2条隆帯が大洞A′式の土偶に類似すること、胴部の文様が土偶形容器の文様モチーフにつながることなどをあげた。これに対して鈴木正博は、肩の2条隆帯や腹の文様などから大洞C_2式に位置付けられるとして、われわれの考えを批判された〔鈴木正 1989〕。

口のまわりの沈線が古い要素であることは確かだが、この文様モチーフはⅣ期の平出遺跡例にも受け継がれ、目の下の横線はⅣ～Ⅴ期の下境沢遺跡例にまで残る。本数や配置からすれば、これらは伝長野県例よりも新しいのは確実だが、伝長野県例の横線は直線的で、後藤遺跡例や三輪仲町遺跡例など古い例とは型式的な特徴の差が著しい。肩の隆帯の系譜を直接大洞A′式に求めたのは軽率だったが、年代的には変更の理由は認められない。つまり、この装飾は鈴木もいうように大洞C_2式影響を受けて関東地方などに出現した土偶が在地で変化を重ね、大洞A′式の刺突文土偶のいわゆる肩パット状の装飾と関連をもちつつ形成されてきたものであり〔佐藤嘉 1996〕、前田清彦が顰面土偶の体部として問題にした長野県塩尻市中島A遺跡例（279）など氷Ⅰ式併行期の土偶の肩の装飾と関連性をもつからである。

したがって伝長野県例は、Ⅳ期の類例からすればそれより古い可能性もあるが、線刻の太さや数などからするとどう考えてもⅡ期以前にはさかのぼりえない（図5）。Ⅲ期に位置付けるのが妥当だろう。

これまで述べてきたことを要約すると、次のとおりである。縄文中期、後期後半、晩期後半に、顰面の要素の出現と多様化、要素同士の緊密な結合といった過程を経て顰面土偶は成立した。顰面

の特徴的な線刻の意味するところはイレズミであり、線刻の複雑化の背景には東北地方の影響による安行文化における通過儀礼の強化が考えられる。黥面土偶にはいくつかの系列があるが、それは黥面土偶が成立する以前の土偶の顔面線刻の要素を地域的に選択した結果である。

註
（1） 千葉県市原市西広貝塚の黥面意匠の土偶は、分布・様相を異にするため除外されている。
（2） 系列の概念を用いて土器や土偶を構造的に把握したものとして、鈴木正博や上野修一の研究があり、参考にした。
（3） 湯渡遺跡例は、土偶形容器の顔面部の可能性がある。
（4） たとえば荒海貝塚出土の前浦式期の土偶。
（5） 沈線の太さに関しては、愛知県新城市島田陣屋遺跡例（350）が示唆的である。この例はおそらく樫王式〜水神平式に位置付けられるが、施された沈線が条痕文と類似している。黥面土偶や土偶形容器の沈線が太くなるのは樫王式以降であり、条痕文の影響による可能性が考えられる。

第3章　副葬される土偶

第1節　土偶の役割

　課題の提示　縄文時代から弥生時へ移り変わる時期に、中部高地・関東・南東北地方では再葬が一般的になる。再葬とは、遺体を骨にして再び葬る葬法である。それは東海地方などに及ぶ。そして、縄文時代の代表的な呪具である土偶に、再葬墓に伴うものがみられるようになる。それと関連して注目されるのは、土偶形容器である。これは文字通り中空の土偶形の容器であるが、中に焼いた子供の骨をおさめたもので、やはり再葬に伴うものであった。

　このような、再葬を葬法とする墓に土偶が伴う現象をどのように理解すればよいのだろうか。それには土偶がもつ本来的な役割についての理解が前提となる。土偶の使いみちにはさまざまな議論があるし、再葬の意義についても同じことが言えるので、この課題に対して万人が納得できる答えを用意することはできない。しかし、縄文時代から弥生時代へと変化する過程に起きたこうした現象に一定の解釈を加えておかないと、東日本における弥生文化の成立に対する議論の深化につながっていかない。

　したがって、本章では土偶の副葬という一種の死者儀礼のなかに、東日本における縄文から弥生への変化の意味を探る手がかりの一端を求めたい。ただし、筆者は土偶に関して本格的な分析をしたことはないので、学説を整理しつつ妥当な解釈に依拠して論を進めざるを得ないことと、再葬に対してはすでに発表している論考にもとづいていることをお断りしておく。

　女性原理の象徴　最も古い土偶は、滋賀県域の縄文草創期にみられる。三重県松阪市粥見井尻遺跡や滋賀県東近江市相谷熊原遺跡の土偶は菱形をした頭も手も脚もないものであるが、大きな乳房を表現している。千葉県成田市木の根遺跡や茨城県利根町花輪台遺跡の縄文早期の土偶も、やはり大きな乳房を表現している。花輪台例には頭があるが、手脚はなく顔の表現もない。大阪府東大阪市神並遺跡の縄文早期中葉の土偶はたんに四角い粘土に乳房を貼り付けたもので、乳房だけで人体を象徴的にあらわしている。鹿児島県国分市上野原遺跡の早期中葉の土偶は、頭と手をもち乳房を貼り付けているが、やはり顔の表現はない。土偶は成立当初からしばらくは、何にもまして成熟した女性表現を重視していた。

　縄文中期以降の土偶には、腹をふくらませて妊娠した状態を表現したものも少なくなく、かつて男性土偶ではないかといわれた中部高地方の縄文中期のある類型の土偶は、出産のシーンを表現

したものだと解釈されている。類例は少ないが、赤ちゃんを抱いたりおぶったりし、子育てをしている状況をかたどったものもある。これに対して、明確に男性を表現したものはきわめて少ない(1)。

　山梨県笛吹市上黒駒遺跡の縄文中期の土偶は顔や手がヤマネコなどに似た動物を表現したもので、これには乳房がない。中部高地地方や南東北地方の縄文後・晩期の仮面をつけた土偶にも、それを欠いたものがある。乳房をもたない土偶を中性だとする見解が提示されている〔小林達1988〕。うがった見方だが、上述の土偶を精霊や祖先を表現したものだとすれば、これらに限っては性を超越した存在としての中性であると理解できないことはない。しかし、縄文晩期にいたるまでの多くの土偶が女性の象徴としての乳房を表現し、女性器をあらわしたものも少なくないのに対して、明確に男性を表現したものがイレギュラーであることを重視すると、土偶は基本的に女性の産む機能とそれにからんだ役割〔水野 1974・79、桐原 1978〕といった、成熟した女性原理にもとづく象徴性をほぼ一貫して保持していたことを推測させる〔永峯 1977〕。

　土偶の出土状況　土偶の性格を考える別の手がかりは、出土状況の検討と土偶の状態の検討である。その詳細は寺村光晴、野口義麿らがおこなった、遺構から出土した土偶の集成（寺村 1961、野口 1974）や、その後加えられた検討〔桐原 1978、米田 1984、小野正 1984〕に譲るとして、ここではそれを整理し、重要な点だけを指摘しておこう。

　大多数の土偶は何ら施設を伴わない、いわゆる遺物包含層から石棒や石剣あるいは土版など、他の特殊遺物とともに出土する場合が多く、これらは何らかの儀礼で使用されたのちに廃棄された状態を示すものであり、遺構に伴うものとはいえない。一万を超える土偶のなかで、遺構に伴って出土した例は数えるほどしかない。その内訳は住居跡、土坑、土坑墓、石組、配石などであり、住居跡や土坑から出土したものには、堆積土の中に偶然まぎれこんだものもあるだろうから、さらにその数は減る。

　遺構に伴った土偶には、いくつかの傾向が指摘できる。まず、住居跡の床面や施設から出土するのは、中部高地地方を中心とした縄文中期にほぼ限られることである(2)。さらに、縄文後期以降になると、住居跡からの出土例は皆無に近くなる一方、配石の発達に伴って各種の配石遺構からの出土がみられるようになり、そこに質的な差を認める意見もある（小野正 1990）。石組の中から出土した土偶は群馬県東吾妻町郷原遺跡例〔山崎義 1954〕など、偶然の発見によるものが多く、郷原例の伝聞の信憑性には疑問がさしはさまれている〔能登 1992〕が、その一方、特殊な状況のもとで発見された土偶が、大型で破損度が低いことに注意する向きもある〔植木 1990〕。確かに石組から出土した例の多くは出土状況が不確かで、近年、発掘調査が急増しているにもかかわらずこうした報告例がないことも問題である。しかし、土坑から出土した例であるが、長野県茅野市棚畑遺跡〔宮坂 1990〕のように、発掘調査によって大型の完形に近い土偶が集落中央の遺構から検出された例なども、見逃すことはできない。

　土偶の出土状況としてもっとも注目すべき特徴は、北海道などの縄文後期後半以降と中部日本の縄文晩期終末以降の例を除くと、ヒトの埋葬に伴う土偶は皆無に近いことである。かりに石組み内から出土した山形県遊佐町杉沢遺跡例〔酒井・江坂 1954〕などの出土状況が正しいものだとしても、水野正好や桐原健らのいうように、それは土偶自体が埋納（埋葬）されたとみるべきもの〔水

野 1974、桐原 1978〕である。岩手県花巻市立石遺跡〔小野美ほか 1979〕や西広貝塚〔米田ほか 1977〕などで土偶は墓域と重なる分布を示すといわれるが、両者に関連があるか明確ではない。北海道などの例を除くと、縄文晩期終末以前に土偶が土坑墓から出土することはきわめてまれなので、土偶は本来、副葬品としてヒトの埋葬に伴うものではないことは確かであろう。

土偶の重層構造　土偶は一つの遺跡から大量に出土する場合があるが、そのほとんどが欠損した状態で出土することも、常に問題にされてきた。つまり、土偶の最終的な使用目的が、故意に破壊することにあったのではないか、という議論である。これを評価する前に、若干の補足をしておかねばならない。それはすでに述べたように、特殊な出土状況を示す土偶にほとんど欠損していないものがあるという点である。

水野正好は縄文早期から土偶は壊されていたとする〔水野 1974・79〕が、谷口康弘は縄文早期の土偶や前・中期の板状土偶などは、壊すことを目的としたものか疑わしく、土偶が壊されるのは中部高地地方の縄文中期の有脚立像成立以降だとみる〔谷口康 1990〕。岩手県花巻市小田遺跡では縄文晩期の土偶113点のうち、完形は1点で、他はすべて破損していた〔中村良ほか 1979〕。そのほとんどがいわゆる遮光器土偶であるが、相対的に小型なものが多い。ところが遮光器土偶のなかにはたとえば宮城県大崎市恵比須田遺跡例などのように、薄手中空で壊れやすいにもかかわらず、完形ないしそれに近いものがある。これらは大型でつくりがよく、遮光器土偶はつくり分けと使い分けがなされたことを考えさせる。

林謙作は、東北地方の土偶には大小の遮光器土偶とその形をとらない装飾性の少ない三者があり、個別の儀礼にかかわるのは装飾性の少ないもので、遮光器土偶は集団儀礼にかかわり、その大小は集団の規模を反映しているとした〔林謙 1976〕。鈴木正博は、個人にかかわる土偶と集団あるいは集団間の関係にかかわる土偶として、下位土偶と上位土偶という概念を設けた〔鈴木正 1982〕。棚畑遺跡例が集落の中心の土坑から出土したことを考えると、縄文中期以降、土偶とそれをめぐる儀礼が重層化していったことがうかがえる。

土偶破壊論争　水野正好は土偶の破壊論を積極的に評価して、それを土偶祭式の復元に活用した〔水野 1974・79〕。水野は、土偶はすべて女性を表現したもので、土偶は祭式において、母となるべき土偶、子供を身ごもる土偶、子供を育てる土偶という具合に成長過程を表現しており、それを破壊してバラバラにした破片を集落の各所にまいたり分配し、あるいは埋葬することによって新生に力を与えた、と考える。つまり、土偶祭式を女性原理の実修と確認ととらえたのである。人の分娩を死とみなして、そのなかから新たな生命が再生するというサイクルと土偶の一生を重ね合わせたのは興味深い。さらに解釈を進めて、まかれた土偶が作用したのは畠を含む食物調理の場など、集落内の全女性原理の場であると考えた。

藤森栄一は破壊される土偶を古事記に登場する殺された身体から栽培植物などが生じたオホゲツヒメと重ね合わせ〔藤森 1969〕、吉田敦彦は土偶の破壊とセラム島のヴェマーレ族の神話などに登場するハイヌウェレの殺害を関連付けて〔吉田敦 1976〕、縄文農耕論の、あるいは日本神話にみるモチーフが縄文時代にまでさかのぼることの立証材料にしようとする。かつて八幡一郎が厳しく批判した〔八幡 1939〕鳥居龍蔵の土偶地母神説〔鳥居 1922〕が、形をかえて復活したものとみなせ

土偶が破壊されるものだという根拠の一つとして、破片状態で出土する率がきわめて高いということが古くから意識されていたが、具体的な分析をしたうえでの結論ではなかった。野村崇は北海道木古内町札苅遺跡から出土した土偶の破損状況を分類し、右腕の破損が多いことから意図的な破壊の儀式を示唆した〔野村 1974・76〕。立石遺跡から出土した縄文後期の土偶212点もすべて破片であった〔小野美ほか 1979〕。立石遺跡出土土偶の欠損状態を調べた小野美代子は、頭部を筆頭にかなりの小片にされていること、接合した土偶の数が全体の8％にすぎないことや破損面の観察などから、これらが壊されてバラバラに放置されたと推定し、近隣の他の集落に持ち出された可能性にも触れている。長野県高森町増野新切遺跡では離れた住居跡の覆土から出土した土偶で接合するものが数組見つかっており〔長野県教育委員会 1973〕、水野は土偶を壊してまいたことの具体的証拠とみなす〔水野 1979〕。そもそも土偶は壊しやすいように製作しているのではないかということが製作技術の面から示唆されており〔武藤 1975、小林達 1977〕、分割製作技法と名付けて研究されている〔小野美 1984 ほか〕。

　小林達雄は土偶の故意の破壊に対しては、技術的な観点から積極的にそれを認める立場に立つが、破壊行為に対する意味付けについては懐疑的である〔小林達 1977〕。磯前順一は逆に破壊の意義は水野説に近い立場をとりつつも、壊すための製作技法という視点には批判的である〔磯前 1987〕。

　さらに、破壊自体も故意のものであるか疑わしいという反論もある。藤沼邦彦は、土偶の破損率は土器などほかの土製品のそれよりも著しく高いとは思えないとし、土偶の破損した個所は壊れやすい部分に集中すること、故意に傷つけた痕跡がないこと、アスファルトで接着して割れたものを補修して再び使用していたものもあることなどから、土偶は土器などとともに壊れれば一括廃棄したのではないか、と水野説を批判した〔藤沼 1979〕。能登健も同様の立場に立ち、さらに土偶の製作技法と土器の製作技法の一致、土器など他の生活遺物と同じ包含層からかたよりなく出土する例が多いという廃棄のあり方から批判したが、一連の遺物が廃棄された結果、縄文時代特有の遺物包含層が形成されることを、土偶だけに特定せずに分析する必要性も説いている〔能登 1983・1992〕。

　このような批判を受けた浜野美代子は、埼玉県鴻巣市赤城遺跡の土偶の出土状況と製作技法を分析したうえで、土偶が壊されるものとする説は検証不十分として、安易に土偶故意破壊説に傾くことに警鐘を鳴らしている〔浜野 1990〕が、破壊説を否定しているわけではない。つまり、赤城遺跡の土偶もすべて破片の状態であるが、廃棄に一定の法則性があるわけではなく、安置や埋納といった行為は認められないとする。廃棄される以前に破片になっていたことだけは確かであるが、それ以上のことは言えず、中空土偶のつくり方も土器と変わらない、というもので、故意破壊説の実証性に疑問を呈したのである。

　このように、土偶故意破壊論に対しては評価が定まらない。結局のところ出土状況とともに、土偶自体の細かい観察の蓄積がなくては確かなことがいえないわけだが、これにしても故意に傷つけた痕跡がないという批判に対しては、手の中でポキンと折ったと反論するように、水掛け論に終

わってしまう危険性もある。そこで視点を変えて、他の祭祀的性格をもつと考えられる特殊遺物—呪具—のあり方を加えつつ検討するが、その前に副葬品としての土偶の諸例を紹介し、検討してみることにしよう。

第2節　土偶副葬の系譜

副葬された土偶　副葬されたと考えられる土坑から出土する土偶や、それ以外の埋葬に伴う土偶を渉猟する。中村良幸は、墓坑などの土坑や墓域から出土した土偶を集成しており〔中村良 1989〕、長沼孝は北海道の土偶には副葬されたものが多い点を指摘している〔長沼 1992〕。鈴木正博も、副葬された土偶に注目している〔鈴木正 1993a〕。「土偶とその情報」研究会では、全国的に土偶を集成し、『土偶とその情報』を刊行している〔国立歴史民俗博物館 1992〕ので、それらをたたき台にして整理していきたい。その際、副葬品ではないが、蔵骨器の土偶形容器も合わせてみていくことにする。

①　北海道函館市著保内野遺跡〔小笠原 1976〕

土偶は耕作中に破片で出土したものが、のちに復元された。追跡調査によりその下に170×60cmの長方形の土坑の存在が確かめられ、土偶はこれに伴うものであったと推定されている。この推定が正しければ、土偶は地表下30cmほどのところから出土したと伝えられているので、土坑の底ではなく墓の上、あるいは覆土上層に副葬されたものと考えられる。

土偶の時期は縄文後期後半である。両腕を欠く以外はほぼ完形に復元され、高さが41cmと大型で中空のつくりである。

②　北海道千歳市美々4遺跡〔森田ほか 1984〕

この遺跡からは4〜5基の環状周堤墓が発掘されており、その時期は縄文後期中葉〜晩期初頭である。周堤墓の土坑には、土器のほかに磨製石斧、石棒、石鏃、石錐などを副葬したものがあり、玉や櫛が出土する土坑もある。環状周堤墓の一つであるX-1の周堤の上に掘りこまれた、1.4×0.95mの楕円形をした土坑（P-373）から土偶が出土した（図8-1）。土偶は、土坑の底に敷かれていたベンガラを除去したのちに、土坑の北西隅からうつぶせの状態で出土した。副葬品はほかにスクレイパー、台石、石皿、土器が出土したが、それらは墓坑覆土の中〜上層で、埋戻しの際の副葬品と考えられている。

土偶は縄文後期終末の御殿山式の時期である。高さ20cmをはかり、完形である。手の先を外側に開く特徴をもつ。

③　北海道静内町御殿山遺跡〔河野ほか 1954〕

この遺跡からは、積石墓が群集して検出されている。土偶は、そのうちの一つである「第6号墳」という土坑の周辺から出土した。この土坑の底にはベンガラが敷かれ、中央に石斧が副葬されていた。副葬品はほかに、土坑の覆土上層から完形土器が2点、土坑の周辺から土器が出土している。土偶の脚一対は、東南部外側から出土した。

土偶の時期や型式は、美々4遺跡例と同じである。その後の調査と整理によって、頭部と胴部が

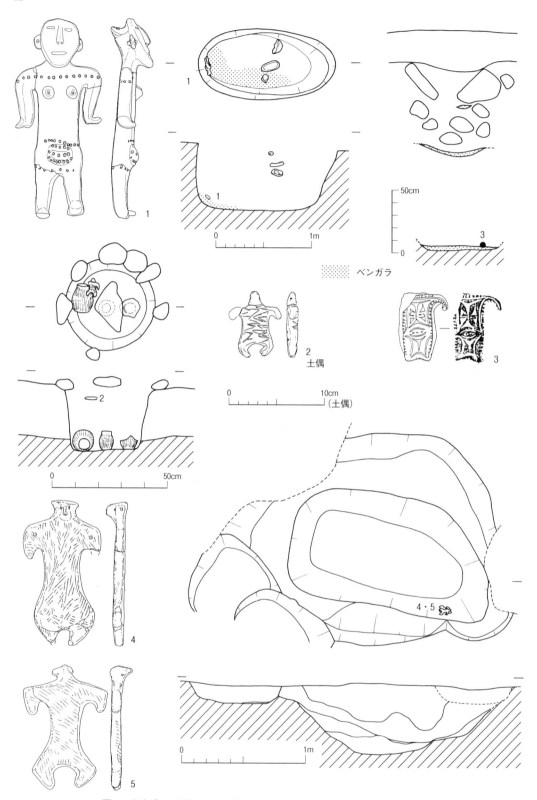

図8 北海道の副葬された土偶 (1. 美々4、2. 高砂、3. 朱円、4・5. 大麻3)

見いだされ、顔面の一部と右腕を欠失したほぼ完形の状態に復元された。高さは20.3 cmである。

④　北海道根室市初田牛遺跡〔中村良 1989〕

この遺跡からは、分布調査によって9点の土偶の破片が採集され、それらはほぼ全体をうかがえるまでに接合した。さらに発掘調査で9点の破片が出土し、いずれも接合した。出土したのは第1層で、第7層のローム面まで掘り下げると、2基の土坑墓が並んで検出された。土坑からは人骨が出土しており、いずれも成年で性別は1体が男性と判明した。土坑は1.5×1mほどの楕円形であり、墓坑の底にベンガラが敷かれ、石斧、石鏃、石錐、槍先状尖頭器、環状土製品などが副葬され、人骨には櫛や玉が伴っていた。土偶の破片は、墓を中心とした半径3mの範囲におさまる。また、人面のついた土製品が出土したり採集されているが、あるいは異形土器の装飾かと思われる。

土偶は御殿山式の時期である。ほぼ完形で、高さは18.2 cmである。型式は美々4例などと同じだが、乳房の表現がない。ベンガラが付着している。破片の状態で出土したが、故意に壊されたものではないと推測されている。

⑤　北海道斜里町朱円遺跡〔宇田川 1981〕

環状周堤墓の土坑（A号土籠1号墓）から、土偶が出土している（図8-3）。土坑の形態は不明だが、上層に石が積まれ、その下と墓坑の底にベンガラが敷かれている。土偶はベンガラの上から、土器、漆器、石匙とともに出土した。

土偶は縄文後期終末ないし晩期初頭である。高さは6.9 cmである。頭部と右腕を欠いており、脚はもともとつくられていない。表面に三叉文が彫られた板状のもので、乳房の表現はない。

⑥　北海道虻田町高砂遺跡〔峰山 1967〕

この遺跡からは、縄文晩期後半の大洞C_2式期の土坑が14基検出された。それらには配石をもつものがあるが、土偶はまわりに石を配した円形の土坑から出土している（図8-2）。土坑の底に壺形土器などを3個おさめ、土偶を覆土の上層にうつぶせにして置いている。

土偶は大洞C_2式のものである。右腕を欠失する以外は完全で、高さは6.8 cmである。板状で頭部はあるが顔面の表現はなく、乳房の表現もない。

⑦　北海道江別市大麻3遺跡〔高橋正ほか 1986〕[5]

小判形をした2.2×1.2 mの土坑から、土偶が2個体出土している（図8-4・5）。土偶は二つが重なって、土坑の覆土上層の壁ぎわから検出された。

土偶は縄文晩期終末のタンネトウL式であり、この型式に特徴的な薄い板状のものである。欠損部分のない完形品である。大小があり、大きい方は高さ15.4 cm、小さい方は13.3 cmである。大きい方にだけ簡略化された顔面表現があり、いずれも乳房など性の表現を欠いている。大きい方が下になり、背中合わせのかたちで重なって出土した。

⑧　青森県つがる市亀ヶ岡遺跡〔鈴木克ほか 1984〕

土偶は2基の土坑墓から、1点ずつ出土している。9a号土坑では、床面から少し浮いた状態で出土した。共伴した遺物は土器、円盤状石製品、石錐である。11号土坑はベンガラを敷いており、土偶は覆土から出土している。共伴した遺物は、石鏃、土器片である。

9a号土坑から出土した土偶は体部の破片で、縄文晩期中葉の大洞C_1式である。11号土坑の土偶は、中空土偶の乳房の破片であり、晩期前半の大洞B-C式である。

⑨　福島県三春町西方前遺跡〔仲田ほか 1987〕

土偶は2.15×1.65mの不整楕円形の土坑から出土した。土坑の底面からは、土偶とともに完形品を中心とした土器が9個体、不規則な状態で出土しているが、それらは壺、甕、鉢、台付鉢といろいろな器種を網羅している。広口壺の底部は円形に打ち欠かれているようであり、この土坑が墓である可能性を示している。

土偶は晩期終末の大洞A′式のいわゆる結髪土偶である。胴部以下を欠失しており、現状で高さ20cmの大型品である。

⑩　福島県いわき市毛萱遺跡〔馬目・山田 1972〕

土偶はA地点遺構2という、2.6×2.0mほどの不整円形の土坑から出土した。土偶は土坑の底からやや浮いた状態で出土したことが、写真から判断される。

土偶は弥生中期前半の土器と共伴していた。脚部の形は裾広がりの台状を呈しており、頭部の半分と両腕の先を欠失するが、あとは完全である。高さは8.4cmである。結髪土偶であり、顔面の表現はなく、結髪土偶のなかでは最も新しいものの一つである。

⑪　群馬県藤岡市沖Ⅱ遺跡〔荒巻・設楽 1986〕

この遺跡からは、再葬墓が27基検出されている。土偶はこれらの再葬墓とは別の、径80cmほどの不整円形土坑（ED-2）の覆土中から出土した（図9-3）。土坑から出土したのは胴部で、頭部は離れた地点から出土した。土坑の底から土器の底部が出土した。

これは黥面土偶であり、弥生前期終末の沖式土器に伴う。高さは13.3cmである。脚部は裾広がりの台状であり、顔面の半分と両腕の先を欠失しているが、あとは完全である。

⑫　愛知県豊川市麻生田大橋遺跡〔前田清 1993〕

この遺跡は238基の土器棺墓が出土した、埋葬を中心とした遺跡である。土偶が出土した土坑は2基あり、SK104からは土偶の胴部と石剣（図9-1）が、SK125からは2体の土偶が出土した（図9-2）。SK125の土偶には大小があり、大きい方は土坑の底部付近、小さい方は覆土中から検出された。SK104の土偶は、縄文晩期終末の馬見塚式に伴うものと思われる。板状で、乳房をもっている。SK125の土偶は、弥生前期後半の樫王式に伴うものである。大きい方はいわゆる黥面土偶の一種である。高さは16.8cmで乳房をもっている。小さい方は高さ8.7cmで乳房の表現はない。2体ともほぼ完形であるが、大きい方はいくつかに割れたものが接合した。

⑬　愛知県一宮市馬見塚遺跡〔澄田ほか 1970〕

この遺跡は縄文晩期後半から弥生前期を中心とする遺跡で、1963年のF地点の調査で焼人骨が入った7基の土坑や5基の土器棺などが出土した。土偶は6号ピットという、わずかな人骨片が入った径40cm、深さ25cmほどの土坑のわきから土器片などとともに出土した。土坑の上面との間に5cmほどの間隔があり、土坑に伴うのか不確実とされる。

共伴した土器からすると、土偶は縄文晩期後半の五貫森式である。頭手足を欠いた板状のもので、乳房をもっている。頸に頭を接合するための軸穴がある。高さは9cmほど。

第3章 副葬される土偶　35

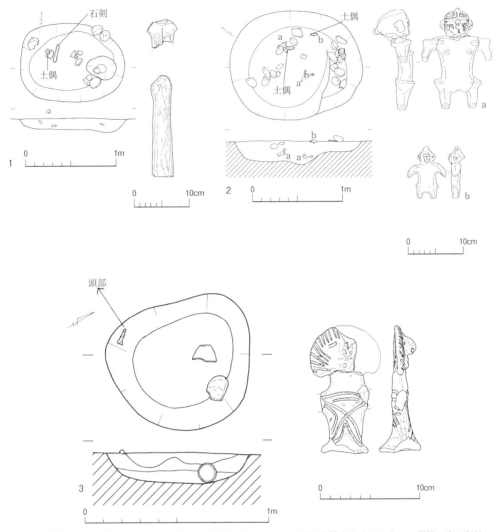

図9　副葬された土偶（1. 愛知・麻生田大橋遺跡（SK104）、2. 麻生田大橋遺跡（SK125）、3. 群馬・沖Ⅱ遺跡）

⑭　長崎県南島原市原山遺跡〔森貞 1983〕

　原山遺跡は支石墓を中心とした埋葬遺跡である。土偶は3号支石墓の上石に接する耕作土から出土した。墓坑の底から打製石鏃が1個出土している。

　土偶は弥生早期の夜臼式である。土偶は小ぶりの楕円形であり、両腕は小さくついているが、足はもともとない。頭部は欠失している。乳房をもつ。

⑮　長野県上田市渕ノ上遺跡〔和田 1977〕

　この遺跡からは、土偶形容器が2体、並列して出土した。これらには大小がある。大きいものは高さ31.2 cm。乳房があり、頭部を欠いている。小さい方は高さが36 cm。完形で乳房がない。付近から骨や歯が出土した。弥生前期終末。

⑯　山梨県笛吹市岡遺跡〔八代町 1975〕

土偶形容器が2体、灰と焼土の中から出土した。出土した土偶形容器には大小がある。いずれも完全な形に復元されており、大きい方は高さ27.4cm、小さい方は高さ23cmである。弥生中期前半である。

⑰　神奈川県大井町中屋敷遺跡〔甲野　1939〕

土偶形容器が径1mの灰状骨片の中から、うつぶせの状態で出土した。完形で、高さは26.8cmである。中に初生児の骨と歯が入っていた。弥生前期終末である。

土偶副葬の系譜　このように、副葬される土偶の中心は北海道地域と中部日本地域にあることがわかる。北海道地域の副葬された土偶の特徴は、縄文後期後半に副葬がはじまり後期終末にピークがあること、完形あるいはそれに近く、大ぶりな土偶が多いこと、新しくなるにしたがい乳房の表現を欠くようになること、土坑の底のほか、埋戻し終了間際あるいは終了後の覆土上層などから出土する場合があること、縄文晩期終末には2体いっしょに出土する場合のあることなどである。

中部日本地域の副葬される土偶の特徴は、再葬墓とかかわりをもつこと、縄文晩期終末から弥生中期にピークをもつこと、乳房の表現を欠いたものがあること、土坑の覆土上層から出土する場合があること、2体いっしょに出土する場合のあること、弥生時代になると土偶形容器という再葬の蔵骨器が派生することである。

土偶の副葬は、北海道地域では縄文晩期終末まで継続するので、時期的な点やいろいろな特徴から、一応北海道地域から中部日本地域へと伝播した習俗と考えられるが、もう少し検討してみよう。

土偶の副葬が始まる北海道地域の縄文後期後半は、特異な時期である。特異性は、環状周堤墓の成立という墓制における大きな変化の時期であるとともに、土坑墓への副葬行為が明確になる点にあらわれている。土偶の副葬も、副葬習俗の確立の一環として理解しなくてはならない。特徴的な副葬品としては、石棒類と土器があり、美々4遺跡や恵庭市柏木B遺跡などに顕著に認められる。この組み合わせは栃木県小山市乙女不動原北浦遺跡にみられ〔三沢ほか　1982〕、時期は安行3c式を中心とするものであるから、北海道に主体のある習俗が大洞系土器の流入という現象とともに東北地方を経て関東地方に伝播したものと理解できる〔新津　1985〕。これは土偶の副葬習俗が北海道から伝播してきたことと関連するものであり、亀ヶ岡遺跡から出土した副葬土偶は、この習俗が縄文晩期に広がりを示すことを説明する資料といえよう。

福島県の西方前遺跡例は、中部日本地域では比較的時期の古い副葬土偶であり、この土偶は東北地方に広く分布する結髪土偶である。弥生時代の初期に中部日本地域一帯に定着する壺を蔵骨器に用いた弥生再葬墓は、まず福島県域の会津・中通地方で成立し、各地に広がった〔設楽　1994a〕。そうした流れにのって、土偶を副葬する習俗も関東・中部地方にもたらされた可能性は十分にある。

しかし、中部地方でもっとも古い副葬土偶は、大洞C_2式に併行する愛知県馬見塚遺跡の例であり、この土偶は東北地方の影響下にあるとは考えにくい。むしろ西日本の土偶との関係が考えられ、そうなると鈴木正博が重視する九州の副葬土偶〔鈴木正　1993a〕との関連性も考慮しなくてはならなくなる。したがって、中部日本地域の土偶の副葬習俗の系譜は、まだ断定的なことのいえる

状況ではないが、ここでは北海道方面からの影響が強かったと考えておきたい。

第3節　土偶の副葬の背景と再葬

他界観の明確化　土偶の副葬の背景について考える前に、死後の世界観すなわち狭義の他界観の形成について述べておきたい。考古学的に他界観の存在やその形態を証明することはきわめて困難であるが、いくつかの手がかりを考えてみると、霊が寄りつく墓標が立てられたり、現在の位牌のようなかたちで家の中に霊の憑代がもちこまれること、副葬品が墓におさめられること、死後の世界が形成され、墓域が居住域から独立していくこと、モガリに類する死を確認する手続きがとられ、意図的に遺体を骨化して再埋葬する再葬が認められることなどがあげられる。

他界観の存在を確認するためには、これらが全部そろっている必要のないことは言うまでもなく、一つでも充足される場合がある。しかし、上にあげた個々の要素は、必ずしも他界観と直結しない場合もある。たとえば、墓標は新しい墓を築くときの重複を避けるための目印かもしれないし、副葬は生前に築いた威信を財物として墓にもちこむ理由でおこなわれる場合もあるだろう。また、あらたに埋葬するためにすでに葬られている遺骨を片付けた改葬が、あたかも再葬のようなかたちをとる場合がある。

縄文早期には、洞穴遺跡で先葬者の遺骨を集めた埋葬がしばしばみられるが、これなどは改葬か再葬か明確にしがたいものが多い。遺体に大きな石をのせた抱石葬や、遺体を折り曲げた屈葬は縄文早期にすでにみられるが、これらも死者に対する何らかの観念の表現ではあっても、すぐにそれが他界観の存在を証明することにはならない。縄文前期の北海道域から本州中部において、漆製品や特殊な土器を副葬する例がみられるが、他界観のあらわれなのか、威信財の副葬なのか、あるいは両方の意味があるのか明瞭ではない。

大塚和義は、縄文時代の葬制の発達の諸段階を整理し、乳幼児を対象とした甕棺葬の出現、屈葬に加えて伸展葬が登場したことと、長野県原村阿久遺跡や大町市上原遺跡などで環状集石墓がみられるようになるといった事象から、縄文前期中葉を一つの画期ととらえている〔大塚 1979〕。阿久遺跡の集石は再葬墓であるとの推測もなされており〔笹沢 1982〕、地域は限定されるものの、葬制上の変化はこの時期に認められるが、他界観念の形成がもっとも明確になるのは、大塚も指摘するように北海道地方の縄文後期後半である[6]。また、東北地方北部の縄文後期初頭～前半も注目すべき時期である。

縄文後期初頭～前半の十腰内Ⅰ式期に、青森県域を中心として再葬甕棺墓が発達した〔葛西 1983〕。これは壺に近い形の大型の土器を蔵骨器とし、その中に人骨をおさめて土坑や石槨状の施設に埋納したものである。再葬の一次葬の場所としては、石棺墓が想定されているが、これらの遺跡はしばしば居住域とは異なる丘陵上に立地する場合がある。北海道では、縄文後期後半に環状周堤墓が形成されるが、これは居住域から独立して竪穴住居をモデルにつくられた、死者の家と呼ぶべき施設である。墓坑には、大量の副葬品をおさめることがあった。

こうした他界観の明確化は、祖先に対する意識も高揚させたと考えられる。縄文後期以降、土製

の仮面が西日本に及ぶ範囲でつくられるようになったが、民族誌で仮面儀礼は祖先を呼び出す儀礼のもとにおかれる場合が多いとされるのは、そうした現象を理解するうえで参考になろう。土偶の副葬も、このような脈絡のなかで考えていかなくてはならない。そこで土偶の役割の議論に戻るが、土偶以外の呪具の取り扱いという視点から、土偶破壊論争に評価を加えたい。

呪具の破壊行為 東北地方の縄文晩期には、岩偶があらわれる。渡辺誠は青森県田子町石亀遺跡から出土した岩偶の頸から胸にかけての割れ口にくさび状の傷を観察し、故意に割ったことを立証している〔渡辺 1979〕。土版・岩版は縄文晩期に至って東北・関東地方を中心に普及した板状もしくは中空の製品である。小杉康はこれらの製作完了以降にみられる変形行為に詳細な検討を加えた〔小杉 1986〕。その結果、製品が廃棄されるまでの間には、多くの変形行為が存在することを明らかにした。そのなかで、たんなる欠損との区別がむずかしいとしながらも、打ち欠きや打ち割り例が存在することを指摘している。たとえば破片を接合すると、器面中央付近に打撃痕が復元できる例があることを、実証的につきとめた。

似たような変形行為の痕跡は、石棒類にも認められる。山田康弘は、石棒類の頭部に研磨などによる磨滅痕がみられ、それによって線刻文様の溝がすり減って途切れている場合があることをいくつかの事例をあげつつ示している〔山田 1994〕。小さな破片になっても欠損面を磨いてさらに使用した痕跡のある石棒類は、枚挙にいとまがない。さらに、石棒類には火を受けてバラバラになったものが接合する例も数多く、廃棄などに際して故意に壊す行為があったことを暗示している。東京都調布市下布田遺跡の石剣は、磨かれた割れ口が火を受けている。千葉県市原市能満上小貝塚では、3棟の離れた住居跡から出土した安行3c式のイノシシ形土製品が接合した。

さらに、縄文中期の中部高地地方にはじまり、後・晩期には遺跡に伴う儀礼として一般化する獣骨や人骨を焼く儀礼〔高山 1977〕も、火による破壊行為という点で関連する要素をもっている。新津健は石剣を分析したなかで、石剣は最終的に破壊され、ときには火に投ぜられるという金子裕之の指摘〔金子裕 1982〕を引きつつ、破壊行為はほかに土偶や獣骨にも認められるとして、破壊したあと一部のものは火で浄化して再生を願ったと考えている〔新津 1985〕。

こうしたことは、小杉のいうように、呪具の変形行為が連続的な儀礼行為の一環としてとらえられることを意味している。さまざまな呪具が製作され廃棄されるまでの間に、儀礼的行為の複雑なプロセスが存在していたと予測されるのであり、最終的に故意に破壊される場合もあった。呪具がどのような儀礼のなかで使用されたのかは、いまだに明らかとはいいがたい。それは縄文人には呪具を用いた儀礼の場を長く将来にとどめようという意識が薄かったためであり、我々は使用の最終の形態を、廃棄の場などによって確認するのが精一杯だからである。縄文後・晩期になるとこうした数多くの種類の呪具がまとめて捨てられているのが、埼玉県鴻巣市赤城遺跡〔新屋ほか 1988〕や樋川市後谷遺跡などにあり、さらに儀礼が完了した段階で呪具が放置されたような状態のまま出土した例が、長野県飯田市中村中平遺跡で確認されている〔馬場ほか 1994〕。この事実は、これらの呪具を用いた構造的な儀礼が存在していたことを暗示するものであって、土偶もそうした儀礼に組み込まれていたことは容易に類推することができる。

土偶の再利用 谷口康浩や原田昌幸は、壊れた土偶の再利用があったことを指摘している〔谷口

康 1990、原田昌 1990〕。先述の増野新切遺跡には、脚のなくなった土偶の破損面を研磨して平らに加工した例がある。福島県西方前遺跡の土偶は、割れた面に朱を塗っている。また、山梨県笛吹市・甲州市釈迦堂遺跡では、200ｍ以上離れた地点の土偶が接合した。こうした例は、土偶はたんに壊れたものを捨てただけではなく、割れてからもなお利用される複雑性があった点で、他の呪具との関連性をうかがわせる。

　土偶自体に損壊の痕跡は乏しく、分割整形技法も破壊のための製作技法だというには根拠が薄いというものの、以上述べたいわば状況証拠は、最終的に土偶は壊される場合もあった可能性を物語っているのではないだろうか。

　身体加工と死と再生　縄文中期以降、とくに晩期に抜歯などの身体加工が発達する。その不可逆的な印を身体に刻み込むもっとも重要な意義は、成人式などのイニシエーションであり、非常な苦痛を伴う儀礼のなかで真の人間になるための儀式である〔坂井 1988〕。それは広い意味での通過儀礼であり、仮想的にであれいったん死ぬことによって、その前身を換骨奪胎して解体し、あらたなものへと再生することを意味するという〔桜井 1974〕。石棒、石剣、土版、獣骨や人骨、そしておそらく土偶が壊されていることに、死と再生に絡む構造的な儀礼が存在したであろうことを推測させるが、それは究極的にはヒトを含む自然の多産や再生産を願うものであったろう。

　すでに取り上げたハイヌウェレ神話と土偶の破壊との類似性の問題をそのまま肯定すると、ウィーン学派の文化伝播説とC.G.ユングの人心同一律説とのいずれかの選択を迫る問題にもなってしまうので、筆者の手におえるものではない。筆者は、縄文時代の考古学的な事象の組み合わせから、土偶、石棒、石剣、土版、そして動物や人間の骨に火を加えたり、打撃を与えて破壊するという共通の行為があり、とくに縄文後・晩期にそれが場を異にしておこなわれた別々の儀礼である可能性はあるにしても、大局的には一つの共通した意味をもつ儀礼複合として遂行された可能性だけに注目したいのである。土偶のみならず、石剣、土版、獣骨の類も破壊しているとなれば、ことさら女神の殺害と穀物の再生をこれに結びつける必然性はなくなり、ハイヌウェレ神話と縄文土偶の破壊を同一視することも困難となるだろう。

　ハイヌウェレ神話が日本神話に色濃く影を落としている可能性はあるが、それが縄文時代にまでさかのぼることの証明は無理だといわざるを得ない。むしろ、ハイヌウェレ神話などの根底にある、たとえばイニシエーションなど通過儀礼一般の、死が再生の前提になるという、より根源的な部分の一致であれば認めることができるかもしれない。そうした死を前提とした再生の論理は、女性性だけに限らずに認められるのであり、それが縄文時代の土偶を含む呪具の破壊の背景として重要な意味をもっていたのではないだろうか。

　土偶の副葬の背景　北海道の副葬される土偶は、大ぶりで完形に近いものが多く、いわゆる上位土偶の範疇で理解できるであろう。上位土偶、下位土偶という区分は、いわれるように集団全体にかかわるものと世帯あるいは個人レベルにかかわるものという、儀礼の規模の差に応じたものであろう。そうであるならば、その役割には本質的な差はないように思われ、ともに多くは死と再生の一連の儀礼のなかで機能したと考えられる。

　いわゆる未開社会においては死と再生に対応するあの世とこの世の往還が、各種のイニシエー

ションにおいて儀礼的に表現されることが多いとされ、そうした他界と直接交流できるのがシャーマンなどの職能者である〔佐々木宏 1987〕。土偶の副葬は、北海道域を中心に他界観が明確化していくなかで、再生観を背景にはじまったと思われるが、土偶が副葬される土坑墓は、他の副葬品をもつ土坑墓にくらべてあまりにも少ない。上位土偶を扱うシャーマンのような、集団的儀礼の限られた執行者個人の墓に入れられたことがその理由と考えられる。

　縄文時代には、多人数の遺骨を再埋葬したり焼いたりして合葬する多人数集骨葬がしばしばみられる。下総台地における縄文中期終末～後期前半と、中部高地地方を中心とした縄文晩期には、それが制度として発達した。多人数の遺骸を処理する再葬には、祖先や集団の始祖との結合を強化する役割のあることが推定されており、その背景に集団移動や集落の再編成など、社会的な要因が考えられている〔渡辺新 1991、山田 1995〕。中部日本地域の弥生時代初期には弥生再葬墓が発達するが、社会的な変動に応じてこうした再葬にからむ葬法が成立して普及するものであるならば、集落構成員すべてがかかわるようになった、死と再生の論理を軸とした儀礼である焼人骨葬と壺再葬が複合した弥生再葬制は、縄文晩期以来の気候の寒冷化や異文化との接触などにより、経済基盤までも変動することを余儀なくされた社会的な状況を背景として、集落構成員の結束を祖先との結びつきなどによって強めるために出現し、定着した墓制だといえよう〔設楽 1993・1994a〕。

　土偶形容器と顕面土偶の関係は、上位土偶と下位土偶の関係だといえ、基本的な構造は縄文中期以来の土偶の延長線上にある。中部日本地域においては、再生のシンボルとしての土偶は、北海道方面からの土偶の副葬という習俗の影響を受けて、再葬を導いた祖先に対する意識の高まりや再生観と結びついて、再葬墓に副葬されるようになったのではないだろうか。

　土偶の象徴性　土偶は本来副葬されることがなく、ヒトの埋葬に直接かかわるものではなかった。土偶とともに縄文時代の呪具を代表する石棒類は、墓に副葬されたり、墓域に立てられたりする場合がしばしばある。おそらく女性がつくったであろう土偶は女性原理の象徴であり、男性がつくったであろう石棒はいうまでもなく男性をシンボライズしたものである。水野正好の言うように、石棒を用いた男性のマツリと土偶を用いた女性のマツリが別れてとりおこなわれていたのか否か不明とはいうものの、土偶と石棒のあり方には、かなり対立的な原理が作用しているといってよい〔水野 1983〕。

　それを受けて埋葬におけるありかたまで含めて考えれば、その対立原理は以下のように整理することができる。

土偶—女性が土でつくる—女性原理の象徴－ヒトの誕生と生育を表現し、ヒトの死にかかわらない
　　　　　　　　　　　　　　　　　　　$\updownarrow$
　　　石棒類－男性が石でつくる—男性原理の象徴—ヒトの死にかかわる場合がある

というものである。こうした男女の対立的な原理は、春成秀爾が予察しているように、生業における性別分業のあり方に根差すもので、それが社会組織のあり方にも影響している〔春成 1986〕。土偶の副葬のはじまりにみる女性原理のヒトの埋葬への関与、あるいは男性土偶の登場による男女一

対の土偶の成立〔設楽 1994b〕は、こうした縄文時代の基礎構造に弛緩をもたらすものであり、まさに縄文時代の終末にそれが顕著になるところに、変わりゆく文化と社会のひとこまをみることができる。

註
（1） 明確に男性性器を表現した土偶は、新聞報道や展示された例などの正式報告以外のものを含めて数例知られているにすぎない〔大場 1965、島 1992〕。
（2） これらはおもに、縄文中期に住居内に立石の祭壇状施設が設けられたり、石囲炉の角に石棒が立てられたり屋内埋甕が発達したりすることなど、屋内に祭祀がもちこまれること、すなわちある種の祭祀が竪穴住居を単位におこなわれる傾向があること〔山本 1977〕と無関係ではないだろう。
（3） たとえば青森市近野遺跡（後期初頭：113点）、岩手県花巻市立石遺跡（後期初頭から中葉：262点）、同市小田遺跡（晩期：113点）、盛岡市手代森遺跡（晩期：179点）、北上市九年橋遺跡（晩期：635点）、秋田市地方遺跡（128点）、埼玉県鴻巣市赤城遺跡（後期〜晩期：113点）、千葉県市原市西広貝塚（後期中葉〜晩期：140点）、山梨県笛吹市・甲州市釈迦堂遺跡（中期：917点）などである〔国立歴史民俗博物館 1992〕。これらのうち、釈迦堂遺跡や小田遺跡例は、かなり時期が限定できるので、比較的短期間に集中的につくられたと思われるが、はたして一回の儀礼に大量につくられたのか、少量が持続的に累積した結果なのか、判断が困難である。土偶の型式学的検討とともに、貝塚遺跡と同様な緻密な発掘調査が必要とされよう。また、逆に極めて土偶の少ない時期の評価も課題である。たとえば関東地方では、縄文中期終末の加曾利EⅣ式や後期初頭の称名寺式期がそうした時期である。この時期には男性にかかわる石棒が発達する一方、女性にかかわる土偶が衰退し、おそらくおもに女性がつくったであろう土器の文様にも力強さが失われていく。縄文時代の儀礼の中での土偶の位置づけが問題になるとともに、地域によっても時期によっても、あるいは集落の違いによっても土偶の多寡には複雑な差が反映していた可能性を考えておく必要があろう。
（4） ハイヌウェレという少女を殺すことによって、その切断された死体からさまざまな食用植物が発生したという説話を典型とする神話。古事記などにもみられる栽培植物起源譚である、いわゆる死体化生神話。
（5） 長沼孝はこの土坑状の落ち込みは墓ではなく、本例は副葬土偶とはいえないと考えている。長沼孝教示。
（6） 春成秀爾は、旧石器時代にも素朴ながら死後の世界観を人々がもっていたことを、墓坑内への石器の副葬などから推定している〔春成 1988〕。
（7） 石棒は縄文前期に出現し、中期に中部、北陸地方で発達した男性器をかたどった石製品である。石剣は縄文後期に至って石棒が断面扁平に変形したものである。刀のように片方に刃がついた石器等も含めて、石棒類と呼んでおく。
（8） 兵庫県神戸市大開遺跡は弥生前期の遺跡で、縄文土器とは一線を画す遠賀川式土器と、縄文土器の系譜を引いた長原式土器が共存しており、割れた石棒が出土している。報告者はこの破砕行為に縄文時代以来の祭祀の放棄という可能性を考えている〔前田佳 1993〕が、石棒類が火を受けるなどして割れて出土するのは縄文時代を通じて一般的であり、それがあてはまるならば、長原式には縄文時代の儀礼がしっかりと維持されていたことになるので再検討の余地がある。
（9） 調布市郷土博物館にて実見。
（10） 縄文時代にはさまざまな動物形土製品がつくられ、ことに後期以降に発達する〔土肥 1985〕。それは主に狩猟対象動物をかたどったものだが、縄文時代を通じてイノシシとシカが狩猟対象動物の双璧であったにもかかわらず、土製品はイノシシが圧倒的で、シカはきわめて少ない。イノシシは生命力が強く、一度に数匹の子どもを産むことがある。これに対してシカはちょっとでも傷を負うと死んでしまうことすらあ

るか弱い動物である〔千葉 1975〕。イノシシを土製品としてつくり、ときに打ち欠いて分配したのは、こうした多産と生命力の強さをシンボライズしたものにほかならず、土偶の破壊とも通底した行為だといえよう。

(11) 中村中平遺跡のおよそ4m四方に石を配列した配石址1は、特殊な遺構ないし住居跡と考えられている。その内部からは各種の遺物が出土しているが、南北2カ所に集中し、北群には石棒、打製石斧、敲石、打製石器などが伴い、南群には土偶、磨石、砥石、丸石などが伴う。耳飾り、磨製石斧は両群にみられる。こうした遺物の分布の偏差から、馬場保之は「配石址1の内部に女性的な空間と男性的な空間が分かたれて存在した」と述べている。

(12) 縄文前期に出現し、後期以降発達する配石が墓と深くかかわるのも、ヒトの死や埋葬に直接タッチするのはおもに男の役割であった可能性を高めるものと思われる。配石遺構の発達と狩猟の活発化が、いずれも縄文後期以降の同じ時期に認められるのは偶然ではないだろう。

第4章　土偶形容器考

第1節　土偶形容器の起源をめぐって

土偶形容器とは何か　土偶形容器は1905年（明治38）、大野雲外が学界に紹介〔大野雲 1905〕して以来、今回の集成で40例となり、長野・山梨県を中心に東は福島県から西は滋賀県あるいは兵庫県にまで及ぶ。この地域で土偶が消滅する前後の、弥生時代Ⅰ期終末からⅢ期（前期末～中期中葉）に集中してつくられた。

土偶形容器は高さ30cmほどの大型品が多く、胴下半部は大きくふくらみ、底面は一般的に扁平である。ほぼ同じ時期に、顔壺と呼ばれる人面付土器がある。人面付土器の多くは壺の口縁部に顔の部分を貼り付けた技法によりつくられているが、土偶形容器の多くはあらかじめ仮面状につくった顔面を頭部前面にあけた空間に嵌め込む技法によっている〔設楽 1999b：115〕。胴部や裾部の断面が楕円形をなし、簡略化されているが腕を表現しているのは土偶との関係の深さをうかがわせ、人面付土器と区別される点である。

頬や口の回りに2～数条の線刻を施した例、目の周りを線で囲み口のまわりに弧線を加えた例など、顔面表現にいくつかの種類があり、系統的な分類が可能で、系統ごとに変遷過程を追うことができる。

土偶形容器の系譜の諸説　土偶形容器がどのようにして成立したのか、という点に関しては議論が深められているわけではないが、代表的な説を紹介して考察の手掛かりとしておきたい。

土偶形容器が有髯土偶（黥面土偶）や人面付土器（顔壺）と系譜的な関連性をもつことをまず指摘したのは永峯光一である〔永峯 1957〕。野口義麿は、容器形土偶（土偶形容器）はその顔面表現と分布の近似性から、氷遺跡や伊川津貝塚などの有髯土偶（黥面土偶）から発達したものであるとし、中空であることは晩期初めの遮光器土偶とも共通するが、その目的は容器であって、これまでの土偶と異なる蔵骨器などの用途に変身していった、という卓見を示した〔野口 1974〕。永峯も黥面土偶からの連続性を重視しているが、土偶形容器にみられる肩から胸へかけての隆帯に、大洞A′式土偶の指標との共通性を指摘している〔永峯 1977〕。石川日出志は、有髯土偶（黥面土偶）とともに土偶形容器の体部形態、腕の表現、肩の隆帯、結髪などに大洞A′式期前後の土偶の名残を指摘した〔石川日 1982〕。

こうした研究を総括した宮下健司は、容器形土偶（土偶形容器）には縄文晩期終末の有髯土偶

（顰面土偶）と東北地方の大洞A'式土偶の二つの要素が受け継がれているとするが、そのうち大洞A'式土偶の系譜を引いた肩から胸の隆帯は、有髯土偶（顰面土偶）が継承したものを間接的に引き継いだとしていることからもわかるように、容器形土偶（土偶形容器）の直接の母体を有髯土偶（顰面土偶）に求めているようである〔宮下1983〕。一方、石川は中部地方の土偶形容器は有髯土偶（顰面土偶）の表現を採用しているものの、東北地方縄文晩期終末の結髪土偶との共通点が多いことを指摘した〔石川日 1987a〕。

　土偶形容器の系譜に関する主な説は以上であるが、ここでは顔面の製作技法に注目して、土偶形容器の起源に言及してみたい。

　最古の土偶形容器　設楽はかつて「有髯土偶小考」という論文を伊藤実とともに書いたが、その中で愛知県大蚊里遺跡の土偶形容器（306）に触れたことがある〔荒巻・設楽1985〕。それまでは有髯土偶として紹介されていた資料だが〔江坂1960〕、実際に観察したところ、裏面が容器の内面状を呈していることと、内面上部が開口部に相当すると判断して土偶形容器と考え、そうだとすればもっとも古い土偶形容器であると結論付けた。しかし、その後長野県松本市石行遺跡の顰面土偶〔関沢1987〕を観察したところ、この結論に疑問をもつようになった。これらの多くは別につくった顔面を頭部に貼り付けて製作しているが、接着面からはがれたものは大蚊里遺跡例と同じような状態になっていたからである。

　この問題を再び考える機会があり、1997年にもう一度大蚊里遺跡例を観察した。その結果、かつて観察した際開口部と考えた部分は粘土塊からはがれたあとが磨滅したものと判断した。そして容器の内面状を呈していると考えた部分も石行遺跡の土偶を念頭に置けば、粘土塊からはがれた状態といえないこともないと考えるに至り、顰面土偶か土偶形容器か判断はきわめて困難だ、というのがその時下した結論だった。

　しかし、山梨県岡遺跡の土偶形容器を観察した結果、大蚊里遺跡例もやはり土偶形容器と認めるのが妥当であるとの結論に再び達した。その理由は以下のとおりである。まず、岡遺跡1・岡遺跡2例の顔面が仮に離脱したとすると、その製作技法から内面に大蚊里遺跡例のようなU字形ないしO字形の剥離痕が生じると思われる点。そうした剥離痕に囲まれた部分が大蚊里遺跡例の場合粗面を呈していたが、これは岡遺跡例にも共通した製作上の特徴であり、頭部からはがれたためと考えなくてもよいこと。さらに大蚊里遺跡例の顔面の大きさと形態、縦よりも横が長いといった特徴は、顰面土偶よりも土偶形容器の顔面に近似している点などである。

　石行遺跡例（308）も、大蚊里遺跡例とよく似た顔面形態と裏側の剥離の仕方である。これも土偶形容器の可能性がいとは言えない。

　この2例を除くと、今のところもっとも古い確実な土偶形容器は、愛知県豊橋市白石遺跡例（309）である。明らかに容器の一部であるが、湾曲からすると土器ではない。時期は、遠賀川式の中段階から新段階の古い時期（顰面土偶Ⅲ～Ⅳ期）である。白石遺跡例は、大蚊里遺跡、石行遺跡例と近似した顔面表現であるので、この2例を含めて土偶形容器の顰面の型式学的な変化を追っていきたい。

第2節　土偶形容器の諸系列と年代

土偶形容器の諸系列　土偶形容器の顔面表現は、それに先立つ顰面土偶から継承された表現である。第2章で見てきたように、顰面土偶の顔面線刻表現や頭部形態にはいくつかの類型があり、それぞれ組列をなして系列を形成する。顰面土偶と同様、土偶形容器の顔面表現にもいくつかの系列がある。

土偶形容器の顔面表現の主要な系列は、図1に示した通り、A類（後藤系列）、B類（大蚊里系列）、C類（石行系列）、D類（下橋下系列）、E類（矢作川系列）、F類（池花南系列）である。このうち、とくに問題にしたいのが変遷のよくわかるB類の大蚊里系列である。

大蚊里系列（図5-15～18）　目の下に数条の横位沈線を施し、鼻の両脇から口の周りを三角形の沈線で囲んだ表現系列である。顰面土偶後藤系列（図5-9～14）と春日系列（図5-19～22）の要素を取り込んでつくられた。⁽⁴⁾

B1類は大蚊里遺跡例（図5-15）のように、目の下に数条の横位沈線を施し、口の回りを三角形の沈線で囲み、頰に数条のハの字状沈線を施した類型。沈線は顰面土偶の古い段階同様、細い。

B2類は白石遺跡例（図5-16）のように、目の下の沈線が1条になり、他の2条は頰の線と合体して愛知県新城市島田陣屋遺跡例（350）と同様な頰の端の弧線になった類型。額の線もT字形に変化している。目の下と頰の線の融合と顎の下の沈線数が減少するなどの融合略化にあわせて、沈線が太くなっているが、条数が多いので密である。

B3類の中屋敷遺跡例（図5-17）と長野県岡谷市海戸遺跡例（316）は、頰の両端の弧線がなくなり、口の周りを取り巻く頰にかけての2条の弧線が屈折してそのまま目の下の弧線につながった例である。額の装飾はB2類を変化させながら受け継いでいる。口のまわりの線は石行タイプの影響で丸くなっている。

B4類の岡遺跡例（図5-18）は、額の線に古い型式を採用しているが、目の下の弧線と口の周りの線が連結して一筆書きできるよう、さらに簡略化されている。

このように、大蚊里例（Ⅲ期）→白石例（Ⅳ期古）→中屋敷例（Ⅳ期新）→岡例（Ⅴ～Ⅵ期）という系列が設定できるのであり、これを顰面土偶の二つの系列が合体して生じた「大蚊里系列」としておく。

石行系列（図5-23～25）　石行遺跡例は、顰面土偶の春日系列の口のまわりの線が、頰の斜線と合体して口を丸く囲むようになったものであり、そこにはささら遺跡例の影響も考えられる。また、頰の二重の弧線は、後藤遺跡例と関連性をもつ島田陣屋遺跡例からの影響と判断できる。太く角張った工具で沈線が引かれるのも、島田陣屋遺跡例との共通性といえよう。

こうした口のまわりの弧線と頰の弧線は、渕ノ上遺跡の土偶形容器へと継承された。しかし、渕ノ上遺跡例の額には伊川津系列の横位沈線文が加えられており、目は顔壺によくみられる三角形の沈線で囲まれるように、他の形式に由来する複数の要素が合体しているのが特徴である。

石行遺跡例が共伴土器から氷Ⅰ～Ⅱ式、渕ノ上遺跡例が頭部や肩の隆帯から氷Ⅱ式～弥生Ⅱ期、坂井遺跡例が磨消縄文から弥生Ⅱ～Ⅲ期古段階に位置づけられよう。このように、石行4例（Ⅲ～Ⅳ期）→渕ノ上例（Ⅳ期）→山梨県坂井例（Ⅴ期）と変化するのが、「石行系列」である。

下橋下系列（図5-26～28）　目の下から口元にかけて、2条の弧線を二重に施したのが、愛知県安城市下橋下遺跡例であり、下橋下例→玄与原例→館例と変化する、「下橋下系列」である。

下橋下遺跡例は古い要素である細い沈線文が施文され、頭部や肩の隆帯から渕ノ上遺跡例とほぼ同じ弥生Ⅰ期後半～Ⅱ期であり、玄与原遺跡例と長野県佐久穂町館遺跡例は共伴土器や隆帯状の磨消縄文から弥生Ⅱ～Ⅲ期古段階に比定される。玄与原遺跡例から館遺跡例への変化は、大蚊里系列の中屋敷遺跡例から岡遺跡例への変化と同様、口のわきの沈線文が一筆描きになる点にあるが、顎をくぼませる独特の手法からすると、両者に年代の大きな開きはないだろう。また、両者ともに顎の沈線文が横方向であり、石行系列の渕ノ上遺跡例と同様、黥面土偶伊川津系列の伝統をうかがわせる。

矢作川系列（図5-29～30）　目の周りを台形あるいは三角形に沈線で囲み、口の両脇に円形の沈線文を付加し、それぞれの沈線文のなかに短線を充填したものがある。愛知県岡崎市矢作川河床例（320）、同県春日井市勝川遺跡例（325）、静岡県浜松市角江遺跡例（355）、長野県飯田市寺所遺跡例（367）、長野市新諏訪町遺跡例、福島県郡山市徳定遺跡例（344）などが知られている。「矢作川系列」としておく。

篠ノ井遺跡例は下橋下系列と矢作川系列が合体したものである。篠ノ井類型としておく。顎を指で押さえるのは、下橋下系列の館遺跡例などと共通する。

土偶形容器の年代　共伴した土器や遺跡の年代、付随する文様などから、土偶形容器諸系列の年代に検討を加える。土偶形容器の顔面表現が、黥面土偶と関連することに異論はない。したがって、最も古い黥面土偶に近似した例を古く、それから隔たった例を新しくみることは許されよう。この観点からすれば、大蚊里遺跡例のB1類が黥面土偶に類似した、もっとも古い土偶形容器といえる。沈線が細いのも、古いことをうかがわせる〔設楽 1998：158〕。大蚊里系列は、型式学的にB1類→B2類→B3類→B4類という組列を形成することを推定したが、さらにそれぞれの型式の年代が比較的よくわかっており、土偶形容器の年代の基準となる。

B1類の大蚊里遺跡例は、集落の継続年代や年代が確定している白石遺跡例からすれば、弥生前期中葉の樫王式（黥面Ⅲ期）に位置付けるのが妥当であろう。沈線の細さもそれを裏付ける。

B2類の白石遺跡例は、工事中の出土で共伴遺物は不明だが〔贄 1976〕、遠賀川式土器の中段階を主体とする遺跡であり〔贄ほか 1993〕、この類型の年代を暗示している。降っても水神平式期であろう。

B3類の中屋敷遺跡例は体部に浮帯磨消縄文をもつが、この手法は南東北地方から中部地方の大洞A′式期直後、すなわち弥生Ⅰ期後葉からⅡ期にみられる。中屋敷遺跡例と共伴したとされる壺形土器が、この文様をもつと考えられる。近年の中屋敷遺跡発掘調査出土土器をみると、弥生Ⅱ期まで下がる土器はごく僅かであることに加え、類似した文様モチーフの土器との比較などから、中屋敷遺跡例は弥生Ⅰ期末に位置付けられる〔設楽 2005〕。この点は次の章で詳述する。

B4類の岡遺跡例は、後述する渕ノ上遺跡例の肩の隆線が沈線化して退化の様相を示すとともに、背面の渦巻文も大洞A′式土偶の要素を強く残す中屋敷遺跡例よりも簡略化の度合いが強い。胴部につけられたコの字状の沈線文は弥生Ⅱ期終末ないしⅢ期初頭の篠ノ井遺跡や群馬県高崎市神保富士塚遺跡の土器の文様に近いが、共伴した土器などからしてそれよりは若干古いと考えておきたい。したがって、大蚊里系列は、B1類（弥生Ⅰ期中葉）→B2類（弥生Ⅰ期中葉〜後葉）→B3類（弥生Ⅰ期終末）→B4類（弥生Ⅱ期）と編年される。

　大半の系列が弥生Ⅱ期までに終焉を迎えるのに対して、池花南系列（F類）の池上遺跡例（図5-5）は遺跡の年代から弥生Ⅲ期に位置づけられ、神奈川県小田原市中里遺跡からも同じ時期の同様な例が出土している（327）。

　B類を中心とした土偶形容器の型式組列と年代観によって、B1類は弥生Ⅰ期に出現し、その時期のうちにB2類へと変化する一方、A1類・C1類を生成し、弥生Ⅰ期終末にB3・C2類へ変化するとともに、D1・E1類を生み出し、弥生Ⅱ期にA2・B4・C3・D2・D3・E2類へと変化して中部地方ではほぼいっせいに終わりを迎えるが、関東地方では弥生Ⅲ期に新たにF類が生まれた、という諸系列の変遷が考えられる（図5）。

　東北地方北部の土偶形容器　胴部が楕円形であり、それが土偶からの系譜をひいていることを土偶形容器の大きな特徴とすれば、東北地方の北部に2例であるがそれと関係した資料があり、土偶形容器に加えておきたい。

　八戸城遺跡の332は刺突文土偶の、335は結髪土偶の変容したものである。いずれもこれらの土偶の肩から胸にかけて特徴的な装飾であった隆線を施しているのと、楕円をなしているので、土偶形容器の影響によって生まれた土器といえる。ところが土偶形容器のように頭部をつくるのではなく、それにかえて土器の口縁部と同じつくりになっている点に、地域の独自性がうかがえる。宮城県角田市鱸沼遺跡例（336）は扁壺というべきもので、もはや土偶という意識はすっかり失われている。

第3節　土偶形容器の出自と性格

　土偶形容器の成立　大蚊里遺跡例が土偶形容器だとすると、問題は土偶形容器の出自である。むずかしい問題であるが、関連資料のなかに手掛かりを求めてみよう。

　大蚊里遺跡列の時期は樫王式期であり、大洞A′式と併行する。したがって、土偶形容器は大洞A′式の刺突文土偶や結髪土偶の中空という特徴と黥面土偶の顔面を継承して成立した可能性が考えられる。

　愛知県豊川市稲荷山貝塚から、中空の刺突文土偶の肩部(5)（289）が出土しているのは、この問題を考えるうえで示唆的である。肩の2条隆帯が幅広に表現されたもので、大洞A′式の土偶に特有の短い腕がつく。注目したいのは中空ということである。中空の土偶形容器と中実の黥面土偶は、一定期間併存していたことが明らかにされているので、そのセット関係が稲荷山貝塚の中空土偶と忠実な黥面土偶との関係にまでさかのぼるのではないだろうか。すなわち、石川日出志が指摘した

ように〔石川日 1987a〕、中部地方の土偶形容器は黥面土偶と関連を保ちつつ、東北地方の中空土偶の影響を受けて成立したのであろう。土偶形容器の背面に、東北地方の結髪土偶の背部にしばしばつけられる「6字状表現」〔佐藤嘉 1996〕をみるのも、それを裏付ける。

土偶形容器の製作技術は、仮面状につくった顔面部分を頭部に貼り足すのを基本とするが、これは遮光器土偶など縄文晩期〜弥生前期の中空土偶の頭部製作技術と一致しているのも見逃せない点であり、これまでの土偶形容器の出自に関する説を補強するであろう。中空で底部をもつことは、偶像である土偶の役割が蔵骨器としての容器に変化したことを意味する。

土偶形容器は子どもの骨を納めた再葬の蔵骨器である。東北地方の中空土偶で墓に関連するものは、今のところ認められない。土偶形容器が成立した樫王式期といえば、南東北地方から東海地方西部で弥生再葬墓が成立する時期であり、土偶形容器は弥生再葬墓地帯で再葬制の成立とほぼ同時に生まれたと考えねばならない。土偶形容器のもっとも古い例は東海地方西部に認められるので、この地方が成立に深くかかわっていたことは確かだが、長野県上金遺跡にも類似した資料があるので、長野県域も土偶形容器の成立にかかわっていた可能性がある。

土偶形容器と黥面土偶の関係性 黥面土偶の顔面表現には系列間の要素の交渉はあったが、異系列の要素を取り込んで新たな系列が生じることはなかった。これに対して土偶形容器は、後藤系列と春日系列を合成して成立した大蚊里系列のように、黥面土偶の異系列どうしの要素を合体させて新たな系列をつくっていることに特色がある。林謙作は、遮光器土偶のつくりに大型小型、精粗の区別があることから、集落の祭祀にかかわる土偶と、それを包括した広い地域の祭祀にかかわる土偶というように、祭祀の範囲と形態に応じて土偶にも階層があることを指摘した〔林謙 1976〕。

土偶形容器は黥面土偶と深い関連性をもちながら、大型のつくりで特定の集落でわずかに用いられたという違いがある。そればかりでなく、土偶形容器は蔵骨器として用いられるという際立った特徴がある。弥生再葬は縄文晩期以来の伝統が根強い葬制であるので、林が示した晩期の土偶のあり方を援用すれば、異系列を統合して土偶形容器が成立したことと、黥面土偶との二重構造の存在は理解しやすい。

立像の系譜 このことに関連して、もう一つ考えておかなくてはならないのは、土偶形容器や黥面土偶の一部が立像だという点である。この地方のそれまでの土偶にはほとんどみられなかった特徴であり、ここでもその系譜が問題になる。東北地方には大洞A′式の土偶に中空で脚のない立像の土偶が知られている（第1章参照）。無脚中実立像には、大きく分けて屈折土偶の脚が退化したものと、結髪土偶の一類型としての無脚のものとがあり、後者は佐藤嘉広によると大洞A式〜A′式であり、立像形の黥面土偶の起源の候補にあげられる。

一方、西日本には長原式に成立したいわゆる「台式土偶」があり、これが土偶形容器や黥面土偶の立像の原型であり、さらに東北地方の無脚土偶に影響を与えたという意見もある〔鈴木正 1993a〕。台式土偶は、土偶形容器が成立したと思われる三河地方にまで及んでいる。

再葬にかかわる像として、土偶形容器は祖先の像という性格を帯びていた可能性も考えられるのであり、墓に副葬される無脚黥面土偶とともに多産の象徴としての土偶本来の性格が変化している〔設楽 1996a〕。それが、祖先の像とされる木偶など西日本の弥生文化の影響によって変化したの

か、再葬に伴う祖先祭祀の発達という縄文晩期以来の歴史のなかで自律的に変化したのか、あるいは東北地方の土偶が影響を及ぼした結果なのか明らかにすることは、今後の課題である。

男女一対の像　土偶形容器には、2体一対で出土したものが2例ある。渕ノ上遺跡例（290・291）は「地下三尺の所に二体並列して発見された」〔甲野 1939：549〕とされる。より古い文献〔和田 1917〕によれば並列していたか否かはっきりしないが、近い場所から出土したことは確かだろう。岡遺跡例（293・294）〔森和 1975：292〕も2体が並列していたのか明確ではないが、2体を比較すると頭部を除いた部分がきわめて類似しており、胎土や焼成、色調からしても、ほぼ同時につくり使われたとみてよいだろう。土偶形容器が男女像ではないかということは、渕ノ上遺跡例が発見された時にすでに気づかれていたことである〔和田 1917：177、小山 1922：116〕。以下、その説を論証してみよう。

　岡遺跡例のA（293）は高さ27.0 cm、B（294）は23.0 cmで、明らかに大小につくり分けられている。渕ノ上遺跡のB（291）は頭部が欠失しているが、その状態で完形のA（290）よりも大きいので、これも大きさを違えてつくっていることがわかる。岡遺跡例はともに乳房をもたないが、頭部の形態はそれぞれ異なっており、大型のAは筒状につくるのに対して、小型のBは後頭部を左右に張り出してつくり、髷を結ったように仕上げている。中屋敷遺跡例（298）の後頭部は、髪の分け目の線を三叉状抉りこみで表現している。渕ノ上遺跡の大型のBには乳房があるが、小型のAにはない。Bの頭部形態は不明だが、Aは筒状である。頭部の形態と乳房の有無という視点から他の例をみると、髷を結ったような頭部形態の中屋敷遺跡例は乳房をもつのに対して、筒状の下橋下遺跡例は乳房をもたない。中屋敷遺跡例と同じ型式である顔面表現B3類の海戸遺跡例（316）が筒状の頭であることからも、やはりつくり分けられていたことがわかる。

　このように一対の土偶形容器は大きさばかりでなく、頭部を明らかにつくり分けており、これが男女のつくり分けであることは間違いないだろう。つまり、男性は頭部を筒状につくり乳房をもたず、女性は頭部を髷状につくり乳房を表現したのである。単独で出土した土偶形容器にもこの法則は当てはまるので、土偶形容器は、男女一対を基本とする偶像であった可能性が高い。渕ノ上遺跡B例は、髷状の頭部をもっていたのではないだろうか。

男女像の変貌　こうしてみると、渕ノ上遺跡例は女性像Bを大きくつくっているのに対して、岡遺跡例は男性像Aのほうを大きくつくっていることになる。また、岡遺跡例は2体とも乳房の表現を欠いており、山梨県韮崎市坂井遺跡例〔鳥居 1924：206〕は髷状の頭部である女性像であるにもかかわらず、やはり乳房を表現していない。池上遺跡例も頭部は女性像のそれだが、乳房を欠いている。それがどのような意味をもつのかを考えるには、これらの年代が手がかりになる。

　先の検討によって、渕ノ上遺跡例は弥生Ⅰ期終末に、岡遺跡と坂井遺跡例は弥生Ⅱ期に位置づけられ、筒状の頭で乳房のない下橋下遺跡例と髷状の表現で乳房をもつ中屋敷遺跡例は弥生Ⅰ期終末、髷状の頭で乳房のない池上遺跡例は弥生Ⅲ期であることがわかった。すなわち、土偶形容器の古い段階では女性像が大きく、乳房を表現していたのに対して、新しくなると男性像が大きくつくられ、女性像の乳房が欠落していくのである。したがって、当初女性原理が勝っていたのが、男性原理が台頭してくるという性格の変化の可能性が考えられよう。

土偶形容器は三河地方や長野県地方で、黥面土偶の複数の系列の要素を合わせ、黥面土偶と複合した祭祀構造をもつものとして成立した中空立像の蔵骨器である。中空の立像であることと蔵骨器であることは関連性をもつが、中空のつくりは東北地方の土偶の影響が考えられ、蔵骨器という機能は東北地方〜中部地方の縄文晩期以来の葬制のなかから自律的に生じたものであろう。

　祖先の像の可能性もある立像という点に関しては、東北地方あるいは西日本の影響などが考えられるが、決着は今後の課題である。また、男女一対の像であることや、その変化の過程で男性像が女性像よりも大きくつくられるようになることが指摘できた。

　このことは、土偶形容器が縄文時代の土偶の系譜を引きながら成立してきた一方で、縄文時代の土偶からは大きくその性格を変化させていることを示している。これは土偶形容器だけに認められる変化ではなく、ほかの偶像にも言えることなので、第12章および終章であらためて論じることにしたい。

　註
（1）　兵庫県神戸市大歳山遺跡の人面付の容器は黥面ではなく在地化しているが、頭部ないしは胴部の破片は断面が長方形をなしており、土偶形容器の特徴と一致する〔渡辺(伸) 1986〕。弥生前期終末。
（2）　有髯土偶、黥面土偶とは、縄文晩期後半から弥生時代にみられる顔に数条の類型化した沈線文を施した土偶である。設楽はかつて有髯土偶の名称を用いていたが、現在は黥面土偶と呼んでいる。詳細は〔設楽 1998a〕を参照されたい。
（3）　この判断は、〔荒巻・設楽 1985〕を書いたのちに調査された長野県松本市石行遺跡の黥面土偶を観察した折に、頭部形態Ⅳ類の黥面土偶の多くに裏面が擬口縁状の凹面をなす大蚊里遺跡例と同様の剥離痕を確認した知見も踏まえたものであった。
（4）　西広貝塚の土偶（170・171）には目の下に沈線文と頬にハの字状の沈線文、さらに鼻の下に沈線文があり、大蚊里系列の祖形をなす可能性も否定できない。しかし、大蚊里例の頬の線刻が多条で目の下の沈線が弧状をなしているところから、大蚊里例の直接の祖形を春日系列と後藤系列に求めたい。なお、鈴木正博の批判のとおり、旧稿で取り上げた西広の土偶（報告書第210図9・12）の時期比定は誤っていた。この2例は定式化した黥面土偶から外れる、別の型式の土偶である。
（5）　東北地方の刺突文土偶は、いわゆる肩パット状の装飾が胸の部分で渦を巻き、それと顎の間の肩部に瘤が付けられるのが一般的である（50）。本例は東北地方からの搬入品の可能性もあるかもしれないが、肩の刺突隆帯が2条施されるところからすると、中部地方で刺突文土偶の影響を受けて独自に生成した土偶（275）の仲間に属すと考えた方がよい。しかし、そうだとしても中空であることはやはり刺突文土偶の影響の強さを物語っており、土偶形容器の属性の由来を示しているのではないだろうか。
（6）　赤城遺跡から、安行3b式の中空立像のミミズク土偶が出土している。
（7）　台式土偶の名称は、鳥居龍蔵が土偶形容器につけたものである〔鳥居 1924〕。鈴木正博はこれを長原式土偶や黥面土偶にまで拡大して用いている〔鈴木(正) 1993a〕。

第5章　神奈川県中屋敷遺跡出土土偶形容器の年代

第1節　中屋敷遺跡出土の土偶形容器をめぐって

論点　土偶形容器は中空につくられ、開口した頭部からものが出し入れできる容器である。初生児の骨を入れたものがあるので、再葬の蔵骨器としての役割をもつ。

腕の付いたものが多く土偶の形状をとどめているが、脚はない。腰の部分にあたる底部は裾広がりで、底面は平らで安定性がよく、自立可能である。胴部や腰部は断面が楕円形をなし、土偶の名残がうかがえる。顔面に線刻がみられるが、これも縄文晩期の顰面土偶の伝統である。このように、縄文時代の土偶、とくに晩期のそれと関係が深いことから、土偶形容器は土偶の末端に位置付けられてきた経緯があり、台式土偶、あるいは容器形土偶などと呼ばれてきた。

しかし、土器編年の整備とあいまって、再葬にかかわるという理解が深まるにつれ、年代的にも性格的にも弥生時代に位置付けるべきものである、との認識が一般化した。蔵骨器という容器としての特徴を重視して、「土偶形容器」という名称が普遍化しつつある。

本章では、土偶形容器を代表する神奈川県中屋敷遺跡例を取り上げ、年代に関する諸説を紹介したのち、型式学的な検討および同遺跡出土土器の検討を踏まえてその年代を定め、土偶形容器編年の一つの定点にすることをめざす。

中屋敷遺跡の概要　中屋敷遺跡は神奈川県足柄上郡大井町に所在する。酒匂川の支谷である菊川左岸、標高およそ100m、谷部との比高が20mほどの台地上の緩斜面に立地する。1934（昭和9）年、小宮柳太郎宅地前の道路を掘り下げた工事の際に土偶形容器が発見された〔石野 1934〕。土偶形容器は旧地表下120cmほどの所にうつぶせになった状態で出土し、直下には灰のような骨片をまじえていたとされている〔石野 1934：130・甲野 1939：550〕。土偶形容器の中には骨や歯が納められており、小金井良精・長谷部言人は初生児であろうと鑑定している〔甲野 1939：551〕。

土偶形容器には磨消縄文をもつ壺形土器が伴出しているが、これに興味をもった吉田格が、土偶形容器出土隣接地を調査し、条痕文のついた壺形土器などの破片を発掘した〔吉田 1958〕。

その後、1999年から昭和女子大学による学術発掘調査が行われ、2004年度で第6次調査に至った。遺跡の数箇所に入れたトレンチ調査の結果、これまでに16基の土坑が報告されている。土坑は円形で、たらいのような形状のものが多い。そのうちの一つである16号土坑から多量の炭化物と骨片が出土しているが、骨は人骨ではないと鑑定されており、貯蔵穴もしくは廃棄坑の可能性を

視野に入れる必要があるとしている〔鈴木由ほか 2004：109〕。後述のように、一連の調査で得られた土器はまとまった時期のものであり、この地域の基準資料となるとともに、土偶形容器の年代を推測する上でも重要である。

中屋敷遺跡出土土偶形容器の特徴　中屋敷遺跡出土の土偶形容器（298）について、年代を推測する手がかりとなる特徴を簡単に述べ、のちの議論の素材を提示しておくことにしたい。

① 顔面に線刻をもつ。土偶形容器の顔面線刻にはいくつかの系列がある。中屋敷例の属する系列は、型式変化がよくたどれるので基準となる。

② 胸の正中線と腹部の錨形の文様が磨消縄文によって描かれる。東北・関東地方の縄文晩期終末土器型式の指標である、変形工字文や三角連繋文などの規則的文様パターンから離れ、自由度の高い独立した磨消縄文のモチーフになっている。磨消縄文は沈線の区画をもたないかわりに、外側の面を削ることで浮き彫りにした、「磨消浮帯文」手法〔石川日 2003：60〕によっている。

③ 腕から肩の裏面にかけて縄文が施され、その上に太い沈線で文様を描く。沈線の一部は東北地方の縄文晩期終末大洞A′式土器の指標である、変形工字文の文様モチーフ末端と同じ趣向をもつ。U字状の沈線文が認められる。顔の線刻も、同様に太い沈線によって描いている。背部には蕨状の沈線文が2段に施されるが、大洞A′式土偶の文様に近い。

④ 胎土には砂をあまり含まずに硬質に焼かれ、縄文部分以外はよく磨かれて光沢を帯びている。色調はやや赤みがかった濃い茶褐色である。

中屋敷遺跡出土土偶形容器の年代諸説　1928年（昭和3）に土偶の型式分類を発表した甲野勇は、その中で土偶形容器を厚手式土偶、今でいう縄文中期の一例としたが〔甲野 1928〕、山内清男の教示によりその年代観をあらためたという。山内は1930年に長野県渕ノ上遺跡の土偶形容器などを取り上げ、いわゆる台式土偶であり、その年代観については厚手式土偶とする証拠は薄弱で、弥生式に近似した縄文式終末の土器に伴うものではないか、としている〔山内 1930：276-277〕。そうしたところに中屋敷遺跡からあらたに土偶形容器が発見され、甲野がその伴出遺物などに注意しつつ書いたのが1940年の論文であり、山内の指導を受けて、甲野はその中で中屋敷遺跡例を「縄文式最終末期」としたのである〔甲野 1940：13〕。これが、今日の土偶形容器の編年的位置付けがほぼ決定した経緯である。

ところがその後、中屋敷遺跡例に限らず土偶形容器の年代は、縄文時代と弥生時代の間を行ったり来たりするようになった。その年代観に正面から取り組んだ研究論文はこれまでに多いとはいえない。むしろ、中屋敷遺跡の土偶形容器はほぼ完全な形で発掘され、つくりもよかったので、叢書や図鑑などに多用された。そこで、ここでは研究論文に図鑑類の解説を加えて、年代観について振り返ってみることにしよう。図鑑類の解説は当時の一般的な認識が反映されており、識者が中屋敷遺跡の土偶形容器の年代をどのようにとらえていたのか、探る手がかりになる。

表3が手元にある書籍や論文に筆者自身の論文なども加えて取りまとめたものだが、「縄文晩期直後」、「縄文文化末期直後」、あるいは「縄文晩期終末から弥生時代にかけて」、という年代観が目を引く。「縄文晩期？」や「弥生時代？」という疑問符も、大変微妙な時期の産物と認識されてい

第5章　神奈川県中屋敷遺跡出土土偶形容器の年代　53

表3　中屋敷遺跡出土土偶形容器の年代諸説（執筆者に＊がついたものは直接中屋敷例を扱った文献ではない）

執筆者	発行年	論文名	名称	時期
＊山内清男	1930	「所謂亀ヶ岡式土器の分布云々に関する追加一」『考古学』第1巻第4号、273〜277頁。	台式土偶	縄文式終末か（276〜277頁）
石野　瑛	1934	「足柄上郡山田村遺蹟と出土の土偶」『武相叢書　考古集録』第二、127〜135頁、武相考古学会。	土偶	石器時代（128頁）
石野　瑛	1937	「古代文化表徴としての土製遺物」『歴史公論』第6巻第8号、22〜35頁。	土偶	後期縄文式（33頁）
甲野　勇	1939	「容器的特徴を有する特殊土偶」『人類学雑誌』第54巻第12号、545〜551頁。	容器的特徴を有する特殊土偶	なし
甲野　勇	1940	「土偶型容器に関する一二の考察」『人類学雑誌』第55巻第1号、10〜13頁。	土偶型容器	縄文式最終末期（13頁）
吉田　格	1958	「神奈川県中屋敷遺跡－所謂土偶形容器発掘遺跡の考察－」『銅鐸』第14号、1〜4頁、立正大学考古学会。	土偶形容器	南関東弥生式文化初頭（4頁）
野口義麿	1958	「先史土偶」『世界陶磁全集』Ⅰ、207〜220頁、河出書房。	容器形土偶	晩期（216〜218頁）
野口義麿	1960	「容器形の土偶」『世界美術全集』第1巻、日本（1）先史、260頁、角川書店。	容器形土偶	
江坂輝弥	1960	『土偶』校倉書房。	容器形土偶	縄文時代晩期末（129頁）
＊永峯光一	1963	「長野県小諸市氷発見の土製品について」『考古学雑誌』第42巻第2号、126〜131頁。	容器形土偶	なし
甲野　勇	1964	「容器形土偶」『土偶・装身具』日本原始美術2、182頁、講談社。	容器形土偶	縄文晩期？（182頁）
江坂輝弥	1964	「土偶」『土偶・装身具』日本原始美術2、121〜140頁、、講談社。	土偶	弥生（126頁）
野口義麿	1964	『日本の土偶』紀伊国屋書店。	容器形土偶	縄文晩期（138頁）
サントリー美術館	1969	『土偶と土面』。	土偶	縄文文化晩期（155頁）
江坂輝弥・野口義麿編	1974	『土偶芸術と信仰』古代史発掘3、講談社。	容器形土偶	弥生時代？（46〜47頁）
野口義麿	1974	「遺構から発見された土偶」『土偶芸術と信仰』古代史発掘3、99〜110頁、講談社。	容器形土偶	弥生？　氷式から2時期くらい下がった時期（111・112頁）
柴田俊彰	1976	「人面付土器の意義」『考古学研究』第23巻第1号、104〜115頁。	土偶形容器	縄文時代と弥生時代の接点（111頁）
鈴木保彦	1977	「立像形半身立像」『土偶　埴輪』日本原始美術大系3、189頁、講談社。	容器形土偶	縄文晩期直後（189頁）
永峯光一	1977	「呪的形象としての土偶」『土偶　埴輪』日本原始美術大系3、155〜171頁、講談社。	容器形半身立像	弥生文化東漸の過程の過渡的な型式（166頁）。
＊小林達雄・亀井正道	1977	『土偶　埴輪』日本陶磁全集3、中央公論社。	土偶	縄文晩期直後（68頁）
赤星直忠・岡本勇ほか	1979	「中屋敷遺跡」『神奈川県史資料編20考古資料』143頁、神奈川県。	土偶形蔵骨器	縄文文化末期直後に位置する本県弥生文化初頭（143頁）
水野正好	1979	『土偶』日本の原始美術5、講談社。	容器形土偶	縄文晩期末（42・43頁）
宮下健司	1983	「縄文土偶の終焉－容器形土偶の周辺－」『信濃』第35巻第8号、594〜617頁。	容器形土偶	弥生中期初頭（614頁）
小野美代子	1984	『土偶の知識』121〜123頁、東京美術。	容器形土偶	縄文晩期末（122頁）縄文文化終末期（123頁）
米田耕之助	1984	『土偶』考古学ライブラリー21、ニューサイエンス社。	容器形土偶	縄文晩期終末から弥生時代にかけて（87頁）
荒巻実・設楽博己	1985	「有耳土偶小考」『考古学雑誌』第71巻第1号、1〜22頁。	容器形土偶	弥生中期初頭（13頁）
石川日出志	1987	「土偶形容器と顔面付土器」『弥生文化の研究』第8巻、祭と墓と装い、160〜164頁、雄山閣。	土偶形容器	弥生前期末（162頁）
鈴木公雄編	1988	『縄文人の生活と文化』古代史復元2、講談社。	容器形土偶	縄文晩期（155頁）
植木弘・植木智子	1988	「土偶の誕生と終焉」『縄文人の道具』古代史復元1、145〜159頁、講談社。	土偶形容器	縄文晩期直後（159頁）
岩永省三	1989	「装身と祭りの造形」『弥生農村の誕生』古代史復元4、149〜167頁、講談社。	土偶形容器	縄文晩期末（154頁）
江坂輝弥	1990	『日本の土偶』六興出版。	容器型土偶	弥生時代（169頁）
藤沼邦彦	1997	『縄文の土偶』歴史発掘3、講談社。	容器形土偶	弥生時代（48頁）
岩永省三	1997	『弥生時代の装身具』日本の美術3、NO.370、至文堂。	容器形土偶	弥生Ⅰ期（前期＝筆者註）（33頁）
設楽博己	1998	「黥面の系譜」『氷遺跡発掘調査資料図譜』第三冊、153〜164頁、氷遺跡発掘調査資料図譜刊行会。	土偶形容器	弥生前〜中期初頭（160頁）

たことをよく表している。縄文晩期直後というからには弥生時代といってもよいように思われようが、そう断言できない裏には、弥生時代にこのように土偶の形状をよく残すものはもはやないと考えられていたからではないだろうか。また、弥生時代中期には人面付土器があり、土偶形容器は人面付土器より古いとの考えから、それは中期以前すなわち縄文時代である、という論法が支配していたのであろう。東日本の弥生文化は中期から始まる、という年代観があったからこその位置付けだった。

　磨消縄文がついた弥生土器は、かつてはすべて中期に編入されていた。これに対して中村五郎は、静岡県磐田市見性寺貝塚から出土した磨消縄文の弥生土器が、前期の遠賀川式土器や水神平式土器に伴出するとするほうが自然であると考えた〔中村五 1976：222〕。また、埼玉県深谷市四十坂遺跡出土土器は変形工字文からすれば大洞A′式直後で、それに後続する変形工字文をよく残す栃木県佐野市上仙波遺跡例とともに群馬県東吾妻町岩櫃山遺跡以前とし、古式弥生式の最古段階においている〔中村五 1976：221〕。岩櫃山式が中期初頭というのは動かず、その前に2型式の弥生土器が存在していることから、暗に関東・東北地方における前期の存在を示唆したのである。その後、明確に福島県郡山市御代田遺跡出土土器を標式とする御代田式などを弥生前期に位置付けたが〔中村五 1982〕、そこでは磨消縄文が確立しており、磨消縄文のある弥生土器をすべて中期に押し込める不都合は解消された。宮下健司が土偶形容器を集成し、初期のものが水神平式土器に伴うことからこれまで縄文晩期とされていた点をあらため、弥生時代の遺物ととらえたのは〔宮下 1983：606〕、そうした弥生土器編年の見直し作業を受けたものであった。(2)

　しかし、弥生前期の磨消縄文は宮城県方面の青木畑式にしても、福島県いわき市一人子遺跡や茨城県稲敷市殿内遺跡のそれにしても、多くは変形工字文や三角連繋文のモチーフを崩さずに単位文の空間や外側に磨消縄文を充填するのが一般的である。すなわち縄文晩期終末の文様モチーフに規制されたありかたを示すものであって、筆者自身は中屋敷の土偶形容器のような自由度の高い独立した幾何学的磨消縄文は、御代田遺跡の土器に含まれる若干の類似例や見性寺貝塚例とともにやはり中期初頭と考える余地もあるのではないか、との思いがあった〔設楽 1998a〕。それは、中屋敷遺跡の土偶形容器に共伴したとされる壺形土器の編年的位置付けも一つの根拠としたものだった〔荒巻・設楽 1985：13〕。また、中屋敷遺跡の土偶形容器の顔面線刻は、弥生前期の土偶形容器である愛知県白石遺跡例よりも沈線が太くなっていることとともに、そのモチーフが中期的な磨消縄文を施した岡遺跡の土偶形容器により類似していることも、それを後押しした。

　そこで次に、中屋敷遺跡から出土した土器及び周辺の関連した土器を分析する。土偶と土器はよく似た技術でつくられ、似た文様がつけられる場合が多いので、土器の年代に土偶形容器のそれを考える手がかりが多く潜んでいると思われるからである。

第2節　中屋敷遺跡出土土器の特徴と年代

土偶形容器に伴出した土器　土偶形容器に伴出したとされる土器は、高さ14cmほどの小型の壺である〔石野 1934：135〕。この土器の図面は〔吉田格 1958：2〕に掲載されている。図10-1はそ

れを転載したものだが、波状口縁で口唇部に縄文らしきものがついている。胴部はよく張っており、底部付近にまで斜行縄文がつけられ、胴中位から上位にかけて工字状にそれが磨り消されている。

この種の土器の頸部無文部と縄文をつけた肩部の境には、段差があるのが一般的である。また、胴上部の磨消工字文も一段低くなっている、すなわち工字文の外側が磨消浮帯文になっているものもある。実物にあたれない現状での憶測にすぎないが、のちに述べる昭和女子大学発掘資料にも縄文部と無文部に段差をもつものがあるので、そのような特徴を有していた可能性を指摘しておきたい。

吉田格による中屋敷遺跡の発掘と出土土器　吉田格は、土偶形容器が出土した地点の付近数箇所を試掘している。図10-2～6はその際出土した土器である。2は壺形土器の口縁部。吉田の報告では断面が直立して描かれているが、口縁部拓本の彎曲度から割り出して、傾きに修正を加えて提示した。口縁内外ともに細密条痕を施し、口縁に3条の圧痕を連続させる。条痕は貝殻によるものより細い。その他、内彎した口縁の深鉢（5）、壺？の頸部（3）、壺ないし深鉢の胴部があるが、いずれも条痕は2と同じ調子である。

このうちとくに注目したいのが2である。これは東海地方の弥生前期土器である樫王式～水神平式の突帯のある条痕文壺形土器の影響を受けた、いわゆる中部高地型突帯文壺形土器である。通常、この手の土器は丈の高い突帯に圧痕が施されるのだが、この例は3条のゆるい凹線間にできた低い突帯を刻む。口縁内面の横方向の細密条痕にも注目したい。

昭和女子大学による中屋敷遺跡の発掘と出土土器　昭和女子大学による6次にわたる調査で、土坑が十数基とらえられたが、とくに第2次調査の2号土坑と第5次調査の15・16号土坑出土土器が充実しているので、それらを中心に報告内容を元にして略記しておきたい（図11）。

① 2号土坑出土土器〔佐々木由・館 2001〕　1は匹字状の工字文を施した鉢。2・3は口縁が外反し頸部がくびれる鉢で、口縁に一条沈線を施す。埼玉県四十坂遺跡に類例があり、年代決定の好資料である。4・5は波状口縁の深鉢で、口縁に縄文帯をもつが、無文部がミガキないしヘラナデされるために、結果的に縄文帯を浮き出させている。その他条痕をもつ土器の

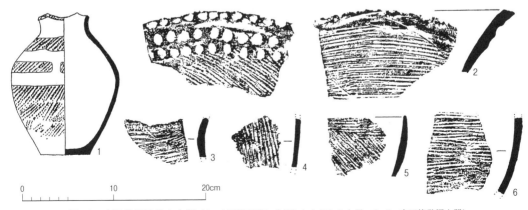

図10　中屋敷遺跡出土土器（1. 土偶形容器に共伴したとされる土器、2～6. 吉田格発掘土器）

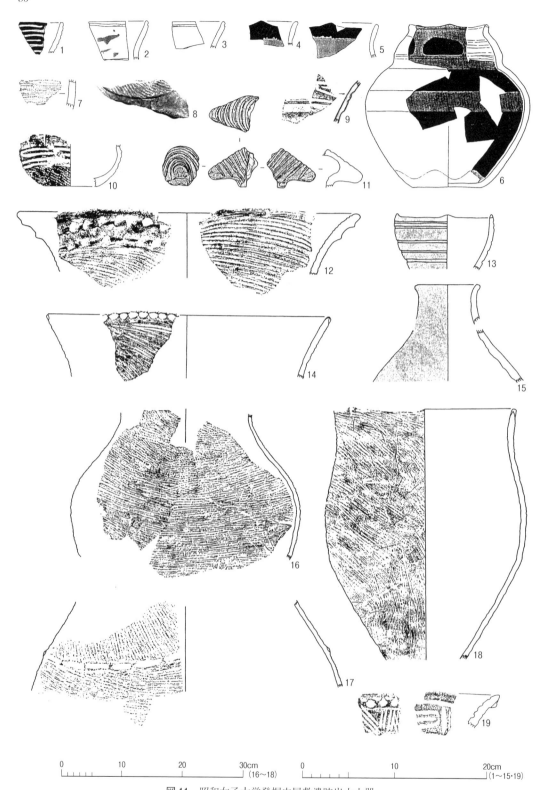

図11　昭和女子大学発掘中屋敷遺跡出土土器
（1〜7. 2号土坑、8. 12号土坑、9〜13・15〜18. 16号土坑、14. 15号土坑・19. 3号土坑）

破片が出土している。6は瓢箪形をなす壺形土器。頸のくびれ部は強くなでることでその上の頸部との境に段ができている。頸部と胴部に赤彩が施されるが、頸部のそれは楕円状に赤彩されることで、赤彩以外の部分が工字状をなす。

② 12号土坑出土土器〔石井ほか 2003〕 7は磨消浮帯文が施された壺の肩部。縄文帯は彎曲している。

③ 15号土坑出土土器〔鈴木由ほか 2004〕 14は条痕文の深鉢。比較的大きく開く口縁の端部には、押捺が加えられる。

④ 16号土坑出土土器〔鈴木由ほか 2004〕 8は口縁が軽く内彎しつつ外反する鉢形土器。文様帯下端を削り出して隆帯状の文様帯キャンバスをつくり、そこに変形工字文類似の三角連繫文を描く。報告の器形は内傾して復元しているが、外反する鉢だろう。文様帯下端の彎曲から推測して、断面図を修正した。9・13は鉢形土器。9は頸部無文帯と胴部文様帯があり、縄文地に胴部文様帯として工字文が沈線でしっかり描かれる。13には水平の沈線が数条めぐる。15は無文の壺形土器。赤彩されている。12は中部高地型突帯文壺形土器。17は頸胴界に長いレンズ状の刻目突帯文をもつ壺。突帯を境に調整を変えるのは在地的である。16は水平方向の条痕文を基調とする壺の胴部。図示していないが、2号土坑4・5と同類の口縁に磨消浮帯文をもつ深鉢や、14と同類の条痕文の深鉢もある。

中屋敷遺跡出土土器の年代 これらの土器の編年的位置付けだが、まず昭和女子大学の発掘資料について検討してみよう。2号土坑から出土した匹字文風の工字文をもつ鉢や四十坂遺跡出土例と共通した口縁に1条沈線のある鉢は、その文様モチーフや特徴から、大洞A′式後半ないし直後に位置付けることができる。共伴した深鉢にみられる口縁の縄文隆帯は、荒海式の折り返し口縁の作風を受け継いだ相模地方特有の手法であり、痕跡的になってはいるが弥生前期のうちに収めて差し支えない。

16号土坑の鉢に施された、三角連繫文や沈線化した工字文も、大洞A′式ないしその直後と見てよい。頸胴界に突帯をもつ壺は、三河地方では晩期終末の馬見塚式、弥生前期の樫王式に隆盛するが、前期終末の水神平式には格段に少なくなる。しかしこの土器は在地化が顕著なので、相模地方で隆帯が三河地方より後まで残ったのであろうが、弥生前期に収まることは間違いない。中部高地型突帯文壺形土器は、口縁内面に横方向の細密条痕を施しており、三河地方の水神平式や群馬県渋川市南大塚遺跡や沖Ⅱ遺跡など、弥生前期の土器に顕著な調整方法である。

こうしてみると、これら土坑出土土器は一括性がきわめて高く、弥生中期に下がる要素はいっさい認められず、昭和女子大学の報告結果のとおり弥生前期後半に属すものである〔鈴木由ほか 2004：109〕。精製土器はよく磨かれて光沢をもち、その他の土器もいずれも砂を多く含まず、焼成は堅緻である。色調は黒褐色や茶褐色の暗色系のものが多い。弥生中期の土器は、東海地方や中部高地など地方を問わず、洗うと溶けるような砂質になり、色調も明るいオレンジ色や黄褐色のものが多くなるのであり、文様モチーフばかりでなく、土器づくりの面からも中屋敷遺跡の土器群は弥生前期に位置付けることができる。

吉田格発掘資料の中の中部高地型突帯文壺形土器は、昭和女子大学の発掘資料（図11-12）と同

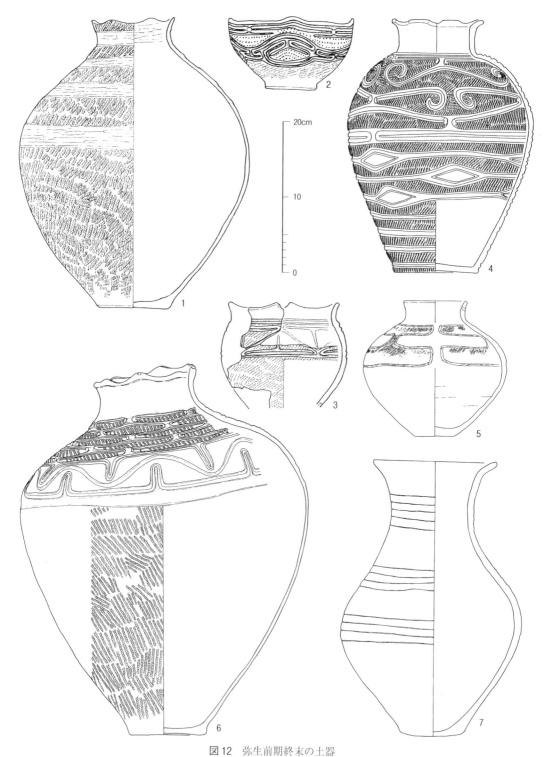

図12 弥生前期終末の土器
(1〜3. 長野県峯北遺跡、4. 福島県鳥内遺跡、5. 群馬県上ノ久保遺跡、6・7. 長野県ほうろく屋敷遺跡)

じ技法をもつものであり、やはり前期に位置付けることができる。

　それでは、土偶形容器と共伴したとされる壺形土器の編年的位置付けはいかがだろうか。他の遺跡の資料を加え、中屋敷遺跡出土土器全体と比較しながら検討してみたい。また、その作業を通じて、中屋敷出土土偶形容器の文様の特徴である自由な文様モチーフと太い沈線文という特徴の年代や由来についても考察を進めたい。

　図12-6・7は長野県ほうろく屋敷遺跡出土土器である〔大沢ほか 1991〕。この遺跡は再葬墓の遺跡で、墓坑はA～Dの4群からなり、6がB群で、7がD群である。このうち問題になるのが6だが、肩部に変形工字文の流れを汲んだ三角連繋文をもち、縄文を充填している。単位文の会合部には粘土の盛り上がりが対になって認められる。隣接する別の墓坑から出土した7はヘラ描き沈線文であり、中期に限りなく近いが前期のうちに位置付けることができ、6とほぼ同じ年代と見てよい。そこで注目できるのが、6の胴部につけられた縄文の上に一段深く幅広に抉られた磨り消し帯であり、縄文を一段浮き上がらせる役割をしている。すなわちこれは磨消浮帯文にかかわる手法である。

　磨消浮帯文は茨城県常陸大宮市小野天神前遺跡の渦巻文の壺にみられるように、弥生中期初頭に発達する手法だが、6はそれが前期にさかのぼることを示す。さらにその起源は、大洞C_2式にさかのぼるとされる〔石川日 2003：60〕。肩部と胴部の間には波状沈線が加えられ、その間に交互にとげ状の沈線が入れられているが、沈線は太いことと、とげ先端の沈線反転部がU字状をなすことにも注目しておきたい。太いU字状の沈線文は、埼玉県四十坂遺跡の三角連繋文の一部にすでに出現し、茨城県日立大沼遺跡や殿内遺跡など変形工字文や三角連繋文が自由度を増した弥生前期終末の段階の文様モチーフに散見されるとともに、中屋敷遺跡の土偶形容器の文様に認められるからである。

　反転部がU字状をなす太描き沈線文がさらに幅広くなったものが、神奈川県山北町堂山遺跡の鉢である（図13-1）。堂山遺跡の土器は安藤文一が調査報告した資料〔安藤ほか 1988〕を谷口肇が再吟味し、その多くが弥生前期に属することを論じている〔谷口肇 1990〕。図13に抽出したものが、前期に属するものの代表であり、堂山1式というべきものである。図11の中屋敷遺跡の土器群と比較するとその構成が類似していることがわかり、年代も近いことが推測できる。とくに1に代表される太い沈線によって文様モチーフを描き、光沢がでるほどよく磨くのは四十坂遺跡や後述の長野県塩尻市峯畑北遺跡出土土器などからもうかがえるようにこの時期の土器の特徴といってよく、それは中屋敷の土偶形容器の顔面や体部に共通した特徴でもある。

　図12-1～3は峯畑北遺跡の土坑出土土器である。それぞれ別々の土坑から出土した。2は太い沈線で反転部がU字状をなす。変形工字文の流れを汲んだ文様モチーフである。口縁部文様帯には弥生前期終末の沖式土器に通じる文様モチーフも見られる。3は変形工字文に近い三角連繋文である。いずれもミガキが丁寧で砂が少なく堅緻であり、そうした特徴を含めてこれらが前期にさかのぼる資料であることはいうまでもない。1は波状口縁の壺形土器で、胴部全面に縄文を転がし、3段無文帯を設けているが1段深く縄文を磨り消しているので、磨消浮帯文となっている。1は茶褐色でヘラミガキが丁寧になされて光沢をもち、2・3と同じく前期的特徴をもつ。それを踏まえて

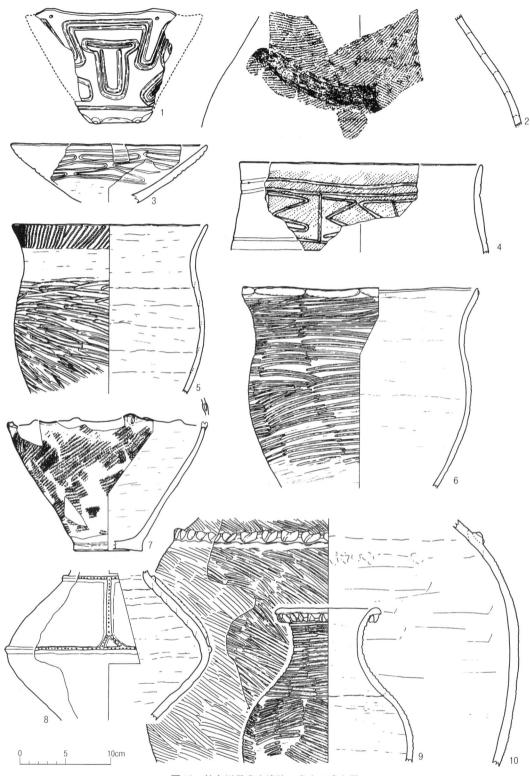

図13 神奈川県堂山遺跡の堂山Ⅰ式土器

磨消浮帯文手法が前期にさかのぼることからすれば、1は前期と考えてよいのではないだろうか。
　そして、それは中屋敷遺跡の磨消縄文の壺とよく似ている。中屋敷遺跡の壺は工字状の磨消縄文であるが、類似した文様モチーフは赤彩ではあるものの中屋敷遺跡に認められる（図11-6）。この土器は頸部が強くなでられており、磨消浮帯文と同じ手法を有する。また群馬県上ノ久保遺跡の再葬墓から弥生前期の水神平式土器に伴って、工字状の磨消縄文をもつ壺が出土している（図12-5）。これは磨消浮帯文ではなく、沈線によって区画されたものだが、弥生中期中葉以降に発達する文様モチーフがすでに弥生前期から用いられていたことと、変形工字文などの規制を離れて独立した磨消縄文が弥生中期を待たずに登場していることを示す。こうした特徴は、中屋敷遺跡の壺が弥生前期にさかのぼる可能性を高めている。したがって、中屋敷遺跡から出土した土器の大半は、弥生前期に位置付けることができる。

第3節　中屋敷遺跡出土土偶形容器の年代

　土偶形容器の諸系列における中屋敷例の位置付け　図5は、前章で述べた土偶形容器の顔面の変遷である。中屋敷遺跡例は、そのうちの大蚊里系列に属す。それは、目の下に数条の横位沈線を施し、鼻の両脇から口の周りを三角形の沈線で囲んだ装飾の系列である。すでに述べた内容を摘要する。1類は愛知県大蚊里遺跡例（図5-15）のように、目の下に数条の横位沈線を施し、口の回りを三角形の沈線で囲み、頬に数条のハの字状沈線を施したもの。2類は愛知県白石遺跡例（図5-16）のように、目の下の沈線が1条になり、他の2条は頬の線と合体して頬の端の弧線になったもの。中屋敷遺跡例（図5-17）が3類であるが、頬の両端の弧線がなくなり、口の周りを取り巻く頬にかけての2条の弧線が屈折してそのまま目の下の弧線につながったものである。4類の山梨県岡遺跡例（図5-18）は、目の下の弧線と口の周りの線が連結して一筆書きできるよう、さらに簡略化されたものである。
　このように顔面の大蚊里系列は、型式学的に1類→2類→3類→4類という組列を形成し、前章で述べたとおり、1類（弥生Ⅰ期中葉）→2類（弥生Ⅰ期中葉〜後半）→3類→4類（弥生Ⅱ期後半）と編年される。したがって、中屋敷遺跡例は弥生Ⅰ期終末からⅡ期前半に至る幅の中のどこかに帰属する。顔面の沈線が細いものから太いものへ変化するのが、年代の新古を決める一つの手がかりとなることを前章で指摘した。あらためて上記の変遷を見ると、おそらく水神平式の古い部分に併行する2類からその傾向が現れ、中屋敷遺跡の段階で確立している。変形工字文の成立から砂沢式へと変化する中で、沈線の太さが増してゆく傾向と関連性をもつのであろう。したがって、中屋敷遺跡の顔面は弥生前期に位置付けることが可能で、それは東北地方の土器文様とも連動していた。
　中屋敷遺跡出土土偶形容器の年代　これまでに述べてきた土偶形容器そのものの特徴に、遺跡出土土器の年代と類例との比較などを加えると、以下の点が指摘できる。
　① 中屋敷遺跡の土偶形容器の顔面表現は、大蚊里系列に属す。そのうち、中屋敷遺跡例は弥生前期の遠賀川式中〜新段階の古い部分に属する白石例より新しく、中期前半の岡遺跡例より

も古いもので、顔面表現からは弥生前期終末ないし中期初頭に位置付けられる。沈線が太いという傾向は、前期から認められる。

② 中屋敷遺跡の土偶形容器の体部文様は、縄文を地文として太い篦描きで沈線を描くのを特徴とする。その沈線文には変形工字文の名残がうかがえる。変形工字文から派生したU字状の文様が太い沈線で描かれる例は、堂山１式、峯畑北遺跡、ほうろく屋敷遺跡などの弥生前期終末の土器にある。太い沈線で文様を描き、よく磨く前期終末の土器の手法は、中屋敷遺跡の土偶形容器の顔面表現と共通している。

③ 土偶形容器の体部文様には、しっかりとした磨消浮帯文手法が認められる。同様の手法は、ほうろく屋敷遺跡の三角連繋文がついた弥生前期の壺形土器に認められる。峯畑北遺跡の磨消浮帯文をもつ壺形土器も、おそらく他の土坑から出土した三角連繋文の鉢と同じ年代でよい。その壺は、中屋敷遺跡の土偶形容器と伴出したとされる壺形土器に類似する。

④ 中屋敷遺跡の土偶形容器は器面が磨かれて光沢を帯び、濃い茶褐色をなす。胎土に砂は少なく焼成は堅緻である。こうした特徴は当地方の弥生前期の土器と共通する。

⑤ 中屋敷遺跡から出土した土器は、大半が堂山１式、峯畑北遺跡、ほうろく屋敷遺跡などの前期終末資料とほぼ併行する年代である。

以上を総括すれば、中屋敷遺跡出土の土偶形容器は、体部文様と土器の文様モチーフの類例や遺跡の年代から、弥生前期に位置付けることができる。顔面表現もそれと矛盾するものではない。ただし、問題になるのは、この土偶形容器の磨消縄文がかなり自由な意匠をもっていること、すなわち弥生中期以降の磨消縄文のあり方に近いことである。堂山１式土器あるいはその時期の磨消縄文は、変形工字文や三画連繋文の三角形モチーフの中に縄文を入れるといった、変形工字文に規制されたあり方を示すのが一般的だからである。

しかし、堂山１式土器には、磨消手法はもたないが無文あるいは縄文地に変形工字文から開放されてかなり自由な意匠になった沈線文を描くものがある（図13-1など）。変形工字文や三角連繋文の規制を脱した沈線文は南関東地方の前期終末の土器に散見されるし、福島県鳥内遺跡にも三角形の磨消縄文や蕨状の沈線文など、変形工字文から派生した自由度の高いモチーフが同時期に認められる（図12-4）。したがって、中屋敷遺跡の土偶形容器はその段階、すなわち中期に近い前期でも最終末であることが予想される。これに対して、縄文地文に加えられた沈線の末端が変形工字文の末端と同じようなモチーフであることは、前期の中におさまる古さをこの土偶形容器がもっていることを裏付けている。

中屋敷遺跡出土土偶形容器をめぐって、その編年的位置付けについて考察を加えてきた。昭和女子大学による同遺跡の発掘調査で得られた資料は短期間のまとまりを示す土坑一括資料など、弥生前期後葉のすぐれた基準資料である。トレンチの配置図を見ると、土偶形容器は調査区の中でも比較的標高の低いところにある。第２次調査の折に、その付近に掘られた第１トレンチ３号土坑から出土した突帯文壺形土器（図11-19）が、突帯の下に急傾斜な縦羽状の条痕文を沈線風に描き、内面に工字文風の沈線文を描いたもので〔佐々木由ほか 2001〕、弥生中期初頭に位置付けられることから、土偶形容器も中期初頭の可能性があり、時期が下がるにつれて高所から低所へと降りてきた

ものと理解していた。
（5）

　しかし、土偶形容器自体の型式学的な検討の結果、弥生前期末と考えた。土偶形容器という名称を復活させ、前期末に位置付けた石川日出志の見解を踏襲することになったわけである。独立した幾何学的な磨消縄文が発達していることからすると弥生中期初頭と考えたほうがよいのかと迷っていたが、磨消浮帯文が前期にすでに認められることや、変形工字文や三角連繋文の規制がゆるむ中で弥生前期終末にかなり自由度を増した意匠が土器にも採用されていることから、この理解に至った。
（6）

　東北地方北部では、大洞A′式から砂沢式にかけて変形工字文の意匠を継承しながら沈線が太くなっていくが、関東地方の弥生前期土器群もその影響を受ける一方で、変形工字文から開放されて自由度を増していく意匠も現れた。こうした新旧要素の混交は、この時期の土器や土偶形容器が伝統の継承と変革という二つの側面を有していたからにほかならない。こうした伝統と変革は、関東地方初期弥生文化の全体像にも当てはまることであるが、それはまた別稿に譲りたい。

　註
（1）　298の右端、腕に隠れた体側部分に四角い磨消浮帯文があるが、これに2本の沈線が加えられている。変形工字文の単位文末端と類似している。
（2）　宮下の論文は、表3からもわかるように、土偶形容器の年代観にとっては画期的なものだったが、水神平式を弥生中期としたことにより、土偶形容器の上限をつかみそこねている〔宮下　1983：606〕。
（3）　このうち、2は中期初頭に下がる可能性がある。縄文部と磨り消し部の境に沈線はないが段差もないようである。磨消浮帯文の関連資料として提示した。
（4）　ただし、図13-3の三角連繋文は三角形の単位文をたんに交互に連ねただけのものとなり、中屋敷遺跡の図11-9などよりは新しい。図13-1の自由度が増した沈線文も同様である。
（5）　中屋敷遺跡の土坑一括資料は、堂山遺跡の堂山1式よりも古い要素を含むので、標高の高いほうが前期後半主体で、低いほうが土偶形容器など前期末と、標高により居住の時期に差があるのだろうか。時期が降るにしたがい、標高の低い所に降りてくるという理解も捨てがたい。中期の土器の存在も、そうした見方に有利である。
（6）　磨消浮帯文については、〔石川日　2005〕に詳しい。

第6章　人面付土器の諸類型

第1節　人面付土器の分類

　弥生時代の人面付土器は、顔壺と呼ばれることもあるように、壺形土器に顔をつけたものが一般的である。顔壺は東日本の初期弥生文化で蔵骨器として用いられたが、同じ蔵骨器としての土偶形容器とは、人面付土器が壺形土器を母体としている点、大きく異なっている。したがって、土偶形容器が土偶を母体としていたことを反映して胴部が楕円を描くのに対して、壺形土器の一般的な傾向として胴部が正円を描くことが人面付土器の特徴といえよう。

　顔壺の存在は、農耕文化において壺が器としてとくに重要視されるようになったこと、すなわち壺形土器が一般化することと関係している。日本列島であれば、弥生時代に顔壺が出現するのは弥生文化が農耕文化であることのあかしであり、中国でも新石器時代の初期農耕文化である仰韶文化に同じような顔壺がある。

　まず、人面付土器をJ、A、B、C、Wの五つに分類する。

　上述のように人面付土器は壺形土器を基本とするので、口縁部が開口していてそこから物が出し入れできるようになっているのが基本であるが、人面付土器BやCには頭が閉じたものもある。これらも頭部は中空のものが多く、壺としてつくられていてそのほかの人面付土器との共通点が多い。なかには石川県小松市八日市地方遺跡のように胴部に孔をもつ器もあるので、液体を貯蔵し注いでいたと思われ、壺としての用途が異なっていたため頭部のつくりの差異があらわれたものと思われる。これと同じく頭部が中実な島根県松江市西川津遺跡例も、注口付壺形土器の装飾であった可能性もないことはないので、同じ顔壺の仲間に加えてここで記述した。

　弥生時代の人面付土器は、石川日出志がA、Bに分類した〔石川日 1987b〕。Aは東日本に分布する壺の口縁部に顔を立体的に表現したいわゆる顔壺で、Bは東海地方などにみられる線刻で顔を表現したものや、壺の胴部に目や口を割り抜いた京都府向日市森本遺跡の例（402）などである。黒沢浩はこの分類を、Aが黥面表現の壺で、Bが立体的な顔面表現をとるが顔に沈線文を描かないものとした〔黒沢 1997〕。石川のB類は「人面付」とは言いがたく黒沢の分類の方が適切だと思われるので、基本的に黒沢の分類にしたがう。人面付土器Bは、土偶形容器や人面付土器Aと異なり、目や口がえぐられている。石川がBとした森本例と同じく壺の胴部に顔を描く例としては岡山市田益田中遺跡例があり（400）、あるいは大阪府八尾市亀井遺跡例のように窪みによって目と鼻

を表現した水差形土器がある（401）。これらは他の人面付土器と異なる壺の胴部に顔を描くという特徴をもち、西日本を中心に認められるので、人面付土器Wとしておく。

　さらに、弥生中期後半以降になると、鼻や耳が異常に大きな人面付土器が、群馬県域や長野県域で認められるようになる。群馬県渋川市有馬遺跡の人面付土器（422）がその典型例であり、B類とは性格を異にしているようである。人面の誇張表現を重視して、これを地面付土器Cとする。

　それらとは別に、縄文晩期終末の土器、それもおもに甕形土器や深鉢形土器の口縁部に人面を貼り付けた例が知られている。これは、かつて顆面付土器としたものであるが、そのうち体部が土偶形容器に近い長野県下境沢遺跡例（299）は土偶形容器に編入した。詳細は第7章に譲る。残りの顆面付土器としたものはそのままの名称でもよいが、人面付土器Aの祖形の可能性もあるので、顆面付土器は解体して下境沢遺跡のような一部の例を土偶形容器に入れて、壺以外の土器に顔面を付けた例を、人面付土器Jとした。

　これら5種類の人面付土器を、以下のように定義する。

　人面付土器J　顆面土偶の顔面部を、甕形土器や深鉢形土器の口縁部に貼り付けたもの。千葉県横芝光町山武姥山貝塚例（347）などを代表とする。土器を母体にしたものなので、人面の内面は土器の器面と同様、基本的に凹凸はない。ただし、下境沢遺跡例など土偶形容器にも内面が平滑な例があるので、愛知県島田陣屋遺跡例（350）のように人面部分の単独例では区別することが困難なものもある。

　人面付土器A　壺形土器の口縁部に隆線によって顎を表現し、それと口縁で区画された中に目・鼻・口を貼り付け、側面に耳を貼り付ける例を典型とする。顎が立体的につくり出されているものもこれに含める。これらは顔面に線刻で、いわゆる顆面を表現する。頭部を丸くつくり、側面に口を大きく開けた状態で顔面を表現したもの、目などを沈線だけで表現したものや、眉や耳だけを貼り付けたものもこれに含めておく。

　人面付土器B　立体的な顔面表現の顔壺のうち、人面付土器Aが顆面であったのに対して、人面付土器Bは顆面表現をほぼ欠いている。目と口が人物埴輪のように切り抜かれているのを基本としており、人面付土器Aと異なる。人面付土器Aと同じく頭部が壺形土器の口縁部のように大きく開口するものと、土偶形容器のように小さな開口部のものがある。また、頭部が閉じており、土器というよりも土製品といった方がふさわしいものも含む。

　人面付土器C　人面付土器Bのあるものと同じく頭部が閉じているが、鼻や口など顔面のパーツが誇張されてつくられたもの。

　人面付土器W　壺形土器の胴部に目と口をえぐり、粘土を貼付して鼻を隆起させて表現したもの。

　本章は人面付土器J・A・B・Wについて述べることにして、人面付土器Cは長くなるので第12章として独立させた。

　人面付土器は63遺跡99点に及ぶ。その内訳は、人面付土器J（6遺跡6点）、人面付土器A（出土遺跡不明1点を含む29遺跡36点）、人面付土器B（出土遺跡不明1点を含む15遺跡17点）、人面付土器C（10遺跡37点）、人面付土器W（3遺跡3点）である。

第2節　人面付土器Jについて

　愛知県域では、稲荷山貝塚に類例がある（313）。春日系列の顔面で、きわめてシャープな線で刻んでいる。器の一部であることは確かであり、集成図では土偶形容器のコーナーに入れてあるが、その可能性は低い。時期は五貫森式（顔面土偶のⅡ期）とされるが、そうであれば顔面土偶の氷遺跡1例や伝長野県例、あるいは土偶形容器にもよくみられる、額に2ないし3条の縦線を中央に配して、その両側に3条ほどの沈線を斜めにつける文様モチーフのもっとも古い例になるだろう。

　氷遺跡では永峯光一によって、人面付土器Jが表面採集されている。口縁部に内接した段をもつ変わった形の土器の口縁部直下に顔面を貼り付けたものである（349）。顔面のモチーフは春日系列だが、目と口の表現は岐阜県中村遺跡例（182）と近似しており、赤色塗彩がよく残っている。耳が大きくつくられ、サルに似ている点は伊川津系列の伊川津貝塚例や岐阜県中村遺跡例と近似度が大きい。氷Ⅰ式である。

　千葉県域の出土例は、千葉県山武姥山貝塚例と千葉県佐倉市大崎台遺跡例（348）である。縄文晩期終末の荒海式に比定できる。ともに深鉢形土器の口縁に池花南系列の顔面がつけられており、顔面土偶などの顔面モチーフ系列の地域性を踏襲している。

　人面付土器Jの系譜としては、縄文後期末から晩期に東北地方〜中部地方で注口土器や異形土器などの特殊な土器としてつくられたものに求められる可能性がある。長野県域でも小諸市石神遺跡でその影響を受けた在地製作の注口土器が知られており、埼玉県域ではさいたま市馬場小室山遺跡、群馬県域では桐生市千網谷戸遺跡などで類例がある。しかし、それらが人面付土器Jへとつながっていくのか否かはよくわからない。

　一方、人面付土器Jがどのように変化していくのかといった点も問題である。人面付土器Jがつくられた時期は、西日本や東北地方の影響によって、中部、関東地方にも壺形土器が成立して定着していく時期である。墓制では再葬墓が普及していく時期であり、土偶形容器は再葬の蔵骨器としての役割を担っている。顔面土偶や土偶形容器といった独特の初期弥生文化の要素をもつ地域に、それと共通する表現の人面付土器Jが認められる点は注目すべきであるが、人面付土器Jが人面付土器Aへとつながっていくのか否かもよくわからない。人面付土器Jと、その前後の人面付土器との系譜関係に関しては、今後の研究課題といってよいだろう。

第3節　人面付土器A

　人面付土器Aは、石川日出志が集成した段階における、新潟県緒立遺跡（364）・福島県石川町鳥内遺跡（359）を北限とし、愛知県名古屋市市場遺跡（366）・福井市糞置遺跡（363）を西限とし、関東地方に集中するという分布範囲はあまり変化していない。時期については人面付土器Bを分離した結果、弥生時代中期前半に集中することになったが、千葉県多古町新城遺跡例（377）などが弥生中期後半の宮ノ台式に下るもっとも新しいものである。

顔面の作出方法によって、いくつかに区分できるので、それにもとづき概略を述べていきたい。

a類）顎の隆線と壺の口縁で顔の輪郭を決め、眉・鼻・耳も粘土紐を貼り付ける〔石川日 1987b：71〕もの。典型的な人面付土器Aであり、茨城県筑西市女方遺跡（357）や栃木県宇都宮市野沢遺跡（362）、茨城県小野天神前遺跡の例（352～354）などがよく知られている。

石川県小松市八日市地方遺跡の長頸壺は、頂部をT字状の装飾として、そのすぐ下に長い三角形の粘土を貼付し、そこに人面を描いている（398）。頭頂部の隆起帯は、後に述べる西川津遺跡例と同様、鳥装の頭飾りを表現したものかもしれない。黥面の線を加えているので、人面付土器Aに分類される。

b類）顎が立体的に表現されるが、これは土器のつくり方とかかわる。a類が通常の壺形土器をつくったのちに口縁部に顔のパーツを貼り付けることで成形していたのに対して、b類は壺形土器の口縁部をつくる際に、人体の頭部になぞらえて顎を立体的につくり出したうえで顔のパーツを貼り付けていく方法をとっている。

a類、b類ともに目や口の周り、わきにイレズミと思われる線刻を施すのを常とする。

c類）長頸壺に近い長い頸の上部に丸みをもたせて頭部をつくり、頭頂部を丸くふさぎ、側面に大きく穴をあけてそこを口に見立てたもの。栃木県佐野市出流原遺跡の例（369）を典型とし、本例には鼻孔も表現している。再葬墓から出土する場合があるので、とりあえず人面付土器Aに入れておくが、別のカテゴリーに区分したほうがよいかもしれない。

d類）目や口を沈線で簡単に描いたもので、文様との区別も明瞭ではない（375・376）。

e類）顔面に縄文を施したもの（378～380）。栃木県域と埼玉県域から出土している、弥生中期後半の御新田式土器に伴う特徴的な類型である。

f類）眉や耳孔・顔面の部分だけを貼り付けたもの（382・383・385・386）。弥生中期後半。568の山口県周南市天王遺跡出土の眉を貼り付けた革袋形土器とも関係しようか。

人面付土器Aは弥生再葬墓遺跡で墓坑から他の土器とともに出土する場合が多いが、遺跡における人面付土器Aのあり方について、石川論文では、総数22例の人面付土器は小野天神前遺跡の3例、福島県白河市滝ノ森B遺跡（360・373）の2例を除いては1遺跡で1例ずつしか出土していないことが指摘されていた。この状況は現在でも変わっていない。出流原遺跡では11個体の土器が埋置されていた再葬墓からの出土であり、土器は土坑の中に円形に配置されるなど特別な扱いを受けているので、個々の再葬土坑が家系のようなものの集団墓であるとすれば、集落あるいは地域集団のなかですぐれた家系に属するものの蔵骨器であり、祖霊の表現という考え方〔佐原 1976〕も不当とはいえない。

人面付土器Aの系譜に関して、石川は結髪土偶・黥面土偶・土偶形容器を祖形と見なしたが、それぞれ出土状況が異なるので一系列的にとらえるのではなく系統派生的に順次出現したものと考えた〔石川日 1987b：73〕。妥当な捉え方であるが、もう一つ、人面付土器Jも祖形に組み込んでおきたい。人面付土器Jは、黥面を貼り付けているので、その点は土偶形容器に近い。甕や深鉢に貼り付けるのも異なるが、弥生時代に至り、壺形土器が大きくクローズアップされてくるなかで、人体に擬せられる壺形土器がいろいろな局面で農耕文化の象徴的な存在になることを背景として、

甕や深鉢から壺へと器全体の扱いという変容も含み込む形で継承されていった。この点が、時代の変換点に生じた現象として重要な人面付土器Aの意義である。

b類は、茨城県ひたちなか市泉坂下遺跡例（356）の出現で女方遺跡などの例とはまた違うスタイルの人面付土器が存在していたことを印象付けたが、同じ類型の人面付土器は、すでに静岡県角江遺跡で出土していた（355）。両方とも顔が斜め上を向いている。第8章で述べるが、この特徴でもっとも古いのは島根県松江市西川津遺跡の人頭形土製品なので、西日本由来の造形といってよい。すなわち、人面付土器Aには在来の系譜ばかりではなく、西日本からの影響もうかがうことができる。それは人面付土器Bの系譜とも重なるので、次節で再論することにしよう。

第4節　人面付土器B

人面付土器Bは、南関東地方に環濠集落が爆発的に増加する弥生中期後半に、静岡市有東遺跡（388・389）から関東地方南部にまで分布する。第2節で述べたように、関東地方にいろいろなタイプの人面付土器Bが存在しているのは、伝統と新たな文化の影響の二重構造がもたらしたものと思われる。まず、関東地方の実例にもとづいて、人面付土器Bを分類することにしよう。

a類）瓢形壺のような土器の上部を頭部に見立て、そこに顔のパーツを彫ったり貼り付けたもの。弥生後期の神奈川県横浜市上台遺跡例を典型とする（391）。顎も立体的に表現する傾向は、人面付土器Aのb類とのつながりをうかがわせる。顔は正面を向く。

b類）頭部は中空の立体的なつくりであり、頭頂部が小さく開口して物が出し入れできるようになっている。弥生中期後半の千葉県市原市三嶋台遺跡例（387）を典型とする。腕がつけられているのは、土偶形容器とのつながりをうかがわせる。顔は斜め上を向く。目の上下に線刻があり、黥面の引き継がれている様子がかろうじてわかる。

c類）b類の頭部が閉じた状態になったもの。弥生中期後半の神奈川県横須賀市ひる畑遺跡例（390）を典型とする。顔は斜め上を向く。顔面に線刻は一切ない。

d類）頭部が中実なもの。八日市地方遺跡例は明らかに壺形土器であるが、島根県松江市西川津遺跡例（396）は人頭付土製品の可能性もある。

石川は三嶋台例が集落跡から出土したことに注意を向けて、弥生中期後半は方形周溝墓の採用によって再葬墓が消滅した時期以降であるから、人面付土器の役割に大きな変化があったことを推定したが〔石川日1987b：74〕、黒沢もそれに従いそれを大きな特徴とみなし人面付土器Bとして独立させた。さらに黒沢は、人面付土器Bの系譜を岡山市百間川兼基遺跡の土偶（453）や分銅形土製品に求めている〔黒沢1997〕。

そこで次に人面付土器Bの系譜について、考えてみたい。大阪府茨木市目垣遺跡の土坑の中から、人面付土器が弥生中期初頭の土器とともに出土した（395）。黥面の表現のない、人面付土器Bである。この人面付土器は、瓢形の壺形土器の上半部に人面を付けたものであり、頭部は弥生中期後半のひる畑遺跡例や有東遺跡例と同じ、丸く閉じたc類である。鉢巻状の突帯は、b類の三嶋台遺跡の出土例に認められる。人面付土器Bの年代からすれば、目垣タイプの人面付土器が東海地

方に影響を及ぼし、さらに関東地方に及んだという図式が考えられる。このように、黒沢の人面付土器Bが西日本系譜だという説は裏付けられた。

　愛媛県松山市祝谷畑中遺跡から、人面付土器の頭部が出土している（403）。中空である。竪穴住居跡から出土した。頭部は丸く目と口をえぐり、眉と鼻は粘土を貼りつけて隆起させる。耳ははがれ落ちているが、耳飾りの孔と思われる痕跡が残る。頸の隆帯は刻み目を加えた土器の装飾と同じ文様だが、頸飾りを表現したのかもしれない。端正な顔立ちで、大変写実的につくられている。顔面が斜め上を向いて頭部をつくっているのは、西川津遺跡例などと同じ、西日本の人面付土器や土製品と共通した様相を示す。弥生中期である。

　人面付土器Bの多くが顔面を斜め上に向けて表現されていることに関しては、西川津遺跡の人頭土製品が注目される。この例は弥生前期であり、斜め上を向く特徴の最も古い例である。土偶形容器や人面付土器Aは正面を向いたものがほとんどであるのに対して、人面付土器Bは関東地方でも斜め上を見上げた形態が多くなる。

　このように、人面付土器Bが西日本系譜だという黒沢の説は裏付けられ、さらに弥生前期～中期の人面付土器Bの祖形が西日本で検出されるようになって、その影響のあり様は時間的にも正確に把握されつつある。石川や黒沢が指摘したように、本格的な農耕集落の拡大期と重なるようにして東海地方から関東地方に出現した人面付土器Bのほとんどが東日本の土偶の伝統である顰面の表現を欠き、再葬墓という風習から離れて集落から出土する点に、農耕文化の影響による人面付土器の変質をうかがうことができよう。一方、人面付土器Bには三嶋台遺跡やさらに人面付土器Cに至っても有馬遺跡例のように腕を表現している例がある。これは、土偶形容器からの伝統が作用していると考えられ、a類の上台例の顔面の造作にもそれがうかがえるのである。三嶋台遺跡例の顰面は、森本遺跡例の顰面とのつながりをも考えさせるので、伝統的な手法のすべてが在来の系譜というわけでもないだろうが、人面付土器Bの多様性は伝統と革新の織りなす姿ということができよう。

　人面付土器Bと同時に、千葉県新城遺跡では人面付土器Aが命脈を保っており、狭い地域の中でも異なる表現と系譜のものを同時に用いる二重のあり方が出現した。人面付土器Aのa類とb類の二重構造とともに、関東地方における農耕文化の多様性の複雑さを物語る。

第5節　人面付土器W

　岡山県田益田中遺跡、京都府森本遺跡、大阪府亀井遺跡の人面付土器は、壺形土器あるいは水差形土器などの胴部に顔を造形している。この点は、人面付土器A・Bと異なる造形であり、別の型式に属す。いずれも西日本からの出土例である。土偶形容器の兵庫県神戸市大歳山遺跡例も、顔面の表現は森本遺跡例と一致する。

　田益田中遺跡例・亀井遺跡例と森本遺跡例で大きく異なるのは、前者が明確に顰面を表現している点である。田益田中遺跡例は、目の周りに目の輪郭に並行する線刻を加えて、左右の口元に重弧文を施す。いずれも東日本の顰面土偶や土偶形容器の様式を踏襲していて、香川県鴨部川田遺跡の

黥面土偶と同様、東日本からの影響によって生まれた人面付土器といってよい。これは弥生前期に属すが、年代的にも影響関係の確かさを物語っている。岡山県総社市上原遺跡のヘルメット状の人面付土器B（399）も弥生前期で、目の上の線刻は多条である。亀井遺跡例は、目と鼻をくぼみによって表現し、目の周りと鼻に沈線でイレズミを表現している。弥生中期後半であり、前期から中期後半に目の周りや下のイレズミが多条から1条へと変化したことを示す資料である。

　森本遺跡例と大歳山遺跡例は、いずれも眉と鼻を隆起させて作り出しており、その点は分銅形土製品とも関係しよう。弥生中期に属していることからも、二者が関係しているとみなせる傍証である。しかし、人面付土器と土偶形容器の違いを別にして大きく異なるのは、森本遺跡例にイレズミの表現がある点である。目の上下の弧線がそれであり（402）、類例は長野県松本市百瀬遺跡（404）や千葉県三嶋台遺跡の人面付土器B（387）に似た表現がある。弥生中期後半には、西日本で目の周りのイレズミが1条になり、さらに目を取り囲むのではなくて上下に施すように形骸化している様子がわかる。その後の弥生後期の絵画をみると、近畿地方ではイレズミの表現はなくなっている。

　註
（1）　石川の人面付土器Bは、線刻人面土器と呼び〔設楽 1990b〕、その後、黥面絵画土器と呼んだ〔設楽 1999c〕。人面文土器と呼ばれることもある〔天野 1981〕。

第7章　土偶形容器と人面付土器の区分

第1節　土偶形容器における製作技術の二者

　問題の所在　土偶形容器と人面付土器は、いずれも容器としての機能をもっており、再葬墓から出土する場合が多いので、再葬の蔵骨器として用いられたと推測できる。両者は密接な関係をもっているので、その区別をどこに求めたらよいのかが問題になる。

　設楽はかつて顔面の製作技術によって二者を区別した。土偶形容器はあらかじめ頭部の前面に穴をあけてそこに別づくりにした顔面を埋め込んだのに対して、人面付土器は壺形土器の口縁部に顔のパーツを貼り付けたもので、その製作技法の差は、とくに内面に現れているとみた。前者が立体的なつくりになっているのに対して、後者は平面的である。しかし、人面付土器には体部が土偶形容器に近く、顔面もパーツではなく顔全体をつくって貼り付けているものがあり、それだけを取り出すと土偶形容器との区別がむずかしいので、これらを人面付土器と区別して顰面付土器とした〔設楽 1999b〕。本稿ではそれを再論し、その後の考えを述べたい。

　山梨県岡遺跡の土偶形容器　山梨県東八代郡八代町字岡の土偶形容器（293・294）は、1954年に芋掘りの際に発見された〔野沢 1984〕。土偶形容器は、大小2体がほぼ完全な形に復元された。ほかに頭部と胴上部の破片があるが、それらは同一個体かもしれないので、最低3個体存在していたことになる。体部の文様やいっしょに採集された土器からすると、弥生Ⅱ期（中期初頭）、くだっても弥生Ⅲ期前半（中期前半）であろう。完形のうち大きい方を1、小さい方を2として製作方法をまじえて記述する。

　1（293、図14-1）は高さ27.0 cm、最大幅は裾の部分で推定15.0 cm。頭部の裏側と右腕、裾部の表面の大部分から裏面左側にかけて欠失している。

　頭部は筒状につくられ、鉢巻のような隆帯を斜めにめぐらせる。頭の開口部は4分の1ほどしか残っていないが、突起がつけられているようであり、左右対称に復元されている。顔面はほぼ円形で、眉と鼻を貼り付け、眼と口がえぐられる。耳は両方とも欠失している。額、眉と眼の間、口の周りから頬、顎に沈線で文様が描かれる。

　頭はやや長い。腕は中実である。裾は大きく安定している。背中の上部に2条の沈線が引かれ、表面の肩の部分で丸くつないでいる。胴部には2条の縦の正中線を引き、その左右に弓字状の沈線を施すが、それは裏面へと続き、同じ文様を描く。その下に1条の沈線をめぐらす。

図14 土偶形容器の顔面製作手法の二者
(1・2. 山梨県岡遺跡出土土偶形容器、3. 長野県下境沢遺跡出土土偶形容器、4・5. 頭部内面(上が1、下が3))

頭部の隆帯上とその上、手と肩から背中にかけて、そして最下段の沈線以下の裾部に縄文が施されるが、すべて撚りは単節 LR である。頸や体部の表裏ともよく磨かれて光沢を帯びる。赤色塗彩が、とくに沈線部分や裾下端によく残っている。裾の端部は削られている。焼成はよく、栗色を呈する部分があり部分的に黒斑をもつなど、遠賀川式土器に近似した調整と焼色である。

この土偶形容器でもっとも問題になるのは、顔面の製作技法であろう。そこでこの点に焦点を当てておきたい。内面を観察すると、顔面の内面部分と頭部のそれとの境に段差が認められる（図14-4）。293 の横断面は、鼻のもっとも高い部分で頭部を横に切断した断面図であるが、左右にその段差が認められる。内面の処理は、頭部の部分が指で押さえられ、顔面の部分は撫でているが粗面をなす。この状態は、正面に顔面が入る部分をあらかじめ開けて頭部を作成し、その後別につくった顔面を接着させたものと予想させる。CT スキャナーによってこの部分の断層写真をとって観察した結果、それが裏付けられた（図15-1）。

さらに、顔面に別につくって頭部と接合する際、粘土を貼り足して補強したり、面をそろえたりしていることが、断層写真の空隙や筋状の青い部分から明らかにできた。顔面の内側は成形後に粘土を貼り足すので、調整が行き届かずに粗面をなしているのであろう。こうした顔面部分の製作技法を製作技法 A としておく。

2（294、図14-2）は高さ 23.0 cm、最大幅は裾の部分で 12.5 cm である。表面の体下部から裾部、および裾部上面の側面から裏面にかけてと右腕のごく一部が欠失している。頭部はまげ状に左右に張り出しており、上部に 2 条の沈線文を加えている。顔面はほぼ円形で、眉と鼻を貼り付け、眼と口がえぐられる。耳はなく、まげ状の部分に左右 1 つずつ孔が開けられている。額、眉と眼の間、口のまわりから頬、顎に沈線で文様が描かれるが、モチーフは 1 と同じである。

顎は短い。腕は中実である。裾は大きく安定している。背中の上部に 3 条の沈線が引かれ、表面の肩の部分で上下の線を丸くつないでいる。胴部には 2 条の縦の正中線を引き、それに連続して左右に弓字状の沈線を施し、さらに背面で左右の線をつないでいる。正中線の下端は欠失しているが、おそらく丸くつながっており、これらの線は一筆描きできるものと思われる。胸の上には四角い枠状の刻文が描かれる。胴部下端に 1 条の沈線をめぐらす。背面中央に 2 条の沈線で渦巻文を描くが、その末端は右側面に達する。それぞれの末端は丸く閉じている。

まげ状部分の上部沈線から上、開口部の口縁端部、手と肩から背中にかけて、そして裾部に縄文が施されるが、すべて撚りは 1 と同じく単節 LR である。頸の後ろがよく磨かれて光沢を帯びているが、ほかは磨滅気味である。赤色塗彩が、顔面の沈線の部分にとくによく残っている。焼成はよく、赤褐色を呈す。

頸の背面がわずかに丸く突出しているが、これは頭部を丸くつくり、その左右両側にまげ状の粘土を貼り付けた結果だと思われる。鼻のいちばん高い個所で横に切った CT スキャナーによって、丸い頭部の左右にまげ状に粘土が貼り付けられているのが明瞭にわかる（図15-2）。さらに顔面部分も貼り付けによって製作したことが、頭部両側の亀裂から明らかであり、基本的には製作技法 A である。縦の断面の断層写真によると、顔面上端付近で頭部が屈曲して立ち上がっている様子がわかる。この屈曲は、顔面の上端レベルまで頭部をつくり、それにより上はまげ状に粘土を貼り

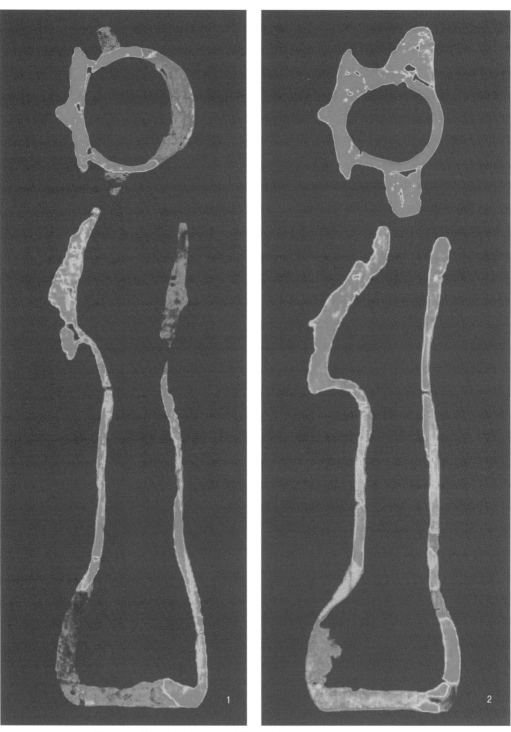

図 15　山梨県岡遺跡出土土偶形容器断層写真（1 は約 56％、2 は約 63％）

足すことによって生じたものであろう。内面には1と同様、胸の部分とそれに対応する背面に粘土の段差がみられ、粘土紐の積み上げ痕と推測される。

長野県下境沢遺跡の土偶形容器 長野県塩尻市下境沢遺跡の土偶形容器（299、図14-3）は、1997年の発掘調査によって、楕円形の土坑の底から横倒しで出土した〔設楽 1998b〕。かつて、顒面付土器に分類したものである。ほぼ完全な形である。高さ25.8 cm。最大幅は肩の部分で、11.9 cm。肩から底部へと、やや幅を減じながら直線的に移行する。頭部から底部の横断面はどこも楕円形である。

頭部は中膨らみの筒状につくられ、上部に鉢巻のような隆帯をめぐらすが、隆帯は耳の部分でU字状に垂下される。隆帯の上は刻まれ、最下端の耳にあたる部分に縦の孔が開けられる。後頭部の隆帯の下にはそれに沿って沈線がコの字形に引かれ、さらにその中にV字形や弧状の沈線が数条引かれる。顔面はほぼ円形であり、鼻を貼り付け、眼と口がえぐられる。額から眉に放射状の、頬、顎に直線で横方向の沈線文が描かれる。

頸は太く縮約が弱い。腕はなく、肩に沈線で縁取られた2条一対の隆帯が貼り付けられ、胸の部分でU字状に折り返し、背面は水平な隆帯になっている。隆帯上には刻み目が付けられる。胴部の中央には2条の正中線が描かれ、肩の隆帯の脇から底部には弧状の沈線が2～3条垂下される。側面から背面にはL字状の沈線が数段にわたって引かれるが、左右対称ではなく、左半分は斜線になっている。背面の中央に円形の沈線が描かれ、それを取り巻く沈線がその斜線に連なっている。

ところどころに赤色塗彩の痕が残る。黄褐色、オレンジ色、灰色で砂質。焼成はあまく風化が進行している。出土土器は弥生前期終末から中期初頭のもので、中期の土器が圧倒的に多いが、顔面の表現や肩の隆帯などに古い要素がうかがわれるので、前期末の可能性もある。

この土偶形容器の顔面の製作技法は、岡遺跡例と異なる。図14-5からも明らかなように、頭部を完全につくってから、別につくった顔面部をはりたしている。したがって、内側は土器のようにスムーズな面をもち、岡遺跡例のような段差はない。製作技法Bとする。

第2節　顒面付土器の用語の再検討と人物造形品の分類

顒面付土器の提唱まで 土偶形容器と人面付土器は、どこで区別するのがよいだろうか。黒沢浩は、石川日出志や設楽らの指摘〔岩本 1996：53〕を受けて、頭部に顔面を貼り付けるなどの土偶のつくりと共通するのが土偶形容器で、土器の表面に顔面のパーツを貼り付けるなどしてつくるのが人面付土器だとした〔黒沢 1997：14〕。設楽はこの考えをもとにして、製作技術Aによるものを土偶形容器、製作技術Bによるものを人面付土器の仲間ととらえ、下境沢遺跡例のようなものを土偶形容器により近い人面付土器として、あらたに「顒面付土器」というカテゴリーを設けて区別した。そのことを振り返り、その是非を再検討する。

土偶形容器は容器形土偶と呼ばれることもあるように、土偶との関連性が強い。それは脚こそ欠くものの、頭部や顔面を立体的につくり、腕を付けているといった土偶との外見上の近似性ばかり

でなく、頭部の製作技法が縄文晩期の中空土偶と基本的に一致していることが、その関連性を裏付けている。このような視点から、第4章では土偶形容器の母体が縄文晩期終末～弥生前期の土偶であることを推測した。

一方、太い頸をもち、腕を欠き、底部の幅が肩部の最大幅とさほど変わらない下境沢遺跡例は、顔面を取り除けば瓢形の太頸壺形土器に近い。製作技法Bも、それが土器の製作技法の延長上にあることを物語るものであり、土偶形容器ではなく顔壺の仲間に加えた方が適切である、とした。その一方、楕円形の横断面、肩の隆帯、体部の沈線文など、いずれも土偶形容器に近似した特徴をもつことも指摘し、下境沢遺跡例は土偶形容器と顔壺の折衷タイプといえないこともないとした。

このように、下境沢遺跡例は土偶形容器、人面付土器のどちらとも言いがたいことに苦慮したが、その結果、愛知県島田陣屋遺跡や長野県氷遺跡など顯面土偶と共通した顯面の顔面を貼り付けた土器（349・350）がほかにも存在していることと、それが下境沢遺跡例と同様の製作技法Bをとっていることから、顯面付土器と呼び第三者として分離することを考えたのである〔設楽 1999b：123〕。

いわゆる顔壺は、東北地方南部から関東地方東部に分布するが、それらは眼、鼻、口、顎などの顔面のパーツを土器の口縁に貼り付けたものが一般的であり、顯面を貼り付けた下境沢遺跡例と異なる。その出自は東北地方の土偶に求められるが、再葬墓分布地域で壺形土器が蔵骨器として重要性をもつにいたる点は、顯面付土器と顔壺の両者に共通した成立基盤といえよう。弥生再葬墓や土偶形容器が成立する縄文晩期終末～弥生前期に、土偶形容器とも関連しあいながら顯面付土器が成立し、それが顔壺の成立にかかわりをもった可能性を考えたいと結論付けた。

顯面付土器という区分の再検討　しかし、議論の発端になった顔面の製作技法による区分問題で取り上げられた静岡県角江遺跡例（355）は製作技法Aによるものであるが、茨城県泉坂下遺跡の顔壺（356）は、角江遺跡例と近似したタイプの顔面の顔壺であり、製作技法Aによっている。土偶形容器である山梨県坂井遺跡例（300）は製作技法Bであるが、もっとも新しい段階のものとして技法Aが退化したと考えたのであるが〔設楽 1999b：122〕、顔壺にも製作技法の二者があることになって、この区分は顔のついた容器の区分としては入れ子状態が激しすぎて区分指標として不適切である。下境沢遺跡例の体部にみる土偶との連続性を認めつつも、それよりも瓢形の壺とのつながりを重視したのであるが、これも問題であった。つまり、長野県ほうろく屋敷遺跡例（302）などを含めて、胴部が楕円形をなしていることや退化してはいるものの腕の表現がまだ残っている点を重視すれば、これらは顔面の製作技法が土偶と共通するものの胴部が円形をなす泉坂下遺跡例の人面付土器よりは土偶に近いと考えた方がよいのである。

したがって、顯面付土器という分類を土偶形容器と人面付土器の区分に当てはまらない第三者としてカテゴライズすることは留保する。土偶形容器と人面付土器の区分指標は、胴部や底部が楕円形であるか円形であるかである。その区分にしたがえば、下境沢遺跡例は土偶形容器になる。

人物造形品の分類　いずれにしても、顯面付土器という用語が分類の複雑さを増してしまった。実際、この時期の東日本の人物造形品は、多様である。それは、土偶が農耕文化によって変容していく過程の複雑さを物語るものなので、それに対応した分類も複雑にならざるを得ない点は否めな

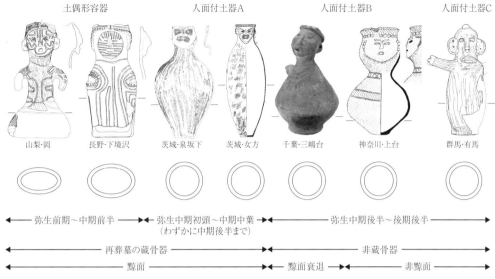

図 16　弥生時代の人物造形品の分類（縮尺不同、断面図は模式図）

い。しかし、分類はわかりやすさも求めなくてはならない。それを主眼において、土偶形容器と人面付土器の分類を図解した（図 16）。

　註
（1）　報文の実測図では、さらにその上に装飾がついているように推定線が描かれているが、観察の結果、口縁部が磨滅したものと考えた。
（2）　断層写真は、赤みが強いほど密度が濃いことを示している。CT スキャナーによる断層写真撮影は、国立歴史民俗博物館の斉藤努による。
（3）　なお、縦の断層写真で口から喉にかけて空隙がみられるが、その成因はよくわからない。胸の部分に粘土の段差があり、接合カ所であることや、底部が盛り上がっていることがわかり、この写真にもとづいて実測不可能な部分の断面図を補った。

第8章　西日本と中部高地地方の弥生土偶

第1節　北部九州地方

　西日本の弥生時代には、少なからず人物造形品が存在している。いくつかの種類があるが、そのうちもっとも出土例の多いのは分銅形土製品である。そのほか、土偶、人頭形土製品、木偶、石偶、木製仮面がある。このうち人頭形土製品は人面付土器との関連で述べ、分銅形土製品、木偶、石偶、木製仮面は項目を立てて論じるので、ここでは土偶だけを取り上げたい。

　西日本の弥生土偶は前期から後期にわたって認められるが、前期の資料は東日本から影響を受けた黥面表現のある土偶とその仲間であり、中・後期に属する例は装飾性に欠ける単純な資料である。前者は第2章の黥面土偶で扱ったので、ここでは後者に関して述べる。

　これらの土偶に総じていえることは、脚部までわかるものに関しては台式がほとんどであり、二足を表現した例はきわめてまれな点である。脚部の状態がわからないものを含めて、いくつかのタイプに分けることができる。分銅形土製品に通じる頭部がまげ状に表現されたタイプ、頭部が丸く裾広がりの脚部をもつタイプ、頭部が丸くこけしのようにずん胴で脚が広がるタイプ、そのほかである。

　地域によっても土偶の形態に差がある。ここでは、北部九州、中国地方、近畿地方の西日本と中部高地地方の四つの地方にわけて、そのなかで各類型の記述を進めることにする。

　九州から四国地方で男女の集団を表現した土偶が報告されている。これらは弥生後期～古墳前期に属す。手びねりで、裾の開いた平らな脚を有して自立するものがほとんどである。頭部はつくりだされておらず、胴部もくびれがなく、いたって単純な形態がほとんどである。小さな腕のつくことが多い。

　福岡県糸島市御床松原遺跡の土偶（475～484）は表面採集品で、時期は明確ではないが総数10体であり、1体（475）がとくに大きくつくられるほかは、ほぼ同じくらいの大きさである。このうち476に男性器が表現され、477・480・482に女性器が表現される。477・478の頭部には男性器の表現がみられ、両性具有の状況がうかがえる。

　福岡県糸島市三雲屋敷跡では、4世紀の古墳前期の住居跡からこの種の土偶が2点出土した(1)（485・486）。これらは明確に男女を表現している。

香川県高松市空港跡地遺跡では、弥生後期から古墳前期（2〜4世紀）の溝の中より6体の土偶が出土した。1体が大きく高さ6.9 cmで、3体が中くらいで高さ5.6 cmほど、2体が小さく、高さ3.5 cm以上である。大型と小型の土偶には男性器が表現され、中型の土偶2体は女性器を表現する。男性器をもつのは頭部に鍔状の粘土隆起を表現しているのに対して、それ以外は丸頭につくられている。男性が大きくつくられていることと、男女で頭部がつくり分けられている点は、土偶形容器と一致した傾向といえよう。

第2節　中国地方

　分銅形土製品に類似した形態の土偶　近藤義郎らは岡山県奈義町福田池尻遺跡から出土した例（452）を弥生土偶として報告した〔近藤ほか 1957〕。頭部が扇形で平面形態は分銅形土製品とよく似ているが、扁平でなくふくらみをもっている。弥生中期初頭である。
　その流れを汲んだものかどうかわからないが、弥生後期には全身像の人形土製品が知られている。岡山市百間川兼基遺跡のそれはこけし状で、脚部末端が丸く自立しない（453）。頭部は丸く、耳の部分は髻を結ったように四角くつくられていて、耳孔あるいは耳飾りの孔をもつなど、分銅形土製品に近い形態をなす。柔和な顔立ちで女性を表現したものと思われる。
　こけし状の土偶　岡山市上伊福定国前遺跡（457）、岡山市南方（済生会）遺跡（455）、岡山市南方釜田遺跡の土偶（456）は、丸頭の卵形の頭部をもつ。顔面の表現は目と口をえぐり、眉と鼻を隆起させている点など、分銅形土製品と共通する。多くが頭部だけが出土したものであるが、このうち上伊福定国前遺跡例は、全体が分かる資料である。脚部が裾広がりで底部が平らで安定して自立するようにつくられている。この点は、前述の北部九州の土偶と共通しているが、頭部と胴部の区別が頸の表現で明かになる点や、顔面の表現が写実的である点が異なる。吉備地方の例は弥生中期であるから、新しくなってそれらの特徴が失われて、粗雑なつくりになっていったのであろう。
　この種の土偶で注目しておきたいのは、上伊福定国前遺跡例の頭部をとりまくように、粘土のはがれた痕がある点である。頭飾りを表現していたものと思われる。第4章の土偶形容器で触れたように、男性の頭がターバンを巻いたような表現をとっており、魏志倭人伝の記述と比較した。あるいはこれも同じような男性の頭飾りかもしれない。類例は京都府目垣遺跡例や千葉県三嶋台遺跡例の人面付土器Bにもある。これは壺形土器であり、女性像を表現した可能性もあるので、上伊福定国前遺跡例を男性の表現と特定することはできない。それはともかくとして、広い範囲で共通した頭飾りの存在に、注意を払っておきたい。
　黥面の土偶　これらの顔面に線刻はみられないが、ほぼ同じ時期の岡山市津寺遺跡の土偶には、顔面に線刻がある（461）。同じ様式の顔面の線刻は、絵画資料として多数見出されている〔設楽 2001〕。同じ時期の土偶にイレズミ様の表現のある例とない例とがあるのは、どのように理解すればよいのだろうか。3世紀の倭を記した『魏書』東夷伝倭人条は、「男子皆大小となく黥面文身す」と書き、イレズミが男子の習俗であったと述べている。つまり、顔面線刻の有無は男女の違いを反映しているのであり、中国地方では弥生後期になると女性像の中に男性を表現した像が加わったと

みなすことができる。分銅形土製品にまったくイレズミのしるしがないのは、これらが女性像をかたどった可能性があるが、この点は次の章で述べることにしたい。

墳丘墓から出土した土偶　岡山県倉敷市楯築遺跡は、全長推定80mと2世紀ではもっとも大きな墳丘墓である。墳丘上の主体部から土偶が出土している（440〜450）。全部で11点出土しているが、最も残りのよいのは胴部の個体である（440）。腕を胸と腹にあてて、胸にあてた左腕は首に描いた勾玉を手で押さえているようであり、出土遺跡や遺構の状況や共伴した弧帯石とともに考えると、何らかの呪術的な仕草をとっているといえよう。乳房を表現しているので、女性の司祭者と考えてよい。そうした仕草を表現し、中空であることや、全体を矢羽文で覆い、突帯文でベルトを表現していることなどを総合すれば、先に紹介したほぼ同時代のこの地域における素朴な土偶とは趣を異にする。ほかにも勾玉を3連表現している破片（445）や、胴部の別固体（441〜444）があって、古墳から出土する巫女の埴輪の原形と考えられ、首長に奉仕する複数の巫女を表現したようである。

第3節　近畿地方・中部高地地方

簡素な台式土偶　奈良県田原本町唐古・鍵遺跡でまとまった数の土偶が出土している。いずれも台式土偶である。ボーリングのピン状の土偶や首や腰などくびれの一切ない簡単な手づくね土偶などであり、顔の表現も簡素であるが、436はくびれた腰とごく短いでっぱりによって腕を表現し、欠失しているが頭部も立体的に表現していたらしく、比較的写実的につくられた土偶である。埼玉県熊谷市前中西遺跡の弥生中期後半の台式土偶（250）にも通じるところがあるので、ともに台式土偶の末裔と言えるかもしれない。436は長原式台式土偶の末裔とみられようが、長原式の台式土偶よりもより人間に近いスタイルなので、東日本の台式土偶の影響があるのかもしれない。

サルのような台式土偶　433は唐古・鍵遺跡から出土したサルの顔面をつけたような台式土偶である。サルをかたどった土製品は、縄文晩期まで東日本に散見されるが、弥生前期にはないので、それとは無関係に出現したものと思われる。斜め上を見上げているのは、弥生土偶や人面付土器と共通した仕草である。

長野県域からも、似たような台式土偶が出土している。中野市七瀬遺跡の例（437）であり、顔面が赤彩されていることもサルの可能性を高めているが、あるいは人物をかたどったものとも別の獣を表現したともとれるので、サルと断定するのは控えておきたい。ただし、2本の足をごく短く表現している可能性があるので屈折土偶の末裔かもしれない。縄文時代のサルの土製品が屈折土偶と同じスタイルをとる場合が多く、出産シーンをかたどったと考えられているので、本例もその流れの中にある可能性も考えさせる。斜め上を見上げているのは、西日本の土偶からの影響であろう。

451は箱清水式土器の赤彩と同じく、赤彩したのちに焼成しているスリップ焼成の土偶である。頭部が風変わりなつくりになっているが、九州や四国地方などの手づくね台式土偶と関連性がないとは言えない。

京都府森本遺跡や兵庫県神戸市大歳山遺跡の人面付土器や土偶形容器（342・343）、百間川兼基遺跡や岡山市南方（済生会）遺跡、伊福定国前遺跡の土偶、吉備地方を中心に分布する分銅形土製品のようにイレズミが非常に簡素な、あるいはそれを表現しない人面の資料が存在する一方、岡山県津寺遺跡例のように黥面を施した土偶や絵画でも黥面がさかんにみられるのであり、南関東地方で認められた二重性は西日本でもうかがうことができる。

　　註
（1）　牟田華代子教示。
（2）　想像をたくましくすれば、ひとりの夫に対して3人の妻と子どもからなる複婚世帯を表現した可能性も考えられる。

第9章　分銅形土製品に対する一考察

第1節　研究略史

　中・四国地方の弥生中期文化を特質付ける遺物のひとつに、「分銅形土製品」がある。扁平な円盤の両側面を丸く抉りとるか、指頭などにより押し凹め、凹入させたもので、文字どおり、江戸時代の「分銅」形を呈す土製品である。片面に文様が施され、片面は無文のままのものが一般的であるため、表裏の区別があるといえよう。また上・下の区別もあり、上半部に顔面の表現がされたり、上端部に多数の孔が施されるものが多い。大きさは縦横10〜15cmが一般的で、小型のものには縦3.4cm（広島・御領出土）、大型のものには縦20cmに及ぶもの（岡山・用木山出土）が存在する。弥生前期にさかのぼる例は現在は発見されていないが、後期のものは存在する。

　以下、これまでに成されてきた分銅形土製品研究の成果をふまえ、各研究者の論点の相違などを考察しながら、この遺物に論考を加えてゆくこととする。

　考古学の文献に「分銅形土製品」が登場するのは、1931年の「吉備考古」9号をもって嚆矢とする。以来、形状や性格も特異であるだけに、多くの資料紹介などがされてきたが、この遺物を体系的に扱った論文は少ない。1952年、近藤義郎はこの遺物に「分銅形土製品」という名称を与え、それまでに存在の知られていた12例のうち8例を実測図とともに発表し、形態・時期・分布・性格などの考察をおこなっている〔近藤 1952〕。

　近年の目覚ましい発掘により出土例も増加し、現在までに47遺跡、148例の出土が確認されている。この資料の集成をおこない、体系的に分銅形土製品に対する考察を行った東潮の論文〔東 1971・1977〕は研究史上、欠くことのできない業績として高く評価されるものである。この他、多くの論考を指摘せねばならないが、それは論を展開してゆく折に紹介しつつ検討を加えてゆきたい。

第2節　分銅形土製品の変遷と分布

　分銅形土製品の上限は伴出土器などからみて中期中葉にさかのぼりうることは確実だが、東潮は中期初頭にさかのぼる可能性を指摘している〔東 1971〕。

　分布図（図17）からも明らかなとおり、中期中葉の分銅形土製品は、西は周防（山口・井上

山)、東は播磨（兵庫・千代田町）、北は伯耆（鳥取・中曽根）、南は伊予（愛媛・祝谷）にわたる広い分布を示す。分布の中心は岡山平野にあるといえよう。

　編年図（図17）にあるように、現在までに発見されている分銅形土製品のなかでも、もっとも古い時期に属すものとして岡山県新邸貝塚出土の資料〔近藤 1952〕が指摘できる。この分銅形土製品には頭部縁辺部に小重弧文が連続して施され、頭部中央部に数条の櫛描文が眉状に施される。また眉状沈線の直下には目を表現したような小重弧文が配される（編年図参照）。きわめて抽象的ではあるが、「人面」を表現しているものとして捉えられる。その文様の特徴からも中期中葉に位置付けられることは疑いえない。中期中葉において、分布の中心である岡山県や鳥取県ではこの新邸貝塚出土例に代表されるタイプの分銅形土製品がほとんどであり、規格化されたものであることが指摘できる。また新邸貝塚例とほぼ同時期に比定される分銅形土製品には、きわめて具象的な顔面表現をもつものがある（編年図参照）。単純に考えるならば、具象的文様から抽象的文様へと変化していったことが想定されるが、そういった単純な図式化ができない事実が存在しており、分銅形土製品の変遷は複雑である。したがって具象的顔面表現、抽象的顔面表現をめぐる分銅形土製品の発展系列の問題は、しばしば論議の対象とされてきたところである。

　小林行雄・佐原真は、実際に顔面を明示した分銅形土製品があるのは分布の周辺地域であり、中心地域では抽象的顔面表現のものに限られるということに注目し、顔の表現が具象性をおびるものから抽象性をおびるものへと形式化していった可能性を考えさせるが、本来分銅形土製品は抽象的顔面表現をもつものであり、それが周辺地域に伝わるにしたがい、神秘性が失われ、より理解しやすい具象性を備える必要性により変化していったと述べた〔小林行・佐原 1964〕。この論考は分銅形土製品の分布中心地域から周辺地域への伝播の形に対しては正しい理解を示しているといえるが、分銅形土製品の変遷の大局的な捉え方としては、潮見浩・藤田等が、「最初の段階では上半部中央の文様表現に重要な意味があるらしく、新しいものでは各地域においてその形にのみ土製品としての性格をしめしたのではないかと考えられ、形式化の方向を示している。」と述べたような考え方〔潮見・藤田 1966〕が正当なものであろう。東潮もこの見解に対し、細部については異論を提出しているが、おおむね妥当なものとして理解している〔東 1977〕。しかし小林・佐原が指摘したように、分銅形土製品には地域的に変遷の差異があることなどからも、具象的文様→抽象的文様という画一的な変遷形態は考えられない。

　中期中葉における分布周辺地域の分銅形土製品は大半が具象的顔面表現をもつもので、その出土遺跡は次のとおりである。山口県天王遺跡・岡山遺跡・井上山A遺跡、広島県御領遺跡・相方遺跡、島根県十善遺跡、愛媛県祝谷遺跡・文京遺跡・谷田Ⅲ遺跡、香川県紫雲出遺跡（以上、東 1977による）。これに対して従来、分銅形土製品の分布の中心である岡山県では具象的顔面表現をもつ例が知られていなかったが、用木山・さくら山遺跡で3例発見され〔東 1977〕、僅少ではあるがその存在が確認された。中期中葉には新邸貝塚で発見されたような、顔面を表現したとは考えられるが抽象的である文様をもつ分銅形土製品も存在するわけで、それは用木山遺跡においても多数検出された。したがって、同遺跡の同時期に具象的な顔面表現をもつものと、抽象的なものとが共存していたのである。

第9章 分銅形土製品に対する一考察 87

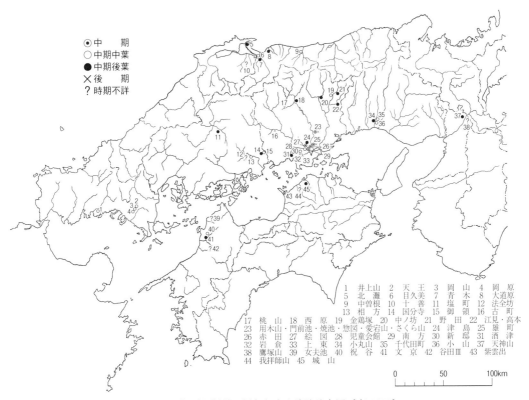

図17 分銅形土製品の編年と出土遺跡分布図〔東 1977〕
（分布図作成当時、岡山県舞台裏遺跡と岡山県貝殻山遺跡〈いずれも時期不明〉を落としてしまった。）

東潮は用木山遺跡出土の分銅形土製品を分析したうえで、これら二種の文様構成からは具象的なものから抽象的なものへの変遷はたどりがたいと考え、具象的顔面表現をもつものを変種として扱った〔東 1977〕。用木山遺跡から出土した中期中葉に位置付けられる分銅形土製品はほとんどが相対的に大型のものであり、文様・形態は規格性に富んでいるといえる。この事実は備前地方におけるこの時期の分銅形土製品全般に敷衍できる。

　具象的顔面表現をもつ１例は非常に小型（推定全長４cm以下）で、形態も他のものと異なる（編年図参照）ため、やはり特殊なものと見ねばならない。分布の中心地域において分銅形土製品は発生当初抽象的な顔面を表現することに意義があり、それが周辺地域へ伝播する過程で、小林・佐原の述べるようにより理解されやすい形へと変えられていったと考えられる。山口県下における分銅形土製品はその形態までも非常に変化したものとなっており、分布の中心地域とそれが伝播した周辺地域の間の差異を象徴する典型といえよう（編年図参照）。

　中期後半の分銅形土製品は中葉の分布をほぼ踏襲した地域に分布している（分布図参照）。注目されるのは土器に山陽・南街道との共通性をみた畿内北部にもその出土が知られていることである〔喜谷 1957〕。中期中葉においては分布の中心地域である岡山平野では多くの抽象的顔面表現をもつものと若干の具象的顔面表現をもつものが共存し、分布の周辺地域においては大部分が具象的顔面表現をもつものであったが、後半にいたり、その文様がさらに抽象的となり、形式化してゆくことが考えられる。前述の新邸貝塚の出土例に代表される文様であった中央の眉状櫛描文は上半凹入部の縁辺にそって施されるようになる。また形態も小型のものの比率が多くなったり、不整形のものが出現したり、規格性がくずれてくる。そして東が抽象化の一つの方向として捉えた無文化という傾向〔東 1971〕も後半には指摘できる（編年図参照）。

　後期にはその分布も岡山平野周辺に限定されてくる（分布図参照）。無文のものも多くなり、有文のものでは外縁にそって刺突文が施されるものが目だち、本来の意義が失われてゆく過程が窺われる。形態的にも小型のものや凹入の微少なものが多くなり、退化してゆく。分銅形土製品の下限は後期前半に位置付けられ、分銅形土製品を用いた祭祀もここに終わりをつげる。[7]

　以上が分銅形土製品の変遷と分布に関する概略であるが、次にこの遺物の性格—社会的にいかなる意味をもっていたか—について論考してゆきたい。

第３節　分銅形土製品の性格

　分銅形土製品の性格を論ずるうえでしばしば問題となってきたのが縄文時代の土偶・土版との関係である。

　1939 年に、村上正名は、「備前国深安郡御野村御領発見の石器時代土偶について」という論文を発表している〔村上 1939〕が、論文名からも明らかなように、村上は分銅形土製品を「土偶」として扱っている。また小林行雄は『日本考古学概説』の中でこの遺物に対し「土版」という名称を与えたが、「中国地方の遺跡で発見される銀杏葉形の扁平な土製品などもあえて縄文式時代の土版との関連を考えるわけではないが、たんなる装身具というよりはいささか呪物めいて見えるもので

ある。」と述べており、「土版」という名称はあくまで仮称として用いたにすぎないことが窺われる〔小林行 1951〕。

　その翌年に近藤義郎はこの遺物を「分銅形土製品」と命名し、その性格に関して、「弥生中期と云えば既に列島内において銅鐸・銅剣・銅鉾を生み出している時期であり、後半に政治的な社会が誕生しつつあった時代であることは衆知の通りであるから、この土製品がかっての縄文式土偶・土版とおのづから異った存在であることは当然であろう。」と述べており〔近藤 1952〕、土偶・土版を生み出した縄文時代における社会と、分銅形土製品の存在する弥生中期社会との社会的背景の相違から、各々の遺物に課せられた社会的意味合い―社会的性格―の必然的相違を説いている。近藤がこの遺物に「分銅形土製品」という名称を与えたのは、縄文時代の土偶・土版とは系統的関連の無いものとして捉え、形式的に区別されるものと考えたからであり、その考え方は「分銅形土製品」という名称の定着〔小林行 1959〕に象徴されるように基本的には肯定されている。

　分銅形土製品が縄文時代の土偶・土版と系統的に一連のものであると考えるのは江坂輝弥である。江坂は分銅形土製品と愛知県八王子貝塚で縄文後期中頃の土器に伴った分銅形板状土偶との関連性を考え、分銅形土製品を一括して西日本の弥生時代中期に現れた分銅形板状土偶という名称で呼ぶべきことを主張している〔江坂 1960〕。この考え方は分銅形土製品が原始的性質をもつものであるために生まれたものであろう。弥生時代は未開から文明への過渡期と考えられ、とくに弥生時代前期には抜歯や屈葬等縄文時代の習慣が強く残る。しかし分銅形土製品は弥生時代中期に発生するもので前期にはさかのぼり得ないといってよい。また縄文時代と弥生時代中期との社会的背景の相違による、これらの遺物に課せられた社会的性格の相違という近藤が指摘した問題も存在する。これらの問題点の考察を捨象し、単に形態的類似から時期的ヒアタスや分布の相違を有する二つの遺物を系統的に結びつける江坂の考え方には納得しかねる。

　小林行雄・佐原真は分銅形土製品の性格を縄文式文化の伝統の上にたつものとする解釈そのものには反対ではないとしながらも、上述の江坂の見解に対し、その形態の本質的相違、時代性の問題などから批判をおこない、しいて具体的に縄文式時代の土偶に分銅形土製品の祖形を求めるなら、晩期橿原式にともなう顔面をそなえた土偶、あるいは土製品と比較する方が適当であろうと述べ〔小林行・佐原 1964〕、分銅形土製品が縄文時代の土偶から直接の系譜を引くという見解に対して消極的態度を示している。また潮見浩・藤田等は、分銅形土製品が前期にさかのぼるものが１例もないなど限定された時期に限定された地域に分布する遺物で、それが縄文時代の土版などに共通する形態を示すものとしても、その性格まで同様には考えられないとし〔潮見・藤田 1966〕、間壁忠彦も、分銅形土製品は原始的性格をしのばせるが、縄文時代の土偶・土版からは直接たどりえないものであるとした〔間壁 1969〕。

　分銅形土製品の上限は現段階においては弥生中期前半におさえられることは前述の通りで、また西は周防、東は播磨まで分布し、分布の中心が備前にあることもすでに述べた。弥生時代前期にこれらの地域では土偶や土版の類例は今のところ一例も検出されていないことを考えるなら、分銅形土製品はやはり縄文時代の土偶・土版の系譜を直接に引くものではないことが理解されよう。そして大陸にも類例がないことから分銅形土製品の発生や性格は中国・四国地方の弥生時代中・後期文

化の特質の中で理解してゆかねばならない。

　「分銅形土製品」は頭部に小孔を多数もつものが全期を通じ一般的である。近藤義郎は分銅形土製品が何か生産用具の一部であるとすると、その穿孔があまりにも弱体であると考え〔近藤1952〕、坪井清足はその孔に羽毛をうえ、頭髪、冠帽を示したと想定した〔坪井清 1960〕。いずれにせよ生産用具とは考えられず、その形態・文様・出土数の僅少さ、出土状況などから祭祀的性格をもったものと考えられる。

　分布の中心である岡山県においては一遺跡から16個体や33個体も出土する雄町遺跡・用木山遺跡などもあるが、分布周辺地域も含めて一遺跡1～数個の出土がほとんどである。次に述べる出土状況を考えあわせるなら、その所有の形態は個人的なものではなく、集団的（単位集団内における）所有が想定される。遺跡における出土状況は大部分遺物包含層・土器溜り・住居跡覆土からの出土で、用木山遺跡出土の33例のうち28例は住居跡への埋土からの出土であり、住居跡床面からの出土は1例にとどまる。新邸貝塚例は貝層から出土した唯一例と考えられる。雄町遺跡では居住区域からのみ出土し、墓域からの出土はない〔東 1977〕。このことは分銅形土製品が埋葬に関係する遺物でないことをいっそう強調している。

　こういった分銅形土製品の出土状況は銅鐸の出土状況とはおよそ異なるもので、それらを用いた祭祀のあり方が各々異なっていたと考えられる。東は分銅形土製品の文様は地域により表現方法が異なり、同一地域にあってはそれが互いに類似することから、分銅形土製品は各地、各遺跡群内でつくられたと想定し、また用木山・さくら山・愛宕山という同一地域内の遺跡における分銅形土製品には同一製作者の手によって製作された証拠は見あたらないとし、専業製作者集団は存在しなかったと考えた〔東 1977〕が、これらは妥当な見解であろう。

　このように分銅形土製品は遺跡ごとに製作され、それらは単位集団における祭祀を恒常的に維持するために機能したといえよう。それを用いた祭祀は銅鐸によるところの大きい集団による青銅祭祀に対する、単位集団による祭祀という意味で重要な性格をもっていたと考えられる。このような祭祀によって強められた単位集団の主体性はそのまま備前地方を中心とした瀬戸内地方の保守性をさししめしている。そしてそれは高地性集落という一種の防塞集落の出現へと発展してゆく。

　分銅形土製品は打製石包丁などとともに弥生時代中期における中国・四国地方が畿内地方・九州地方に対して形成していった独自な文化を象徴する遺物のひとつとして捉えられる。しかし分銅形土製品には、縄文くさい、いかにも原始的・呪術的雰囲気を感じとることができ、それは中・四国地方の中期における独自な文化を示すとともに、後進地であるために生まれた保守的性格を背負った遺物であることを意味している。最終段階の銅鐸は畿内にはみられず、畿内をとりまく周辺部に分布している。佐原真はこの事実を銅鐸祭祀を早く捨てた先進地とおくれた地域の差を示すものとして捉えている〔佐原・田辺 1966〕。このような銅鐸祭祀の終焉の様相とは逆に、分銅形土製品は製作の中心地であった備前に最終段階の後期にまで残るという、分布圏を狭める形で消滅してゆく。このように分銅形土製品の終末の様相にも中部瀬戸内を中心とした中・四国地方の保守性は如実に窺われる。

　以上述べてきたように、分銅形土製品は中・四国地方の弥生中期文化の独自性の中で生み出され

た祭具であった。それを用いた祭祀の具体的形態は判然としないが、弥生中期に東部瀬戸内地方を中心として打製石包丁が普遍化し、それはこの地方の農耕生産の拡大に即応したものであった〔間壁 1970〕とされていることなどから、農耕の発展と結びついたものだったことが考えられる。

しかしそのような農耕生産の発展も地理的制約などから強い統一的勢力を形成するには至らず、やがて畿内の勢力圏に包括される。弥生中期に現れ、弥生後期に消滅してゆく分銅形土製品はそうした弥生中期後半に色濃くなってきた瀬戸内地域の政治的統合〔小林行・佐原 1964〕と密接に結びついた変遷をたどるといえよう。

第4節　分銅形土製品の起源に関する近年の研究

分銅形土製品の起源に関しては、縄文後期の分銅形の土偶を祖形とするという江坂輝弥の考え方を前節で紹介し、具体性に欠けることを指摘した。近年、この問題を考えるにあたり、注目されているのが近畿地方における縄文晩期終末の長原式にともなう土偶である。幾人かがこれを取り上げて研究成果を提示しているので、ここで時系列的に研究の動向を整理しておきたい。

口火を切ったのは石川日出志であり、使った資料は兵庫県姫路市丁・柳ケ瀬遺跡の弥生前期の土偶（509）と愛媛県松山市宮前川遺跡の弥生中期前半の分銅形土製品（510）である。丁・柳ケ瀬遺跡の土偶は上半身が逆三角形で腰がくびれ、その下の底部が平坦な小さな台部となるいわゆる台式土偶である。下端に平坦面をもつこの形状の類例を石川は同時代の中部地方の顰面土偶に求めて、縄文系土偶から型式変化した台式を初期の分銅形土製品の特徴と考えた〔石川 1987b：70〕。宮前川遺跡の分銅形土製品に関しての論述はなかったが、当時としては最古段階のものであり、のちに議論にのぼる。

同じころ、清水真一が分銅形土製品を集成して編年をおこない、分銅形土製品の出現を考えるうえで重要な、弥生前期から中期初頭にかけての三つの資料を提示した。その一つが丁・柳ケ瀬遺跡の例であり、残りの二つは鳥取県米子市目久美遺跡のくびれ部が異常に厚い分銅形土製品と、古くから知られていた岡山県奈義町福田・池尻遺跡の弥生土偶（452）である。これは分銅形土偶と呼ばれている。近藤義郎は資料的制約から縄文土偶との関係性を論じることをひかえたが、今里幾次は分銅形土製品が本例のような弥生時代の土偶から変化したものと積極的にとらえ〔今里 1960〕、清水も分銅形土製品が成立する途中のものとした〔清水 1987：100〕。

その後しばらくたってから、角南総一郎が資料を追加して議論を再燃させた〔角南 2000〕。角南が追加した資料は、弥生前期の岡山県総社市真壁遺跡の分銅形土製品（508）と、石川が言及した愛媛県宮前川遺跡の分銅形土製品ならびに香川県善通寺市龍川五条遺跡の人形土製品である（514）。真壁遺跡の資料は明らかに分銅形土製品であり、弥生前期にさかのぼる資料がはじめて議論の俎上に載った。このときの角南の指摘で重要なのは、丁・柳ケ瀬遺跡例をはじめとして宮前川遺跡例も自立するように基部を厚くつくっていることに注目した点である。目久美遺跡例は取り上げていないが、これを含めて台式という形態を縄文土偶から継承して成立した可能性が一段と高まったのである。

台式といえば、近畿地方の長原式の土偶であり（図71）、古くは土偶形容器などにつけられていたこの名称を鈴木正博が黥面土偶や長原式土偶にまで広げて用いた。角南論文に先立って、大野薫が長原式土偶と分銅形土製品の関係性を論じた。大野は、大阪府東大阪市鬼塚遺跡例（498）など長原式の台式土偶と丁・柳ケ瀬遺跡の台式土偶が分銅形土製品につながる可能性を認めたものの、①長原土偶の退化した顔面表現からのつながりの悪さ、②分銅形土製品が出現するのは弥生中期中葉で時間的な開きが大きい点から二者のつながりには消極的であった。その一方で、福田・池尻遺跡の弥生土偶をつながりの候補にあげている〔大野薫 1997：69〕。角南は上述の特徴によって、「縄文土偶が分銅形土製品につながるという可能性は、捨てきれないのではないか」として、大野説を批判した。

　さらに小林青樹は、分銅形土製品の祖形になると思われる愛媛県今治市阿方遺跡の弥生前期にさかのぼる資料（505〜507）を取り上げて、長原式土偶とのつながりを検討した〔小林青 2002〕。阿方遺跡例には粗放ながらも分銅形土製品の眉のような表現につながっていくとみられる沈線文が加えられていたのである。そこには鼻も表現されていて、大阪府東大阪市宮ノ下遺跡などの長原式土偶（499）の顔面表現との比較をおこなった。小林の研究で重要だったのは、体の各部位の徹底した型式学的な検討により縄文土偶と分銅形土製品をつなげた点にある。鬼塚例の刺突文が東海地方から中部高地地方に至る他の系列の土偶の影響を受けたという指摘も重要である。他の系列とは、黥面土偶と関係が深い後頭部結髪土偶であり、東北地方の刺突文土偶の影響を受けているので、台式を介した近畿地方から東北地方をつなぐ研究の地理的な広がりが期待できるからである。

　長原式土偶の腕の孔に関しては、鈴木正博の研究が重要である。鈴木は、祖形を青森県平舘村今津遺跡の縄文晩期後半の土偶に求めた。この土偶はいわゆる屈折土偶であり、屈折土偶は座産のシーンをかたどったという理解があるので、筆者は長原式土偶が出産のシーンをかたどったものである可能性を考えた(15)〔設楽 2014：103-104〕。今津遺跡と近畿地方では相当距離が離れているが、寺前直人は滋賀県守山市赤野井浜遺跡などのより古い屈折土偶を取り上げて、長原式土偶にスムーズにつながることを論じている〔寺前 2015〕。

　分銅形土製品の祖形が屈折土偶にあるとすれば、分銅形土製品の役割もおのずと見えてこよう。屈折土偶を、座産をかたどった土偶とみる見解を受け入れれば、分銅形土製品にも安産祈願のお守りといった理解が浮上するのである。辰巳和弘は、古代の笑いに僻邪の意味があることから、笑みを浮かべる人面表現の多い分銅形土製品にもその役割を考えたが〔辰巳 1992：58-60〕。僻邪の土偶はイレズミのある男性をかたどった岡山県津寺遺跡の例などが相当しよう。これはたった１例だが、分銅形土製品にイレズミの表現が一切ないことも分銅形土製品が女性像である可能性を示唆しているのではないだろうか。さらに光本順は、分銅形土製品が最終的に打ち割られて廃棄されるのではないかとしている〔光本 2006：107-100〕。故意の破損と偶然との識別が困難なことは、縄文土偶の議論でわかるとおりだが、光本はそれなりの論拠を示しており、同じことは縄文土偶に当てはまる。分銅形土製品が縄文時代の土偶の性格を引き継いでいた可能性は高い。

註

（1）広島県深安郡神辺町御領遺跡出土例は中期中葉に位置付けられるもので、表面に顔面が描かれ、裏面にも竹管文が施されており、特異なものである。分布周辺地域における、約束にしばられぬ個性的な表現をとる〔小林行・佐原 1964〕様相を示している。

（2）のちに述べるように、現在は発見されている（2016年11月設楽補註）。

（3）1978年2月10日現在（2016年11月設楽補註）。

（4）鳥取県東伯郡社村里見中曽根遺跡からは中期初頭の土器に伴って出土した〔近藤 1952〕ことが注意される。

（5）用木山遺跡で出土した中期中葉に比定される分銅形土製品9例のうち7例がこのタイプのものである。また鳥取県で出土した中期中葉の分銅形土製品は2例ともこのタイプのものである。

（6）つまり、「『形』のみが土製品の性格として残存するのではなく、文様表現そのものも変化をとげているし、土製品の器形は地方差があるとはいえほとんど変化はみられない。」というものである。しかし、文様は顔面を表現することに意義があったのであり、無文のものが相当量中期後半から後期に増加している傾向には注意せねばならないだろう。

（7）たとえば岡山県川上郡成羽町古町遺跡出土例〔近藤 1952〕がそれである。

（8）江坂の他に小野忠熈や今里幾次も類似した見解を示している。小野は山口県岡山遺跡と天王遺跡出土の分銅形土製品を縄文式文化期に多くみられる土版が弥生式文化期の中期まで引き続いて使用されたものとして捉え、外来文化の伝入により外形的在来文化は容易に変容するが、在来の内面的な精神文化は長く持続することを立証する一資料として位置付けた〔小野忠 1953〕。山口県下の分銅形土製品が岡山県や鳥取県など分布の中心地域の分銅形土製品と形態的にかなり異なることや、この論文を発表した当時は分銅形土製品の研究が発達していなかった段階にあり、この遺物を分銅形土製品の地域的一類型として把握することが不可能であったためこのような解釈に至ったと推察される。今里は分銅形土製品はいわば弥生時代の土版というべきものであり、縄文時代の土偶の末期的現象として土版が位置付けられるように、分銅形土製品も弥生時代の土偶から変化したものと考え、弥生時代の土偶として近藤義郎の紹介した岡山県福田池尻の土製品をとりあげた。そして分銅形土製品は先史土偶の系列下にあり、原始生産にまつわる呪術的要素の周落を意味する遺物であると述べた〔今里 1960〕が、縄文時代の土偶と弥生時代のそれとの系統的関連性については資料的制約から論をひかえている。

（9）つまり、「縄文時代後期の土偶ではくびれの部分が腰に相当し、上半身には乳房がおかれるが頭部は表現をまったくはぶかれるかつけられても痕跡的なものであり、これに対して分銅形土製品のくびれは頸にあたり本来は顔面表現をもつ」とし、土偶が身体各部—とくに乳房—を表現することに意味をもっていたのに対し分銅形土製品は顔面の表現に意義をもつと考えた。また「縄文後期と弥生中期とのあいだの年代差も無視できない」と批判したのである。

（10）弥生時代中期の土偶として岡山県福田池尻遺跡出土例〔近藤・高村 1957〕が知られているが、これはむしろその形態などから、顔面を具象的に表現した分布周辺地域の様相をもつ分銅形土製品として捉えられよう。

（11）この点に関しては、現在違う意見をもっていることを後述する（2016年11月設楽補註）。

（12）雄町遺跡・用木山遺跡に上東・津島・南方・さくら山遺跡で、各8個、5個、9個、15個出土しているが、他の遺跡はみな1〜2個の出土をみるだけである。

（13）住居跡柱穴内より出土したものであり、正確には床面出土といえない。いずれにしても分銅形土製品が住居内におかれるような性格のものではなかったことが指摘できる。

（14）土器溜り・住居跡埋土・貝塚からの出土というように祭祀行為の終結した後、分銅形土製品は廃棄されたらしい。このことは卜骨にも同様にいえることで、祭祀の構造を把握するうえで重要な問題だと考えられる。

(15) このなかで、分銅形土製品と関係をもつ龍川五条遺跡の人形土製品の両脇の孔が、長原土偶の孔から継承されたものであり、それが拡大して側面を突き破って分銅形土製品の両側のアーチができると想像した。しかし、小林の型式学によれば、長原土偶の孔は衰退していく傾向があり、分銅形土製品とつながりはよくない。それにもかかわらず、この想像を小林の考えとして誤記してしまった。小林さんには深くお詫び申し上げたい。

第10章　木偶と石偶

第1節　弥生時代の木偶

　弥生時代には木偶という木を削ってつくった偶像があり、濱修が集成した1993年の時点では10例であったが〔濱 1993〕、その後に出土した例を加えて、現在では15例確認できた。木偶は、縄文時代には認められない。大阪府東大阪市山賀遺跡出土の木偶がもっとも古く、弥生前期中葉にさかのぼる〔森井ほか 1983：27、春成 1992：108〕。8例が滋賀県域に集中するが、西は徳島県域、鳥取県域から東は愛知県域に及んでいるので、弥生時代の古い段階から西日本にある程度普及していた偶像だと考えられる。

　金関恕は滋賀県安土町大中の湖南遺跡から出土した木偶（572・573）を、男女一対の像とみなした〔金関 1982b：78、1984：29〕。その後、滋賀県野洲市湯ノ部遺跡の1号と2号木偶（574・575）という、一対で出土する例が加わった〔濱ほか 1995：152〕。大中の湖南遺跡例は出土状況が不明だが、湯ノ部遺跡例は方形周溝墓と考えられる溝の中に2体がおよそ1mと接近した状態で出土しており、本来対になって用いられていた可能性も考えられよう。

　湯ノ部遺跡1号例（574）には肩から腰にかけて襷状の彫り込みがあり、濱はこれが埴輪の巫女の像と共通することから女性を表現した木偶であり、2号を男性と考えている〔濱 1993：19〕。1号は腰がくびれ、臀部が張っており、それに比較して2号は腰のくびれが少なく、濱の指摘は正しいだろう。1号が2号の約半分の大きさである。大中の湖南遺跡の2体にも大小の差がある。大型の方（572）はずん胴で、小型の方（573）は腰がくびれている。後者の腰には穴が貫通している。これが女性器を表現したのであるならば、前者を男性、後者を女性とみなせる。大小の関係も湯ノ部遺跡例と矛盾しない。湯ノ部遺跡3号（581）と4号（582）は、1号2号と同じ溝内から5m以上離れて出土した。4号が3号よりわずかに大きい。4号のくびれた腰のやや下には穴があいており、そこに先端を尖らせた棒が突き刺さったまま出土した。濱はこれを男性器をもつ男性像とみているが、そうであるならば濱がいうように大中の湖南遺跡の小型の方も男性とみるべきかもしれない。すっきりとしないが、後述の山ノ口遺跡の石偶にみる男性が大きく女性が小さいというあり方を踏まえて、一応一対のうちの大型を男性像、小型を女性像とみなしておく。

　木偶の系譜　木偶と並んで弥生時代に出現した祭祀的性格をもつ木製品として、鳥形木製品がある。これも弥生前期中葉に出現し、佐賀県域から静岡県域に至る広い範囲に普及したもので、2003

年の時点で12遺跡、20余例が発見されていたが〔金関 2003：663〕、その後石川県小松市八日市地方遺跡で多量に出土したこともあり、現在は90例ほどになった。佐賀県の例は置くタイプだが、それ以外は腹部にほぞ穴を穿っている例が多く、棒の先に取り付けた木製品である。金関恕は朝鮮半島の歴史学、民俗学的知見から、弥生時代の鳥形木製品の起源が朝鮮半島にあることを指摘し、日本の古典の記述とあわせてその意義を論じた〔金関 1975・76・82a・82b・84・86ほか〕。そのなかで鳥形木製品は木偶と密接な関係にあることが類推されている。詳細は金関の一連の論文に譲り、要点だけを述べておく。

杆頭に木彫りの鳥をつけて立てる習俗が、現代の朝鮮半島から東アジアに広く分布することは、秋葉隆などが類例を渉猟して確かめており、それがしばしば男女一対の木偶とセットになることも述べている〔秋葉 1954：147-154〕。地方によってさまざまだが、鳥杆（솟대）は蘇塗—ソッテ（sottai）あるいは水殺杆—スサルテー（susal-tai）、木偶（장승）は長生標—チャンスン（chun-sung）と呼ばれることが多い。

問題はこの習俗がどこまでさかのぼるかだが、『魏書』東夷伝馬韓の条に「蘇塗」を立てるという記載があり、金関は孫普泰の説〔孫 1932〕を引いて、蘇塗がソッテすなわち鳥杆であろうとし、この習俗が3世紀にさかのぼる可能性を考えた。さらに太田市付近発見の青銅小板にみられる樹上の鳥の図柄から、蘇塗には鳥がつけられていた可能性を補強するとともに、朝鮮半島ではこの習俗が紀元前にまでさかのぼるであろうと推測した〔金関 1976：217-219〕。

馬韓の条における蘇塗は、この国でおこなわれていた民間のまつりを記した文脈のなかで語られているので、その習俗自体がまつりと深くかかわっていることは容易に推察できる。5月に種を蒔き、10月に収穫するという記載や、馬韓の地理的位置と当時の生産形態から、金関はそのまつりが稲作に伴うものとする〔金関 1982b：72-73〕。

また、馬韓の条には「鬼神を祭る」というくだりがある。『魏書』東夷伝高句麗の条に、「鬼神を祭り、また霊星、社稷を祀る」とあり、同じく高句麗五族のひとつである涓奴部についての記述には、それと対になるように「宗廟を立て霊星社稷を祀る」とある。こうした重なり合いから、金関は川副武胤の説〔川副 1979：4-5〕を受けて鬼神と宗廟のまつりが対応していること、すなわち鬼神のまつりが祖霊神のまつりである、と説く〔金関 1982b：73〕。さらに『周書』異域伝高麗の条には、神殿を2棟つくり祖神である男女二神の像を木でつくってまつっている記載があり、これは古く鬼神とされていた霊格であろうことから、3世紀の祖霊像である鬼神もまた男女の木像で表現されていたのではないかと類推し、そこに弥生時代の木偶の原型を求めた〔金関 1985：72-73〕。

つまり、金関は祖先をあらわした男女一対の木偶であるチャンスンと、神の国と人の世を仲立ちする使者である鳥を差した杆のソッテという、現在はムラの境界などに立てられる祭具は紀元前の古い時代にさかのぼり、農耕儀礼の中心をなしていた、そして、弥生時代の鳥形木製品と木偶という二者のセットは、農耕文化複合の一環として朝鮮半島から日本列島にもたらされた、というのである。

韓国慶尚南道の光州市新昌洞遺跡から、紀元前2世紀ころの水田稲作に用いた杭列や木製農具が発掘されたが、それとともに鳥形木製品が出土し〔趙ほか 1997：89〕、木偶と鳥形木製品のセット

のうち片方は少なくとも弥生時代併行期に朝鮮半島に存在していたことが考古学的にも確かめられ、弥生時代の木偶と鳥形木製品の起源が朝鮮半島に求められる説の蓋然性が高まった。山賀遺跡では弥生前期の溝から鳥形木製品と木偶がそろって出土した。弥生時代の早い段階でこれらがセットで出現したことを示すばかりでなく、同じまつりの場で用いられていた可能性をも示唆する。

第2節　弥生時代・続縄文文化の石偶

北海道・東北地方の石偶　北海道の続縄文文化前半期、東北地方の同時代の弥生前・中期に、黒曜石や頁岩を打ち欠いてつくった偶像が知られている（585〜597）。黒曜石が用いられることの多い石偶は、縄文早期に遡る。縄文晩期の亀ヶ岡文化に盛んにつくられ、弥生時代・続縄文文化に引きつがれたが、数は少ない。2005年時点で、東北地方で5点が知られるが、いずれも青森県域であり、分布が縮小している。続縄文文化では道南地方を中心に7点が知られるが、そのうちの1点は道東の常呂地方で出土している〔鈴木克 2005〕。クマをかたどったとも考えられており、そうであれば人物造形品とは言えないが、人物像だという意見もあるので、記述しておく。

西日本の石偶　鹿児島県錦江町山ノ口遺跡から出土した軽石製の偶像は大小一対であり、乳房の有無によって男女につくり分けているのは明らかである（602・603）。

1958年、この地で砂鉄の採集がおこなわれた際にこの遺跡は発見されたが、石偶はこの時見つかった〔河口 1961：178-179〕。2体とも軽石を削ってつくった偶像であり、大型の方は高さ35.8 cm、小型の方は26.2 cmである。時期は弥生中期後半である。これらは2体が接近した地点から出土したようだが〔河口 1978：55〕、詳細は不明である。しかし、つくりが極めてよく似ているので、一対で用いられていたと推測される。

この遺跡からは、男性器と女性器をかたどったとされる軽石製品も出土している〔河口 1978：57〕が、石棒は「一見家屋にも類似している」とされており〔河口 1961：179〕、女性器をかたどったとされる軽石と離れて出土しているので、石偶ほど明確に男女一対といえるわけではない。[(4)]

註
（1）　このほか、福岡県古賀市鹿部山遺跡から木偶の可能性のある木製品が出土している〔佐田ほか 1973：207・208〕。
（2）　この木偶を実見したところ、同じ木からつくられたもののように観察された。
（3）　川副武胤は蘇塗の習俗が農耕儀礼と結びつくという説には否定的であり〔川副 1979：13-14〕、蘇塗は東北アジアのシャマニズムが根底にあると考えている。これに対して金関は、鳥霊信仰の源流は殷時代の中国にあり、それが山東半島から長山列島を経て朝鮮半島に流入するという、有力な水田稲作伝播ルート説と一致した動きを示すことを重視しており、春成秀爾は銅鐸絵画や日本の古典における鳥の役割を重視して、鳥と農耕儀礼とのかかわりを積極的に評価する〔春成 1987 など〕。鳥が死者の魂を運搬するという思想は広く分布しているように、たしかに農耕とばかり結びつくものではなく、難しい問題をはらんでいる。ここでは鳥に関する多様な思想的役割の一つとして、農耕儀礼とも結びつく場合があると考え、金関らの学説に一応依拠しておく。仮にその説が認められないとしても、鳥形木製品や木偶が本格的な稲作文化の始まる弥生時代にいたって、西日本の大陸系弥生文化〔設楽 2000〕に顕著に確認されるようにな

ることは動かない。そして、朝鮮半島から伝えられたという点に関しては、鳥形木製品や木偶が北方シャマニズムと関連するものであるとしても、農耕文化複合の一貫として流入した点を重視せざるをえないと思う。

（４）　山口県下関市綾羅木郷遺跡からも男性器と女性器をかたどったとされる石製品が数点出土している〔水島 1981：400-402〕。女性器を表現したとされるものについては堅果類を加工する凹石と区別のつかないものを含み、女性器をかたどったものか否か判断がむずかしい。

第11章　偶像の農耕文化的変容

第1節　問題の所在

　第4章で、土偶形容器には大小一対の例があり、顔や頭部も微妙につくり分けられていることを指摘した。これは男女像であり、縄文時代にはなかった男女一対の偶像が、弥生時代に出現することの意味が問われる。

　土偶形容器における男女の問題は、発見の当初から意識されており〔大野雲 1905〕、それは入墨や耳飾りなど土偶にみられる縄文時代の装身の問題が、明治時代、そして大正時代にいたっても大いに論じられたことと無関係ではない。この問題が当時さかんに議論された背景には、いわゆる「石器時代人民」の理解に対する素朴な風俗史的観点があり、もう一つには過去の風俗から「先住民族」あるいは「日本民族」の由来を探るという民族・人種論的観点があった。しかし戦後、土偶形容器に本格的な論考を加えた研究者は、男女の問題について論究することはなくなっていく。これは大正時代に、人類学に厳密な科学的方法が推進されたこと、すなわち清野謙次らによる統計学的手法を駆使した自然科学的民族・人種論の展開に加えて、昭和初期のいわゆる型式学派の台頭によって遺物から風俗を安易に類推する方法が退けられていったことなどがもとになっていると思われる。

　抜歯や装身具などの研究を風俗史的な観点にとどめることなく、先史時代の社会組織や制度を追究する手段として利用した春成秀爾の一連の研究〔春成 2002〕は、戦後のこれらの遺物や習俗に対する研究方向を大きく転換させたといってよい。本章において古く議論の対象になった男女問題を取り上げた目的も、一つには風俗史的観点を超えて、それを先史時代の社会組織の分析に役立てることにある。

　縄文文化の伝統が根強い東日本において、弥生時代に土偶という呪的形象が継承されている点は、大変興味深い。文化伝播や文化的伝統の問題の追究もさることながら、より重要なのはたんに伝統ということですますだけでなく、それがどのように継承され変容しているのか、という問題への接近である。つまり性格の変化とその背景を明らかにすることであり、そのためにはそれを引き起こした社会的諸関係、すなわち生業における男女の集団編成や、埋葬における男女のあり方など、男女をめぐる社会的環境にまで踏み込んで検討を進める必要がある。

　本章は第4章で扱った土偶形容器を手始めに、前章で分析した木偶や石偶など弥生時代の偶像の

男女問題を取り上げ、縄文時代の土偶などと比較しつつ、なぜ弥生時代になると男女像が生まれてくるのか、考える。かつて、この分析のアウトラインは示しておいたが〔設楽 1994a・b〕、本章では弥生時代に男女像が成立する背景に考察を加え、縄文時代から弥生時代へと男女の関係性がどのように変化したのか、という社会的な問題に迫りたい。

第2節　東日本の男女像の系譜

男性土偶の出現　愛知県豊川市麻生田大橋遺跡では、縄文晩期後葉の西之山式期から弥生中期中葉の嶺田式期にわたる総数238基の土器棺墓が調査された〔安井ほか 1991、前田清 1993〕。そのうちもっとも多いのは晩期終末の馬見塚式期の160基で、ついで弥生前期の条痕文文化である樫王式期の33基である。土器棺を伴わない土坑は、60基以上である。樫王式期の土坑は墓域のほぼ中央にある1基だけだが、SK125と呼ばれるこの土坑からは骨片が出土しているので、おそらく墓坑とみてよいであろう。

SK125からは、土偶が2体（図9-2）出土した〔前田清 1993：17-18〕。1は顔に線刻のある黥面土偶で、2に線刻はないが同時期の土偶である。1と2ではほかにもいろいろと異なる点がある。1は高さ16.8 cmで、2は8.7 cmとほぼ半分の大きさである。1は乳房があるが2にはない。頭部の形態が異なる。1には肩に隆帯があるが、2にはない。1は頭、胴、手足が割れて、墓坑の底付近から離れて出土したが、2は墓坑上面から完全な形で出土した。前田清彦はこの差を男女の差とみる〔前田佳ほか 1993：67-68〕。一方、鈴木正博は装飾性の強い大型と無文の小型という差を指摘している〔鈴木正 1993a：341〕。

たんに2が1を小さくしたのでないことや2が粗製品でないことは、頭部が明瞭につくり分けられており、2は小さくはあるが1と調整に差がないことなどから推定できる。そして、この直後に頭部をつくり分けた男女像である土偶形容器が同じ地域で出現することを考えると、乳房の有無に象徴されるこの土偶のつくり分けは、男女差と考えるのが妥当だろう。前田が指摘するように、2だけが破片になっているのは、土偶に伝統的な破壊行為が、縄文時代に普遍的であった女性の土偶にだけなされたためと理解できるかもしれない。

もうひとつ、これが男女像であるとする根拠を加えておきたい。SK104は馬見塚式期の土坑で、底部付近から石剣が、土坑検出面上位の遺物包含層から土偶の破片が出土した（図9-1）。出土状況から土偶が土坑に伴わない疑いもあるとされるが、土坑の掘り込み面が黒色土の中にあって正確にとらえきることができなかった可能性がある。(1) この土偶には乳房が表現されているので、石剣と対になる男女の組み合わせであり、SK125出土土偶の組み合わせの原型とみなせる〔設楽 1995：63-64〕。

このように考えてよければ、男女像の大きさの差が問題になる。土偶形容器を検討した際、古い例は女性のほうが大きかったのに対して、新しい例ではその差が逆転していることを指摘した。土偶はかつてほぼすべて女性像であった。すなわち土偶は女性原理を象徴する形象であったために、男女像が出現した際にはまだ伝統的に女性像が大きくつくられたのだろう。そうした意味でも、ま

た時期的にも地域的にも SK125 の 1 と 2 は土偶形容器に直接つながる原理をもって成立したことに気づかされるのである。この時期の男女一対の土偶はわずか 1 例であるが、土偶形容器との脈絡という点で重視しないわけにはいかない。樫王式期以前の縄文晩期にも乳房を欠いた土偶は数多くあり、あるいは男性土偶かもしれないが、今のところ確実に対になる男女像は弥生前期に成立すると考えておき、資料の増加を待つことにする。

北海道の男女像　北海道千歳市ウサクマイ遺跡から出土した土偶（167）には、陰茎と陰嚢が表現されており、明らかに男性をかたどっている〔大場 1965：295、高橋理 1995：55〕。扁平で短いO脚の、縄文晩期終末から続縄文文化初期に特有の土偶である。これと同じ時期で同じ型式の土偶は北海道江別市大麻 3 遺跡から出土しているが〔高橋ほか 1986：6-8〕、出土状況が興味深い。小判形をした 2.2×1.2 m の土坑の縁に、2 体が折り重なっていた（図 8-4・5）。土偶には大小があり、大きい方は高さ 15.4 cm、小さい方は 13.3 cm である。いずれも乳房や陰茎など性の表現を欠いているが、小さい方が腰の括れを強く意識してつくられており、出土状況やウサクマイ遺跡例を考慮すれば、男女を表現したものとみてさしつかえないだろう。

このように、北海道地域では縄文晩期終末〜続縄文文化初頭に男性土偶が出現し、男女一対と考えられる土偶も存在した。時期的には麻生田大橋遺跡例の直後であり、地域はかけ離れているが無関係とは考えがたい。墓に副葬されたという点でも共通性を指摘できる。土偶が墓に副葬される要因についてはまだ不明な点が多いというものの、一応縄文晩期以降における北海道方面からの副葬習俗の影響という動向のなかで理解できる（第 3 章）。しかし、男女一対の偶像はその出現の契機を含めて、縄文時代の文化に系譜をたどることはできない。そこで次に、弥生時代の偶像について論究し、その手がかりを求めることにしよう。

第 3 節　東日本における男女像成立の契機

縄文晩期〜弥生前期の東西交渉　縄文晩期終末から弥生前期の土偶を検討し、そこに男性土偶の参入による男女像の形成と副葬という二つの新たな展開がみられることを指摘した。そのうちの一方、すなわち男女像の要素は縄文社会に内在するものではない。前章で述べたように、弥生時代の木偶や石偶などが男女一対である、あるいはセットになることを重視すれば、縄文土偶に男性像が加わり、一対の男女像が成立して土偶形容器になるという過程は、木偶や石偶など弥生時代の西日本における偶像のもつ意味が縄文土偶に取り込まれ変容を示したとみるのが、もっとも妥当なように思われる。その源流は朝鮮半島にあると推定され、男女一対の観念は農耕文化複合の一貫として日本列島にもたらされたのであろう。それでは、この観念が東日本にまで影響を及ぼした契機はどのように考えられるのだろうか。

縄文晩期前半には、近畿地方にまで東北地方の大洞 B-C〜C_1 式土器が北陸地方を通じて強い影響を与えており、類似した土器がつくられたり持ち込まれたりしていた。ところが、それに続く大洞 C_2 式の前半にいたると関西地方には大洞系の土器はほとんどみられなくなる。日本列島における本格的な水田稲作はこの時期に北部九州で開始されたが、こうした状況下で大洞 C_2 式終末から

大洞 A₁ 式の系統の土器が再び、今度はより分布を広げて瀬戸内地方や九州地方にまでみられるようになる〔小林青編 1999：62-64〕。これと連動して、中部地方の縄文晩期終末の浮線網状文系土器も瀬戸内地方、徳島県、島根県地方にまで分布する〔設楽 2004a〕。香川県さぬき市鴨部川田遺跡では遠賀川系土器を主体とする環壕から、土偶の頭部が出土したが、これは顔面に線刻のある東日本の黥面土偶の影響を受けたものであった〔設楽 1999c：189〕。

東日本における男女像形成の契機　このように、縄文時代の終末から弥生時代の初期においては、西日本に展開する水田稲作社会の中に東日本の縄文系という異系統の文化要素が目立ってみられるようになるのであり、それは土器ばかりでなく精神文化を反映した土偶も含んでいる。こうした動向は、東日本の縄文社会が西日本の新しい文化に反応し、その情報摂取に動き出したことを示すものに他ならず、それは精神文化の面にも及ぶものであった。このことは鴨部川田遺跡の弥生土偶や兵庫県神戸市大歳山遺跡の土偶形容器が物語っており、さらにそれらの中には東日本系と西日本系の要素の融合現象が認められる例もある。土器の動きからすれば、東日本系の人々が西日本において大陸起源の農耕文化と会合する機会はしばしばあったとみるべきであり、偶像を男女一対でつくるという思想は、当時西日本にまで張られた東日本の情報網を通じて東海地方西部にもたらされ、東日本の土偶は変容していったと考えられる。

　社会を統合する重要なまつりは、生産にかかわるものであるとされる〔金関 1986：286〕。ここにおいて、男女一対の観念と農耕文化とがいかなるかかわりをもつのか、逆にいえば縄文社会という採集狩猟を基盤とする社会においては、なぜそのような観念が育たなかったのか、ということが問題になる。春成秀爾がすでにアウトラインを示しているが〔春成 1986〕、それを踏まえたうえで、生業における男女の性別分業を、縄文時代と弥生時代と引き比べてみていこう。

第 4 節　生業からみた縄文／弥生時代の男女関係

性別分業の変遷　分業、すなわち労働の分割の概念は、以下のように整理されている〔原 1975：22-33〕。分業には大別して作業場内分業と社会内分業があり、社会内分業は自然発生的分業と社会的分業によって成り立っている。社会的分業は自然発生的分業を基礎として、余剰生産物の交換によって起こるとされている。

　このうち、性や年齢などに応じて成立したのが自然発生的分業であり、これはいわゆる性別分業とされるものを含んだ概念であるが、交易などにおいては男性が中心になってかかわる場合が多いことが、民族誌などに照らしても明らかなので、性差は共同体間分業〔都出 1968：134-136〕などの社会的分業にも影を落としているといえよう。

　図 18 は民族誌にもとづいて、アメリカの人類学者である G・P・マードックがおこなった、各種の労働における男女の分担の度合い〔Murdock 1937〕を都出比呂志が整理したものである〔都出 1982：9〕。都出は労働を、①男性優位の比率が 70％ を超え、女性優位の比率が 20％ 未満のもの、②女性優位比率が 70％ を超え、男性優位比率が 20％ 前後あるいはそれ以下のもの、③男女どちらかが他を圧倒しているとはいいがたいもの、の三つに区分した。①は労働種目の 1～19 までで

男性優位労働、②は 34 から 46 までで女性優位労働、③は 20～33 までで中間形態、と呼び分けた。性別分業は、社会の生産基盤や出自規定、労働の専業化の進行具合、性的な差別など、社会と切り離して論じられる危険性を常にはらんでいるとされる。都出はそうした危険性を考慮したうえでも、なお抽出できる一般的な傾向を指摘している。

　男性優位労働は、狩猟や漁撈、それに必要な道具の製作、耕地開墾、木材切り出し、金属器の生産、戦争、交易など筋肉労働・重労働が要求され、遠隔地に出かける必要のある労働が、女性優位労働は、調理、衣類づくり、採集など、筋肉労働・重労働の要求度が小さく、遠隔地に遠征する度合いの小さい労働が主軸となっている。都出

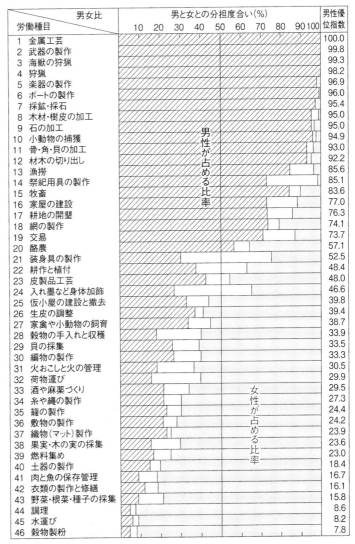

図 18　労働の性別分業〔都出 1982〕

は、女性に備わった出産という生理的な能力およびそれに付随する授乳など育児労働が、女性を居住地にとどめさせる大きな要因であると考える。それとともに、男女における筋力の差が人類史の初期から必然的に備わっていることに目を向け、この二つの主要因が性別分業のあり方を規定していったとみる〔都出 1989：273〕。

　さらにこうした一般的傾向は、社会の変動によって変化する。たとえば、芋栽培と穀類栽培では生産過程と消費過程ともに女性の占める位置が異なっているといった点である〔小野明 1975：67-69、Ember 1983：288-290〕。この点も考慮しつつ、労働の性別分業の図に即して、縄文時代と弥生時代の性別分業について考えてみたい。

　縄文時代の性別分業　縄文時代の性別分業についての論考は決して多くない。これにかかわる議論をまとめた菱田（藤村）淳子によれば〔菱田（藤村）2000：84-87〕、小笠原好彦が生業における

男女の役割分担から〔小笠原 1990〕、阿部芳郎が道具づくりの観点から〔阿部 1995〕縄文時代の性別分業に踏み込んだ発言をしている。しかし、その参照枠は民族誌であり、都出の整理にしても民族誌や一般論から導かれたものであって、具体的な考古資料を操作した議論ではない。このようななかで、赤澤威の千葉県新田野貝塚の発掘調査とその整理結果の分析は、興味深い事実を提示している〔赤澤 1983〕。

　新田野貝塚は千葉県いすみ市にあり、太平洋にそそぐ夷隅川の河口をおよそ10kmさかのぼった微高地に立地する（図19）。赤澤らはこの貝塚を発掘調査して、縄文前期初頭の花積下層式期の貝層と中期初頭の五領ヶ台式期の貝層データから、以下のような結果を導き出した。魚類に関しては、前期と中期の貝層を通じて、スズキが第1位を占め、常に40％台と安定した捕獲対象になっている。2位と3位のボラとクロダイにしても、前者が20％台から30％になり、後者が30～20数％から15％ほどになるというように、前期から中期へ多少の変化はあるものの、ほぼ安定しているといってよい。一方、二枚貝種では前期に第1位を占めたのが汽水域に生息するオキシジミで約46％であるが、中期には約42％の第2位であった河川、潮間帯の淡水、汽水域に生息するヤマトシジミが100％近くになっている（表4）。

　すなわち、前期から中期へと魚種に大きな変化はないが、二枚貝に大きな変化が生じたのである。この変化は、漁撈活動のうえで二枚貝採集に必然的に変化を及ぼすような事態が生じたか、新田野貝塚の人々の嗜好が変わったかのいずれである。赤澤は、内湾汽水域に生息するスズキやボラ、クロダイが捕獲できる環境として縄文海進によって形成された古夷隅湾を想定し、前期から中期へと海退によって内湾が徐々に遠のいていったが、魚の漁撈活動に対しては遠征を企てることによって捕獲魚種の維持を図ったのに対して、貝採集活動に対してはそのまま居住地付近での採集をおこなったために貝種が変化した、と前者の要因でこの現象を理解した。そのうえで、赤澤は貝採集と魚捕りが男女別々の集団によっておこなわれていた可能性を提示した〔赤澤 1983：69-73〕。

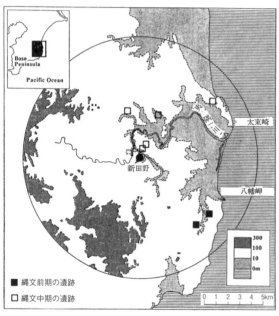

図19　千葉県いすみ市新田野貝塚の位置

表4　千葉県新田野貝塚出土の主要な貝殻と魚骨の比率の変化

		縄文前期	縄文中期
二枚貝	オキシジミ	46%	0.36%
	ヤマトシジミ	42%	99.51%
	その他	11.67%	0.13%
魚類	スズキ	42.35%	36.22%
	クロダイ	25.83%	18.11%
	ボラ	22.52%	33.86%
	その他	9.30%	11.81%

二枚貝は縄文中期に汽水産へと変化するが、魚類はひきつづき内湾の海の魚である。男女の性別分業を知る手がかりとなる。

文化人類学は、さまざまな社会のジェンダー体系から女性と家事的領域との結びつきを明らかにしているが〔Rosaldo and Lamphere 1974〕、そうした女性の役割の専門化は、究極的には生殖機能という自然にもとづくもので、優劣によるものではない〔タキエ・スギヤマ 1984：25-26〕。もちろん、出産した女性全部が授乳し子どもの世話をする必然性はないが〔出口 1984：85〕、基本的に女性が生業にたずさわれるかどうかは、作業場が住居に近いこと、休めることなど育児との両立にかかっている。これに対して男性は身軽であり、その移動力を駆使して狩猟などに参加する〔Brown 1970：1075-1076〕。民族誌によると、遠隔地遠征労働は男性優位労働である。

縄文時代の基本的生業活動は、自然の生産物の採集と捕獲であった〔鈴木公 1984：83〕。そのうちの遠征的漁撈活動については、上述のように男性優位労働である可能性が指摘でき、同じく男性優位労働である石器原料の獲得や石器生産などを考え合わせれば居住域を離れておこなう狩猟活動にも、それは当てはまるだろう。つまり、男性が家庭を離れて狩猟、漁撈活動に主体的にかかわり、女性が集落からそう遠くない活動領域での採集や家庭内における火の管理、炊事に主に従事することはほぼ認めてよい。子どもを含む性別の編成原理は、とくに労働という経済活動において有効に機能したであろう。(5)(6) したがって、縄文時代の基本的な生業において男女の役割は補完関係にあるとはいえ、労働は基本的には性によって分割されており、協業は前面に出てこない。

縄文時代の植物栽培から弥生時代の植物栽培へ　一方、古くからの考古学的な課題として、縄文時代にも栽培植物があり、農耕がおこなわれていた、との議論がある。しかし、北部九州で灌漑水田稲作が始まる突帯文文化を弥生時代とする限り、現在まで縄文時代の灌漑水田は見つかっていない。すなわち、縄文時代に本格的な農耕をおこなっていたとは思えず、植物栽培は初歩的であり、あくまでも採集狩猟を基礎とする生業の補助的一部門をなしていたとみなすのが妥当だろう。

イモ類栽培のいわゆる原始農耕民では、畑仕事は基本的に女性の仕事である。男性は畑をつくるときの重労働部分である開墾を受け持つ。一度開墾すればあとはさして重労働を伴わないので、植付けから収穫、あるいはその後の管理や調理にいたるまで女性が深くかかわる。これに対して、穀物栽培では男性が開墾だけでなく農耕に全面的に関与し、栽培体系全体でみれば男女協業的な側面が強くなってくる。さらに、灌漑型の穀物栽培は通年にわたって重労働を必要とし、男性の役割が大きくなる。古代には収穫や脱穀、調理といった面ばかりでなく、アワ・ムギなどの畑作に女性がかかわる場合があったことも知られており、女性の役割は高く役割分担がされているものの〔服藤 1982：77-79〕、犁農耕では女性が補助になるとされ〔小野明 1975：69〕、灌漑農耕や畜耕など筋力を使う重労働の比重の高まりに応じて、女性の農業への貢献度の低下が認められる〔Murdock 1973〕。

C・R・エンバーは、集約農業（intensive agriculture）における女性の貢献度がすべての農耕にかかわる要素において低いというG・P・マードックらの一般論（ibd.,：212）には批判的である〔Ember 1983：286〕。すなわち、産業革命以前の社会では分業において、集約農業が園耕（horticulture）よりも格段に時間を要する穀物の加工など家庭内での作業が多くなることから、女性が家庭内の農作業に付随する仕事に従事する率が高くなるように、園耕から集約農業へと移行する(7)に際しては、女性の活躍の場が変化したにすぎないというのである。一方で、そのことが公共的な場への女性の進出を阻止し、政治的な地位を得る機会を失わせ、男性にリーダーシップを譲るこ

とになった（ibd.: 300）。農業を通じた社会における権威の伸張は、労働の比重の高まり具合も重要だが、公共的政治的場面への参加の度合いに大きく左右されるのである。

韓国大田市付近で出土したという青銅器時代の青銅小板には鋤で耕起する人物が描かれているが、それは男根を露出した男性であった。韓国青銅器時代における農耕の実質的な労働主体としての男性の役割を描くと同時に、祭祀における男性の役割の高まりを示しているのであろう。農業をめぐる各種利害関係の調停手段として、戦争という公共事業の必要性が高まるのが弥生社会である。戦争をおこない、それを指揮するのは男性であったろうから、政治的な社会における男性の発言権が強まるのも合理的である。

縄文時代の植物栽培がイモ類栽培に近い段階であったとすれば、それが弥生時代の灌漑を伴う水田稲作という本格的な植物栽培に移行する過程で、女性中心の労働から男女協業の労働へ、さらには男性優位な労働へと変化した可能性〔春成 1986：410〕は、以上の諸見解から理論的に十分考えられる。

考古資料にみる男女関係の変化に対する解釈　男性土偶が出現し、男女一対の像がつくられるようになった当初は女性像の方が男性像の2倍ほどの大きさだったのが、土偶形容器の終末に近い弥生Ⅱ期後半には逆転して男性像が女性像より大きくつくられるようになった。木偶や石偶、あるいは弥生時代終末から古墳時代の土偶は、いずれも男性が相対的に大きく表現されている。このことに関連して、都出比呂志が兵庫県神戸市桜ヶ丘神岡5号銅鐸の絵画のなかで、男性が女性を取り押さえている構図にみられる男性像が女性像の1.2倍の大きさに描かれていることを指摘し、小林行雄が説いた桜ヶ丘銅鐸の一連の構図は弱肉強食の世界をあらわすとの説にしたがって、大人の男性がすべての生物の中でもっとも優位にたつとの考え〔都出 1989：282〕を示したのが注目される[8]。

秋山浩三によると、遠賀川系土器と共存する長原式後半の時期から遠賀川系土器単独の時期に向けて、近畿地方の石棒は92個体から44個体とおよそ半分に減少するのに対して、土偶は14個体から4個体と三分の一以下に減少するという。秋山は本格的な農耕経済が成立する生業の転換期に男性原理が突出し、女性原理が消滅する方向へ向かったと理解することで、石棒類の減少がゆるやかなことを説明した〔秋山 2002：62〕。

男女像や男女の絵画において男性が若干大きく表現されているのは、平均的には男性の方が女性よりも若干身長が高いという関係をそのまま表現したのかもしれないが、男性像が出現した当初は女性像が大きくつくられていたことからすると、それは考えにくい。やがて男性像が大きくなるという逆転関係からすれば、たんに生理的な大きさというよりはその背後に農業という基幹産業をめぐる力関係が存在していた可能性を考えるのも、このようにまったく理由がないわけではない[9]。

第5節　男女像形成の背景

以上述べてきたことを要約したうえで、縄文時代から弥生時代に男女の関係性が変化したことの社会的背景について論じ、土偶形容器が男女像であることの意味について述べて本章の結論としたい。

土偶と石棒は縄文時代を代表する儀礼の道具であり、それぞれ女性と男性を象徴的に表現しているが、縄文時代の土偶に男女一対でつくられたものもなければ、石棒と組み合わさる女性表象もない。縄文時代に、基本的に男女一対の像はなかったといえる。縄文時代は採集狩猟を主要な経済としている。その社会における生業にかかわる労働集団は、男女別に編成されているらしい。血縁関係を重視して、墓地を世帯と血縁という矛盾する二つの原理によって編成した埋葬小群成立以後、すなわち遅くとも縄文後期中葉以降には地域によっては夫婦合葬が禁忌されていた可能性が指摘されている。こうした縄文時代における夫婦間のあり方は、性別の分業が貫徹していたところに由来していた〔春成 1986：411〕。縄文時代の生業における労働の性別編成や埋葬における夫婦関係の理解が妥当なものだとすれば、縄文時代の性別原理は補完関係にありながらもむしろ分割の原理、男女別原理が働いていた可能性のほうが高い。それと男女一対の像が縄文時代にみられないこととは相即的である。

これに対して、弥生時代になると男女一対あるいはそれを基本とした偶像が散見されるようになる。弥生前期から中期中葉の東日本にみられる土偶形容器は、一対の男女像を基本とする。土偶形容器の最も古いものの一つが東海地方西部にあることと、その地域の土偶のなかに男女一対でつくられたものがあることからすると、土偶形容器はこの地域で土偶が男女像に変容することによって成立した可能性がある。弥生前期の西日本にはすでに木偶が出現しており、弥生Ⅳ期にはつくり方の違うペアで出土する木偶もあり、男女像とされている。さらに時期は降るが男女一対の石偶や土偶も西日本の弥生時代に存在している。(10) したがって、縄文時代の土偶のあり方を考慮すれば、東海地方西部地方の弥生時代前期に土偶が男女像に変容した背景としては、西日本弥生文化の影響を考えるのがもっとも妥当だろう。縄文晩期終末の東日本系の文物が、西日本で確認されていることからすると、その受容は東西の相互交渉のなかから生じたと考えられる。

灌漑稲作など本格的な農耕において、性別分業はむろん個々の農作業の間で貫徹しているが、農耕全体を俯瞰すれば、それにより新たな生産物を生み出すという作業は、男女協業の営みであるといえる。すなわち、農耕全体は採集狩猟などと比較した場合、男女協業の側面が圧倒的に強い。また、埋葬のなかに男女並葬が目立つようになるのは、縄文時代になかった弥生時代特有の傾向である。このように、偶像や石棒類などの分析、性別分業のあり方や男女並葬の顕在化からすると、縄文時代の性別原理が弥生時代になるとことごとく変化していることがわかる。

春成は、夫婦の強い結合関係は、弥生農耕社会においてはじめて実現したとする〔春成 1985：42〕。義江明子は、男女ペアの神話における意味は、豊饒の祈りに欠かせない共同体レベルの男女の模擬的性的結合とみる〔義江 1996：7〕。人間の再生産における男女交合の役割は、農耕社会非農耕社会を問わず根源的なものであるが、食糧生産の面における豊饒の祈りに男女結合の意味合いが投影されているのは、そこに農耕文化が介在しているからであろう。現代にいたるまで農耕祭祀に男女の性的結合を模倣した祭りが多いのも、そうした脈絡のなかで意味をもってくる。

縄文時代から弥生時代への男女の関係性に対する変化は、農業という生業における男女の協業の高まりに由来する。偶像や絵画にみる男女一対の観念の萌芽、あるいは畿内方形周溝墓や吉野ケ里遺跡の墳丘墓における中心埋葬にみる男権の伸張は、本格的な灌漑農業の始まりと相即不離であ

り、大陸由来の農耕文化に起源するものとして、縄文時代の性別原理が転換した背景を農耕文化の導入によって合理的に説明できる。夫婦並葬の習俗もまた体系的農業と同様、大陸からもたらされたのではないだろうか。すなわち、弥生時代に男女像が生まれた背景として、採集狩猟文化から農耕文化への転換を考えると理解しやすいのである。

また、土偶形容器は当初、男女像出現期の土偶にみられる女性が大きく男性が小さいという関係を踏襲しているが、やがてその大きさは逆転した。西日本の男女像は基本的に男性が大きくつくられていることからすれば、本格的な農耕文化に伴う男女の関係性を反映したものと考えられる（図20）。

本章ではこのような理解にもとづいて、土偶形容器の男女像という性格の形成要因を西日本の農耕文化に求め、さらにその源流を大陸の農耕文化に求めたが、それにしても問題がないわけではない。

まず、東日本で男女像が成立するのが東海地方西部の条痕文文化においてであり、展開するのが中部地方〜南東北地方の弥生中期前半であることについてである。この時期の農耕文化は本格的な水田稲作が定着する以前であり、陸耕に比重をかけながら縄文時代的な生業基盤へのてこ入れが始まった段階である。そのような本格的な農耕受け入れ以前の段階で、農耕文化を背景とした男女像形成というすぐれて観念的な変化がなぜ起こり得たのであろうか。

縄文時代の土偶は女性原理の象徴として、人の再生産に深くかかわっていた。縄文晩期以降、東海地方にまで土偶を副葬する習俗が広がる。当時、東日本西部で流行しつつあったのが再葬である。それは広い意味での通過儀礼であり、再生や祖先の仲間入りの手続きが厳しくなったことを背景とした習俗である〔設楽 2004b〕。再葬の容器として用いられた土偶形容器は、こうした再生産構造の一環として、農耕における再生産の役割を仮託された男女一対の観念を受けて男女像として

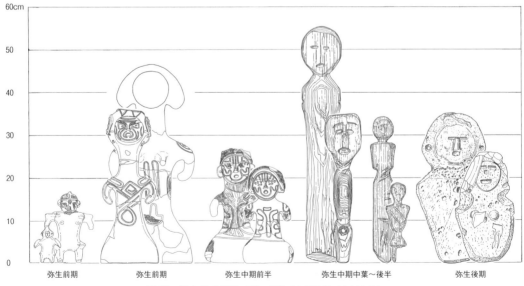

図20　男女像の変化（対の偶像は左が男性で右が女性）

成立したのではなかろうか。そうしたことからすれば、土偶形容器を祖先の像とみなすことも妥当である。

　その後、西日本弥生文化のさらなる影響によって埋葬とは離れた性格をもつ人面付土器、すなわち顔のついた壺が本格的な農耕文化形成期である中期後葉にあらわれ、弥生後期まで用いられた。人面付土器に男女の区別はみられない。土偶という身体的な表現よりもむしろ壺という貯蔵にかかわる儀礼的機能に重きをおくようになったのであろう。

　土偶形容器は、東日本の初期弥生文化において農耕の再生産構造に端を発する男女像の形をとった祖先の像である。これまで議論してきた土偶形容器の特徴をそれに続く顔面付土器との形態や性格の違いに照らせば、土偶形容器は本格的な農耕文化成立以前の文化変容期において、縄文文化の土偶を土台としながらも、農耕文化という新たな文化によって男女像へと変貌した呪的形象ということができよう。そこには縄文時代から弥生時代へと、経済や社会組織の変化に伴う男女原理の変化が反映していた。

　かつて山内清男は弥生文化が渡来系、縄文系、固有の三要素が組み合わさって成り立っていることを指摘し、佐原真は弥生文化を構成している個々の文化要素をその三要素に区分した。さらに求められるのは、固有の要素がどのような生い立ちであるのか、あるいはそれぞれの要素が時代の推移とともにどのように変化していくのか、きめ細かく追究していく作業であろう。

　本章では、男女像の形成という視点からこの問題に接近した。東日本では縄文晩期終末から弥生時代前半という変動期に再葬が発達するが、それ自体は縄文文化の強い伝統を引いた葬制であった。再葬の蔵骨器として用いられる土偶形容器も縄文文化の土偶に系譜が求められるが、その一方で西日本の農耕文化の影響を受けて男女像になるという、縄文時代の土偶に通有の原理が弛緩しつつ文化変容の生じていることがうかがえる。縄文系、渡来系の要素の相互交渉とそれによって固有の要素がどのように成立してくるのか明らかにするには、個々の文化要素の形態変化ばかりでなく、その性格の変化に迫る研究が要請されることを指摘して、本章の結びとしたい。

註
（1）　発掘担当者である前田清彦の教示。
（2）　長沼孝は土坑ではないと考えている。長沼教示。
（3）　近畿・東海地方西部の台式土偶や頭頂部に隆起のある土偶が東日本に影響を与えた点も、これに加えることができる。鈴木正博は、底部が平らになる立像としての群馬県藤岡市沖Ⅱ遺跡における鼜面土偶の形態に、近畿、東海地方の長身式土偶など台式土偶からの影響をみる〔鈴木正 1993b：53〕。頭頂部に隆起のある土偶は縄文晩期終末～弥生前期の近畿地方から長野県地方にまで広がるが、筆者はそれが島根県松江市西川津遺跡などの人頭土製品が表現した鳥の扮装に起源があるのではないか、という考案を示した〔設楽 1999a〕。なお、台式土偶の平らな脚やそりかえった側面形という特徴は、それ以前の土偶にはない。前4000年紀のボイスマン文化の西浦項遺跡〔大貫 1998：108〕や前2000年紀の新石器時代後半の虎谷遺跡〔金 1982：24〕などに類似資料があるので、朝鮮半島方面からの影響を考えたいが、年代的な落差や地理的な懸隔をうめる資料が不足している。甲元眞之は、西浦項遺跡など朝鮮半島東北地方の新石器時代後期の偶像が男女一対であることに注目し、それ以前の一体の祖霊から相対する祖霊、両性具有の表現を経て男女・雌雄の構成へと変化し、この段階に生命の誕生という観念を備えるようになったと論じて

いる〔甲元 1997：403〕。
（４）　女性が狩猟活動をおこなわないわけではない。たとえば、アフリカのイトゥリのムブティは網を用いたネット・ハンティングをおこなうが、女性が勢子として参加する〔市川 1982：63〕。カラハリのサン族は男性だけで狩猟をおこなうが、捕獲量は圧倒的にムブティの方が多く、これは狩猟に注がれる労力の多さを反映しており、女性の参加もそれに貢献しているとされる〔市川 1982：66〕。また、サン族の女性は小鳥や小さな哺乳類を棒で仕留めたり、カメやアリの採集を植物採集と一連のものとしておこなっている〔田中二 1990：116〕。このように狩猟における女性の果たす役割もマイナーな部分で無視できないが、サン族では弓矢や槍は決して女性は持つことはない事実〔田中二 1990：116〕やマードックの調査からしても、やはり狩猟に占める男性の役割は圧倒的なものがある。
（５）　乳離れした幼児期以降の子どもは社会のなかにおける役割を身につけるために、それぞれの役割を担う集団―基本的には性によって分割された―に付属して学習をはじめると考えられる。その年齢（およそ２歳過ぎ）に達した子どもが乳飲み子と社会的に区別された存在であったことは、土器棺葬から他の葬法への変化、装身具着装の開始などからうかがうことができる〔山田 1997：18〕。
（６）　もちろん、経済的な面以外にも、家庭を離れてより広い社会のネットワークとかかわりをもつようになる男性に付与される威信が男女の性差を規定するといった文化的側面も考えなくてはならないが、経済的要因が男女の性別編成とその差異を決定付ける一つの重要な因子であったことは論理的に理解されよう。
（７）　前近代に女性がおもに生業の中でも家庭に近く危険の少ないところで、比較的単調で集中力がなくてもできるような作業に従事するようになったのは、子どもの世話が女性の役割である傾向性が高いことに起因するという、J・K・ブラウンの指摘も見逃せない〔Brown 1970：1074〕。
（８）　藤田三郎は並列的構図をもつ絵画や記号文には左右の描きわけがあり、右側は人間界あるいは男性を、左側は自然界あるいは女性という二元的世界観を表出していると考え〔藤田 1982〕、寺沢薫は、絵画全体の統計的傾向からも、弥生絵画の原理を自然の営みと人間の営みの二元的な対峙と調和とみなす〔寺沢薫 1987：118〕。さらに藤田は清水風遺跡の鳥装の人物と盾と戈を持つ人物の絵画の共存から、男女のシャーマンが祭りに介在していることを考えている〔藤田 1997：25〕。縄文時代に顕著でなかった、弥生時代における男女一対の観念の顕在化を考えるうえで、注目すべき見解であるといえよう。
（９）　ユーラシア北方の新石器文化であるアナウ第２期文化の土偶は地母神とされる女性土偶だが、それに続くナマースガ第３期文化に男性土偶が現れる。ナマースガ第３期は、原初的灌漑農耕、畜耕など家父長的大家族出現を背景とした農耕の発展がうかがえるので、男性土偶の出現はこの時期の生産活動における男性優位の結果かとされており、比較資料として注目できる〔三上 1962：27〕。
（10）　このように、今のところ西日本には弥生前期にさかのぼる、すなわち東日本の土偶や土偶形容器に匹敵するような古さの男女像は認められない。今後の発見に期待したい。
（11）　筆者はそのうちの縄文系文化要素に着目して、そうした要素が多分な弥生文化を縄文系弥生文化という概念で理解した〔設楽 2000〕。これは、国家形成へと向かうような政治的性格を強くおびた大陸系弥生文化に対して、そうではない弥生文化も存在していることを強調するためであったが、弥生文化全体枠に適合させようとするあまり、二者択一的な性格の否めない議論になってしまい、批判を浴びた。この概念は、文化全体の枠組みに通用するものなのかどうかさらなる検討が必要だが、すくなくともたとえば本稿でとりあげたような個別の文化要素や、弥生前期から中期前葉に東日本西部に広がる条痕文文化など、ある時期の特定地域における文化の考察には有効な分析概念だと考えている。いずれ批判を踏まえて再考したい。

第12章　人面付土器Cから盾持人埴輪へ

第1節　女方遺跡と有馬遺跡の人面付土器

　群馬県渋川市有馬字前原・同八木原字川原皆戸の有馬遺跡は弥生時代後期の遺跡である。二十数基の礫床墓、すなわち礫を埋葬主体部に敷き詰めた墓が検出された。数基の墓には総数8本の鉄剣が副葬されていたが、そのうちの1基から出土した鉄剣は、長さが50cm以上に及ぶ。一つの墓域からこれほどたくさんの鉄剣を副葬した遺跡は北関東地方のみならず、関東地方一円でも稀有であり、多数の鉄器を保有した東日本屈指の集落といえよう。

　有馬遺跡の礫床墓の一つである14号墓から、細長い壺の頭に顔面をつけた土器が出土している（422）。鼻や耳を大きくつくっている点に、この人面付土器の大きな特徴がある〔佐藤明ほか 1990：292-294〕。

　弥生時代の人面付土器といえば、いわゆる再葬墓に伴うものがよく知られている。茨城県女方遺跡から出土した人面付土器は、そのもっとも著名な一例である。女方遺跡は、40基ほどの土坑に蔵骨器である壺形土器を多数埋置した再葬墓遺跡であり、人面付土器もおそらく蔵骨器に用いられたのであろう。この遺跡は戦前、田中國男が情熱を傾けて発掘調査したもので〔田中 1944〕、当時はまだこの種の遺跡が墓、なかんずく再葬墓であることはわかっていなかった。田中は、筑波山を仰ぎ見る場所に位置するこの遺跡が農耕祭祀にかかわるもので、管玉も農耕儀礼に用いたと考えた。その後、杉原荘介らの追究によって、再葬墓遺跡であることが確かめられ、弥生時代に顕著な壺を蔵骨器に用いた再葬は、縄文晩期終末に成立して弥生中期中葉に至るまで、中部地方から南東北地方にかけて盛行したことが明らかにされた。筆者は、蔵骨器に大型壺を多用した再葬墓を、弥生再葬墓と呼んでいる。

　群馬県域では弥生再葬墓に伴う人面付土器は未確認だが、弥生再葬墓が多数検出されているので、この地域でも用いられていたとみて差し支えない。それならば、墓に伴う有馬遺跡の人面付土器は、弥生再葬墓に伴う人面付土器と同じ性格で、その系譜をひいたものと考えてよいのだろうか。本稿は、その系譜関係を一部認めつつも、むしろ異質な側面を強調し、有馬遺跡の人面付土器が古墳時代の盾持人埴輪と強い結びつきをもっている点に考察を加え、盾持人埴輪の遡源に論及する。

第2節　有馬遺跡の人面付土器の類例と系譜

弥生再葬墓の人面付土器の系譜と機能　弥生再葬墓から出土する人面付土器と並んで縄文晩期の土偶と関係が深いのが、土偶形容器である。土偶形容器は人面付土器と同じく、再葬の蔵骨器として用いられ、黥面土偶という晩期後半の土偶の系譜を引いた顔面の線刻をもつように晩期の土偶との関係が深い点も、人面付土器と共通している。

人面付土器と土偶形容器のもっとも大きな違いは、人面付土器は胴部や口縁部の横断面が正円であり、顔は口縁部にたんに目や鼻などのパーツを貼り付けるのが一般的であるのに対して、土偶形容器は胴部や裾部の断面が楕円形をなし、簡略化されているが腕を表現しており、顔はあらかじめ仮面状につくった顔面を頭部前面にあけた空間にはめ込む技法によって製作しているのが多いことである〔設楽 1999a：122-123〕。これは、人面付土器が壺を基本としているのに対して、土偶形容器が土偶を基本としていることに由来した違いに他ならない。

人面付土器にせよ土偶形容器にせよ、口縁あるいは頭部が開口して、物が出し入れできるようにした容器としての役割を備えていることにまず注意が向けられる。両者に多少の違いはあるものの、ともに祖先とのかかわりを維持し、強化するための通過儀礼としての役割をもった容器――蔵骨器――ということができるのであって、そこに邪悪なものを退散させようという意図、すなわち辟邪の役割をうかがうのは容易ではない。

有馬遺跡例　高さ36.5 cmである。胴部はややふくらむ長胴であり、胴部断面や底部は丸い。片腕を欠失しているが、本来両腕ともひろげてやや斜め上方にもちあげていたとおもわれる。指は3本表現されている。頭は開口しておらず、丸みを帯びている。額には先端に突起のある粘土帯が斜め上方に突出してつけられており、あたかも烏帽子をかぶったか兜巾をつけた山伏の額のようである。特徴的なのは、顔の表情である。目を楕円形に刳りぬいてつくり、鼻は粘土を貼り付けることによって、隆々と高く長く表現される。鼻の穴は2穴ある。口も刳りぬかれており、下唇が飛び出した受け口の状態となっている。耳は大きな半円形の粘土版を貼り付けてつくり、左に二カ所、右に三カ所、孔があけられる。胴部や顔面は縦方向に磨かれて光沢を帯び、手の先などに焼成前の赤色塗彩がなされるなど、この遺跡で主体をなす樽式土器の特徴を備えている。

人面付土器が出土した14号墓は、墓域の東側に位置する。主体部は二つ並列しており、いずれも長さ2.4 mの長方形の礫床墓である。周溝は確認されていない。人面付土器は、この礫床墓の南外側1 mほどのところから、うつ伏せに倒れた状態で出土した。したがって、墓に伴うものとみなしてよいが、埋葬主体部に副葬されたものではない。

有馬遺跡の人面付土器の類例は、平野進一が集成し詳しく述べている〔平野 2001〕。屋上屋を重ねるようだが、それをもとにして、さらに新たに知られた例を加えれば、以下がおもなものである。

群馬県有馬条里遺跡　渋川市八木原字堰上、堰下に位置する。人面付土器は、2点出土している（416・417）。弥生後期の樽式。鼻と腕の部分だけの破片である。赤彩されている。鼻の長さは4 cm

ほどであり、有馬遺跡例よりもやや小ぶりである。鼻の穴は2穴、大きく抉って表現されている。遺構外の出土だが、礫床墓が検出されているので、墓に伴った可能性もある〔坂口ほか 1989：194〕。

　群馬県中之条町川端遺跡　吾妻郡中之条町大字伊勢町にある。弥生後期の樽式の竪穴住居が群集する集落から出土した。総数7点確認されている（409〜415）。頭部の破片が4点と腕の破片が2点である。頭部が完全に残存しているのは1点だが、頂部は丸くつくられふさがれている。この個体は、切れ長の目で鼻が高くつくられ、他と異なる。ほかに、眼と鼻をくりぬいたものが3点あるが、目は丸ないし銀杏形、口は丸や楕円形をしている。鼻が残存する2点は、鼻が高くつくられている。いずれも赤彩されている。

　腕の破片は右腕と左腕であり、先端まで残るものには5本の指が表現さている。

　これらは竪穴住居の覆土や土坑などから出土した〔平野 2001〕。

　群馬県小八木志志貝戸遺跡　高崎市小八木町字志志貝戸ほか。最少3個体出土している（419〜421）。弥生後期の樽式。1点は、中空でやや長い胴部をもつ壺形土器に顔面がついたもの。復元高27.5 cm。鼻から上の破片と胴部の破片とは接合しないが、おそらく同一個体と考えられる。頭が閉塞していて、目と口がくりぬかれる。鼻は大きな粘土を貼り付けてつくり、とくに鼻の穴が誇張して抉られている。耳もまた大きな粘土版を貼り付けてつくり、1孔を穿つ。鼻・耳が誇張してつくられている点と、目と口は刳りぬかれている点は、有馬遺跡例と共通している。赤色塗彩されている。

　他に耳の破片が1点、口の破片が2点と胴部破片が3点出土している。口の破片数からすると、最少でも3個体存在していた。腕は見つかっていないので、本来腕の表現を欠いていたのかもしれない。

　破片の多くは、KSO-09号遺構という溝跡から出土したが、この区域は土器棺墓による墓域である。溝の東にある土器集中区からも出土している〔横山 1999：53・68〕。

　群馬県川場村宮山遺跡　人面付土器は頭部であり、採集品である（424）。弥生後期から終末期とされる〔諸田・水田 2008〕。

　長野県八王子山B遺跡　千曲市戸倉町にある。八王子山B遺跡は古墳時代前期の遺跡であり、土地が削平された際、人面付土器がいくつかの丹塗り壺や高杯とともに採集された（406）。採集遺物の内容から、墳丘墓を破壊して採集されたのではないかとされている。底部破片もあり、顔面部分と接合はしないが、有馬遺跡例や小八木志志貝戸遺跡例と同じ形態の壺形土製品になることが予想される。顔面は、赤彩されている。この資料で特徴的なのは、耳が尖って表現されている点であり、一種の誇張がうかがえる点である〔森嶋 1999〕。

　長野県松原遺跡　長野市松代町東寺尾字北堀他にある。顔面部分のみが出土した（405）。一部残る口はくりぬかれているが、眼はくりぬかれていない。鼻が細く高くつくられている〔贄田 2000〕。

　長野県榎田遺跡　長野市若穂綿内にある。顔面部分のみが3点出土した（384・407・408）。眼が楕円形にくりぬかれている。松原遺跡と同じく、鼻は細く高くつくられる。弥生後期の円形周溝墓の付近から出土している。

長野県西近津遺跡　佐久市長土呂地区にある。腕の先端部分のみ１点住居跡から出土した。有馬遺跡例と同じく３本の指を表現している。西近津遺跡は、弥生後期、箱清水式の集落であり、本例もこの時期のものとみてよい。

　長野県西一里田遺跡　佐久市岩村田地籍から平塚地籍に所在する。人面付土器（423）は墓域から出土した。頭部が充実し、胴部は中空である。胴部には楕円形の孔が穿たれている。頭部が充実した点や胴部の孔は、島根県西川津遺跡例や石川県八日市地方遺跡例との共通性をうかがわせる。底部が平らで、腕をやや上に挙げているのは有馬遺跡例に近い。口唇裂ないし口蓋裂を表現している。弥生後期〔桜井 2015〕。

　このように、有馬遺跡の人面付土器の類例は、群馬県域から長野県域の弥生後期～古墳前期に認められ、顔の部分を誇張して表現する点で類似した特徴をもっている。

　では、これら一群の人面付土器はどこに系譜が求められるだろうか。弥生再葬墓に伴う人面付土器Ａを祖形と考えるのが一案である。しかし、それにはいくつかの難点がある。①墓に伴う点では一致しているが、主体部に伴うものではない。②中空ではあるが、頭部が開口しておらず、目や口の穴からは小さな物しか入れることはできない。③顔にイレズミの表現がない。④弥生後期であり、弥生再葬墓に伴う人面付土器が消滅する中期後半との間に断絶がある。墓に伴う点を強調すれば、弥生再葬墓の人面付土器が変化して生まれたという考えも成り立つようにみえるが、その成立をうかがうのにふさわしい資料がほかにある。

　弥生中期後半～後期の東海地方～南関東地方には、墓に伴わない人面付土器が知られている。神奈川県横須賀市ひる畑遺跡の後期の例（390）が著名だが、静岡市有東遺跡の例（388）は中期後半の有東式と思われ、いずれも頭部が閉塞しており、顔にイレズミの表現がない。上にあげた②・③・④が有馬遺跡例と共通する。この人面付土器は第６章で述べたように、黒沢浩によって再葬墓に伴う人面付土器Ａに対して人面付土器Ｂと呼ばれ、それぞれ系譜が異なるものとして区別された〔黒沢 1997：11〕。石川日出志は、人面付土器Ｂが葬送と関係のない可能性を示唆している〔石川日 1987b：164〕。筆者もかつてそれらの説を支持して、弥生前期の大阪府目垣遺跡例のようなイレズミ表現のない人面付土器が、本格的な農耕文化の受容期である弥生中期後半以降に東日本へと影響を与えた可能性を考えた〔設楽 1999c：199〕。

　兵庫県神戸市大歳山遺跡や京都府向日市森本遺跡のイレズミ表現のない、あるいはそれが退化した土偶形容器や人面付土器が近畿地方にも点在している事実などから、その説に基本的な修正の必要はないと考えているが、①にあげた墓に伴う点と、人面付土器Ｂにも千葉県三嶋台遺跡（387）や神奈川県横浜市鶴見区上末吉上台遺跡の例（391）のように頭部が開口した人面付土器もある点より、人面付土器Ａからの継承関係もまた認める必要があるように思われる。

　主観的な印象であるが、人面付土器Ｂは近畿地方の例などを含めていずれも穏やかな顔立ちをしている。その点、有馬遺跡などの人面付土器は人面付土器Ｂと大きく異なっている。前章で分類したように、有馬遺跡例を典型とする、顔面構成要素に誇張表現が目立つ人面付土器を「人面付土器Ｃ」と呼んでおく。人面付土器Ｃが異様な顔立ちをしている点を重視すれば、人面付土器Ｂからすんなりと生まれたという考えに首肯することはできない。この点は、どのように理解したら

よいのだろうか。

第3節　人面付土器Cと盾持人埴輪の共通点

この問題を解決する手がかりは、古墳時代の盾持人埴輪にある。盾持人埴輪は、人物埴輪の一種である。しかし人物埴輪の多くに共通する腕をもたず、盾形埴輪に頭部をつけただけの造形が多いことから、他の人物埴輪と出現の契機が異なるという意見もある。盾持人埴輪に論考を加えた若松良一と日高慎によれば、盾持人埴輪には①大型、②耳が横に張り出す（図21-1）、③顔にイレズミと思われる線刻を施す（図21-2）、④容貌が怪異である、といった特徴をもつものが多い〔若松・日高 1992：16-18〕。さらに塩谷修は、58遺跡から出土した102点の資料にさまざまな角度から考察を加え、若松の整理を踏まえたうえで、⑤頭の表現が個性的である、⑥石を植立して剥き出しの歯を表現したものがある、⑦最初期の例は、5世紀前半に西日本に出現し、5世紀後半に関東地方など東日本に波及する、⑧出現期の盾持人埴輪には、その後のこの埴輪の個性がすでに現れている、⑨出現期の盾持人埴輪は前方後円墳前方部前面に単独で配置される、といった特徴を加え、盾持人埴輪は「盾を持つ人物」の配置を目的に、他の人物埴輪に先んじて創出された最古の人物埴輪とみなした〔塩谷 2001：204〕。

図21　盾持人物埴輪（1. 埼玉県前の山古墳　2. 鳥取県井出挟3号墳）

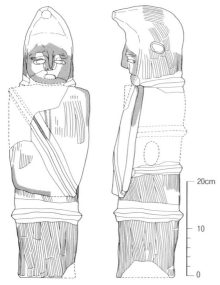
図22　盾持人埴輪（群馬県保渡田Ⅶ遺跡）

　これらのうち、⑤が盾持人埴輪の大きな特徴である。塩谷はこれを、以下の5類に分類した。1類＝円錐形を呈す。帽子状、鰭状、烏帽子状をなす。2類＝飾りをつける。一文字、U字、V字、円筒状、円筒形、放射羽状、板状をなす。3類＝円筒形をなす。後頭部を斜めに裁断、前面に割り込み、円筒形。4類＝立飾りをもつ。5類＝甲を表現する。このうち、東日本では1～3類が認められとくに1・2類が主体をなし、西日本では1・2類はなく3～5類が認められるという〔塩谷 2001：202〕。また、②～④にかかわる顔の表現についても、1類＝顔面に線刻や彩色の装飾をもつ、2類＝口唇を変形させる、3類＝歯を表現する、4類＝顎の輪郭が極端に突出する、5類＝装身具をつける、と細かな観察により分類した〔塩谷 2001：195〕。

　そこで、有馬遺跡の人面付土器との共通性に目を通していくことにする。②の耳が大きいことは共通する。⑤の頭部形態については、1類の烏帽子状の形状に共通点が認められ、群馬県高崎市群馬町保渡田Ⅶ遺跡から出土した盾持人埴輪と類似度が高い（図22）。また②～④の顔の表現であるが、2類の口唇を変形させたものは、鳥取県米子市淀江町井手挟3号墳（図21-2）や茨城県小美玉市玉里船塚古墳の盾持人埴輪の中に唇を突き出した表現があり、有馬遺跡例（422）との共通性をうかがえる。長野県佐久市一里田遺跡からは、口唇裂あるいは口蓋裂を表現した弥生後期の人面付土器が出土している（423）。盾持人埴輪にも同様な表現のものがある。有馬遺跡の人面付土器は鼻と耳が大きくつくられており、川端遺跡や小八木志志貝戸遺跡から出土した人面付土器C（419）も、やはり鼻と耳が大きくつくられている。このように、人面付土器Cと盾持人埴輪の頭部、顔面表現の特徴は目、鼻、口、耳といった構成要素を強調する手法で表現することであり、互いに共通項が多いことがわかる。⑨にあげた墓のわきから出土するという状況も、共通項に加えてよい。

　一方で、違いも認められる。人面付土器Cに、盾の表現はない。しかし、盾にかわるものとして人面付土器Cの所作が注目される。つまり、腕を斜め上方にあげ、あたかも寄り来るものを防がんとしているかのようであり、盾がもつ防御という機能を体で表現しているのではないだろうか。③のイレズミ状線刻は、人面付土器Cにない。もっとも盾持人埴輪すべてがイレズミを表現しているのではなく、むしろそれをもったものの方が少ないことからすれば、違いとして取り上げるのは適切ではないかもしれない。弥生時代のイレズミに辟邪の役割があるとすれば〔設楽 2001：87〕、顔の構成要素を強調して④の性格を強め、辟邪の役割を表現しているのであって、イレズミ表現がなくともその役割は充分に果していたと考えてよい。

第4節　盾持人埴輪と人面付土器Cの性格

　ここまで話しを進めれば、人面付土器Cの機能もおのずと判明してくる。人面付土器Cは墓に伴うが、弥生再葬墓に伴う人面付土器Aのように蔵骨器として機能したものではない。また、顔面の部分を誇張した表現は人面付土器Bとも大きく異なる。頭部や顔面の表現、あるいは出土した場所が墓坑ではなく主体部から離れた墓の前面である点から、墓に添えて邪霊を防ぐ辟邪の目的があったとみるのが妥当だろう。それは5世紀前半に出現した盾持人埴輪の性格と共通するのであり、頭部や顔面の表現もそれらがきわめて関係深いものであったことを物語る。そこで問題になるのが、盾持人埴輪の性格や成立経緯である。

　盾持人埴輪は盾を主題にした埴輪であるから、防御機能を背景に成立したことは疑いない。また、盾の表面に鋸歯状の連続三角文を施したり、埼玉県大里郡江南町権現坂埴輪製作遺跡出土盾持人埴輪のように盾に戟を粘土でかたどって貼り付けることや、顔の構成要素を強調したり変形させていることから、盾持人埴輪には迫り来る悪霊や邪霊を排除する辟邪の機能が備わっていたとみなすことに異論はない〔若松・日高 1992：18、辰巳 1992：60・137〕。出現当初の盾持人埴輪が、単独で前方後円墳の前方部前面に樹立されていたことも、古墳に寄り来る邪悪なものを退散させる目的で製作されたことを示すものであろう〔塩谷 2001：206〕。

　では、盾持人埴輪に付与された、葬送儀礼の場において邪霊を排斥する機能は古墳文化独自なものとして生じたのであろうか。この点について、塩谷は興味深い論を展開している。それは、古代中国の神仙世界や葬送儀礼において辟邪の役割を果たす方相氏を原型として成立した、という説である〔塩谷 2001：209〕。方相氏は周代の官制を記した『周礼』に登場する。それによると、方相氏とは熊の皮を被り、黄金の四つ目の仮面をし、黒い衣に朱の裳をまとい、葬送儀礼の際に柩に先だって墓室に入り、戈によって四隅を射ち、魑魅魍魎を撃退する役割を演じていた。

　この説を認めた場合、盾持人埴輪と人面付土器Cとの間で得られた、近似した特徴が問題となる。なぜならば、盾や戈をもつことはないにしても、頭部や顔面の誇張表現や、墓の前面に配置されて辟邪の役割を果たすという人面付土器Cの特徴は盾持人埴輪のそれと一致しており、その点については盾持人埴輪の特徴の遡源が人面付土器Cにありと認めざるをえないからである。さらには方相氏にかかわる辟邪という大陸文化の思想なりが、2世紀にさかのぼって群馬県域にまで流入していたことになるからである。方相氏の日本列島への伝来に関しては、第13章で詳述する。

第5節　盾持人埴輪の遡源

　有馬遺跡の人面付土器は戟ないし戈や盾をもっていない。しかし、弥生時代の絵画には戈と盾をもつ人物のモチーフが数多くみることができる。たとえば、奈良県天理市清水風遺跡から出土した土器の絵画には、右手に戈を左手に盾をもった2人の人物が描かれる。いずれも頭飾りをもつが、大きいほうの人物のそれはシカの角のようである。熊の皮を被り動物に化身する方相氏を想わせる

が、農事にかかわる画題が主体をなす弥生絵画のなかで、戈と盾を持つ人物が邪霊から穀霊を防ぐ役割を果たしていた可能性が考えられる。

　有馬遺跡の墓からは、多数の鉄剣が出土した。長さ 50 cm に及ぶそれは、東日本では異例である。長野県下高井郡木島平村根塚遺跡からは、茎に渦巻き文様の装飾がついた、加耶系の鉄剣が出土した。それらの鉄剣は、おそらく日本海を通じて朝鮮半島から渡来したのだろう。長野県域から群馬県域にかけて北陸系の土器も流入しており〔設楽 1996b：55〕、人面付土器 C の分布が長野県域と群馬県域にまたがることからも、大陸からの文化的影響によって、方相氏とそれにまつわる思想がこの地にもたらされ、有馬遺跡の人面付土器がつくられたと考えることもできよう。

　考古学はもっとも古いものを、そのものの起源とみなしがちである。5 世紀前半に盾持人埴輪が西日本で出現したとなると、それに伴う思想や儀礼もまたその時期そこで生まれたと考えがちである。しかし、その源流を訪ねたところ、群馬県域にそれが求められた。この事実をもって、盾持人埴輪の起源が弥生後期の群馬県域にあるというのは軽率であろう。ただ、盾持人埴輪と表現や意義を同じくする土製品が、弥生後期にさかのぼってこの地に認められるのは重要である。盾持人埴輪を生み出す母体は、すでに 2 世紀の日本列島にかなり広く存在していたと考えられる。一方、初源期の盾持人埴輪は西日本に偏在するものの、その後の分布は関東地方に集中し、戟を盾に表現したり、方相氏のそれと類似した頭飾りのバリエーションが豊富なのも関東地方の盾持人埴輪である。有馬遺跡の存在しているこの地域でこうした現象が生じるのはなぜか、興味はつきない。

　　註
（1）　長野県立歴史館における、2007 年企画展示「長野県の遺跡発掘 2007」にて実見。
（2）　松原遺跡や榎田遺跡の例は、有馬遺跡や小八木志志貝戸遺跡ほど、顔面表現が誇張されているわけではない。その点、むしろ三嶋台遺跡例や上ノ台遺跡例に近い。ただ、ほっそりした鼻も、横から見ると高く表現されており、やはり誇張表現をとっているといえる。北関東地方と信濃地方という、同じ土器様式圏に包摂されていることも、これらが一群の仲間に加えられることを示している。

第13章　方相氏の伝来と仮面

第1節　問題の所在

　方相氏は中国の周礼にさかのぼって存在が明らかにされている、宮中などで疾鬼を駆逐する役割を果たした役人である。節分の豆まきで子供に追われる鬼が、方相氏の日本における零落した姿である。大宝律令に続く律令として、天平宝字元年（757）に制定された養老令にある記述が、日本列島における方相氏の古い資料とされてきた。

　養老令における方相氏の記述は、開元二十年（732）に奉勅が撰した『大唐開元礼』などをほぼそのまま踏襲しているが、飛鳥時代の六世紀末に方相が車にのって仏舎利を運んだという記述もあるので〔松木 1975：29-30〕、律令期の早くからかなり定着していた儀礼だということがわかる。さらにさかのぼる古墳時代の6世紀に、方相氏あるいはその思想の一端がすでに渡来していたのではないかという上田早苗の論考がある〔上田 1988〕。この論考は、奈良県斑鳩町藤ノ木古墳から出土した馬具に施された鬼神像が方相氏ではないか、ということを論拠の一つとしている。

　前章で取り上げたように、塩谷修は上田の論考を踏まえて、古墳時代の盾持人埴輪を中国の方相氏の文献上の記録や画像石に描かれた姿と比較しながら、盾持人埴輪の姿態が方相氏に起源をもつのではないかと考えた〔塩谷 2001〕。方相氏あるいはその思想の日本列島への伝来が5～6世紀にさかのぼることを独自な視点から述べたばかりでなく、それが古墳時代における中国との交流のなかでたんなる借り物ではなく、根を下ろしていた可能性を指摘した点で重要な論考といえよう。

　周礼には、方相氏は「黄金四目」で手に戈と盾を持って呪術を行う記述がある。黄金四目は仮面をかぶった姿態であるとの解釈が一般的であるが、奈良県桜井市纒向遺跡で木製仮面と盾の破片と鎌ないし戈の柄が一つの土坑から出土し、合田幸美はこれらが方相氏の用具ではないかとしている〔合田 2010〕。さらに、春成秀爾と小林青樹は弥生中期の絵画に見られる戈と盾を持つ人物絵画が方相氏をモデルにしたものではないかと考えた〔春成 2004：40・2007：88-91、小林青 2006：103〕。こうした意見は、日本列島における方相氏の起源は3世紀あるいは紀元前1世紀にさかのぼるというものである。

　筆者も、これらの論文を参照しながら、福岡県北九州市城野遺跡における3世紀の方形周溝墓から出土した石棺の表面に描かれた絵画が方相氏を表現したものではないかと考え〔設楽 2010〕、群馬県有馬遺跡から出土した2～3世紀の人面付土器に方相氏の影響が及んでいることを論じた〔設

楽 2011〕。中国の方相氏にみられる、墓の中で疾鬼を駆逐する表現が日本列島にも存在している点から、3世紀という初期国家形成期に中国からの思想が流入している可能性を考え、そうした時代背景をもとにして広域に方相氏の影響が及んでいることを指摘したのである。

最近纒向遺跡の資料が公になり、城野遺跡の報告書も刊行され、検討材料がそろいつつある。本章では、中国における方相氏の文献資料と考古資料を取り上げて表現形態や性格を整理したのちに、日本のなかで近年明らかにされてきた関係資料をそれと比較しつつ日本列島の方相氏の起源について論じ、歴史的な意義に触れる。

第2節　中国における方相氏の資料

文献に見える方相氏　中国における方相氏については、小林太市郎が詳細にまとめているので〔小林太 1947〕、それを参照しつつ摘要しておくことにする。

方相氏の初出は周礼の夏官・司馬に見られる以下の記述である。

「方相氏掌。蒙熊皮。黄金四目。玄衣朱裳。執戈揚盾。帥百隷。而時難。以索室毆
　疫。大喪先匶。及墓入壙。以戈擊四隅。毆方良。」（周官）

周礼は周の官制度を詳述したものである。戦国時代以降に製作されたと言われており、実際に周代にそうした制度がそのまま存在していたのか疑問が多いというが、成立年代からすれば方相氏とその制度が遅くとも戦国時代あるいは前漢代、つまり弥生中期と同時代に存在していたことは確かである。

まず、方相氏の姿であるが、熊の皮をかぶった黄金の四目であり、黒と赤の衣服を着て、戈と盾を持つ。四目が仮面の表現であることは、『大唐開元礼』が「黄金の目を四個飾れる仮面」と解して以来、それが現在の定説となっている。さらにさかのぼる『漢書』礼楽志には「常に象人四人を従える」とあり、象人は呉の違昭の注によると「仮面をつける人」とされている〔佐原 2002：19〕。いずれにしても、この異様な姿は何者かに対峙してそれを退ける僻邪の役割を帯びていることが明らかであり、戈と盾という武器・武具がそれをよく示している。

梁代の『荊楚歳時記』に、春の節がわりに胡頭をいただいて逐疾を行うとあるが、「胡頭」は『隋書』礼儀志の「魖頭」があやまったものである〔小林太 1947：187〕。隋書が示すように魖頭は方相よりも格下の呪者であり、方相の異形である。唐代の俑に鎮墓獣としての魖頭があるが（図23-2）、頭が燃え盛る炎のように造形されており、画像石の絵画にはシカの角を取り付けているものもある（図24-2）。漢代の方相の絵画には頭に同様の装飾をもったものが多いが（図24・25）、これもやはり異形のいでたちであり、相手を驚かす僻邪の姿を演出したものといえよう。

方相氏が立ち向かう対象は「方良」であるが、後漢の鄭玄の注によれば、方良とは山川の怪である魍魎のことで、魍魎は死人を食べる。室中というのは宮室であり、また葬列を先導し墓坑に入ってその四隅を戈で撃つとあるから、宮室と墓で魑魅魍魎を撃退するのが方相氏の役割であった。

後漢の光武帝の代に張衡が著した『東京賦』や、『漢旧儀』には次のような記述がある。

「方相秉鉞。巫覡操茢。侲子萬童。丹首玄製。桃弧棘矢。」（東京賦）

「一居人宮室區隅。善驚人。為小鬼。於是以歲十二月。使方相氏蒙虎皮。黃金四目。玄衣丹裳。執戈持盾。帥百隷及童子。而時難。以索室中而毆疫鬼也。」(漢旧儀)

「方相帥百隷及童女。以桃弧棘矢土鼓。鼓且射之。以赤丸五穀播灑。」(漢旧儀)

十二月の大儺に方相氏が侲子（童男・童女）をした

図23　漢代・六朝の方相氏の俑（1の左は表面、右は裏面）

がえて、桃の弓で葦の矢を放ちながら魑魅以下十二の疾鬼を追い払う。『漢旧儀』には、童女たちが鼓を鳴らしながら弓矢を放ち、赤丸五穀をまき散らす様子も描写されている。『山海経』を引いた『論衡』訂鬼篇には、大きな桃の木の下で鬼を縛り上げて虎に食わせたとの記述があり〔小林太 1947：137〕、桃は早くから僻邪の役割をもっていたことがわかる。また『漢旧儀』に「小鬼」とあるのは小児にとりつく鬼であるとされ、子どもを驚かす鬼が駆逐の対象になっているが、その際に方相氏が虎の皮をかぶっているのは、虎が熊とともにあるいはそれに先行して敵を退散させる力のある霊獣とみられていたことを反映したものであろう。

いずれにしても、方相氏の活躍の場面の主たるものは儺（やらい）である。戦国末に成立した『呂氏春秋』十二紀に、季冬の大儺のほかに季春の国人の儺と仲秋の天子の儺の行事が記されているように、四季の変わり目である節が重要な逐疾の対象時期であり、「人界と鬼界との交通の開く時節にとくに悪鬼の侵入を防ぐために行われた」と小林は推測している〔小林太 1947：122〕。

方相氏の絵画と造形　小林太市郎は頭の両面に顔のある漢代の方相氏の明器俑を取り上げて（図23-1）、すべてではないにしてもこれが四目の表現形態であると述べた〔小林太 1947：121〕。しかし、後の『政事要略』に描かれた絵画や韓国の昌徳宮にある仮面など、いずれも顔の片面に一対の目が上下につくのが方相氏の表現であることからすれば、それが本来のあり方であり、小林が取り上げた例はイレギュラーなものとしたほうがよい。そこで注目できるのは、「熊の頭の皮を剥いで仮面を作り、その際に熊の目はつけたままにして、その下の位置に着装者用の目の孔をあけたことにその起源がある」という春成の見解である〔春成 2007：68〕。春成が例示した法隆寺の乾闥婆面〔京都国立博物館編 1982：72〕などは、六朝以来仏教と習合した方相氏の表現が仏像に取り込まれていったよい例であるとともに、古相を示すものといえよう。西周の青銅器には、虎が人を飲み込もうとするモチーフで造形されたものが散見される。林巳奈夫によれば、この人物らしき像は人ではなく、虎の姿であらわされた最高神の帝を意味する〔林巳 2004：14-21〕。虎は中国の人間界でもっとも危険な動物の一つであった。その威力が崇拝の対象となって最高神の帝と組み合わさった

ことは容易に想像できよう。

　こうした周代の造形や思想が方相氏の元になっている可能性が考えられる。方相氏は熊の姿をとっているが、熊は虎とともに人間界で最も危険な動物の一つであることが僻邪の役割を帯びていった理由であろう。『漢旧儀』には方相氏は虎の皮をかぶることになっており、虎と熊は造形の点からも近似した動物とみなされていたと思われる。

　漢代の画像石には、熊が一角の犀牛や龍などを威嚇したり操るような姿のモチーフが多い。山東省武梁祠の石室における画像石の絵画には明らかに熊の姿をとった方相氏が手だけではなく足にまで武器をつけて巨人に立ち向かっている（図25-1）。巨人は人を食っているので、方良であろう。注目すべきは方相氏の頭にも武器である弩が取り付けられている点である。この表現は、左右の手

図24　弥生土器の戈と盾を持つ人物の絵画（奈良・清水風遺跡）と漢代画像石の方相氏

図25　漢代の画像石に見る方相氏

に武器を持ち足を踏ん張った方相氏にも見ることができる（図25-2）。この方相氏の顔は歯をむき出した明らかに異形の表現と見てよい。

山東省大邑県董場郷の三国時代の画像石に描かれた方相氏は、盾と武器をもち、頭に鹿の角をつけており、先に述べた魖頭と同じ表現である（図24-2）。これらの造形や絵画には、四目の表現はない。しかし、俑や画像石には盾と武器を持つ異形や熊の姿を描いた表現が散見され、方相氏をあらわしていることは間違いない。必ずしも四目であることが方相氏の必要条件ではなかったのであろう。その一方で小林が指摘したように、俑の人物の顔が大きく誇張され、人間離れしており、さらに顔面との間に段差をもつものがあるのは、明らかに仮面の表現であり（図23-1・2）、方相氏のいでたちとしての仮面の表現は造形品にも見ることができるのである。

第3節　盾持人埴輪と方相氏

前章で述べた若松良一と日高慎、塩谷修が調べた盾持人埴輪の特徴を再度示すと、①大型である、②耳が横に張り出す、③顔にイレズミと思われる線刻を施す場合がある、④容貌が怪異である、⑤頭の表現が個性的である、⑥石を植立して剥き出しの歯を表現したものがある、⑦最初期の例は、5世紀前半に西日本に出現し、5世紀後半に関東地方など東日本に波及する、⑧出現期の盾持人埴輪には、その後のこの埴輪の個性がすでに現れている、⑨出現期の盾持人埴輪は前方後円墳前方部前面に単独で配置される、といった点である。

塩谷は、文献や中国の画像石にあらわれた方相氏と盾持人埴輪を比較して、以下の結論を導いた。盾持人埴輪がa）盾を主題にしたものであることに加えて、戟をもつ点、b）頭部が体に比して大きくつくられ、顔の部分を誇張して表現するのは仮面のような装具を装着した可能性がある点、c）頭部のつくりにさまざまな変異をもつ点から、方相氏との類似性を指摘し、盾持人埴輪は5世紀前半に中国の辟邪の方相氏を原形として成立したと考えたのである〔塩谷 2001：205-210〕。

b）の仮面をつけたような顔の表現は、仮面状に突出した例が見つかっておらず、この点に仮説の証明としては不十分な嫌いがあったが、近年奈良県桜井市茅原大墓古墳から出土した4世紀にさかのぼる盾持人埴輪の平板な顔は、仮面のようであり、この説が補強された。画像石に表現された頭に武器を載せるなどした方相氏の特徴は、c）の2類（第12章第3節）であるV字状の突起など関東地方の盾持人埴輪に散見される表現との類似性が指摘できる。上田早苗の指摘した6世紀をさらにさかのぼり、埴輪という日本列島特有の器物に方相氏の表現を受容していたという塩谷の盾持人埴輪方相氏起源説は、きわめて興味深い。

塩谷説を認めたうえで、その受容が弥生時代にまでさかのぼる可能性を考えてみよう。

第4節　弥生時代の方相氏関係資料

奈良県清水風遺跡の戈と盾を持つ人物絵画　弥生時代の戈と盾を持つ人物絵画は、土器や銅鐸に施された例が多数ある。奈良県田原本町清水風遺跡の弥生中期後半の例は、その典型である。大型

の壺の肩の部分に絵画を展開させているが、その中に描かれる。絵画は左から矢の刺さった鹿、魚の群れと簗と思われる施設、そして戈と盾を持つ人物が二人と高床建物である（図24-1）。人物は大小に描き分けられる。

　この人物画については、春成秀爾が山東省層山出土の商代の青銅器に描かれた絵画との類似性を指摘したうえで、悪霊を祓う方相氏に関する知識が弥生時代に一度伝来していた可能性があると考えた〔春成 2007：91〕。ここで注目したいのは、右側の人物の頭の装飾が鹿の角のような点であり、中国の方相氏の絵画や魌頭の装飾と類似している点である（図24-2）。この絵画が農耕儀礼の情景を描いたものであることは、角のある牡鹿や倉庫と思われる高床建物を描いていることから動かしがたい。中国の方相氏が活躍するのは農事暦とも関係した節季であり、大人と子どもが五穀を撒きながら疾鬼を駆逐する儀礼であることから、清水風遺跡の戈と盾を持つ人物もそうした役割を演じている可能性が考えられる。大小は大人と子どもを描き分けたのであろう。弥生時代の戈と盾を持つ人物絵画が出現するのは、弥生中期後半すなわち紀元前1世紀である。それは、楽浪郡が設置されて日本列島に中国の文物が急速に流入するようになった時点である。奈良県田原本町唐古・鍵遺跡から出土した二階建て以上の建物を描いた絵画が漢代の建築の影響を受けていることが明らかであれば、突然登場する戈と盾を持つ人物絵画も中国の影響による可能性が考えられよう。

　群馬県有馬遺跡の人面付土器　有馬遺跡で出土した人面付土器C（422）は前章で述べたので、略述する。有馬遺跡は弥生時代後期、2〜3世紀の遺跡である。人面付土器は、14号礫床墓の南外側1mほどのところから、うつ伏せに倒れた状態で出土した。

　頭は開口しておらず、丸みを帯びる。額には粘土帯が斜め上方に突出してつけられており、烏帽子をかぶったか兜巾をつけた山伏の額のようである。鼻は粘土を貼り付けることによって、隆々と高く長く表現される。口は刳り抜かれ、下唇が飛び出した受け口の状態となっている。耳は大きな半円形の粘土版を貼り付けている。鼻や耳を大きくつくっている点に、この人面付土器の大きな特徴がある。

　有馬遺跡の人面付土器と塩谷が指摘した盾持人埴輪には、著しい共通性がある。第3節の②〜④の顔の表現では耳が大きいこと、下唇を突き出した表現に共通するものがあり、⑤の頭部形態については、1類の烏帽子状の形状に共通点が認められる。⑨と関係する墓のわきから出土した状況も、共通項に加えてよい。有馬遺跡と共通した特徴をもつ資料は、このほかに群馬県域と長野県域の7遺跡で出土しているが、いずれも目、鼻、口、耳といった構成要素を強調する手法や通常と異なる状態を表現しており、盾持人埴輪との間に共通項の多いことがわかる〔設楽 2011〕。

　この地域で人面付土器といえば、弥生再葬墓に伴ういわゆる顔壺（人面付土器A）が一般的であり、有馬例が腕を備えているのは、土偶形容器という再葬墓に伴う蔵骨器の伝統を引いている。しかし、顔面の誇張表現すなわち④の僻邪の性格は新規のものであり、再葬墓の顔壺や土偶形容器と墓に伴う点では共通するものの、埋葬主体部ではなく外側におかれていたと思われる点も盾持人埴輪の性格と同じとみた方がよい。したがって、人面付土器Cは再葬墓の蔵骨器の伝統を引きながらも、僻邪という新しい性格を付与され、盾持人埴輪の造形につながる資料といえよう。

　有馬遺跡の墓からは、東日本では異例なほど多数の鉄剣が出土した。長野県でも北に位置する根

塚遺跡からは、柄の先端などに渦巻き文様の装飾がついた加耶系の鉄剣が出土している。これらの鉄剣の製作技術は、朝鮮半島から日本海を通じて渡来したのだろう。大陸からの文化的影響によって、方相氏とそれにともなう思想がこの地にもたらされ、有馬遺跡の人面付土器がつくられたと考えられる。

奈良県纏向遺跡の木製仮面・鎌ないし戈の柄・盾　纏向遺跡は奈良県桜井市大字太田に所在する。この遺跡の太田池にある土坑から、木製仮面と鎌ないし戈の木製柄と盾の破片（図79-A・B）が出土した〔福辻 2013〕。この土坑は井戸であり、この遺跡から多数検出されるいわゆる祭祀土坑の一つである。鎌ないし戈の柄と盾は土坑の上層から多量の木製品や加工木とともに出土し、仮面は下層から上層に比べて格段に少ない遺物とともに出土した。共伴した土器から、これらは庄内式古段階、3世紀前半の時期とされる。

　木製仮面（604）は、長さ26 cm、幅21.6 cmの角のとれたホームベース状をなす。カシ類の木でつくった鍬に加工を加えたもので、柄壺の舟形隆起を鼻の部分を残して取り払い、柄孔を口にしている。したがって口は正円をなすが、これは小八木志志貝戸遺跡の人面付土器C（419）などと共通した表現である。眉が線刻されるが、イレズミの表現はない。また平坦であることや形から、茅原大墓古墳出土の盾持人埴輪が思い浮かぶ。目と口の間隔は9 cmほどと人の顔とほぼ同じ長さであり、実用のマスクとしてつくられたと思われるが、耳の部分にひもを通す孔があけられておらず、目の部分にひもを通すなど別の細工をしない限りは、戈と盾を持つことはできない。

　木製の盾（図79-B）はモミの木を素材とした、長さ15.2 cm、幅2.7 cmの小破片である。小孔が4段穿たれており、赤彩が施された弥生時代通有の盾である。鎌ないし戈の柄（図79-A）はカシ類を利用してつくられており、長さ48.2 cmで頭部と基部に突起をもつ。報告者の福辻淳は、これを鎌の柄としている。弥生〜平安時代の鎌の柄は30〜50 cmの長さのものが一般的であるのに対して、岡山市南方済生会遺跡や石川県小松市八日市地方遺跡の弥生中期の戈の柄は60 cmほどの長さがある。纏向遺跡の例が鎌だとすれば、もっとも大きな部類に属す。しかし、大阪府八尾市恩智遺跡の戈の柄は35 cmほどであるので、長さだけからはいずれとも決しがたい。

　これらは土坑の上下の層から出土したが、もっとも重要な仮面をまずは底に近いところに置いて、その上に鎌ないし戈の柄や盾を捨てたとすれば、これらは方相氏の3点セットである可能性が高い。中国の漢代には盾と鎌をもつ侲子をかたどったとされる俑があるので〔小林太 1947〕、方相氏や侲子が持つ武器は鎌の場合もあったのであろう。纏向遺跡の土坑からは、多量の桃の種が出土している。中国で桃は早くから仙人が珍重した樹木であり、方相氏とゆかりが深い。

奈良県大福遺跡の木製仮面　纏向遺跡の南およそ3 kmにある大福遺跡からも、木製の仮面が出土した〔丹羽 2013〕。木製仮面は大溝（SD1020）から様々な遺物とともに出土した。共伴した土器は大和VI-3様式前後を中心とする3世紀初頭ころであり、纏向遺跡の仮面よりも若干古いとされる。

　仮面（605）はコウヤマキ製であり、全長23.4 cmで、縦に半分に割れている。全体に平板で目の形は纏向例とほぼ同じ杏仁形だが、眉の表現はなく、口はおそらく楕円形をなし、あごの部分もカットされて面をなすなど異なる点も指摘できる。纏向例との大きな違いは耳の部分にひも通しの

孔があることであり、装着可能な点である。

福岡県城野遺跡の石棺に描かれた絵画　城野遺跡は、北九州市小倉南区にある弥生中期から後期後半の集落遺跡である。この遺跡から出土した方形周溝墓に設置された石棺の小口に絵画が描かれていた（図26）〔谷口 2010、谷口編 2011〕。副葬された小型短頸壺と鉄製刀子から、弥生後期終末とされる。

　方形周溝墓は 23×16.5 m と大型で、埋葬主体部は 2 基の箱式石棺が並列した土坑（1 号墓）である。絵画はそのうちの南棺の西小口内面に描かれていた。石に塗布された朱の上をなぞるようにして描いた幅の広い底の丸い線刻画である。発掘した直後に撮影されたカラー写真が最も鮮明であるので、それにもとづいて現地での観察をまじえながら絵画をたどっていくと以下のように、盾と武器を持つ人物絵画であることがわかる。

　まず、最も明瞭に観察することができたのが、絵画の下半を埋める格子目状の線刻である。その上辺が長い直線で区画されているのも明らかである（a）。この線の左端からは上に向かって幅の広い直線的な塗りの濃い部分が見られる（b）。左側三分の一ほどのところからは斜め左上に向かってわずかにカーブを描く線が立ち上がり（c）、上方で大きく右にカーブを描く。この線の右には横方向にいくつかの線刻が見られる（d～f）。明瞭に観察できる線は以上であるが、これだけでも人物絵画であることがわかる。

　人物絵画を含めて弥生時代の絵画はそのほとんどが規則にもとづいている。人物絵画の多くは、肩の線が一直線であり、そこから頭を表現するには一本棒の首に丸い顔を描くか（図24-1）、肩の線のほぼ中央に電球状の頭を描くかである。佐賀県神埼市川寄吉原遺跡の絵画は後者の典型である（図27）。城野遺跡例がこれに属していることは間違いなく、人物以外の画題は考えられない。その上でさらに見ていくと、顔の横線の右は一定の箇所で止まっている。それは、肩の線から伸びる

図26　福岡県北九州市城野遺跡の石棺と壁画

顔の左側の輪郭（c）を肩の線の中心で線対称に折り返した部分に想定できる顔の右側の線のライン（g）と一致していることがわかる。

そこで顔の中の線刻を見ていくと、上からd1・d2、e、fとなるが、dは横長の三角形の図形を左右に描き、それを上下に重ねているようであり、目の表現であろう。fは半開きに一筆描きされた口である。鼻の表現は不明である。

肩の右端も地の朱と重なってわかりづらいが、小さな三角形の線刻（h）があり、その先端から右下に線が伸びて縦に直線状の線刻（i）のあることがかろうじて判別できる。

図27　佐賀県神埼市川寄吉原遺跡の人物画

弥生時代の人物絵画には、一定のポーズがある。両手を広げて万歳しているものと、片手を下げるか両手を下げて武器・武具を持つものである。この絵画は後者の片手を下げたパターンであり、左手に持ったbは武器で、右手に持ったhは盾であろう。以上から、この線刻は武器と盾を持つ人物絵画であるといえよう。

この石棺墓からは人骨が見つかっているが、4〜5歳の幼児の頭骨であった。西小口に頭を向けているので、絵画はこの幼児を見下ろす位置に描かれている。そこで注目できるのが、中国の方相氏に墓の中に入って戈を振い四隅を撃って方良を駆逐する役目や宮中で童男童女を疾鬼からまもる役目があった点である。城野遺跡の石棺墓とその絵画は、すべての点においてこの絵画が方相氏であることを裏付けている。この幼児は碧玉の管玉と瑪瑙の棗玉でできた首飾りをつけていた。大型の方形周溝墓に葬られた幼くしてその地位を保証された人物であったのだろう。大量の朱とともに、中国の影響を強く受けて築かれた墓といえるのではないだろうか。

第5節　日本列島における方相氏に関する思想の導入とその意義

以上、中国の方相氏の資料を一瞥して、弥生時代の方相氏に関する資料を拾い上げて比較した。まだ、例数は少ないが、盾持人埴輪につながる僻邪の思想がおそらく方相氏とその思想の導入という形で弥生後期後半にはある程度日本列島のなかに広い範囲におよんでいたことが推測できる。それらは北部九州という大陸文化をいち早く吸収することが可能であった地域、纒向遺跡とその周辺というヤマト政権揺籃の地、そして日本海を通じて北部九州や大陸の文化が流入した地域であったが、3世紀という古墳時代の直前に大陸との交通を含めて物資の流通が広域化した時代背景とともに注目せざるを得ない。

弥生中期後半に方相氏の情報が日本列島に及んでいるとすれば、後期のこれらの資料はその渡来が中期後半以来絶えずあったのか、弥生後期後半に再びあったのか、いずれにしても弥生時代のなかで一度にとどまらなかったことを示している。資料が3世紀前後に集中していることからすれば、後者の可能性が高く、2世紀後半から3世紀にかけて、中国の政治の動きと連動して展開した倭国乱から卑弥呼の登場と魏への遣使といった出来事を背景として、方相氏ないしそれに関する思

想が導入されたのであろう。

とくに城野遺跡の資料は、①盾と武器を持つ人物絵画であり、②世襲というそれまでになかった権力継承の構造が明確化していることや、③水銀朱の多用などに中国との関係性の新展開がうかがえ、④墓の中で幼児を邪悪なものから守るような位置に描かれていることが指摘できるので、中国から伝来した方相氏とみなすのが妥当だろう。

城野遺跡の絵画は、3世紀の儀礼や呪術の世界に中国からの影響を具体的に明らかにできた点に歴史的な意義をもつ。前方後円墳の成立については、墳丘の三段築成、北枕の思想、水銀朱を用いた棺を密封する措置などに中国の影響を認めようとする意見がある〔都出 2005〕。日本列島が、とくに中国との関係を深めながら東アジアのなかで国家形成に向かっていく歴史的過程を明らかにしていくうえで、儀礼という当時の政治や権力構造とも密接に結びついている分野の考古学な検討を進めていくことが望まれる。

註
（1）盾持人埴輪にも同じ表現がある。

第 14 章　中国東北地方における先史時代の人物造形品

　本章では、中国東北地方の先史時代の人物造形品について考察する。中国東北地方のおおよその地理的範囲は、南が有名な明代の万里の長城付近のライン、北は黒龍江（アムール河）、東は鴨緑江と豆満江および烏蘇里（ウスリー）江、そして西はモンゴル高原の東端、これらで囲んだ地域である。現在の行政区分では遼寧省、吉林省、黒龍江省、内蒙古自治区東部、そして河北省北端部にあたる。中国東北地方の地理的位置を東アジア的視点からみれば、南の中国中原地域と東にある朝鮮半島および日本列島の中間地帯であるといえるだろう。

　中国東北地方の先史時代の人物造形品をめぐっては、1980年代以降の発掘調査の進展によって、遼寧西部地域（遼西）を中心に出土数が増加し、その実態がわかりつつある。とくに遼寧省凌源市牛河梁遺跡の「女神廟」の「女神像」（図29-43など）〔遼寧省文物考古研究所 2012〕に代表されるように、遼西は紅山文化を中心とする新石器時代の前半期に、女性像をはじめとする人物像が盛行し、中国の先史時代の人物表現において大きな特徴をもつ地域であることが明らかになってきている。

　先史時代の中国東北地方は、早い時期に農耕社会が確立する華北以南とは異なり、新石器時代は前半期を中心に狩猟採集社会であったと考えられ、しだいに生業に農耕の占める割合が増加すると考えられている〔大貫 1998、宮本編 2015〕。その後、青銅器時代には北方地域と中原地域の影響を受けて独自の青銅器文化が南部を中心に広がり〔石川岳 2016〕、その影響は朝鮮半島や日本列島にも及んでいる。

　中国東北地方の新石器時代から青銅器時代にかけての人物造形品の特質を考察することは、この地域の先史文化の一端を解明するだけではなく、地理的にも近い日本列島の先史文化における人物造形品との比較という点からも資するところは大きいといえる。

第 1 節　中国先史時代の人物造形品と中国東北地方

　中国東北地方の先史時代の人物造形品については、これまで日本人研究者によっておこなわれた新石器時代の人物像を中心とする考察が多い。とくに今日までの考察では、この地域の新石器時代の人物像の特徴を東アジア的視点からどのように位置づけるかをテーマとするものが多くを占めている。

　松浦宥一郎は、日本列島の縄文時代の土偶との比較から中国の新石器時代の土偶を紹介した。松浦はそのなかで日本の縄文土偶に近い資料の一つとして、中国東北地方の内蒙古自治区西水泉遺跡

〔中国社会科学院考古研究所内蒙古工作隊 1982〕出土の女性像をあげている〔松浦 1992〕。

　その後、甲元眞之と今村佳子は、中国東北地方を含む中国・朝鮮半島・ロシア沿海州の先史時代の土偶と石偶を集成し、各地域における特徴と大まかな変遷過程を明らかにした〔甲元・今村 1998〕。さらに、今村佳子は中国国内に関して新石器時代の偶像の集成をさらに進め、中国各地の新石器時代における偶像の特徴を示している〔今村 2002〕。今村はこの研究のなかで、中国においては華北・華中地域と中国東北地方の二地域が偶像の特徴からみて、それぞれ一つの地域的まとまりとしてとらえられるとする。具体的には、新石器時代中期までの状況として、華北・華中地域は基本的に人間的な顔の表現があることと、偶像の性別がはっきりしないことを特徴とし、この地域を「中国」的世界と位置付ける。一方、中国東北地方については、南西部の遼西を中心に女性像が主体的で男性像は存在しないと述べている。このように、これまでの研究によって、中国東北地方の新石器時代の人物造形品には、中国の他の地域と比較して強い独自性の存在が明らかになっている。さらに近年はこの地域の先史時代の偶像について、人物像だけではなく動物像も含めて、周辺地域と比較しようとする加藤里美らや古澤義久による論考も出されている〔加藤ほか 2007、古澤 2014〕。

　このように中国東北地方の先史時代の人物造形品についてはその地域的特徴が注目されてきたが、土偶や石偶自体の性格に焦点を当てた考察もなされている。甲元眞之は、朝鮮半島における先史時代の動物像も含む土偶と石偶について考察し、朝鮮半島の先史時代の土偶石偶との比較対象として、ロシア沿海州とともに中国東北地方の土偶と石偶にもふれている〔甲元 1997〕。甲元はそのなかで朝鮮半島や中国東北地方を含む東北アジアの土偶・石偶は、新石器時代前半の遼西の興隆窪文化から出現し、当初は性別不明の小型品で、祖霊を祀る用途として作られ、その後、紅山文化になると妊娠した女性像が出現し、食糧増産のための祈念を表すものと考えた。さらに、朝鮮半島では新石器時代後期には男女一体のペアの土偶が存在するとし、東北アジアにおける偶像の変化過程を、「一体の祖霊を表す偶像から男女・雌雄のペアをなす偶像への変遷」として考えている。

　また、大貫静夫は、中国東北地方の新石器時代の土偶について、それを日本列島の縄文文化との「極東」的な共通点のひとつとしてとらえている〔大貫 1992〕。そして東北アジアの新石器時代における人物像とそれを用いた祭祀の変化にふれ、遼西を中心とする東北アジアの西部では新石器時代前半の興隆窪文化から紅山文化にかけて、女性像を中心とした人物像を用いた祭祀が、当初の個別家族内でのものから、紅山文化期に共同体全体への祭祀に変化したとする。一方、遼東や沿海州といった東北アジア東部には手足の表現を欠き、男女の性別も不明な人物像が存在することを、遼西との地域差として指摘している。大貫は東部のこのような人物像を現代の民族例をも参考にしつつ、西部で盛行する安産、豊穣を祈る妊婦像に対して、祖先神、守家の神、守り神であると考える。このように、「極東平底土器文化」としてまとめられる東北アジアの新石器時代の人物像を用いる祭祀を、大貫は華北以南の農耕社会における天を祀る祭祀に対して、定着的な食料採集民による祭祀形態として位置づけている〔大貫 1998〕。

　以上のように、中国東北地方の先史時代の人物造形品に対しては、新石器時代を中心に考察がなされ、地域的な特徴やその性格が明らかになりつつある。一方で上述の研究以後も、この地域では先史時代の人物造形品の出土例が増加し、さらに新石器時代に続く青銅器時代にかけての人物造形

第 14 章　中国東北地方における先史時代の人物造形品　*131*

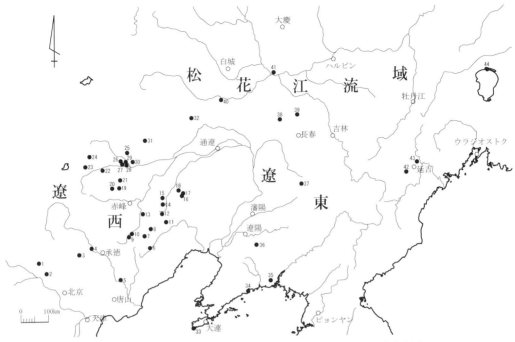

図 28　中国東北地方新石器時代・青銅器時代人物造形品出土遺跡地図
(1：小白陽　2：甘子堡　3：梨樹溝門　4：後台子　5：東寨　6：東山嘴　7：牛河梁　8：東山崗　9：小黒石溝　10：南山根　11：半拉山　12：草帽山　13：八家農場　14：門門営子　15：趙宝溝　16：小山　17：興隆窪　18：興隆溝　19：召蘇河　20：西水泉　21：鉄匠炉　22：山前　23：三義郷　24：錦水泥廠　25：蘇達勒　26：西山　27：白音長汗　28：大半拉山　29：那斯台　30：洪格力図　31：二道梁　32：南宝力皋吐　33：郭家村　34：北呉屯　35：後窪　36：塔湾村　37：西断梁山　38：元宝溝　39：左家山　40：敖包山　41：白金宝　42：興城　43：小営子　44：新開流）

品についても資料の蓄積が進んでいる。そこで本章では、新石器時代のほか、青銅器時代にまで時代的な対象を広げ、現在までに報告されている中国東北地方の人物造形品を集成し、ここまで述べてきた今日までの土偶や石偶といった人物造形品に関する研究も踏まえながら、中国東北地方の先史時代におけるその性格と地域的特徴を探る。なお、中国東北地方では男根を形象した土製品、石製品のほか〔今村 2002〕、青銅器に男根を表現するものも知られているが、本章では人物の顔、または顔を含む胴体部などを形象した造形品を集成の対象とし、男根形象品に関しては別稿に譲ることとする。

第 2 節　中国東北地方新石器時代の人物造形品

まず、中国東北地方の新石器時代の人物造形品を地域ごとにみていく。地域については、中国東北地方を南部と北部に分け、南部を遼河の西側の地域である遼西と遼河の東側の地域である遼東に細分する。一方、北部は松花江流域とする。なお、遼西には、先史時代において文化的な一体性の高い燕山地域をも含めた（図 28）。新石器時代の人物造形品の集成を表 7 と図 29 に示す。そして、これらの人物造形品をその特徴によって、次のように分類する。

　　Ⅰ類：人体または顔面部を単体でかたどった造形品
　　Ⅱ類：人体または顔面部を他の器物上に表現した造形品

Ⅰ類については、胴体部の有無にもとづき、a類とb類に分ける。
　　a類：顔面部のみを表現する
　　b類：顔面と胴体部を表現する
さらにⅠb類を手足の表現の有無により細分する。
　　1類：手や足の明確な表現がある
　　2類：手や足の明確な表現がない

以上の分類をもとに、各地の人物造形品を考察していく。

1．遼西

興隆窪文化　遼西において人物造形品が存在するのは、興隆窪文化からである。興隆窪文化の年代は紀元前6000年から紀元前5000年ごろと推定されており、生業としては雑穀栽培の存在も指摘されているが、主に狩猟採集をおこなっていたと考えられている〔郭・張 2005〕。これまで興隆窪文化は遼西における最初期の新石器文化と位置付けられてきたが、最近は興隆窪文化に先立つ新石器時代の文化として小河西文化が設定されている〔索 2005〕。しかし、小河西文化の人物造形品はまだ出土例がない。興隆窪文化では、人物造形品が複数出土している。出土しているのは、石製人物像Ⅰa類、Ⅰb1類、貝製と骨製のⅠa類である。この時期の特徴としては、石製と貝製のものがほとんどで、人頭骨を使用した骨製の人物造形品（図29-5）も1点あることがあげられる。一方で、土製の人物造形品はまだ発見されていない。また、貝製と骨製の人物造形品は、すべて顔だけの表現であるが、石製のものには、顔面部だけではなく、手足を表現した胴体をもつものもある。女性像と考えられるものもすでに存在しており（図29-11・12）、大きさは長さが30cmを超えるものがほとんどで、50cmを超す大型品も存在している。顔のみの人物造形品のなかには、内蒙古自治区林西県白音長汗遺跡出土例〔内蒙古自治区文物考古研究所 2004〕（図29-4・7）などのように牙や歯を剥き出しにした表情の像や、内蒙古自治区興隆溝遺跡出土例〔中国社会科学院考古研究所内蒙古第一工作隊 2004〕（図29-5）のように人頭骨を用いて作った像もあるなど、人間の顔面というよりも、神や亡き祖先の姿を表した可能性を指摘できるものもある。この時期の人物造形品は、出土遺構のわからない採集品が多いが、住居跡のほか、墓からの出土例がある。

趙宝溝文化　趙宝溝文化は、興隆窪文化に続く文化で、年代は紀元前5000年から紀元前4000年ごろと推定され、主な生業は引き続き狩猟採集をおこなっていたと考えられる〔郭・張 2005〕。この時期の人物造形品は石製のⅠb1類と、土製のⅠa類が存在している。興隆窪文化にあった貝製と骨製の人物造形品は発見されていない。一方、石製のものは、河北省灤平県後台子遺跡〔承徳地区文物保管所・灤平県博物館 1994〕出土の人物像（図29-15〜20）に代表されるように、胴体と手足を表現した人物像であり、身体的特徴から女性像であると推定されている。なお、この時期から現れる土製のものは顔面部のみを表現しているⅠa類のみであるのが特徴である。また、人物絵画としては人面を表面に描いた石斧（図29-76）が発見されている。趙宝溝文化の人物造形品は採集品がほとんどであるが、住居跡からの出土がみられる。

紅山文化　その後の紅山文化は、紀元前4000年から紀元前3000年ごろと年代が推定され、玉器が発達したことで有名な文化である〔郭・張 2005〕。紅山文化では、収穫具である石包丁が普遍的に存在し、それまでの狩猟採集から農耕へと主な生業が移ったと考えられている〔大貫 1998〕。また、紅山文化期は積石塚の出現など、社会の階層性が明確となる時代でもある。

紅山文化の人物造形品は、土製のⅠa類、Ⅰb1類、Ⅰb2類、石製の1b1類が存在している。そのほかにも、玉製のⅠa類、Ⅰb1類、Ⅱ類（人面付玉製品）、人物絵画が存在するほか、石製でⅠa類の可能性があるものもあり、それまでの時期にくらべて、人物造形品のバリエーションが大幅に増加している。また、紅山文化では、それまでの石製のものから土製のものが大幅に増えている。土製で手足を表現した人物像（Ⅰb1類）も存在し、なかには、遼寧省凌源市牛河梁遺跡の「女神廟」で出土した人物像（図29-43ほか）のように、祭祀施設で神像として祀られたと考えられるものもある。

そのほかにも、紅山文化では玉製の人物像が存在する。牛河梁遺跡第16地点M4〔遼寧省文物考古研究所 2012〕から出土した玉製の人物像（図29-74）は、紅山文化において今日までに発見されている唯一の玉製の人物の全身像であり、出土したM4は第16地点の積石塚の中心に位置し、その被葬者に関して、郭大順は集団における中心的な役割を果たした高位の人物であろうと述べている〔郭 2008〕。さらに、郭はこの玉製の人物像の姿勢などについて出土遺物や文献、民族例などを参考にしながら、シャーマンを形象したものであろうと推定している。このように紅山文化においては、人物像は祭祀の対象であるだけでなく、被葬者の階層を表象するものとしての役割を果たしていたことが推定される。ただ、牛河梁遺跡第16地点M4の被葬者は男性である。これは、紅山文化では人物像には前代同様に女性を表現したものが多いものの、分化した社会階層において女性が高位を占めていたわけではないことを示している。

また近年、内蒙古自治区敖漢旗興隆溝遺跡で発見された人物像〔吉日嘎拉 2012、呉 2013〕（図29-65）は、牛河梁遺跡「女神廟」から出土した人物像に匹敵するような写実的なものであるが、明確な女性であることを示す特徴がないことから、男性像なのではないかという指摘もある〔呉 2013〕。さらに、採集品ではあるが、内蒙古自治区敖漢旗門門営子では表面に男女の姿それぞれをペアとして明確に意識して描いた土器〔邵編 2004〕（図29-77）も発見されている。

このように、紅山文化では人物造形品が発達し、それが宗教的、社会階層的意味をもっていたと考えられる。前代に引き続き人物像は女性像が主体ではあるが、男性を表現した像も出現していることが、それまでの文化との違いとして指摘できる。

小河沿文化　小河沿文化は、紅山文化の消滅後、紀元前2500年頃を中心に遼西に広がり、生業は農耕をおこなっていたと考えられている〔郭・張 2005〕。小河沿文化において、紅山文化まで遼西でみられた人物造形品が急速になくなることは、これまでも指摘されており〔大貫 1998、今村 2002〕、人物単体を表現するⅠ類は今日まで発見されていない。しかし最近、この時期の大規模な墓群である内蒙古自治区扎魯特旗南宝力皋吐遺跡のC地点の墓の一つであるM17〔内蒙古文物考古研究所扎魯特旗博物館 2011〕から、表面に立体的に人物像を表現した壺形土器（Ⅱ類）（図29-71）が出土した。この人物像には、明確な乳房の表現があることから、女性を表現したものであると考えられている。このような土器が登場する背景には前代までの女性像の盛行と、紅山文化の後

期から出現し、遼西の小河沿文化や同時期の遼東の偏堡文化で本格的に普及する壺という器種〔宮本編 2015〕の存在があると考えられる。また、このほかにも南宝力皐吐遺跡の墓ではM 203〔内蒙古文物考古研究所ほか 2008〕から穿孔によって目と口を表現したのではないかと考えられる深鉢形土器（罐）（図29-72）も出土している。遼西では興隆窪文化から紅山文化にかけて、人物造形品で女性像が盛行することは、これまでも指摘されていたが〔大貫 1998、今村 2002〕、このように今回の集成で紅山文化後の小河沿文化における女性像を貼り付けた壺の存在を確認できた。

　その後、少数の青銅器が現れる紀元前3千年紀末から2千年紀前半の夏家店下層文化期でも、次節で述べるように遼西では人物造形品の数が少ない。

　ここまで集成を時期ごとにまとめてきたが、遼西の新石器時代の人物造形品の特徴は、興隆窪文化から紅山文化にかけて、顔面部のみを表現したⅠa類と顔のほかに手や足を明確に表現したⅠb1類の二系統が一貫して存在することである。この二系統の人物像は大きさでも対をなしており、長さがⅠa類は10cmを超えることがないのに対して、Ⅰb1類は30cmを超えるものがほとんどである。このように、遼西では顔のみを表現した小型の人物像と、顔と手足を表現した胴体まである大型の人物像の二系統の人物像がセットとして存在したものと考えられる。そして、この地域の特徴をなす女性像はすべて大型の人物像である。

　また、人物造形品の素材は、興隆窪文化では貝や骨、石が用いられ、小型の顔面部のみの人物像（Ⅰa類）には貝や骨、大型の胴部を伴った人物像（Ⅰb1類）には石が用いられた。その後、趙宝溝文化では貝や骨が用いられなくなり、かわって土製の顔面部のみの人物像が作られている。一方、大型の人物像は引き続き石で作られる。そして紅山文化になると、趙宝溝文化の製作伝統を引き継ぎつつ、大型の土製の人物像も作られるようになった。さらに、紅山文化では玉で作られた人物像も登場している。このように遼西では興隆窪文化から紅山文化にかけて、素材を替えつつⅠa類とⅠb1類の二系統の人物造形品が一貫して製作され続ける。

2．遼　東

　遼東における新石器時代の人物造形品は遼西に比べて少ない。これまで、遼東でも北部の内陸平原部では人物造形品が発見されておらず、出土例は南の渤海―黄海沿岸地帯に限られている（図28）。

　遼東において人物造形品のもっとも古い例は紀元前4500年ごろを中心とする時期の小珠山下層文化段階にみられる。出土しているのは、遼寧省東港市後窪遺跡下層〔許ほか 1989〕（図29-78～81、86～88）や遼寧省荘河市北呉屯遺跡〔遼寧省文物考古研究所ほか 1994〕（図29-83～85）である。これらの遺跡から出土している人物造形品は石製と土製のⅠa類、Ⅰb2類である。

　その後、紀元前3000年ごろを前後する時期の後窪遺跡上層〔許ほか 1989〕でも種類は変わらず、石製と土製のⅠa類、Ⅰb2類がみられる（図29-82、89～94）。ただ、小珠山下層文化段階にくらべて、石製の人物造形品は1点のみと少なく、ほとんどが土製である。その後の紀元前3千年紀の小珠山上層文化期では、人物造形品の例として遼寧省大連市郭家村遺跡〔遼寧省博物館・旅順博物館 1984〕出土の土製のⅠa類（図29-95）が知られるのみである。

　遼東における人物造形品の特徴としては、遼西でみられるような胴体に明確な手や足を表現する

Ｉb1類が存在しないことである。また、長さが10 cm を超えるような人物造形品はなく、小型でペンダントのようにしてつり提げたり、棒状のものを差し込んで使用されたと考えられるものが多い。出土状況は採集品や文化層からの出土に限られ、墓や住居跡から出土した例はまだない。そして、遼東では紀元前2千年紀、双砣子1期から双砣子3期にかけての人物造形品は発見されていない。遼東で人物造形品が発見されている南部の渤海—黄海沿岸地帯は、紀元前4千年紀にかけて狩猟や漁労、採集を主な生業としていたと考えられ、紀元前3千年紀以降、段階的に農耕が普及していったとされている〔宮本編 2015〕。ただ、現在のところ、このような生業の変化と人物造形品の変化のこの地域における対応関係を追うことはむずかしい。

3. 松花江流域

松花江流域の人物造形品発見例はここまで述べてきた中国東北地方南部の遼西や遼東にくらべて少ない。放射性炭素 ^{14}C 年代によって紀元前4000年頃と推定されている吉林省農安県元宝溝遺跡〔吉林省文物考古研究所 1989〕では頭部を失っているものの、全身像と考えられる石製のＩb1類（図29-96）が出土している。一方、同じぐらいの時期と推定される黒龍江省密山市新開流遺跡〔黒龍江省文物考古工作隊 1979〕では土製のＩb2類（図29-97）が出土している。そのほか、紀元前4千年紀から紀元前3千年紀前半の遺跡である吉林省農安県左家山遺跡〔吉林大学考古研教室 1989〕、吉林省東豊県西断梁山遺跡〔吉林省文物考古研究所 1991〕などではＩb類（1類か2類かは不明）が出土している。

松花江流域の新石器時代の人物造形品は出土数が少ないが、頭部のみのＩa類は存在しないのが特徴である。また、小型のＩb類がある点は遼東に近い。一方、吉林省農安県元宝溝遺跡では遼西で特徴的にみられる明確に手足を表現した石製の人物像が出土している。この人物像は報告では男性像とされているが、男性を象徴する特徴は見いだせず、ふっくらとした体形はむしろ遼西の女性像に近く、遼西の影響を受けた女性像である可能性を想定できる。なお、人物造形品が発見されている時期のこの地域の生業は狩猟や採集であったと考えられている〔郭・張 2005〕。

第3節　中国東北地方青銅器時代の人物造形品

以下では、中国東北地方における青銅器時代の人物造形品を考察する。中国東北地方の青銅器時代の人物造形品の集成を表8と図30に示した。新石器時代と同様に遼西、遼東、松花江流域で人物造形品が発見されているが、そのほかにこの時期には朝鮮半島に隣接する豆満江の西側流域にも人物造形品が存在している。また、松花江流域では初期鉄器時代に入る前漢代併行期にも人物造形品が見られる。

1. 遼西・遼東

まず、遼西と遼東の状況についてみていく。青銅器が散発的に発見されるようになる紀元前2千年紀前半にかけて、発見されている人物造形品はきわめて少ない。とくに興隆窪文化から小河沿文

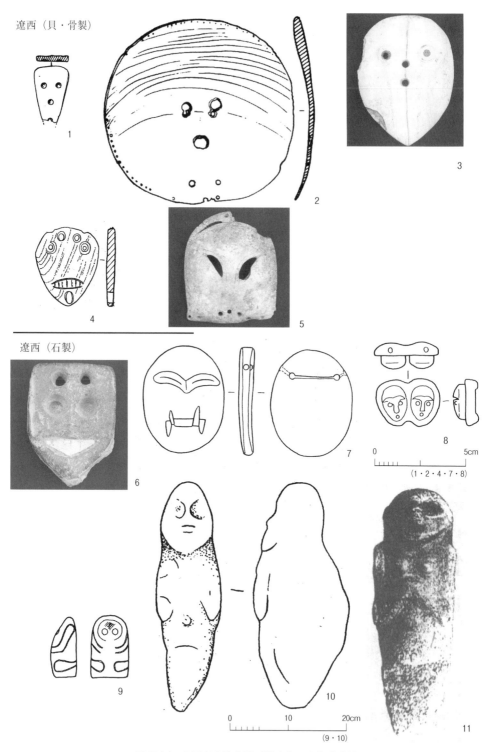

図29(1) 中国東北地方新石器時代の人物造形品
(1・2・9：興隆窪　3・5・6：興隆溝　4・7・10：白音長汗　8：東寨　11：西山)

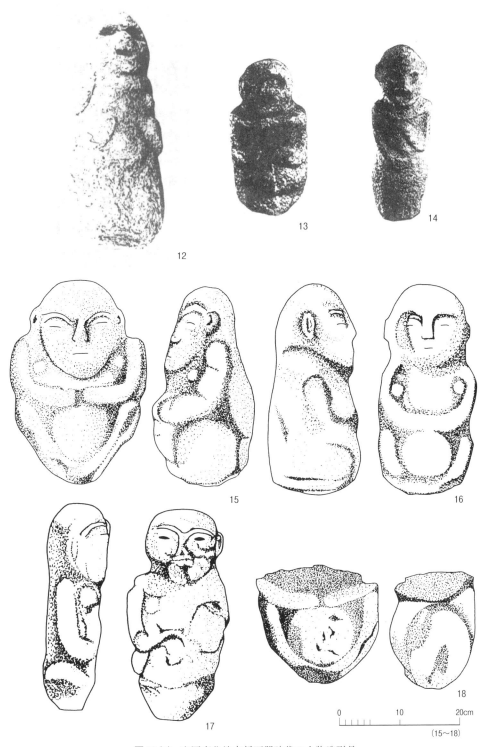

図 29 (2) 中国東北地方新石器時代の人物造形品
（12：西山　13・14：鎮水泥廠　15〜18：後台子）

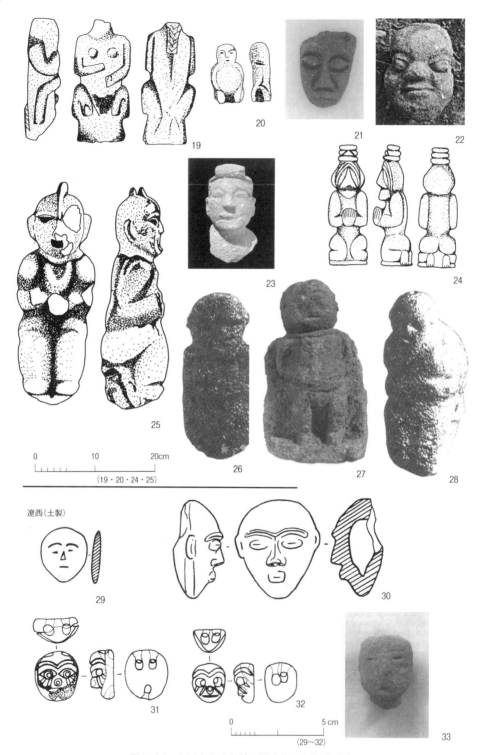

図29(3) 中国東北地方新石器時代の人物造形品
(19・20:後台子 21:大半拉山 22:半拉山 23:草帽山 24・25:那斯台 26:山前村 27:不明(赤峰博物館蔵) 28:三義郷 29・30:趙宝溝 31・32:洪格力図 33:鉄匠炉村)

第14章 中国東北地方における先史時代の人物造形品 139

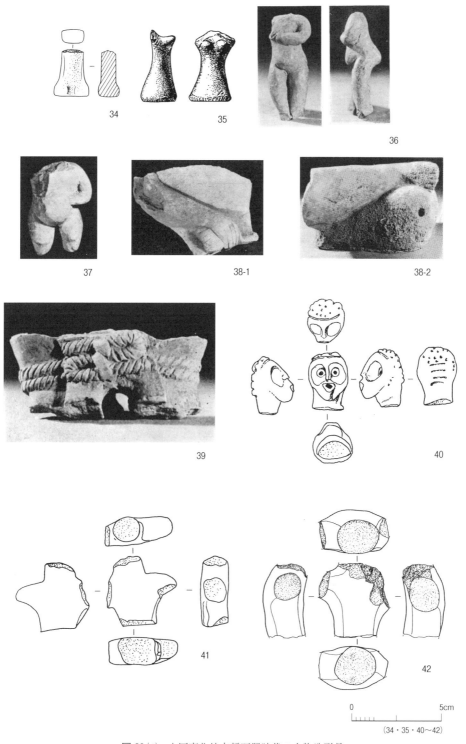

図29(4) 中国東北地方新石器時代の人物造形品
(34：二道梁　35：西水泉　36～39：東山嘴　40～42：牛河梁)(38-1(上部)・38-2(下部))

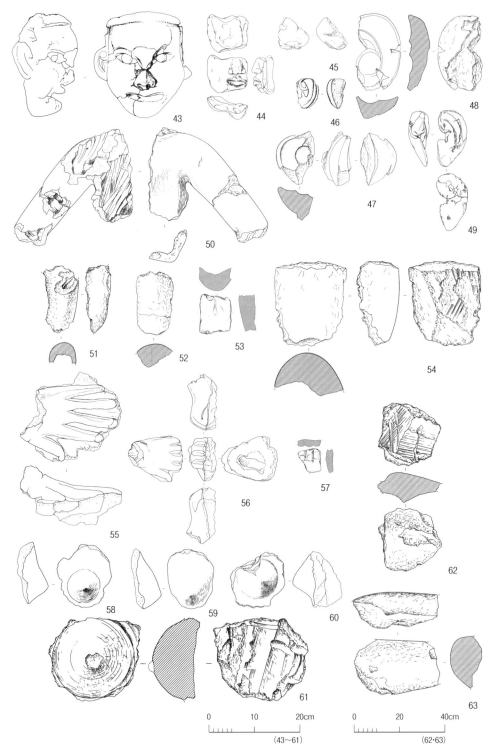

図29(5) 中国東北地方新石器時代の人物造形品
(43〜63：牛河梁)

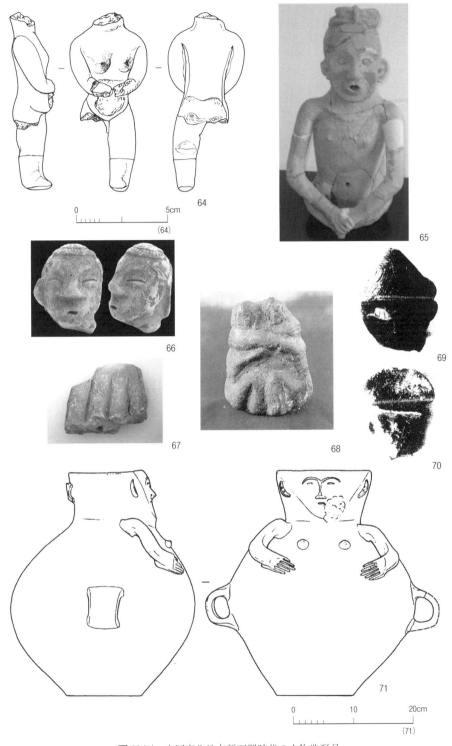

図 29(6) 中国東北地方新石器時代の人物造形品
(64：牛河梁 65・68：興隆溝 66：半拉山 67：東山崗 69・70：召蘇河付近 71：南宝力皋吐)

142

遼西（玉製）

遼西（人物絵画）

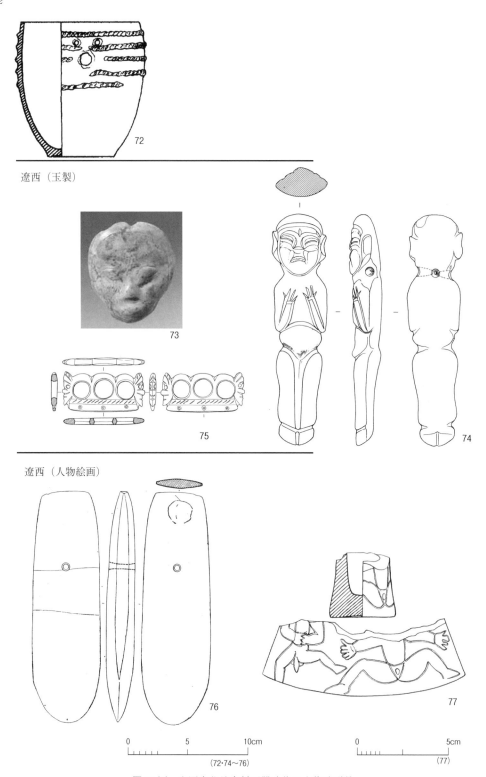

図 29(7)　中国東北地方新石器時代の人物造形品
（72：南宝力皋吐　73：蘇達勒　74・75：牛河梁　76：小山　77：門門営子）

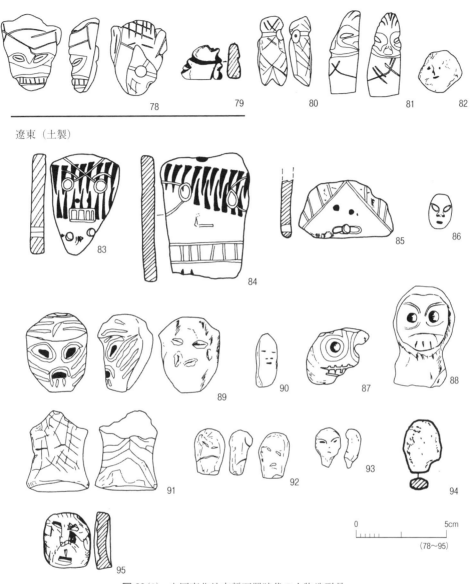

図 29(8) 中国東北地方新石器時代の人物造形品
(78〜82・86〜94：後窪　83〜85：北呉屯　95：郭家村)

化までの長期にわたって人物造形品が存在していた遼西において、この時期の夏家店下層文化では、石製の人物造形品が遼寧省建平県牛河梁遺跡第16地点から発見されているのが希少例である（図30-18）〔遼寧省文物考古研究所 2012〕。

　夏家店下層文化の後、紀元前2千年紀後半になると、遼西や遼東には北方系青銅器が流入し、遼西では中原系の青銅礼器なども発見され、本格的な在地での青銅器生産が確認される〔石川岳 2016〕。この時期の人物造形品をもつ青銅器として、遼西の遼寧省建平県八家農場で人面付銅匕〔郭 1993〕（図30-1）が出土している。この青銅器の年代は紀元前2千年紀後半、殷代後期併行と考え

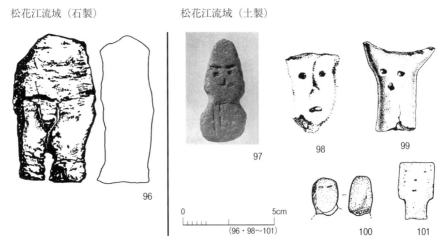

図29(9)　中国東北地方新石器時代の人物造形品
(96：元宝溝　97：新開流　98・99：敖包山　100：左家山　101：西断梁山)

られ、この地域でみられる青銅製人物造形品の最古例である。なお、このような形態の銅匙は北方系の青銅器であるが、人面が付いている例は他の地域ではみられない。

　その後、遼西と遼東では、紀元前1千年紀前半にかけて遼寧式銅剣をもつ青銅器文化が広がる。遼西の夏家店上層文化や凌河文化では人面付の青銅器がみられる。複数出土しているものとして人面を象った装飾品や車馬具（図30-2～4）や人面をあらわした当盧（図30-5・6）などをあげることができる。このほかに、内蒙古自治区寧城県南山根遺跡では、柄の表裏両面に裸の男女像を一対で表現した遼寧式銅剣（図30-13）が表採されている〔青 1984〕。また、南山根遺跡のM102では表面に動物や馬車、弓矢を持った男性像を描いた骨板が発見されている〔中国社会科学院考古研究所東北工作隊 1981〕（図30-14）。そのほか、遼寧式銅剣をもつ青銅器文化の地域からは外れるが、華北に近い燕山山脈の同じ時期の玉皇廟文化では、人面を付けたオタマジャクシ形の青銅製装飾品が複数出土している（図30-8～11）。

　一方、遼東では遼寧式銅剣文化の時代の人物造形品はこれまで発見されてこなかったが、最近、遼寧省遼陽市塔湾村で遼寧式銅剣の鋳型とともに、銅斧范の反対面に人面形装飾品を掘り込んだ鋳型〔小林青ほか 2011〕（図30-15）が発見されている。

　このように、遼西と遼東では遼西を中心に紀元前2千年紀前半の人物造形品がほとんどない期間をおき、紀元前2千年紀後半から紀元前1千年紀前半に人物造形品が再び増加する。この時期の人物造形品の特徴としては、新石器時代に多数を占めた石製や土製の人物造形品が存在せず、基本的には青銅製であることがあげられる。遼西や遼東の青銅器文化については北方地帯の青銅器文化からの強い影響が想定されている。しかし、北方地帯のこの時期の青銅器には動物像や動物意匠は数多くみられるものの、人面をはじめとする人物像はほとんど存在しておらず、陝西省清澗県李家崖遺跡〔陝西省考古研究院 2014〕で「宗廟」的性格をもつ建築と推定されているA1区のF1から出土した殷代後期併行期の石に刻まれた骨だけの人物像が唯一の例である。その意味で、この地域に人物造形品が存在することはきわめて特殊である。なお、遼西や遼東の青銅器時代における人面形

第14章　中国東北地方における先史時代の人物造形品　145

人面付青銅器

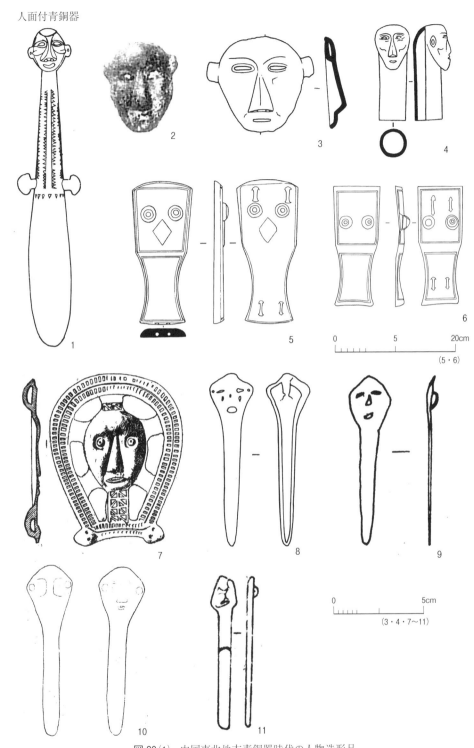

図30(1)　中国東北地方青銅器時代の人物造形品
(1：八家農場　2：不明（赤峰）　3〜6：小黒石溝　7：十二台営子　8：小白陽　9・10：梨樹溝門　11：甘子堡)

人物像付青銅器

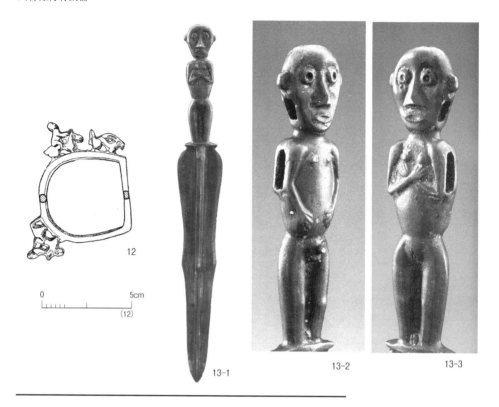

人物絵画

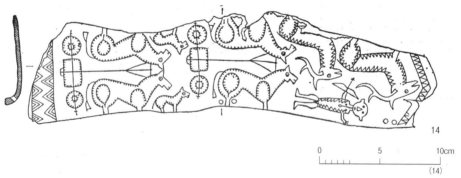

図30(2)　中国東北地方青銅器時代の人物造形品
(12～14：南山根 (13-1 (全体)・13-2 (柄部男性像)・13-3 (柄部女性像)))

　装飾品について春成秀爾は、殷周青銅器のなかに存在する人面銅牌からの伝播を指摘している〔小林青ほか 2011〕。殷代後期併行期には人面付銅匙が存在していることを考えれば、遼西で人面をもつ青銅器が出現する年代は、殷代にまでさかのぼるであろう。
　また、新石器時代に女性像の盛行した遼西において、青銅器時代になると女性を単独で表現した像が存在しない点も注目される。南山根遺跡採集の遼寧式銅剣の柄にみられるように男性像と女性像が一対で表現されたり、南山根遺跡 M102 出土の骨板に描かれた人物絵画に弓矢を持ち狩猟をす

その他

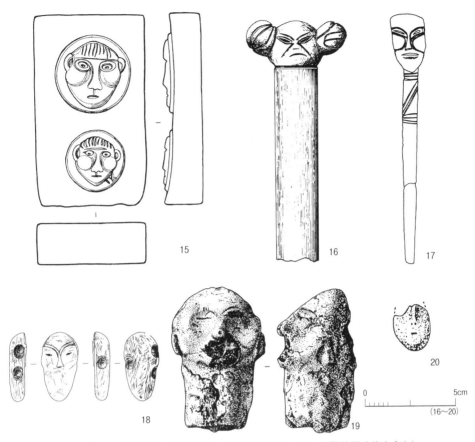

図30(3) 中国東北地方青銅器時代の人物造形品（一部、初期鉄器時代を含む）
（15：塔湾村　16：興城　17：小営子　18：牛河梁　19：興城　20：白金宝）

る男性像のみが描かれるように、この時期には男女一対、または男性像のみの表現となる。このように遼西では新石器時代における女性を主体的に表現するという伝統は青銅器時代には完全に失われていることが指摘できる。

2. 松花江流域・豆満江流域

　松花江流域や豆満江流域では、紀元前2千年紀以降、青銅器時代から前漢代併行期（初期鉄器時代）にかけて、土製の人物像や人面付の骨製品が少数発見されている（図30-16・17・19・20）。土製の人物像については、同じ時期に東の朝鮮半島北東部の咸鏡北道茂山虎谷遺跡〔黄 1975〕や咸鏡北道西浦項遺跡〔金・徐 1972〕にも存在し、沿海州のリドフカ遺跡などにも朝鮮半島北東部に類似する土製の人物像があることが指摘されている〔甲元 1997〕。この地域におけるこの時期の人物造形品は遼西や遼東よりも、遼寧青銅器文化の周辺部にあたる沿海州や朝鮮半島とのかかわりから論じられるべき性格のものであろう。しかし、朝鮮半島北部や沿海州でみられる土製の人物像とこの地域の人物像の形状の共通点は少なく、関係はまだはっきりしない。今後の資料の増加が求められる。

第4節　中国東北地方先史時代人物造形品の展開と特徴

ここまで、中国東北地方の先史時代の人物造形品についてみてきた。中国東北地方における人物造形品は新石器時代の紀元前6千年紀には存在が確かめられる。

この地域の新石器時代における人物造形品については、以下のようにまとめることができるだろう（表5、表6）。遼西では興隆窪文化から紅山文化にかけて、顔面部のみの小型のⅠa類と頭部から胴部、手足をも表現する大型のⅠb1類の二系統の人物造形品が製作使用され、Ⅰb1類は女性像が主体である。紅山文化後の小河沿文化では、それまでの人物造形品にかわって、壺に顔と手などを立体的に表現したⅡ類の女性像などがあらわれるが、その数は少ない。そして紀元前3千年紀末には、人物造形品自体ほとんど存在しなくなる。一方、遼東では、小珠山下層文化から小珠山上層文化にかけて、顔面部のみの小型のⅠa類のほか、頭部と胴体をもつが手足の表現のない小型のⅠb2類という遼西とは異なる二系統の人物造形品が作られる。遼東のⅠb2類は性別を表す表現はない。そして遼東では紀元前2千年紀になると人物造形品がなくなる。また、松花江流域では、これまでⅠa類は発見されていないが、小型のⅠb類が存在し、なかには手足の表現があるⅠb1類も発見されている。しかし、出土数は少なく、まだ詳細な議論はむずかしい。

このように、新石器時代の中国東北地方においては紀元前4千年紀にかけて、小型のⅠa類と大型のⅠb1類（女性像主体）をもつ遼西と、いずれも小型のⅠa類とⅠb2類（性別表現無し）をもつ遼東が対照をなしている。

とくに遼西では人物造形品の出土数が多く、人物造形品出現以降、紅山文化まで系譜と展開をたどることが可能である。遼西における人物造形品の伝統については、人物像が興隆窪文化や趙宝溝文化では住居跡から出土するのに対して、紅山文化では牛河梁遺跡の「女神廟」のような祭祀遺構から出土する例があることから、人物像が興隆窪文化や趙宝溝文化での個別の家族内の祭祀に用いられるものから、紅山文化では共同体全体でおこなう祭祀の対象に変化したと考えられている〔大貫 1998、今村 2002〕。また、社会における階層化の進展が指摘される紅山文化で、高位の人物が埋葬されたと考えられる積石塚の中心大型墓の副葬品として玉製人物像が出土していることは、玉製人物像が階層差を示す役割を果たしたことを示している。このように遼西では興隆窪文化から紅山文化にかけて、社会において人物造形品が果たした役割は非常に大きい。遼西における生業については、狩猟採集社会であった興隆窪文化と趙宝溝文化から紅山文化での本格的な農耕の普及が考えられており、このような人物造形品の展開は狩猟採集社会から農耕社会への変化のなかで起こったものであろう。また、紅山文化においては人物造形品として女性像が主体でありながら、少数の女性と男性のペアを表す絵画や男性像の可能性のある人物造形品が存在するようになる点も興味深い。

しかし、紅山文化後は人物造形品が急激に減少する。小河沿文化の女性像が付いた壺形土器は、壺形土器という新器種の普及と前代までの女性像の盛行を背景にして生まれたものであろうが、この時期には紅山文化までの人物造形品の伝統は、ほとんど受け継がれていない。小河沿文化に関しては、住居跡の形状や土器の製作技法など、紅山文化と比較してより華北に近い様相が現れるとの

指摘がある〔大貫 1998〕。このように、遼西では紀元前3千年紀にそれまでの人物像が果たしていた大きな役割は急速になくなり、次の夏家店下層文化では人物造形品自体がほとんど存在していない。夏家店下層文化では、中国東北地方における伝統的煮沸具であった平底の深鉢形土器がなくなり、中原的な煮沸具である三足器が普及するほか、卜骨も普遍的に存在し、内蒙古自治区敖漢旗の大甸子遺跡〔中国社会科学院考古研究所 1996〕では墓から中原の二里頭文化のものに類似する土器の礼器も出土している。夏家店下層文化におけるこのような変化について、華

表5 遼西における新石器時代の人物造形品の様相
（■：貝・骨製、▲：石製、●：土製、▼：玉製、白抜きは存在の可能性を示す）

		種別			
		Ⅰa類	Ⅰb1類	Ⅰb2類	Ⅱ類
時期	興隆窪	■▲	▲		
	趙宝溝	●			
	紅山	●▼△	▲▼●	●	▼
	小河沿			●	

表6 遼東における新石器時代の人物造形品の様相
（▲：石製、●：土製を示す）

		種別			
		Ⅰa類	Ⅰb1類	Ⅰb2類	Ⅱ類
時期	小珠山下層〜中層	▲●		▲●	
	小珠山上層	●			

北以南との精神社会の共有のあらわれであるとの言及もある〔大貫 1998〕。遼西における華北以南の中国中原地域からの影響の強まりが、遼西におけるそれまでの人物造形品の急激な減少と関連するものと考えられる。また、時をほぼ同じくして遼東で人物造形品が姿を消していることは、土器の特徴などから確かめられている紀元前2千年紀の双砣子1期から双砣子2期にかけての山東半島から遼東への文化の影響の強まり〔大貫 1998、宮本編 2015〕と関連しているのであろう。

　その後、遼西・遼東は紀元前2千年紀後半から紀元前1千年紀にかけて本格的な青銅器時代に入る。この時期になると、遼西を中心に青銅製の人物造形品が出現する。人面形の青銅製装飾品は遼東にまで広がることが確かめられる。人物造形品がまとまって存在する遼西の青銅器文化（夏家店上層文化）では中原青銅器は散発的に出土する程度であり、殷・周の青銅礼器を用いた祭祀に特徴づけられる中原地域の文化から再び離脱した時期の文化として位置づけられる。また、遼西の夏家店上層文化は、農耕社会であった夏家店下層文化に対して、農耕のほかに牧畜や狩猟にも依存する割合が高い社会であったとされる〔郭・張 2005〕。そのような時期に、遼西を中心に青銅製の人物造形品がみられることは生業と人物造形品の存在との対応関係の点から興味深い。ただ、この青銅器文化の人物造形品は、新石器時代に女性像が主体を占めた遼西でも女性像は単独では存在せず、性別がわかる人物像も男女一対のペアとしての表現であったり、男性のみの表現であったりと、基本的に新石器時代における女性像が主体の人物造形品からは大きな変容がみられる。そして、紀元前1千年紀後半に中国東北地方南部の遼寧地域が燕国の支配下に入ると人物造形品はこの地域に存在しなくなる。中原地域の文化がこの地域に拡大することによって、人物造形品は姿を消すのである。

　その一方で、紀元前2千年紀以降、前漢代併行期の初期鉄器時代にかけても遼寧地域の外郭地帯にあたる中国東北地方の北部や豆満江流域には土製や骨製の人物造形品の存在が確認できる。青銅器時代から初期鉄器時代にかけての人物造形品はさらに東の沿海州や朝鮮半島にも存在しており、前章までで述べられた日本列島の弥生時代の人物造形品もまた、地域的・時代的にその一員として位置づけることが可能であろう。

表7 中国東北地方新石器時代の人物造形品集成表

番号(図29対応)	種別	素材	Province	遺跡名	所在地	法量 (cm) 長	法量 (cm) 幅	法量 (cm) 厚
1	Ⅰa?	貝製	内蒙古自治区	興隆窪	内蒙古自治区敖漢旗	3	1.9	
2	Ⅰa	貝製	内蒙古自治区	興隆窪	内蒙古自治区敖漢旗		直径：9.7〜10.3	
3	Ⅰa	貝製	内蒙古自治区	興隆溝	内蒙古自治区敖漢旗	—		
4	Ⅰa	貝製	内蒙古自治区	白音長汗	内蒙古自治区林西県	4.3	3.6	0.4
5	Ⅰa	骨製	内蒙古自治区	興隆溝	内蒙古自治区敖漢旗	—		
6	Ⅰa	石製	内蒙古自治区	興隆溝	内蒙古自治区敖漢旗	—		
7	Ⅰa	石製	内蒙古自治区	白音長汗	内蒙古自治区林西県	—		
8	Ⅰa	石製	河北省	東寨	河北省遷西県	3.5	2.5	1.3
9	Ⅰb1	石製	内蒙古自治区	興隆窪	内蒙古自治区敖漢旗	10		
10	Ⅰb1	石製	内蒙古自治区	白音長汗	内蒙古自治区林西県	36.6		
11	Ⅰb1	石製	内蒙古自治区	西山	内蒙古自治区林西県	67	21	17.3
12	Ⅰb1	石製	内蒙古自治区	西山	内蒙古自治区林西県	46	18.5	
13	Ⅰb1	石製	内蒙古自治区	鎮水泥廠	内蒙古自治区克什克騰旗	30	15	20
14	Ⅰb1	石製	内蒙古自治区	鎮水泥廠	内蒙古自治区克什克騰旗	37	12	
15	Ⅰb1	石製	河北省	後台子	河北省灤平県	32.7	23.5	
16	Ⅰb1	石製	河北省	後台子	河北省灤平県	34	17	
17	Ⅰb1	石製	河北省	後台子	河北省灤平県	32.5	16	
18	Ⅰb1	石製	河北省	後台子	河北省灤平県	19	18.5	13
19	Ⅰb1	石製	河北省	後台子	河北省灤平県	20	8.5	
20	Ⅰb1	石製	河北省	後台子	河北省灤平県	9.5	5.5	
21	Ⅰa?	石製	内蒙古自治区	大半拉山	内蒙古自治区林西県	8.3	4.5	0.8
22	Ⅰa?	石製	遼寧省	半拉山	遼寧省朝陽市	—		
23	Ⅰb	石製	内蒙古自治区	草帽山	内蒙古自治区敖漢旗	—		
24	Ⅰb1	石製	内蒙古自治区	那斯台	内蒙古自治区巴林右旗	19.4		
25	Ⅰb1	石製	内蒙古自治区	那斯台	内蒙古自治区巴林右旗	35.5		
26	Ⅰb1?	石製	内蒙古自治区	山前村	内蒙古自治区克什克騰旗	40	20	13
27	Ⅰb1	石製	内蒙古自治区	不明	—	38	22	20
28	Ⅰb1	石製	内蒙古自治区	三義郷	内蒙古自治区克什克騰旗	27	12	
29	Ⅰa	土製	内蒙古自治区	趙宝溝	内蒙古自治区敖漢旗	2.9	2.7	0.8
30	Ⅰa?	土製	内蒙古自治区	趙宝溝	内蒙古自治区敖漢旗	5.1	4.5	2.8
31	Ⅰa	土製	内蒙古自治区	洪格力図	内蒙古自治区巴林右旗	2.7	2.5	1.4
32	Ⅰa	土製	内蒙古自治区	洪格力図	内蒙古自治区巴林右旗	2.1	1.85	1.2
33	Ⅰb	土製	内蒙古自治区	鉄匠炉村	内蒙古自治区翁牛特旗	4.7	4.2	2.5
34	Ⅰb	土製	内蒙古自治区	二道梁	内蒙古自治区巴林左旗	2.4		
35	Ⅰb2	土製	内蒙古自治区	西水泉	内蒙古自治区赤峰市	3.8	2.1〜2.3	
36	Ⅰb1	土製	遼寧省	東山嘴	遼寧省喀喇沁左翼蒙古族自治県	5.8		
37	Ⅰb1	土製	遼寧省	東山嘴	遼寧省喀喇沁左翼蒙古族自治県	5		
38	Ⅰb1	土製	遼寧省	東山嘴	遼寧省喀喇沁左翼蒙古族自治県	上部：18 下部：12.5	上部：22 下部：22	
39	Ⅰb1	土製	遼寧省	東山嘴	遼寧省喀喇沁左翼蒙古族自治県	6	10〜12	1〜3.5
40	Ⅰb	土製	遼寧省	牛河梁	遼寧省凌源市	3.1	2.1	
41	Ⅰb1?	土製	遼寧省	牛河梁	遼寧省凌源市	3.7	3.8	1.4
42	Ⅰb1?	土製	遼寧省	牛河梁	遼寧省凌源市	3.8	3.7	1.9
43	Ⅰb1	土製	遼寧省	牛河梁	遼寧省凌源市	22.4	21	14
44	Ⅰb1?	土製	遼寧省	牛河梁	遼寧省凌源市	8	8.8	
45	Ⅰb1	土製	遼寧省	牛河梁	遼寧省凌源市	6.7	6.7	
46	Ⅰb1	土製	遼寧省	牛河梁	遼寧省凌源市	6.4	4.8	2.5
47	Ⅰb1	土製	遼寧省	牛河梁	遼寧省凌源市	11.5	7.9	6.7
48	Ⅰb1	土製	遼寧省	牛河梁	遼寧省凌源市	16	9.6	4.4
49	Ⅰb1	土製	遼寧省	牛河梁	遼寧省凌源市	12	6.4	4.6
50	Ⅰb1	土製	遼寧省	牛河梁	遼寧省凌源市	上腕部：25	25.5	上腕直径：9
51	Ⅰb1	土製	遼寧省	牛河梁	遼寧省凌源市	14	7.2	4.5

出土状況	伴出遺物	時 期	備 考	文献
M117 埋土中出土	長方形貝製飾	興隆窪文化		25
M118 出土	土器、石器、玉器、貝器等多数	興隆窪文化		25
第1地点 F22 内埋土中出土	骨製装飾品	興隆窪文化		30
AF15 第1層出土	骨製装飾品	興隆窪文化	他2点の貝製人面出土あり	37
第1地点 F22 内埋土中出土	貝製装飾品	興隆窪文化	人頭骨製	30
第1地点 F22 床面出土	—	興隆窪文化	口に貝を嵌め込む	30
AT27 第1層出土		興隆窪文化		37
灰溝1出土	土器、石器多数	興隆窪文化		8
採集品？	—	興隆窪文化		33
AF19 第2層出土	—	興隆窪文化		37
採集品	—	興隆窪文化	女性像	3
採集品	—	興隆窪文化	女性像	3
採集品	—	興隆窪文化？	女性像？	3
採集品	—	興隆窪文化？		3
採集品	—	趙宝溝文化	女性像	20
採集品	—	趙宝溝文化	女性像	20
採集品	—	趙宝溝文化	女性像	20
採集品	—	趙宝溝文化	女性像	20
採集品	—	趙宝溝文化	女性像	20
採集品	—	趙宝溝文化	女性像	20
採集品	—	紅山文化		1
T0503 第1層出土	—	紅山文化	頭部のみ	41・44
第二地点積石塚出土	—	紅山文化		21
採集品	—	紅山文化		42
採集品	—	紅山文化		42
採集品	—	紅山文化？	女性像？	3
採集品	—	紅山文化？	赤峰博物館蔵。女性像？	3・35
採集品	—	新石器時代？	女性像？	3
F103 第1層出土	土製人物像	趙宝溝文化		24
F103 第1層出土	土製人物像	趙宝溝文化		24
積石塚出土	—	紅山文化		23
積石塚出土	—	紅山文化		23
採集品	—	紅山文化	頭部のみ	43
採集品	—	紅山文化		36
H1 出土	土器等	紅山文化	女性像	28
TD8 第2層出土	—	紅山文化	女性像	5
TD9 第2層出土	—	紅山文化	女性像	5
TD10 第2層出土	—	紅山文化	胴部破片	5
TF10 第2層出土	—	紅山文化	腰部破片	5
第1地点 H3 出土	土器、小型土製人形、石器	紅山文化	頭部破片	46
第1地点 H3 出土	土器、小型土製人形、石器	紅山文化	胴体部破片	46
第1地点 H3 出土	土器、小型土製人形、石器	紅山文化	胴体部破片	46
第1地点祭祀施設遺構「女神廟」出土	建築部材、人物像破片等	紅山文化	頭部破片	46
第3地点2号溝内出土	—	紅山文化	頭部破片	46
第1地点祭祀施設遺構「女神廟」出土	建築部材、人物像破片等	紅山文化	鼻部破片	46
第1地点祭祀施設遺構「女神廟」出土	建築部材、人物像破片等	紅山文化	耳部破片	46
第1地点祭祀施設遺構「女神廟」出土	建築部材、人物像破片等	紅山文化	耳部破片	46
第1地点表採品	—	紅山文化	耳部破片	46
第1地点祭祀施設遺構「女神廟」出土	建築部材、人物像破片等	紅山文化	耳部破片	46
第1地点祭祀施設遺構「女神廟」出土	建築部材、人物像破片等	紅山文化	肩部から上腕部破片	46
第1地点祭祀施設遺構「女神廟」出土	建築部材、人物像破片等	紅山文化	上腕部破片	46

番　号 (図29対応)	種　別	素　材	Province	遺跡名	所在地	法量 (cm)		
						長	幅	厚
52	Ⅰb1	土製	遼寧省	牛河梁	遼寧省凌源市	13.8	8.3	5.1
53	Ⅰb1	土製	遼寧省	牛河梁	遼寧省凌源市	8.5	6.8	3.35～3.4
54	Ⅰb1	土製	遼寧省	牛河梁	遼寧省凌源市	17.6	16	9.2
55	Ⅰb1	土製	遼寧省	牛河梁	遼寧省凌源市	20	22	
56	Ⅰb1	土製	遼寧省	牛河梁	遼寧省凌源市	12	9.5	腕径：5.2
57	Ⅰb1	土製	遼寧省	牛河梁	遼寧省凌源市	5.05	4.91	1.5
58	Ⅰb1	土製	遼寧省	牛河梁	遼寧省凌源市	―		
59	Ⅰb1	土製	遼寧省	牛河梁	遼寧省凌源市	―		
60	Ⅰb1	土製	遼寧省	牛河梁	遼寧省凌源市	直径：10.4～13.4		10.5
61	Ⅰb1	土製	遼寧省	牛河梁	遼寧省凌源市	直径：17～17.5		10.5
62	Ⅰb1	土製	遼寧省	牛河梁	遼寧省凌源市	27.2	26.8	12.4
63	Ⅰb1	土製	遼寧省	牛河梁	遼寧省凌源市	34	22.5	17
64	Ⅰb1	土製	遼寧省	牛河梁	遼寧省凌源市	9.6		
65	Ⅰb1	土製	内蒙古自治区	興隆溝	内蒙古自治区敖漢旗	55		
66	Ⅰb	土製	遼寧省	半拉山	遼寧省朝陽市	―		
67	Ⅰb1？	土製	遼寧省	東山崗	遼寧省建平県			
68	Ⅰb1	土製	内蒙古自治区	興隆溝	内蒙古自治区敖漢旗			
69	Ⅰa？	土製	内蒙古自治区	召蘇河付近	内蒙古自治区赤峰市			
70	Ⅰa？	土製	内蒙古自治区	召蘇河付近	内蒙古自治区赤峰市	―		
71	Ⅱ	土製	内蒙古自治区	南宝力皋吐	内蒙古自治区扎魯特旗	36.1	口径：16	
72	Ⅱ	土製	内蒙古自治区	南宝力皋吐	内蒙古自治区扎魯特旗	11	口径：10 底径：5.4	
73	Ⅰa	玉製	内蒙古自治区	蘇達勒	内蒙古自治区巴林右旗	4.2	3.8	1.2
74	Ⅰb1	玉製	遼寧省	牛河梁	遼寧省凌源市	18.5	2.34	
75	Ⅱ	玉製	遼寧省	牛河梁	遼寧省凌源市	3.1	6.8	0.6
76	人物絵画	石製	内蒙古自治区	小山	内蒙古自治区敖漢旗	18.2	5.5	2.4
77	人物絵画	土製	内蒙古自治区	門門営子	内蒙古自治区敖漢旗	3.4	3.2	
78	Ⅰa	石製	遼寧省	後窪	遼寧省東港市	4.1	2.9	1.8
79	Ⅰa？	石製	遼寧省	後窪	遼寧省東港市	1.7	2.2	0.4
80	Ⅰb2	石製	遼寧省	後窪	遼寧省東港市	3.5	1.2	0.9
81	Ⅰb2	石製	遼寧省	後窪	遼寧省東港市	4.3	2.6	1.3
82	Ⅰa	石製	遼寧省	後窪	遼寧省東港市	2.2	1.7	0.4
83	Ⅰa	土製	遼寧省	北呉屯	遼寧省荘河市	5.5	4	
84	Ⅰa	土製	遼寧省	北呉屯	遼寧省荘河市	6.5	4.5	
85	Ⅰa	土製	遼寧省	北呉屯	遼寧省荘河市	3	4.2	
86	Ⅰa	土製	遼寧省	後窪	遼寧省東港市	1.7	1.1	0.6
87	Ⅰa？	土製	遼寧省	後窪	遼寧省東港市	3.3	2.4	
88	Ⅰb	土製	遼寧省	後窪	遼寧省東港市	5.5	3.5	
89	Ⅰa	土製	遼寧省	後窪	遼寧省東港市	4.3	3.2	2.8
90	Ⅰa	土製	遼寧省	後窪	遼寧省東港市	2.9	1.3	1.1
91	Ⅰa？	土製	遼寧省	後窪	遼寧省東港市	4.1	2.8	
92	Ⅰa？	土製	遼寧省	後窪	遼寧省東港市	2.5	1.6	1.1
93	Ⅰb？	土製	遼寧省	後窪	遼寧省東港市	2.1	1.6	0.9
94	Ⅰb？	土製	遼寧省	後窪	遼寧省東港市	3	1.9	1
95	Ⅰa	土製	遼寧省	郭家村	遼寧省大連市	2.9	2.6	
96	Ⅰb1	石製	吉林省	元宝溝	吉林省農安県	8	5	3.5
97	Ⅰb2	土製	黒龍江省	新開流	黒龍江省密山市	―		
98	Ⅰb	土製	吉林省	敦包山	吉林省通楡県	―		
99	Ⅰb	土製	吉林省	敦包山	吉林省通楡県	―		
100	Ⅰb	土製	吉林省	左家山	吉林省農安県	2	2.2	
101	Ⅰb？	土製	吉林省	西断梁山	吉林省東豊県	3.3	2.2	

第14章　中国東北地方における先史時代の人物造形品　153

出土状況	伴出遺物	時期	備考	文献
第1地点表採品	―	紅山文化	上腕部破片	46
第16地点M4埋土第1層出土	―	紅山文化	上腕部破片	46
第1地点祭祀施設遺構「女神廟」出土	建築部材、人物像破片等	紅山文化	腕部破片	46
第1地点祭祀施設遺構「女神廟」出土	建築部材、人物像破片等	紅山文化	手部破片	46
第1地点祭祀施設遺構「女神廟」出土	建築部材、人物像破片等	紅山文化	手部破片	46
第16地点上層積石塚2号塚堆積層出土	―	紅山文化	手指部破片	46
第1地点祭祀施設遺構「女神廟」出土	建築部材、人物像破片等	紅山文化	乳房部破片	46
第1地点祭祀施設遺構「女神廟」出土	建築部材、人物像破片等	紅山文化	乳房部破片	46
第1地点表採品	―	紅山文化	乳房部破片	46
第1地点表採品	―	紅山文化	乳房部破片	46
第1地点祭祀施設遺構「女神廟」出土	建築部材、人物像破片等	紅山文化	腿部破片	46
第1地点祭祀施設遺構「女神廟」出土	建築部材、人物像破片等	紅山文化	腿部破片	46
第5地点Z2出土	―	紅山文化	女性像。胴部のみ	46
2012MAXⅡT1第1層出土		紅山文化		9・15
K18出土	―	紅山文化	頭部のみ	44
―	―	紅山文化	手指部破片	7
第2地点第21号土壙出土	―	紅山文化	女性3人の抱き合う像	21
採集品	―	新石器時代？	女性像。頭部のみ	3
採集品	―	新石器時代？	女性像	3
C地点M17出土	土器、石器	小河沿文化	人面付土器	39
M203	土器	小河沿文化	人面付土器	38
竪穴土壙墓出土	玉器	紅山文化		47
第16地点M4出土	玉器、緑松石製装飾品	紅山文化		46
第2地点Z1M17出土	玉器	紅山文化	「双人首三孔玉飾」	46
F2内第2層出土		趙宝溝文化	石斧	29
採集品		紅山文化	土器。男女像	21
Ⅰ区T1第4層出土	―	小珠山下層文化	裏面は鳥像。「後窪下層」として報告	16
Ⅲ区T17第4層出土	―	小珠山下層文化	「後窪下層」として報告	16
Ⅱ区T15第4層出土	―	小珠山下層文化	「後窪下層」として報告	16
Ⅴ区T1第4層出土	―	小珠山下層文化	「後窪下層」として報告	16
Ⅱ区T15第3層出土	―	小珠山中層文化	「後窪上層」として報告	16
T2第3層出土	土器、石器、骨角器等	小珠山下層文化		45
T2第3層出土	土器、石器、骨角器等	小珠山下層文化		45
T3第3層出土	土器、石器、骨角器等	小珠山下層文化		45
T4第4層出土	―	小珠山下層文化	「後窪下層」として報告	16
T21第4層出土	―	小珠山下層文化	「後窪下層」として報告	16
T21第4層出土	―	小珠山下層文化	「後窪下層」として報告	16
Ⅴ区T3第2層出土	―	小珠山中層文化	裏面にも顔あり。「後窪上層」として報告	16
Ⅴ区T3第3層出土	―	小珠山中層文化	「後窪上層」として報告	16
Ⅲ区T10第2層出土	―	小珠山中層文化	「後窪上層」として報告、後窪遺跡では他にⅠa類の人物像1点あり	16
Ⅴ区T22第2層出土	―	小珠山中層文化	「後窪上層」として報告	16
Ⅰ区T2第2層出土	―	小珠山中層文化	「後窪上層」として報告	16
Ⅰ区T1第3層出土	―	小珠山中層文化	「後窪上層」として報告	16
採集品	―	小珠山上層文化		49
H5出土	―	左家山文化	男性として報告されているが、女性の可能性も？第二期の遺物として報告	10
採集品	―	新開流文化	下層の遺物として報告	17
―	―	富河文化		13・50
―	―	富河文化		13・50
T10第3層出土	―	左家山文化	第三期の遺物として報告	14
T22第2層出土	―	左家山文化		11

表8 中国東北地方青銅器時代の人物造形品集成表（一部、初期鉄器時代を含む）

番　号 (図30対応)	種　別	Province	遺跡名	所在地	法量 (cm)		
					長	幅	厚
1	人面付青銅器	遼寧省	八家農場	遼寧省建平県	―		
2	人面付青銅器	内蒙古自治区	不明	内蒙古自治区赤峰市	―		
3	人面付青銅器	内蒙古自治区	小黒石溝	内蒙古自治区寧城県	3.9	4.5	0.7
4	人面付青銅器	内蒙古自治区	小黒石溝	内蒙古自治区寧城県	5.2	径：1.5	
5	人面付青銅器	内蒙古自治区	小黒石溝	内蒙古自治区寧城県	22.8	9.9	
6	人面付青銅器	内蒙古自治区	小黒石溝	内蒙古自治区寧城県	19.2	8	
7	人面付青銅器	遼寧省	十二台営子	遼寧省朝陽市	9.2	7.4	
8	人面付青銅器	河北省	小白陽	河北省宣化県	―		
9	人面付青銅器	河北省	梨樹溝門	河北省灤平県	8.8		
10	人面付青銅器	河北省	梨樹溝門	河北省灤平県	9		
11	人面付青銅器	河北省	甘子堡	河北省懐来県	8.3	0.6	
12	人物像付青銅器	内蒙古自治区	南山根	内蒙古自治区寧城県	―		
13	人物像付青銅器	内蒙古自治区	南山根	内蒙古自治区寧城県	31.7		
14	人物絵画	内蒙古自治区	南山根	内蒙古自治区寧城県		34	
15	青銅器鋳型	遼寧省	塔湾村	遼寧省遼陽市	―		
16	人面付骨製装飾品	吉林省	興城	吉林省和龍市	12.6	5.2	
17	人面付骨製装飾品	吉林省	小営子	吉林省延吉市	―		
18	石製人物像	遼寧省	牛河梁	遼寧省建平県	3.71	2.03	0.86
19	土製人物像	吉林省	興城	吉林省和龍市	7.7	4.9	
20	土製人物像	黒龍江省	白金宝	黒龍江省肇源県	2.3	2.1	1.1

出土状況	伴出遺物	時 期	備 考	文献
採集品	鹿首付青銅器	青銅器時代（殷代後期併行）	銅匙	4・6
採集品	―	夏家店上層文化	装飾品	52
92NDXB I M1 出土	青銅器等	夏家店上層文化	装飾品	40
M8501 出土	青銅器等	夏家店上層文化	車馬具（杆頭飾）	40
M8501 出土	青銅器等	夏家店上層文化	当盧	40
M9601 出土	青銅器等	夏家店上層文化	当盧	40
M1 出土	青銅器	凌河文化		18
M35 出土	土器、青銅器、骨角器	玉皇廟文化	装飾品	32
M1 出土	土器、青銅器、骨角器	玉皇廟文化	装飾品	48
採集品		玉皇廟文化	装飾品	19
M7 出土	青銅器等	玉皇廟文化	装飾品	2
M3 出土	土器、青銅器、貝	夏家店上層文化	騎馬人物	27
採集品		夏家店上層文化	男女像	22・31
M102 出土	青銅器、石器、骨角器	夏家店上層文化	男性像	26
採集品	遼寧式銅剣鋳型	青銅器時代（前6世紀頃）	石製	51
採集品		青銅器時代		12
石棺墓A（39）出土	石器、骨角器等	青銅器時代		53
第16地点H95出土	土製品等	夏家店下層文化	顔面部	46
87AF6甲出土	土器、石器、骨角器	青銅器時代（興城四期）		12
T2037第2層出土		漢書二期（戦国期〜前漢期併行）		34

表 7・表 8 引用文献リスト
（番号は表の「文献」に対応）

【中国語】

1. 王　剛 2001「林西県発現紅山文化石雕像」『内蒙古文物考古』2001 年第 2 期、94 頁
2. 賀　勇・劉　建中 1993「河北懐来甘子堡発現的春秋墓群」『文物春秋』1993 年第 3 期、23〜40 頁、75 頁
3. 海　燕 2002「赤峰地区発現的新石器時代女性雕塑像及相関問題浅議」『内蒙古文物考古』2002 年第 1 期、39〜48 頁
4. 郭　大順 1993「遼河流域"北方式青銅器"的発現與研究」『内蒙古文物考古』1993 年第 1 期・第 2 期合刊、23〜28 頁
5. 郭　大順・張　克挙 1984「遼寧省喀左県東山嘴紅山文化建筑群址発掘簡報」『文物』1984 年第 11 期、1〜11 頁
6. 郭　大順・張　星徳 2005『東北文化與幽燕文明』江蘇教育出版社
7. 郭　大順 2016「為什麽説紅山文化是中華古文化的"直根系"？」『遼寧師範大学学報（社会科学版）』第 39 巻第 2 期、121〜131 頁
8. 河北省文物研究所 1992「河北省遷西県東寨遺址発掘簡報」『文物春秋』増刊号、128〜143 頁
9. 吉日嘎拉 2012「内蒙古赤峰市敖漢旗興隆溝遺址挖掘報告」『赤峰学院学報（漢文哲学社会科学版）』第 33 巻第 11 期、1〜2 頁
10. 吉林省文物考古研究所 1989「吉林農安県元宝溝新石器時代遺址発掘」『考古』1989 年第 12 期、1067〜1075 頁
11. 吉林省文物考古研究所 1991「吉林東豊県西断梁山新石器時代遺址発掘」『考古』1991 年第 12 期、300〜312 頁、345 頁
12. 吉林省文物考古研究所・延辺朝鮮族自治州博物館 2001『和龍興城　新石器及青銅時代遺址発掘報告』文物出版社
13. 吉林省文物志編委会 1991『吉林省文物志』
14. 吉林大学考古研教室 1989「農安左家山新石器時代遺址」『考古学報』1989 年第 2 期、187〜212 頁
15. 呉　霞 2013「内蒙古赤峰興隆溝遺址新出整身陶人初探」『赤峰学院学報（漢文哲学社会科学版）』第 34 巻第 6 期、16〜19 頁
16. 許　玉林ほか 1989「遼寧東溝県後窪遺址発掘概要」『文物』1989 年第 12 期、1〜22 頁
17. 黒龍江省文物考古工作隊 1979「密山県新開流遺址」『考古学報』1979 年第 4 期、491〜518 頁
18. 朱　貴 1960「遼寧朝陽十二台営子青銅短剣墓」『考古学報』1960 年第 1 期、63〜71 頁
19. 承徳地区文物保護管理所・灤平県文物保護管理所 1991「河北省灤平県梨樹溝門墓群清理発掘簡報」『文物春秋』1994 年第 2 期、15〜30 頁
20. 承徳地区文物保管所・灤平県博物館 1994「河北灤平県後台子遺址発掘簡報」『文物』1994 年第 3 期、53〜72 頁
21. 邵　国田編 2004『敖漢文物精華』内蒙古文化出版社
22. 青　松 1984「介紹一件青銅陰陽短剣」『内蒙古文物考古』第 3 期、119 頁
23. 蘇布徳 2000「洪格力図紅山文化墓葬」『内蒙古文物考古』2000 年第 2 期、17〜20 頁
24. 中国社会科学院考古研究所 1997『敖漢趙宝溝―新石器時代聚落』中国大百科全書出版社
25. 中国社会科学院考古研究所 1997「内蒙古敖漢旗興隆窪聚落遺跡址 1992 年発掘簡報」『考古』1997 年第 1 期、1〜26 頁、52 頁
26. 中国社会科学院考古研究所東北工作隊 1981「内蒙古寧城県南山根 102 号石槨墓」『考古』1981 年第 4 期、304〜308 頁
27. 中国社会科学院考古研究所内蒙古工作隊 1975「寧城南山根遺址発掘報告」『考古学報』1975 年第 1 期、

117～140 頁
28. 中国社会科学院考古研究所内蒙古工作隊 1982「赤峰西水泉紅山文化遺址」『考古学報』1982 年第 2 期、183～198 頁
29. 中国社会科学院考古研究所内蒙古工作隊 1987「内蒙古敖漢旗小山遺址」『考古』1987 年第 6 期、481～506 頁
30. 中国社会科学院考古究所内蒙古第一工作隊 2004「内蒙古赤峰市興隆溝聚落 2002～2003 年的発掘」『考古』2004 年第 7 期、3～8 頁
31. 中華世紀壇芸術館・内蒙古自治区博物館 2004『成吉思汗 中国古代北方草原游牧文化』、北京出版社
32. 張家口市文物事業管理所・宣化県文化館 1987「河北宣化県小白陽墓地発掘報告」『文物』1987 年第 5 期、41～51 頁
33. 張　錫瑛 1993「紅山文化原始宗教探源」『遼海文物学刊』1993 年第 1 期、49～57 頁
34. 張　忠培 2009『肇源白金宝　嫩江下遊一処青銅時代遺址的掲示』、科学出版社
35. 田　広林ほか 2015「紅山文化人形座像研究」『遼寧師範大学学報（社会科学版）』第 38 巻第 5 期、699～706 頁
36. 内蒙古文物研究所 1994「巴林左旗友好村二道梁紅山文化遺址発掘簡報」『内蒙古文物考古文集』、96～113 頁、中国大百科全書出版社
37. 内蒙古自治区文物考古研究所 2004『白音長汗―新石器時代遺址発掘報告』科学出版社
38. 内蒙古文物考古研究所ほか 2008「内蒙古扎魯特旗南宝力皋吐新石器時代墓地」『考古』2008 年第 7 期、20～31 頁
39. 内蒙古文物考古研究所・扎魯特旗文物管理所 2011「内蒙古扎魯特旗南宝力皋吐新石器時代墓地 C 地点発掘簡報」『考古』2011 年第 11 期、24～37 頁
40. 内蒙古自治区文物考古研究所・寧城県遼中京博物館 2009『小黒石溝―夏家店上層文化遺址発掘報告』科学出版社
41. 馬　海玉 2016「紅山文化両大人物造像系統功能分析」『赤峰学院学報（漢文哲学社会科学版）』第 37 巻第 11 期、6～10 頁
42. 巴林右旗博物館 1987「内蒙古巴林右旗那斯台遺址調査」『考古』1987 年第 6 期、507～518 頁
43. 龐　呉 2007「翁牛特旗発現紅山文化時期陶塑人面像」『内蒙古文物考古』2007 年第 2 期、122 頁
44. 熊　増瓏・樊　聖英 2016「遼寧朝陽半拉山墓地考古発掘取得重大収穫」『中国文物報』2016 年 12 月 30 日、5 頁
45. 遼寧省文物考古研究所ほか 1994「大連市北呉屯新石器時代遺址」『考古学報』1994 年第 3 期、343～380 頁
46. 遼寧省文物考古研究所 2012『牛河梁―紅山文化遺址発掘報告（1983～2003 年度）』、文物出版社
47. 楊　福瑞 2014「紅山文化巫覡写実形象考述」『赤峰学院学報（漢文哲学社会科学版）』第 35 巻第 9 期、1～4 頁
48. 灤平県博物館 1995「河北省灤平県梨樹溝門山戎墓地清理簡報」『文物春秋』1995 年第 5 期、8～15 頁
49. 遼寧省博物館・旅順博物館 1984「大連市郭家村新石器時代遺址」『考古学報』1984 年第 3 期、287～329 頁

【日本語】
50. 甲元眞之・今村佳子 1998「東アジア出土土偶石偶集成」『環東中国海沿岸地域の先史文化』、114～228 頁
51. 小林青樹ほか 2011「遼東における青銅器・鉄器の調査と成果」『中国考古学』第 11 号、203～221 頁
52. 東亜考古学会 1938『赤峰紅山後 満州国熱河省赤峰紅山後先史遺跡』東方考古学叢刊　甲種第六冊
53. 藤田亮策 1943『延吉小営子遺蹟調査報告』満洲国文教部

終章　弥生時代における人物造形品の特質

第1節　台式土偶の広域性

　弥生時代の人物造形品のうち、絵画以外の資料を分類して集成し、各種の遺物に考察を加えた。最後にこれらを総合して、弥生時代の人物造形品の特質を抽出し、中国新石器時代～青銅器時代の人物造形品と比較することで、まとめとしたい。

　関東地方から東海地方の縄文晩期終末から弥生前期の土偶として、黥面土偶の存在が知られている。この土偶は、顔の線刻がイレズミの表現であることからその名前がついているが、有髯土偶と呼ばれることもあり、線刻がイレズミかヒゲかをめぐっては明治時代から議論があった。本書ではイレズミと理解し（22頁）、縄文晩期後半に線刻が複雑化することに対しては、縄文晩期の儀礼の発達の一環として通過儀礼が強化されたあらわれであると推測した（23頁）。

　黥面土偶は、頭部の形態にもとづき5類に分類した（15頁）。この分類は、地方差とも関係する。Ⅰ・Ⅱ類は縄文晩期の伝統的な形態を踏襲したものである。Ⅲ類は東海地方から中部高地地方に分布し、後頭部結髪土偶という東海地方に起源が求められる類型である。Ⅳ類は土偶形容器とも関係が深い中部高地地方に多く見られる類型である。Ⅴ類は関東地方の類型であり、東北地方の結髪土偶と関係が深い。体部の形態にも地方的な特徴があって、前田清彦が研究の重要性を指摘したが、本書では深められていない点である。前田の研究を参考にすると、Ⅲ類の後頭部結髪土偶は、東北地方の刺突文土偶の影響による肩パット状の装飾がついた有脚土偶の形態をとる（17頁）。Ⅳ類とⅤ類は無脚の台式土偶の形状をとる。

　ここで注目しておきたいのが、台式土偶が東北地方の弥生土偶の一類型として存在することと、刺突文土偶が黥面土偶に影響を与えている点である。

　台式土偶の起源に関しては、近畿地方の長原式土偶が取り上げられてきた。東北地方でもっとも古い台式土偶が大洞A_2式であり、長原式は大洞A_2式に併行するので、土器型式としては同時であるが、東北地方の台式土偶が大洞A_1式の土偶と脈絡がなく突然出現する状況であるのに対して、長原式の台式土偶がそれ以前の屈折土偶から生じたことは、寺前直人の研究によって明らかにされた点である（92頁）。また、小林青樹が指摘した台式土偶の特徴である反り返る体部形態（9頁）が黥面土偶のⅣ・Ⅴ類の台式土偶に影響を与えた点も、長原式の東方への影響力を評価しないわけにはいかない。

しかし、出自もさることながら、ほぼ同時期に近畿地方から東北地方北部におよぶ広い範囲で同時進行していった連動性と、広域の相互交渉に注目すべきであろう（8頁）。鈴木正博の研究によって明らかにされた、長原式土偶の腕の形状に東北地方北部の土偶が影響を与えていたことや（92頁）、刺突文土偶が東海地方にまで影響を与えるという逆方向の動態も、土偶型式の地方形の生成が広域に連動していたことや、それが一方通行ではなかったことを物語っている。北海道地方の縄文後期に生じた土偶の副葬行為が、弥生時代に東海地方にまで及んだこと（第3章）もそれに加えることがきよう。

土偶形容器にも同じことはいえる。土偶形容器の最も古い資料は三河地方から信濃地方に存在しているので、このあたりで生まれたものであろう（44～48頁）。土偶形容器は幼児骨を納めた再葬の蔵骨器であり、弥生再葬墓の広がる範囲のなかに分布する。土偶形容器の背面の文様や肩部の隆線には、結髪土偶の影響が明瞭にうかがえる。その一方で、弥生再葬墓の分布から遠く離れた東北地方北部に逆に影響を与え、黥面の表現が取り入れられ（9頁）、変容しているものの一定の様式を備えた土偶形容器が成立した点（47頁）は、上の視点からすれば見逃すことはできない。土偶形容器は、さらに北海道地方にまで及んでいる可能性も指摘できる。江戸期に秦檍丸が編集した『蝦夷島奇観』には、土偶形容器としか考えようのない絵が描かれ、函館付近から出土したとされている（331）。東北北部型の土偶形容器よりも、中部高地地方の土偶形容器に近い。

再び長原式台式土偶に注目すると、その影響力が西日本に及んでいることが指摘できる。分銅形土製品の祖形が長原式台式土偶にあるとの説は近年いろいろな方が主張されており（91・92頁）、分銅形土製品と関係の深い台式の弥生土偶は、吉備地方の弥生中期に多く認められる。さらにそれらは四国地方や北部九州地方の弥生後期の台式土偶を経て古墳時代へと続いていくのであるから（81・82頁）、長原式台式土偶が弥生土偶の形成に果たした役割はきわめて大きかったといえよう。

愛知県豊川市麻生田大橋遺跡のように、東海地方西部に長原式台式土偶が分布しているのは、同じく台式である土偶形容器の発祥地の一つと考えられるだけに注目できる。

第2節　農耕文化と土偶

西日本に端を発すると思われる弥生時代の人物造形品の二つの現象について述べる。一つは頭頂部の隆起表現であり、もう一つは顔面が斜め上を向く形態の普及である。

東海地方西部は、黥面土偶の一類型である後頭部結髪土偶が出現する地域である。この土偶の頭頂部に認められる鶏冠状の隆起に関して、かつてこれが鳥の冠羽の表現であり、鳥に扮したシャーマンをかたどったのではないかと考えたことがある〔設楽 1999a〕。鶏冠状の表現が後頭部結髪土偶出現以前の東日本の土偶にはまったく認めることができない一方で、近畿地方の縄文晩期終末の土偶や西日本に点在する人頭形土製品、あるいは人面付土器などの弥生時代の人物造形品に顕著な特徴であることがその理由であった。岡山県上原遺跡のヘルメットのような人頭形土製品も頭頂部に隆起を持っているように、西日本の土偶や人頭形土製品でその例が増えつつある。

弥生時代に農耕儀礼の一環として鳥の信仰が生まれたことは、鳥形木製品や銅鐸や土器に描かれ

た鳥装の司祭者の存在から疑う余地はない。鳥形木製品には大阪府亀井北遺跡例のように、頭頂部に隆起によって鶏冠あるいは冠羽を表現したと考えられるものもある。もっとも古い鳥形木製品は弥生前期にさかのぼる。島根県西川津遺跡の人面付土器Bのように、弥生前期にさかのぼる頭頂部隆起表現の人物造形品から後頭部結髪土偶の頭頂部の隆起が生み出されたとした。そして、鳥形木製品をはじめとする鳥にかかわる信仰の背景に農耕儀礼があることからすれば、土偶の変容も西日本の弥生文化を起源とした農耕儀礼を背景とすると考えたのである。

　二つめの顔面の向きであるが、関東地方の人面付土器Bは、弥生中期後半に人面付土器Aから性格が変化すると同時に、多くが顔を斜め上に向けるようになる点を指摘した（70頁）。

　この傾向は、鶏冠状の装飾と同じく西日本の弥生土偶や人面付土器などに指摘することができる。関東地方の土偶形容器や人面付土器Aにまったくといってよいほど認められない表現形態であるのに、それを飛び越した東北地方北部の弥生土偶に顕著な特徴でもある（9頁）。東北地方北部でこの顔面形態の土偶が顕著になるのは、大洞A′式からであり、遠賀川系土器の出現とほぼ同じ時期である。

　この分布状況は、以下のような日本列島の農耕文化の特徴と符合した傾向を示す。その特徴とは、レプリカ法によって明らかにされつつある、日本列島の初期穀物栽培の傾向である。

　レプリカ法は、焼成時に土器の表面に生じた窪みにシリコンを注入して型取りし、それを走査型電子顕微鏡で観察して窪みの由来を特定する研究方法である。この方法を用いて、近年、先史時代における栽培植物の実態が明らかにされつつある。その成果に照らせば、日本列島で最も早く穀物栽培が開始されるのは、北部九州の縄文晩期終末～弥生早期、中国地方の縄文晩期終末であり、イネ・アワ・キビがほぼ同時に栽培されたらしい。弥生前期に東北地方北部にまで穀物栽培は広がるが、地域の事情に即して穀物が選択されていく〔中沢 2012〕。中部高地地方や関東地方の弥生前期～中期前半にはおもにアワ・キビが、東北地方北部の弥生前期にはイネが栽培されるのである。東北地方がイネに特化するのは、西日本の遠賀川系土器を模倣する度合いが強いように、中部・関東地方よりも遠賀川文化、すなわち水田稲作文化を志向していったからである。

　中部・関東地方のこの時期の土偶のほとんどが正面を向いているのは、ミミズク土偶の系譜を引いた在地の縄文晩期の土偶や人面付土器Jの伝統を引いていたためであろう。アワ・キビの雑穀栽培を受容したのも、縄文晩期の社会構成を大きく崩さずに農耕文化を受容していったからである〔設楽 2008〕。それに対して水田稲作を基盤とする遠賀川文化への志向が強い東北地方北部では、西日本の人物造形品にならって斜め上を見上げる仕草を土偶に取り入れたのではないだろうか。(1)

　しかし、後頭部結髪土偶は樫王式という条痕文文化や氷Ⅰ・Ⅱ式というその影響を強く受けた文化に属していて、条痕文文化は遠賀川文化と接触しながらも容易に同化していかない性格をもっている。生業の面でも遠賀川文化が水田稲作を中心とするのに対して、氷Ⅰ式やⅡ式文化は雑穀栽培を中心とすることが、近年のレプリカ法による土器の種実圧痕の調査によって判明してきた。鳥形木製品も条痕文文化に受け入れられていた様子はないので、後頭部結髪土偶の頭頂部の隆起が鳥の表現であるという説は保留しておきたい。

第3節　男女像の成立と人物造形品の多様化

　土偶形容器に男女の区別が存在していることは、早くから指摘されていたことである（49頁）。縄文時代の土偶にも男女の別があり、男性土偶もかなり多いことが研究の初期に指摘されたこともあった。しかし、そうした例のほとんどが出産時の状態などを男性像の表現と解釈したものであるらしく、縄文時代の土偶は基本的に成熟した女性像だといってよい。問題は、それがなぜなのかということと、弥生時代に男女像が成立してくるのはなぜかということである。

　本書では、縄文時代の生業体系から縄文時代の土偶が女性像に偏るという説に依拠し、さらに縄文時代の性別分業のあり方と、石棒を介在させた儀礼を含む男女の象徴性の対立的な構図を縄文時代の男女の位相に求め、弥生時代には西日本で男女一対の木偶や石偶が出現すること（第10章）を踏まえて、協業の側面が前面に出てくる農耕文化が男女像の成立を導いたと論じた（第11章）。

　佐藤嘉広によると、青森県田舎館村垂柳遺跡の弥生中期の土偶には、のどぼとけが表現されているという（9頁）。縄文晩期後半の広域交渉を母体として、東北地方の北部、あるいは北海道にまで西日本的な要素が及んでいったのであり、のどぼとけ説が正しいとすれば、これもまた男女像という西日本の農耕文化に由来する意識が東北地方北部にまで及んでいた証拠になる。

　中国東北地方でも、新石器時代から青銅器時代に似たような現象が指摘できるのは興味深い。とくに遼西地方は新石器時代の人物造形品が豊富であり、この地方を中心に変遷を概観して、弥生文化と比較したい。

　狩猟採集文化から本格的な農耕文化に変わる紅山文化（紀元前4000年～紀元前3000年）ではそれ以前から中心をなしている女性像に加えてわずかながら明確な男性像が存在するようになり、続く紀元前2500年ころを中心とする小河沿文化では、壺形土器の増加に伴うようにして乳房を表現した壺形土器が出現する（133頁）。初期青銅器文化である夏家店下層文化（紀元前3千年紀末～紀元前2千年紀前半）の人物像がきわめて少なくなる時期を経て夏家店上層文化（紀元前2千年紀後半～紀元前1千年紀前半）に人物像が青銅器に姿を変えて登場するが、男女一対もしくは男性のみとなっており、明確に男性にかたよった傾向が指摘できる（135頁）。

　新石器時代に女性像を中心としていた点は縄文文化と対比でき、農耕がはじまると男性像がわずかに認められるようになるのは弥生前期の条痕文文化を彷彿させ、農耕が定着して壺形土器が本格化する時期に乳房をあらわした壺形土器が登場するのは、東日本の初期弥生文化に顕著になる人面付土器A、いわゆる顔壺の成立と重なる。さらに、男女一対や男性優位が明確化するのは、鉄器の導入や青銅器の本格化といった大陸からの政治的な文化の影響を強く受けた西日本の弥生中期の文化と対比することができよう。中国東北地方の遼西と日本列島で年代に開きはあるものの、経済や政治的な動向の推移に応じた人物造形品のとくに性別にかかわる性格の変化は、よく併行関係を追うことができる。

　人物造形品の西日本的な要素が東日本に影響を与えていたことについては、人面付土器を細別することによって、そのなかに西日本的な類型が存在しているという議論が早くからなされていた

(70頁)。本書では、人面付土器をさらに細分した（第6章）。まず、人面付土器Jを設定して、縄文晩期の深鉢などの口縁に人面のついた土器が、人面付土器Aである弥生再葬墓にともなう人面付土器の祖形であった可能性を論じた（67頁）。人面付土器Bは、Aと異なり集落などから出土する性格の違うもので、西日本に系譜が求められることはすでに指摘されていたが、それとは別に墓から出土するのだが、異形をかたどった人面付土器Cを設定した（66頁）。有馬遺跡例には腕がつけられていて、墓から出土することとともに土偶形容器の要素を受け継いでおり、人面付土器AとBの折衷的な要素をもっていることを示した。しかし、それは墓における出土場所や異形といった点で、あらたな文化の影響により性格は変貌を遂げているといわざるを得ない（第12章）。第13章では、それと漢文化の影響によって日本列島に渡来した方相氏を結び付ける考えを示した。

　本書の内容はいずれも仮説であり、さまざまな検証を必要とするが、縄文晩期後半の交流のなかで広域の土偶に共通する文化的な基盤が形成され、弥生時代の人物造形品はそれを背景に西日本からの農耕文化の影響によって、さまざまな地域性をもちつつ縄文土偶から変容していったことは認めてよい点である。さらに、弥生中期後半ないし後期には漢文化の影響も受けて多様化し、さらなる変質を遂げていった。中国新石器文化〜青銅器文化と弥生文化の比較も興味深い内容を提示できたが、間に挟まれた朝鮮半島の状況の分析は、今後の課題としたい。

　註
（1）　斜め上を見上げる土偶の形態は、西日本の文化が流入するよりも前の大洞C_2式の土偶からその傾向を備えていたようにみえる。したがって、西川津遺跡例など西日本の人物像や泉坂下遺跡例の顔の向きは、東北地方が影響を与えていた可能性も考えなくてはならず、関東地方の人面付土器Bに継承されていった可能性も視野に入れておかなくてはならない。今後の課題としておきたい。

参考文献

〈日本語〉

会田容弘 1979「東北地方における縄文時代終末期以降の土偶の変遷と分布」『山形考古』第3巻第2号、27〜43頁、山形考古学会

赤澤 威 1983『採集狩猟民の考古学 その生態学的アプローチ』鳴海社

秋葉 隆 1954『朝鮮民俗誌』六三書院

秋山浩三 2002「弥生開始期における土偶の意味—近畿縄文「終末期」土偶を中心素材として—」『大阪文化財論集Ⅱ』49〜68頁、大阪府文化財センター

東 潮 1971「分銅形土製品の研究（Ⅰ）」『古代吉備』第7集、11〜25頁、古代吉備研究会

東 潮 1977「東高月遺跡群出土の分銅形土製品」『用木山遺跡』486〜517頁、岡山県山陽町教育委員会

阿部芳郎 1995「縄文時代の生業—生産組織と社会構造—」『展望考古学』47〜55頁、考古学研究会

天野暢保 1981「愛知県亀塚遺跡の人面文土器」『考古学雑誌』第67巻第1号、100〜104頁、日本考古学会

荒巻 実・設楽博己 1985「有髯土偶小考」『考古学雑誌』第71巻第1号、1〜22頁、日本考古学会

新屋雅明ほか 1988『赤城遺跡 川里工業団地関係埋蔵文化財発掘調査報告』埼玉県埋蔵文化財調査事業団報告書第74集、埼玉県埋蔵文化財事業団

安藤文一ほか 1988『カラス山・堂山遺跡』山北町カラス山・堂山遺跡調査会ほか

石井寛子・領家玲美・小泉玲子 2003「神奈川県足柄上郡大井町中屋敷遺跡第4次調査報告（2002年度）」『昭和女子大学文化史研究』第7号、65〜83頁、昭和女子大学文化史学会

石川岳彦 2016「東北アジア青銅器時代の年代」『季刊考古学』第135号、21〜25頁、雄山閣

石川日出志 1982「村尻遺跡のヒト形土器」『村尻遺跡Ⅰ』新発田市埋蔵文化財調査報告第4、99〜103頁、新発田市教育委員会

石川日出志 1987 a「土偶形容器と顔面付土器」『弥生文化の研究』8巻、160〜164頁、雄山閣

石川日出志 1987 b「人面付土器」『季刊考古学』19号、70〜74頁、雄山閣

石川日出志 2003「福島県孫六橋遺跡出土弥生土器の再検討」『福島考古』第44号、47〜67頁、福島県考古学会

石川日出志 2005「縄文晩期の彫刻手法から弥生土器の磨消縄文へ」『地域と文化の考古学Ⅰ』305〜318頁、六一書房

石野 瑛 1934「足柄上郡山田村遺跡と出土の土偶」『武相叢書 考古集録』第二、127〜135頁、武相考古学会

泉 拓良 1985「縄文時代」『図説発掘が語る日本史4 近畿編』49〜83頁、新人物往来社

磯前順一 1987「土偶の用法について」『考古学研究』第34巻第1号、87〜102頁、考古学研究会

市川光雄 1982『森の狩猟民 ムブティ・ピグミーの生活』人文書院

今里幾次 1960「播磨の分銅形土製品」『古代学研究』第21・22合併号、33〜37頁、古代学研究会

今村佳子 2002「中国新石器時代の偶像」『中国考古学』第2号、1〜31頁、日本中国考古学会

岩手県埋蔵文化財センター 1982『御所ダム建設関連遺跡発掘調査報告書 盛岡市蒜内遺跡（Ⅱ）』岩手県教育委員会

岩本 貴 1996「土製品」『角江遺跡Ⅱ』静岡県埋蔵文化財調査研究所調査報告第69集、50〜53頁、財団法人静岡県埋蔵文化財調査研究所

植木 武 1990「土偶の大きさ」『季刊考古学』第30号、56〜59頁、雄山閣

上田早苗 1988「方相氏の諸相」『橿原考古学研究序論集』第10、345〜377頁、吉川弘文館

宇田川洋（編）1981『河野広道ノート〈考古篇1〉』北海道出版企画センター

江坂輝弥　1960『土偶』校倉書房

大沢　哲ほか　1991『ほうろく屋敷遺跡』明科町の埋蔵文化財第3集、明科町教育委員会

大塚和義　1979「縄文時代の葬制」『日本考古学を学ぶ』3、36〜54頁、有斐閣

大貫静夫　1992「極東の先史文化」『季刊考古学』第38号、17〜20頁、雄山閣

大貫静夫　1998『世界の考古学9　東北アジアの考古学』同成社

大野雲外　1905「口絵説明」『東京人類学会雑誌』第20巻第226号、215頁、東京人類学会

大野延太郎　1904「黥面土偶に就いて」『東京人類学会雑誌』第20巻第223号、79〜82頁、東京人類学会

大野　薫　1997「近畿地方の終末期土偶」『西日本をとりまく土偶』土偶シンポジウム6 奈良大会発表要旨集、67〜74頁、「土偶とその情報」研究会

大場利夫　1965「男性土偶について」『考古学雑誌』第50巻第4号、294〜298頁、日本考古学会

大山真充　1992『国道バイパス建設に伴う埋蔵文化財発掘調査報告書　平成3年度』香川県教育委員会

小笠原忠久　1976「北海道著保内野出土の中空土偶」『考古学雑誌』第61巻第4号、286〜291頁、日本考古学会

小笠原好彦　1990「国家形成期の女性」『日本女性生活史』第1巻　原始時代、35〜67頁、東京大学出版会

小野明子　1975「未開社会における女性の地位」『母権制の謎　世界の女性史2 未開社会の女』53〜90頁、評論社

小野忠凞　1953『島田川』

小野正文　1984「土偶の製作法について」『甲斐路』50、19〜22頁、山梨郷土研究会

小野正文　1990「土偶大量保有の遺跡」『季刊考古学』第30号、68〜71頁、雄山閣

小野美代子　1984『土偶の知識』東京美術

小野美代子ほか　1979『岩手県稗貫郡大迫町立石遺跡』大迫町教育委員会

小畑頼孝　1977「稲荷山貝塚出土の有髯人面付土器片」『足跡』東三河考古資料特集号、2〜3頁、東三河西遠青年郷土研究会

葛西　励　1983「縄文時代中期、後期、晩期（葬制の変遷）」『青森県の考古学』212〜300頁、青森大学出版局

加藤里美・深澤太郎・山添奈苗・新原佑典・加藤夏姫・張　彦　2007「第5章 中国新石器時代の偶像—黄河下流域以北の落葉広葉樹林帯を中心に—」『神道と日本文化の国学的研究発信の拠点形成—國學院大學21世紀COEプログラム—研究報告I』75〜102頁、國學院大學

金関　恕　1975「弥生人の精神生活」『古代史発掘4　稲作の始まり』80〜86頁、講談社

金関　恕　1976「弥生時代の宗教」『宗教研究』第49巻第3輯、213〜222頁、日本宗教学会

金関　恕　1982a「神を招く鳥」『考古学論考　小林行雄博士古稀記念論文集』281〜303頁、平凡社

金関　恕　1982b「祖霊信仰から首長霊信仰へ」『歴史公論』第8巻第9号、72〜78頁、雄山閣

金関　恕　1984「弥生次代の祭祀と稲作」『考古学ジャーナル』第228号、26〜30頁、ニュー・サイエンス社

金関　恕　1985「弥生土器絵画における家屋の表現」『国立歴史民俗博物館研究報告』第7集、63〜77頁、国立歴史民俗博物館

金関　恕　1986「呪術と祭」『集落と祭祀』岩波講座日本考古学4、269〜306頁、岩波書店

金関　恕　2003「鳥形木製品」『日本考古学事典』663頁、三省堂

金子昭彦　2015「縄文土偶の終わり」『考古学研究』第62巻第2号、56〜77頁、考古学研究会

金子裕之　1982『縄文時代III』日本の美術4、至文堂

河口貞徳　1961「鹿児島県山ノ口遺跡の調査」『古代学』第9巻第3号、169〜179頁、財団法人古代学協

河口貞徳　1978「弥生時代の祭祀遺跡　大隅半島山ノ口遺跡」『えとのす』第10号、52〜57頁、新日本教育図書

川副武胤　1979「三世紀極東諸民の宗教と祭式—倭人伝宗教習俗の位相—」『日本歴史』第378号、1〜17

頁、吉川弘文館
喜谷美宣 1957「高槻市天神山遺跡の発掘調査」『私たちの考古学』第 4 巻第 1 号、38 頁、考古学研究会
京都国立博物館編 1982『古面』岩波書店
桐原　健 1978「土偶祭祀私見―信濃における中期土偶の出土状態―」『信濃』第 30 巻第 4 号、241～255 頁、信濃史学会
金　元龍 1982「韓国先史時代の神像」『えとのす』第 19 号、21～28 頁、新日本教育図書株式会社
黒沢　浩 1997「東日本の人面・顔面」『考古学ジャーナル』第 416 号、11～16 頁、ニュー・サイエンス社
甲野　勇 1928「日本石器時代土偶―概説」『日本原始工芸概説』（杉山壽榮男編）工芸美術研究会
甲野　勇 1939「容器的特徴を有する特殊土偶」『人類学雑誌』第 54 巻第 12 号、545～551 頁、東京人類学会
甲野　勇 1940「土偶型容器に関する一二の考察」『人類学雑誌』第 55 巻第 1 号、10～13 頁、東京人類学会
河野広道ほか 1954『静内町先史時代遺跡調査報告』静内町役場
合田幸美 2010「弥生仮面と方相氏」『仮面の考古学』大阪府立弥生文化博物館図録 43、78-79 頁、大阪府立弥生文化博物館
甲元眞之 1997「朝鮮先史時代の土偶と石偶」『宗教と考古学』385～406 頁、勉誠社
甲元眞之・今村佳子 1998「東アジア出土土偶石偶集成」『環東中国海沿岸地域の先史文化』114～228 頁
国立歴史民俗博物館 1992『土偶とその情報』国立歴史民俗博物館研究報告第 37 集
小杉　康 1986「千葉県江原台遺跡および岩手県雨滝遺跡出土の亀形土製品―所謂亀形土製品、土版、岩版の型式学的研究と用途問題・素描―」『明治大学考古学博物館館報』2 号、51～88 頁、明治大学考古学博物館
小林青樹 2002「分銅形土製品の起源―岡山県総社市間壁遺跡出土の分銅形土製品からの出発―」『環瀬戸内海の考古学』平井勝氏追悼論文集、19～31 頁、古代吉備研究会
小林青樹 2006「弥生祭祀における戈とその源流」『栃木史学』第 20 号、87～107 頁、國學院大學栃木短期大学史学会
小林青樹編 1999『縄文・弥生移行期の東日本系土器』考古学資料集 9、平成 10 年度文部省科学研究費補助金特定研究 A（1）『日本人および日本文化の起源に関する学術的研究』考古学研究成果報告書、国立歴史民族博物館春成研究室
小林青樹・春成秀爾・宮本一夫・宮里　修・石川岳彦・松村洋介・金　想民 2011「遼東における青銅器・鉄器の調査と成果」『中国考古学』第 11 号、203～221 頁、
小林太市郎 1947「葬送および防墓の土偶と辟邪思想」『漢唐古俗と明器土偶』117-218 頁、一條書房
小林達雄 1977「祈りの形象―土偶―」『日本陶磁全集 3』45～53 頁、中央公論社
小林達雄 1988「男と女」『古代史復元』3、173～182 頁、講談社
小林行雄 1951『日本考古学概説』東京創元社
小林行雄 1959「ふんどうがたどせいひん　分銅形土製品」『図解考古学辞典』880 頁、東京創元社
小林行雄・佐原　真 1964『紫雲出』
小山眞夫 1922「先史時代」『小縣郡史』103～123 頁、小縣時報局
近藤義郎 1952「分銅形土製品」『古代学研究』第 6 号、22～27 頁、古代学研究会
近藤義郎・高村継夫 1957「弥生土偶について」『私たちの考古学』第 3 巻第 4 号、22～24 頁、考古学研究会
坂井信三 1988「身体加工と儀礼」『儀礼　文化と形式的行動』193～213 頁、東京大学出版会
酒井忠雄・江坂輝弥 1954「山形県飽海郡蕨岡村杉沢発見の大洞 C_2 式土偶の出土状態について」『考古学雑誌』第 39 巻第 3・4 号、225～226 頁、日本考古学会
桜井徳太郎 1974「変身のフォークロア」『変身』1～64 頁、弘文堂

桜井秀雄 2015「人形土器の研究―弥生時代の顔面造形―」『金沢大学考古学紀要』第36号、37〜52頁、金沢大学文学部考古学講座

佐倉市大崎台B地区遺跡調査会 1985「第256号住居址」『大崎台遺跡発掘調査報告書Ⅱ』

佐々木宏幹 1987「他界」『改訂文化人類学事典』261頁、ぎょうせい

佐田　茂ほか 1973『鹿部山遺跡―福岡県粕屋郡古賀町所在遺跡群の調査報告―』日本住宅公社

佐藤明人ほか 1990『有馬遺跡Ⅱ弥生・古墳時代編―関越自動車道（新潟線）地域埋蔵文化財発掘調査報告書第32集―』（『（財）群馬県埋蔵文化財調査事業団発掘調査報告』第102集）群馬県教育委員会・財団法人群馬県埋蔵文化財調査事業団

佐藤祐輔 2016「東北地方における弥生中期研究の現状と課題」『弥生時代研究会シンポジウム　仙台平野に弥生文化はなかったのか―藤尾慎一郎氏の新説講演と意見交換予稿集―』13〜18頁、弥生時代研究会

佐藤嘉広 1996「東北地方の弥生土偶」『考古学雑誌』第81巻第2号、159〜188頁、日本考古学会

佐原　真 1976『弥生土器』日本の美術125、至文堂

佐原　真 2002「総論―お面の考古学」『仮面―そのパワーとメッセージ』里文出版

佐原　真・田辺昭三 1966「近畿」『日本の考古学Ⅲ　弥生時代』108〜140頁、河出書房新社

潮見　浩・藤田　等 1966「中国・四国」『日本の考古学Ⅲ　弥生時代』81〜107頁、河出書房新社

塩谷　修 2001「盾持人物埴輪の特質とその意義」『茨城大学考古学研究室20周年記念論文集　日本考古学の基礎研究』茨城大学人文学部考古学研究報告第4冊、188-215頁、茨城大学人文学部考古学研究室

設楽博己 1990b「線刻人面土器とその周辺」『国立歴史民俗博物館研究報告』第25集、31〜69頁、国立歴史民俗博物館

設楽博己 1993「縄文時代の再葬」『国立歴史民俗博物館研究報告』第49集、7〜46頁

設楽博己 1994a「壺棺再葬墓の起源と展開」『考古学雑誌』第79巻第4号、383〜422頁、日本考古学会

設楽博己 1994b「農耕文化が土偶を変えた」『歴博』67、8〜9頁

設楽博己 1995「土偶の男と女」（座談会の発言記録）『縄文／弥生　変換期の考古学』63〜65頁、考古学フォーラム出版部

設楽博己 1996a「副葬される土偶」『国立歴史民俗博物館研究報告』第68集、9〜29頁、国立歴史民俗博物館

設楽博己 1996b「古墳出現前夜の北関東地方」『第4回企画展図録　弥生人のくらし―卑弥呼の時代の北関東―』53〜56頁、栃木県教育委員会

設楽博己 1997「否定された習俗と祭り」『歴博』第84号、11頁、国立歴史民俗博物館

設楽博己 1998a「顔面の系譜」『長野県小諸市氷遺跡発掘調査資料図譜　第三冊―縄文時代晩期終末期の土器群の研究―』153〜164頁、氷遺跡発掘調査資料図譜刊行会

設楽博己 1998b「下境沢遺跡出土の顔面付土器」『下境沢遺跡　片丘住宅団地造成工事に伴う埋蔵文化財調査報告書』76〜81頁、長野県塩尻市教育委員会

設楽博己 1999a「土偶の末裔」『新弥生紀行』160〜161頁、朝日新聞社

設楽博己 1999b「土偶形容器と顔面付土器の製作技術に関する覚書」『国立歴史民俗博物館研究報告』第77集、113〜128頁、国立歴史民俗博物館

設楽博己 1999c「顔面土偶から顔面絵画へ」『国立歴史民俗博物館研究報告』第80集、185〜202頁、国立歴史民俗博物館

設楽博己 2000「縄文系弥生文化の構想」『考古学研究』第47巻第1号、88〜99頁、考古学研究会

設楽博己 2001a「男子は大小となく皆黥面文身す―倭人のいでたち―」『三国志がみた倭人たち―魏志倭人伝の考古学―』75〜91頁、山川出版社

設楽博己 2001b「北海道にもあった? 北原型人面絵画」『関東弥生研究会 第1回研究発表会資料』19~24頁、関東弥生研究会

設楽博己 2004a「遠賀川系土器における浮線文土器の影響」『島根考古学会誌』第20・21集合併号、189~209頁、島根考古学会

設楽博己 2004b「再葬の背景―縄文・弥生時代における環境変動との対応関係―」『国立歴史民俗博物館研究報告』第112集、357~380頁、国立歴史民俗博物館

設楽博己 2005「神奈川県中屋敷遺跡出土土偶形容器の年代」『駒澤考古』第30号、17~31頁、駒澤大学考古学研究会

設楽博己 2008『弥生再葬墓と社会』塙書房

設楽博己 2010「弥生絵画と方相氏」『史学雑誌』119-9、1525~1527頁、

設楽博己 2011「盾持人埴輪の遡源」川西宏幸編『東国の地域考古学』123~134頁、六一書房

設楽博己 2014『縄文社会と弥生社会』敬文舎

柴田俊彰 1976「人面付土器の意義」『考古学研究』第23巻第1号、104~115頁、考古学研究会

島 亨 1992「知られざる縄文」『古美術 緑青』6、64~87頁、マリア書房

清水真一 1987「分銅形土製品の一考察」『考古学と地域文化』同志社大学考古学シリーズⅢ、99~108頁、同志社大学考古学シリーズ刊行会

鈴木克彦 2005「石偶に関する研究―石偶、異形石製品―」『北奥の考古学』葛西勵先生還暦記念論文集、337~376頁、葛西勵先生還暦記念論文集刊行会

鈴木克彦ほか 1984『亀ヶ岡石器時代遺跡』青森県立郷土館

鈴木公雄 1984「日本の新石器時代」『講座日本歴史1 原史・古代1』75~116頁、東京大学出版会

鈴木正博 1982「埼玉県高井東遺蹟の土偶について」『古代』第72号、1~8頁、早稲田大学考古学会

鈴木正博 1989「安行式土偶研究の基礎」『古代』第87号、49~95頁

鈴木正博 1993a「荒海貝塚文化の原風土」『古代』第95号、311~372頁、早稲田大学考古学会

鈴木正博 1993b「荒海貝塚研究と大阪湾、「スティング」風に」『利根川』14、42~57頁、利根川同人

鈴木由貴子・半田素子・石井寛子・早瀬加菜・小泉玲子 2004「神奈川県足柄上郡大井町中屋敷遺跡第5次調査報告(2003年度)」『昭和女子大学文化史研究』第8号、107~127頁、昭和女子大学文化史学会

角南総一郎 2000「弥生時代の人形土製品」『祭祀考古学』第2号、75~84頁、祭祀考古学会

澄田正一ほか 1970『新編一宮市史』資料編1、一宮市

関沢 聡 1987「土製品」『松本市赤木山遺跡群Ⅱ―緊急発掘調査報告書―』松本市文化財調査報告書No.47、66~77頁、松本市教育委員会

孫 晋泰 1932「蘇塗考」『民俗学』第4巻第4号、245~256頁、民俗学会

髙橋 理 1995「ウサクマイA遺跡採集の男性土偶」『ウサクマイN・蘭越7遺跡における考古学的調査』(『千歳市文化財調査報告書』ⅩⅩ)、55~56頁、千歳市教育委員会

高橋正勝ほか 1986『大麻3遺跡』江別市文化財調査報告書20、江別市教育委員会

高山 純 1969『縄文人の入墨』講談社

高山 純 1977「配石遺構に伴出する焼けた骨類の有する意義(上)・(下)」『史学』第47巻第4号:35~65頁・第48巻第1号:49~74頁、三田史学会

タキエ・スギヤマ・リブラ 1984「女性研究の一視点」『現代の人類学5 女性の人類学』23~55頁、至文堂

辰巳和弘 1992『埴輪と絵画の古代学』白水社

田中国男 1944『縄文式弥生式接触文化の研究』

田中二郎 1990『ブッシュマン 生態人類学的研究』思索社

谷口俊治 2010「城野遺跡に眠る弥生時代の葬送絵画」『ひろば北九州』33-11、40~41頁、財団法人北九州

市芸術文化振興財団

谷口俊治編 2011『城野遺跡1』北九州市埋蔵文化財調査報告書447、財団法人北九州市芸術文化振興財団埋蔵文化財調査室

谷口　肇 1990「「堂山式土器」の再検討」『神奈川考古』第26号、63～97頁、神奈川考古同人会

谷口康浩 1990「土偶のこわれ方」『季刊考古学』第30号、63～67頁、雄山閣

千葉徳爾 1975『狩猟伝承』法政大学出版局

張　万夫編 1982『漢画選』天津市人民美術出版社

都出比呂志 1968「考古学からみた分業の問題」『考古学研究』第15巻第2号、131～142頁、考古学研究会

都出比呂志 1982「原始土器と女性—弥生時代の性別分業と婚後居住規定」『日本女性史1　原始・古代』1～42頁、東京大学出版会

都出比呂志 1989『日本農耕社会の成立過程』岩波書店

都出比呂志 2005「前方後円墳の誕生」『前方後円墳と社会』329～359頁、塙書房

坪井清足 1960「装身具の変遷」『世界考古学大系　日本Ⅱ』69～77頁、平凡社

坪井正五郎 1906「常陸飯岡貝塚発見の所謂有髯土偶とその類品」『東京人類学会雑誌』第21巻第246号、東京人類学会

坪井正五郎 1908「下総余山発見の有髯土偶」『東京人類学会雑誌』第23巻第262号、東京人類学会

出口　顯 1984「ジェンダーとタブー」『現代の人類学5　女性の人類学』83～105頁、至文堂

寺前直人 2015「屈折像土偶から長原タイプ土偶へ—西日本における農耕開始期土偶の起源—」『駒澤考古』第40号、29～43頁、駒澤大学考古学研究室

寺村光晴 1961「三角形土製品と特殊な出土状態を示した土偶」『栃倉』123～130頁、栃尾市教育委員会

土肥　孝 1985「儀礼と動物—縄文時代の狩猟儀礼—」『季刊考古学』第11号、51～57頁、雄山閣

東京国立博物館 1969『日本考古展図録』

鳥居龍蔵 1922「日本石器時代民衆の女神信仰」『人類学雑誌』第37巻第11号、371～383頁、東京人類学会

鳥居龍蔵 1924『諏訪史』第1巻、信濃教育会信濃部会

長沼　孝 1992「北海道の土偶」『土偶とその情報』国立歴史民俗博物館研究報告第37集、52～70頁、国立歴史民俗博物館

長野県教育委員会 1973『昭和47年度中央道遺跡発掘調査報告書　高森地区その2』

永峯光一 1957「長野県小諸市氷発見の土製品について」『考古学雑誌』第42巻第2号、126～131頁、日本考古学会

永峯光一 1969「氷遺跡の調査とその研究」『石器時代』第9号、1～53頁、石器時代文化研究会

永峯光一 1977「呪的形象としての土偶」『土偶・埴輪』日本原始美術大系3、155～171頁、講談社

仲田茂司ほか 1987『西方前遺跡Ⅱ』三春町教育委員会

中村五郎 1976「東北地方南部の弥生式土器編年」『東北考古学の諸問題』205～248頁、東出版寧楽社

中村五郎 1982『畿内第Ⅰ様式に並行する東日本の土器』

中村士徳 1904「三河国発見の有髯石器時代土偶に就きて」『考古界』第3巻第9号、511～519頁、考古学会

中村良幸 1979「岩手県宮沢遺跡発見の縄文時代終末期の土偶」『考古学ジャーナル』第168号、17～19頁、ニュー・サイエンス社

中村良幸 1989「根室市初田牛20遺跡出土の土偶」『初田牛20遺跡発掘調査報告書』43～57頁、根室市教育委員会

中村良幸ほか 1979『岩手県稗貫郡大迫町小田遺跡』大迫町教育委員会

新津　健 1985「石剣考—中部、関東を中心とした出土状況から—」『研究紀要』2、23～42頁、山梨県立考

　　　　古博物館・山梨県埋蔵文化財センター
贄　元洋 1976「白石遺跡出土の人面土器」『古代人』32号、30頁、名古屋考古学会
贄　元洋ほか 1993『白石遺跡』(『豊橋市埋蔵文化財調査報告書』第 15集) 豊橋市教育委員会
贄田　明 2000「人面付土器を出土した竪穴住居址」『松原遺跡 弥生・総論 1』上信越自動車道埋蔵文化財発掘調査報告書 5、長野県埋蔵文化財センター
丹羽惠二 2013「大福遺跡の仮面状木製品について」『纒向学研究』纒向学研究センター研究紀要第 1号、105～112頁、
野口義麿 1969『土偶』日本原始美術大系 2、講談社
野口義麿 1974「遺構から発見された土偶」『土偶芸術と信仰』古代史発掘 3、99～110頁、講談社
野口義麿 1974「土偶から埴輪へ―土偶の意義を探る 3―」『土偶芸術と信仰』古代史発掘 3、111～114頁、講談社
野沢昌康 1984「甲斐・岡遺跡出土の容器形土偶」『山梨考古』14号、31～34頁、山梨県考古学協会
能登　健 1983「土偶」『縄文文化の研究』第 9巻、74～85頁、雄山閣
能登　健 1992「群馬県の土偶」『土偶とその情報』国立歴史民俗博物館研究報告第 37集、204～217頁、国立歴史民俗博物館
野村　崇 1976「木古内町札苅遺跡出土の土偶にみらえる身体破損について」『北海道考古学』第 12輯、45～50頁、北海道考古学会
野村　崇ほか 1974『札苅遺跡』木古内町教育委員会
馬場保之ほか 1994『中村中平遺跡』長野県飯田市教育委員会
濱　修 1993「弥生時代の木偶と祭祀―中主町湯ノ部遺跡出土木偶から―」『紀要』第 6号、15～25頁、滋賀県文化財保護協会
濱　修ほか 1995『湯ノ部遺跡発掘調査報告書Ⅰ』滋賀県教育委員会ほか
浜野美代子 1985「(4) 土偶」『ささら (Ⅱ) 国道 122号線バイパス関係埋蔵文化財調査報告Ⅳ』埼玉県埋蔵文化財調査事業団報告書第 47集、270～272頁、埼玉県埋蔵文化財調査事業団
浜野美代子 1990「縄文土偶の基礎研究」『古代』第 90号、53～73頁、早稲田大学考古学会
林　謙作 1976「亀ヶ岡文化論」『東北考古学の諸問題』168～203頁、寧楽社
林　巳奈夫 2004『神と獣の紋様学』吉川弘文館
原　秀三郎 1975「日本古代国家研究の理論的前提」『大系日本国家史 1　古代』1～65頁、東京大学出版会
原田昌幸 1990「頭だけの土偶」『季刊考古学』第 30号、12頁、雄山閣
春成秀爾 1985「弥生時代畿内の親族構成」『国立歴史民俗博物館研究報告』第 5集、1～47頁、国立歴史民俗博物館
春成秀爾 1986「縄文・弥生時代の婚後居住様式」『日本民俗社会の形成と発展―イエ・ムラ・ウジの源流を探る』391～414頁、山川出版社
春成秀爾 1987「銅鐸のまつり」『国立歴史民俗博物館研究報告』第 12集、1～38頁、国立歴史民俗博物館
春成秀爾 1988「葬送の世界」『図説検証　原像日本』2、168～188頁、旺文社
春成秀爾 2002『縄文社会論究』塙書房
春成秀爾 2004「日本の青銅器文化と東アジア」『国立歴史民俗博物館研究報告』第 119集、31～49頁、国立歴史民俗博物館
春成秀爾 2007「日本の先史仮面」『儀礼と習俗の考古学』55～101頁、塙書房
菱田 (藤村) 淳子 2000「男女の分業の起源」『古代史の論点 2　女と男、家と村』77～98頁、小学館
平野進一 2001「北関東西部における弥生後期の人面付土器とその性格」『考古聚英 梅澤重昭先生退官記念論文集』75～87頁
福辻　淳 2013「纒向遺跡の木製仮面と土坑出土資料について」『纒向学研究』纒向学研究センター研究紀要

第 1 号、95～103 頁、
服藤早苗 1982「古代の女性労働」『日本女性史1　原始・古代』75～111 頁、東京大学出版会
福永伸哉 1985「弥生時代の木棺墓と社会」『考古学研究』第 32 巻第 1 号、81～106 頁、考古学研究会
藤田三郎 1982「弥生時代の記号文」『考古学と古代史』同志社大学考古学シリーズⅠ、125～134 頁、同志社大学考古学シリーズ刊行会
藤田三郎 1997「土器に描かれた弥生人物像」『考古学ジャーナル』第 416 号、22～26 頁、ニュー・サイエンス社
藤沼邦彦 1979「土偶―付　土製仮面・動物形土製品―」『世界陶磁全集1』177～184 頁、小学館
藤森栄一 1969「縄文の呪性」『伝統と現代』8、学燈社
古澤義久 2014「東北アジア先史時代偶像・動物形製品の変遷と地域性」『東アジア古文化論攷Ⅰ』103～122 頁、中国書店
前田清彦 1988「縄文晩期終末期における土偶の変容―容器形土偶成立前夜の土偶の様相―」『三河考古』創刊号、9～23 頁、三河考古刊行会
前田清彦 1993「土製品」『麻生田大橋遺跡発掘調査報告書』66～68 頁、豊川市教育委員会
前田佳久 1993「石器」『神戸市兵庫区大開遺跡発掘調査報告書』181～199 頁、神戸市教育委員会
間壁忠彦 1969「四国・中国」『新版考古学講座4　原始文化（上）』43～74 頁、雄山閣
間壁忠彦 1970「高地性集落の謎」『古代の日本4　中国・四国』44～65 頁、角川書店
松浦宥一郎 1992「中国の先史土偶」『季刊考古学』第 38 号、53 頁、雄山閣
松木裕美 1975「二種類の元興寺縁起」『日本歴史』325、17～33 頁
馬目順一・山田　広 1972「福島県双葉郡富岡町毛萱遺跡発掘調査報告」『南奥考古学研究叢刊2』南奥考古学研究叢書刊行会
三上貞二 1962「農耕社会の形成」『世界考古学大系9　北ユーラシア・中央アジア』23～32 頁、平凡社
三沢正善ほか 1982『乙女不動原北浦遺跡発掘調査報告書』小山市文化財調査報告書第 11 集、小山市教育委員会
水島稔夫 1981「石器、石製品」『綾羅木郷遺跡発掘調査報告書第Ⅰ集』369～475 頁、下関市教育委員会
水野正好 1974「土偶祭式の復元」『信濃』第 26 巻第 4 号、298～312 頁、信濃史学会
水野正好 1979『土偶』日本の原始美術5、講談社
水野正好 1983「縄文社会の構造とその理念」『歴史公論』第 9 巻第 9 号、31～39 頁、雄山閣
光本　順 2006『身体表現の考古学』青木書店
峰山　巌 1967「高砂遺跡の配石遺構」『北海道の文化』12、北海道文化財保護協会
宮坂光昭 1990「第 500 号土壙出土の大形完形土偶について」『棚畑』658～662 頁、茅野市教育委員会
宮下建司 1983「縄文土偶の終焉―容器形土偶の周辺―」『信濃』第 35 巻第 8 号、594～617 頁、信濃史学会
宮本一夫編　2015『遼東半島上馬石貝塚の研究』九州大学出版会
武藤雄六 1975「八ヶ岳南麓中期縄文の衆」『季刊どるめん』5 号、88～106 頁、JICC 出版局
村上正名 1939「備前国深安郡御野村御領発見の石器時代土偶について」『備後史談』16-12
森　和敏 1975「銚子ガ原遺跡の遺物（岡地籍）」『八代町誌（上巻）』291～292 頁、八代町
森　貞次郎 1983「長崎県南高来郡原山遺跡」『九州の古代文化』21～31 頁、六興出版
森嶋　稔 1999「古墳時代の戸倉」『戸倉町史第 2 巻 歴史編上』戸倉町誌刊行会
森田知忠ほか 1984『三沢川流域の遺跡群Ⅶ』北海道埋蔵文化財センター
諸田康成・水田　稔 2008「群馬県利根郡川場村出土の人物形土器について」『研究紀要』26、193～204 頁、財団法人　群馬県埋蔵文化財調査事業団
安井俊則ほか 1991『麻生田大橋遺跡』愛知県埋蔵文化財センター調査報告書第 21 集、愛知県埋蔵文化財センター

八代町史編纂室 1975『八代町誌』
山崎京美 1981「三貫地遺跡出土の土製品について」『三貫地遺跡』三貫地遺跡発掘調査団
山崎義雄 1954「群馬県郷原出土土偶について」『考古学雑誌』第 39 巻第 3・4 号、220～225 頁、日本考古学会
山田康弘 1994「有文石棒の磨滅痕―茨城県岩井市香取塚古墳表採の石棒を中心に―」『先史学・考古学研究』5、85～92 頁、筑波大学歴史・人類学系
山田康弘 1995「多数合葬例の意義―縄文時代の関東地方を中心に―」『考古学研究』第 42 巻第 2 号、52～67 頁、考古学研究会
山田康弘 1997「縄文時代の子どもの埋葬」『日本考古学』第 4 号、1～39 頁、日本考古学協会
山梨県立考古博物館 1983『土偶　一千の女神が語る縄文時代の祈りとくらし』
山内清男 1930「「所謂亀ヶ岡式土器の分布」云々に関する追加一」『考古学』第 1 巻第 4 号、273～277 頁、東京考古学会
山本暉久 1977「縄文時代中期末・後期初頭の屋外埋甕について」『信濃』第 29 巻 11 号：33～56 頁、12 号：48～67 頁、信濃史学会
八幡一郎 1939「日本先史人の信仰の問題」『人類学・先史学講座』第 13 巻第 3 部、日本及び隣接地の先史学、1～18 頁、雄山閣
横山千晶 1999『小八木志志貝戸遺跡群 1 主要地方道高崎渋川線改築（改良）工事に伴う埋蔵文化財発掘調査報告書第 2 集』（『(財)群馬県埋蔵文化財調査事業団発掘調査報告』第 256 集）(財)群馬県埋蔵文化財調査事業団
義江明子 1996『日本古代の祭祀と女性』吉川弘文館
吉田敦彦 1976『小さ子とハイヌウェレ』みすず書房
吉田　格 1958「神奈川県中屋敷遺跡―所謂土偶形容器発掘遺跡の考察―」『銅鐸』第 14 号、1～4 頁、立正大学考古学会
米田耕之助 1984『土偶』ニュー・サイエンス社
米田耕之助ほか 1977『西広貝塚』常総国分寺台遺跡調査報告Ⅲ、常総国分寺台遺跡調査団
若松良一・日高　慎 1992「形象埴輪の配置と復元される葬送儀礼（上）―埼玉瓦塚古墳の場合を中心に―」『調査研究報告』第 5 号、3～20 頁、埼玉県立さきたま資料館
和田千吉 1917「口絵略解（信濃国腰越発掘土偶）」『考古学雑誌』第 8 巻第 3 号、176～177 頁、日本考古学会
渡辺　新 1991『縄文時代集落の人口構造』
渡辺伸行 1986「大歳山遺跡の人面土器」『神戸古代史』3-1、12～18 頁、神戸古代史研究会
渡辺　誠 1979「原初の神々」『講座日本の古代信仰』2、34～64 頁、学生社

〈中国語〉
郭　大順・張　星徳 2005『東北文化與幽燕文明』、江蘇教育出版社
郭　大順 2008「紅山文化玉巫人的発現與薩満式文明的有関問題」『文物』2008 年第 10 期、80～87 頁、96 頁
吉日嘎拉 2012「内蒙古赤峰市敖漢旗興隆溝遺址挖掘報告」『赤峰学院学報（漢文哲学社会科学版）』第 33 巻第 11 期、1～2 頁
吉林大学考古研教室 1989「農安左家山新石器時代遺址」『考古学報』1989 年第 2 期、187～212 頁
吉林省文物考古研究所 1989「吉林農安県元宝溝新石器時代遺址発掘」『考古』1989 年第 12 期、1067～1075 頁
吉林省文物考古研究所 1991「吉林東豊県西断梁山新石器時代遺址発掘」『考古』1991 年第 12 期、300～312 頁、345 頁
許　玉林ほか 1989「遼寧東溝県後窪遺址発掘概要」『文物』1989 年第 12 期、1～22 頁

呉　霞 2013「内蒙古赤峰興隆溝遺址新出整身陶人初探」『赤峰学院学報（漢文哲学社会科学版）』第34巻第6期、16〜19頁

黒龍江省文物考古工作隊 1979「密山県新開流遺址」『考古学報』1979年第4期、491〜518頁

邵　国田編 2004『敖漢文物精華』、内蒙古文化出版社

承徳地区文物保管所・灤平県博物館 1994「河北灤平県後台子遺址発掘簡報」『文物』1994年第3期、53〜72頁

青　松 1984「介紹一件青銅陰陽短剣」『内蒙古文物考古』第3期、119頁

陝西省考古研究院 2014『李家崖』文物出版社

索　秀芬 2005「小河西文化初探」『考古與文物』2005年第1期、23〜26頁

中国社会科学院考古研究所東北工作隊 1981「内蒙古寧城県南山根102号石槨墓」『考古』1981年第4期、304〜308頁

中国社会科学院考古研究所内蒙古工作隊 1982「赤峰西水泉紅山文化遺址」『考古学報』1982年第2期、183〜198頁

中国社会科学院考古究所内蒙古第一工作隊 2004「内蒙古赤峰市興隆溝聚落2002〜2003年的発掘」『考古』2004年第7期、3〜8頁

中国社会科学院考古研究所 1996『大甸子：夏家店下層文化遺址與墓地発掘報告』科学出版社

内蒙古自治区文物考古研究所 2004『白音長汗—新石器時代遺址発掘報告』科学出版社

内蒙古文物考古研究所・扎魯特旗博物館 2011「内蒙古扎魯特旗南宝力皋吐新石器時代墓地C地点発掘簡報」『考古』2011年第11期、24〜37頁

内蒙古文物考古研究所ほか 2008「内蒙古扎魯特旗南宝力皋吐新石器時代墓地」『考古』2008年第7期、20〜31頁

遼寧省博物館・旅順博物館 1984「大連市郭家村新石器時代遺址」『考古学報』1984年第3期、287〜329頁

遼寧省文物考古研究所 2012『牛河梁—紅山文化遺址発掘報告（1983〜2003年度）』文物出版社

遼寧省文物考古研究所ほか 1994「大連市北呉屯新石器時代遺址」『考古学報』1994年第3期、343〜380頁

〈朝鮮語〉

金　用玕・徐　国泰 1972「西浦項原始遺跡発掘報告」『考古民俗論文集』4、31〜145頁、社会科学出版社

黄　基徳 1975「茂山虎谷原始遺跡発掘報告」『考古民俗論文集』6、124〜226頁、社会科学出版社

趙　現鐘ほか 1997『光州新昌洞低湿地遺蹟Ⅰ』（『国立光州博物館学術叢書』第33冊）国立光州博物館学芸研究室

朝鮮民主主義人民共和国科学院考古学及民俗学研究所 1960『遺跡発掘報告第7集会寧五洞原始遺跡発掘報告』朝鮮民主主義人民共和国科学院出版社

〈英語〉

Brown, J.K., 1970, A Note on the Division of Labor by Sex. *American Anthropologist* 72:1073-1078.

Ember, C.R., 1983, The Relative Decline in Women,s Contribution to Agriculture with Intensification. *American Anthropologist.* 85-2:285-304.

Murdock, G.P., 1973, Factors in the Division of Labor By Sex : A Cross-Cultural Analysis, Ethnology ⅩⅡ-2:203-225.

Rosaldo, M.Z. and Lamphere, L.. (edited), 1974, Women, Culture, and Society. Stanford University Press, Stanford, California.

出典一覧

第1章
図1　佐藤嘉 1996—第2図4・金子昭 2015—図7の3
図2　設楽 1998a—第1図
図3　設楽 1998a—第2図
表1　佐藤嘉 1996—第1表
表2　設楽 1998a の第1表を改変

第2章
図4　荒巻・設楽 1985—第6図を改変
図5　設楽 1998a—第3図
図6　設楽 1998a—第6・7図
図7　設楽 1999c—図1

第3章
図8　長沼 1992 および高橋ほか 1986 より
図9　前田清ほか 1993 および荒巻・設楽 1985 より

第5章
図10　吉田格 1958—2頁
図11　1～6：佐々木由香・舘まりこ 2001「神奈川県足柄上郡大井町中屋敷遺跡第2次調査出土遺物」『昭和女子大学文化史研究』第5号、97～118頁、昭和女子大学文化史学会—106・108頁
　　　7：石井ほか 2003—65頁
　　　8～10・12～18：鈴木ほか 2004—114～116頁
図12　1～3：設楽博己 2005「神奈川県中屋敷遺跡出土土偶形容器の年代」『駒澤考古』第30号、17～31頁、駒澤大学考古学研究室—第4図
　　　4：梅宮茂ほか 1998『鳥内遺跡』石川町埋蔵文化財調査報告書第16集、福島県石川郡石川町教育員会—236頁
　　　5：外山和夫ほか 1978『群馬県地域における弥生時代資料の集成Ⅰ』群馬県立歴史博物館研究報告第14集—18頁
　　　6～8：大沢ほか 1991—134・156・157頁
図13　谷口肇 1990—74・78・79・84・85頁
表3　設楽博己 2005「神奈川県中屋敷遺跡出土土偶形容器の年代」『駒澤考古』第30号、17～31頁、駒澤大学考古学研究室—第1表

第7章
図14・図15　設楽 1999b—図版1・2
図16　新規作成

第9章
図17　設楽 1978（東 1977 を改変）

第11章
図18　都出 1982—9頁図1
図19　赤澤 1983—54頁図13を改変
図20　設楽博己 2008「「弥生時代の男女像」補遺」『生産の考古学Ⅱ』83～91頁、同成社—85頁第1図

表4　赤澤 1983—47頁第2表・50頁第3表

第12章
図21　1：国立歴史民俗博物館編 2003『はにわ—形と心—』朝日新聞社、29頁—77～79図
　　　2：高橋克壽 1996『歴史発掘9　埴輪の世紀』講談社、40頁66
図22　群馬町教育委員会編 1990『保渡田Ⅶ遺跡　保渡田古墳群に関連する遺構群』群馬町文化財調査報告第27集、77頁第55図

第13章
図23　小林太 1947—図版1・2・5
図24　1：佐原・春成 1997：85頁178
　　　2：《中国画像磚全集》編集委員会編 2006『四川画像磚』中国画像磚全集、四川出版集団—187図
図25　1：小林太 1947—図版7
　　　2：中国画像石全集編輯委員会編 2000『山東漢画像石』中国画像石全集3、山東美術出版社・河南美術出版社—30図
図26　1：北九州市提供
　　　2：設楽博己 2014「日本列島における方相氏の起源をめぐって」『中華文明の考古学』342～353頁、同成社—351頁図5
図27　高島忠平 1980「佐賀県川寄吉原遺跡出土の鐸形土製品の人物絵画」『考古学雑誌』第66巻第1号、45～48頁、日本考古学会—47頁第2図

第14章
図28　新規作成
図29　1・2：中国社会科学院考古研究所 1997b
　　　3・5・6：中国社会科学院考古研究所内蒙古第一工作隊 2004
　　　4・7・10：内蒙古自治区文物考古研究所 2004
　　　8・9・15～20・24・25・78・80～93・96・98・99：甲元・今村 1998
　　　11～14・26・28・69・70：海 2002
　　　21：王 2001
　　　22：馬 2016
　　　23・68・77：邵編 2004
　　　27：田ほか 2015
　　　29・30：中国社会科学院考古研究所 1997a
　　　31・32：蘇 2000
　　　33：龐 2007
　　　34：内蒙古文物考古研究所 1994
　　　35：中国社会科学院考古研究所内蒙古工作隊 1982
　　　36～39：郭ほか 1984
　　　40～64・74・75：遼寧省文物考古研究所 2012

65：吉日嘎拉 2012
　　　66：熊 2016
　　　67：郭 2016
　　　71：内蒙古文物考古研究所ほか 2011
　　　72：内蒙古文物考古研究所ほか 2008
　　　73：楊 2014
　　　76：中国社会科学院考古研究所内蒙古工作隊
　　　　　1987
　　　79・94：許ほか 1989
　　　95：遼寧省博物館ほか 1984
　　　97：黒龍江省文物考古工作隊 1979
　　　100：吉林大学考古研教室 1989
　　　101：吉林省文物考古研究所 1991
図30　1：郭 1993
　　　2：東亜考古学会 1938
　　　3〜6：内蒙古自治区文物考古研究所ほか 2009
　　　7：朱 1960
　　　8：張家口市文物事業管理所ほか 1987
　　　9：灤平県博物館 1995
　　　10：承徳地区文物保護管理所ほか 1994
　　　11：賀ほか 1993
　　　12：中国社会科学院考古研究所内蒙古工作隊
　　　　　1975
　　　13：中華世紀壇芸術館ほか 2004
　　　14：中国社会科学院考古研究所東北工作隊
　　　　　1981
　　　15：小林青 ほか 2011
　　　16：吉林省文物考古研究所ほか 2001
　　　17：甲元・今村 1998
　　　18：遼寧省文物考古研究所 2012
　　　19：吉林省文物考古研究所ほか 2001
　　　20：張 2009

＊写真の提供に関しては以下の方々にご協力・ご高配を頂きました。記して感謝を申し上げます。
図14　　国立歴史民俗博物館
図15　　塩尻市立平出博物館
図16　　市原市埋蔵文化財センター
図36-82　弘前市教育委員会
図36-83　山形県
図42-199　東御市教育委員会　堤隆撮影
図42-188　塩尻市立平出博物館
図45-243　上田原資料館
図48-282　岡谷市立美術考古博物館　三木弘撮影
図53-318　松本市教育委員会　設楽博己撮影
図53-319　千曲市教育委員会
図55-334　いわき市教育委員会
図55-337　会津若松市教育委員会
図57-347　慶應義塾大学文学部民族考古学研究室　安藤広道撮影

図59-361　四天王寺
図59-363　福井県教育委員会
図59-367　飯田市教育委員会
図59-368　吉川弘文館
図60-376　美里町教育委員会
図61-378　熊谷市教育委員会
図62-387　市原市埋蔵文化財センター
図65-418　熊本県立御船高等学校
図63-397　大阪府文化財センター
図74-566　徳島県立埋蔵文化財総合センター
図69-455　岡山市教育委員会
図69-456　岡山市教育委員会
図73-529　松山市考古館
図73-539　松山市考古館
図73-540　松山市考古館
図74-560　香川県埋蔵文化財センター
図76-576　守山市教育委員会

資 料 編

弥生時代人物造形品集成図（図31～図79）　179頁～227頁
弥生時代人物造形品一覧表　228頁～269頁
弥生時代人物造形品および関連資料の集成参考文献　271頁～282頁
弥生時代人物造形品分布図（図80～図82）　283頁～285頁

例言
1. 弥生時代およびそれと関連する縄文晩期と続縄文文化における人物造形品のうち、立体的な資料の図を集成し、データの一覧表と分布図を付けて資料編とした。
2. 資料は、土偶、土偶形容器、人面付土器、木偶、石偶、仮面に分類し、土偶と人面付土器は細分した。細別の内容は、本文を参照されたい。
3. 集成図のうち設楽が実測したものは、一覧表の備考欄にその旨を記載した。それ以外は、文献欄に記載して巻末に出典を付けた報告書や写真掲載書物から引用した。写真の引用に当っては、所蔵者の許可を得た。
4. 集成図の縮尺率は、大型品を6分の1、大型品の破片や東北地方・北海道地方の土偶を4分の1、顔面などの破片資料を3分の1、北海道・東北地方の石偶を2分の1におおむね統一した。写真の縮尺率は任意である。
5. 北海道・東北地方の石偶および長原式台式土偶の集成は、代表例である。
6. 分銅形土製品の集成は、顔面の表現が具象的なものに限った。
7. 一覧表で資料番号を振っていない資料は、図面未掲載のものである。
8. 一覧表の遺跡番号は、上から遺跡ごとに付し、分布図と対応させた。
9. 一覧表の法量および時期は、引用文献の記載をそのまま転記し、記載がなかった資料に関しては、法量は図面から計測し、時期は設楽が判断して、いずれも括弧を付けて記載した。
10. 一覧表の文献No.は集成参考文献の番号に対応する。
11. 分布図の縮尺は北海道・西日本5,200,000分の1、東北4,000,000分の1、東日本3,200,000分の1である。
12. 分布図には、上記の2の分類ごとに印を変えて、資料が出土した遺跡を落とした。

資料編　179

弥生時代人物造形品集成図

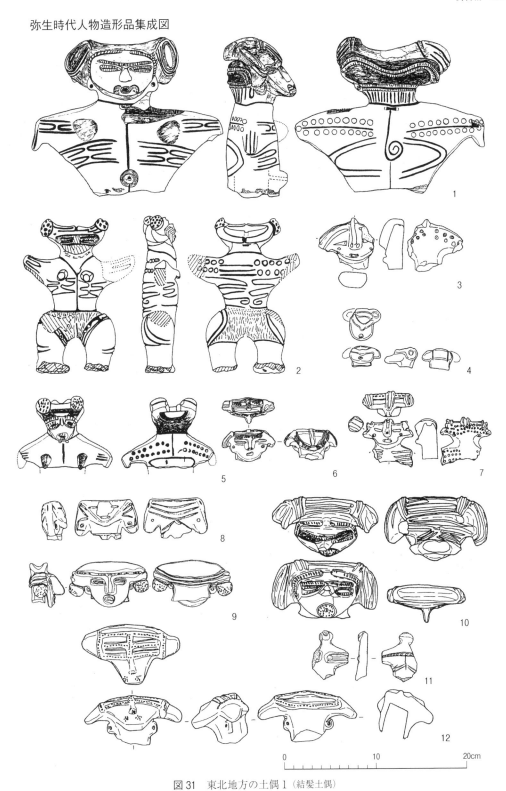

図 31　東北地方の土偶 1（結髪土偶）
（1・5. 秋田・鐙田　2. 青森・大曲Ⅴ　3・7. 岩手・谷起島　4. 青森・宇田野（2）　6・9. 宮城・青木畑　8. 岩手・草ヶ沢
10. 宮城・山王囲　11. 青森・清水森西　12. 岩手・滝大神Ⅰ）

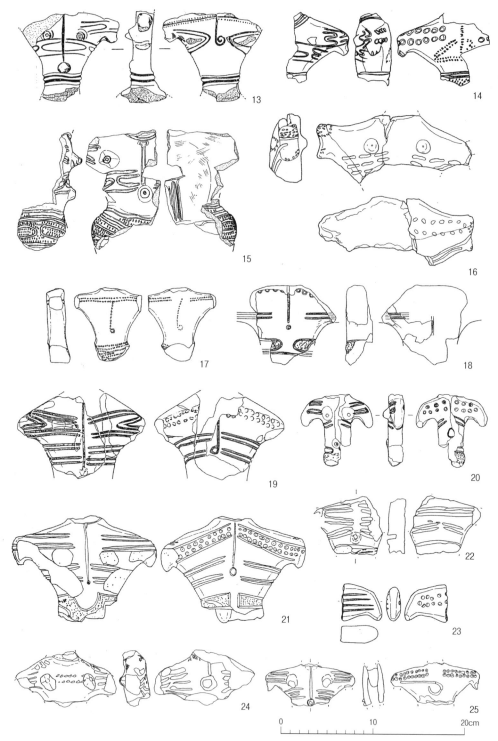

図32 東北地方の土偶2（結髪土偶）
(13. 青森・亀ヶ岡 14. 岩手・滝大神Ⅰ 15. 岩手・細田 16. 岩手・君成田Ⅳ 17. 岩手・草ヶ沢 18・19. 青森・砂沢 20. 宮城・青木畑 21. 岩手 22. 岩手・大日向Ⅱ 23. 青森・宇田野(2) 24. 岩手・金附 25. 岩手・長谷堂貝塚）

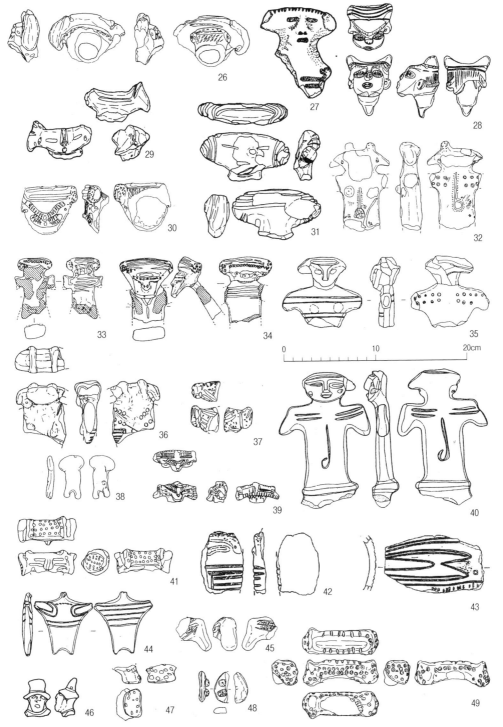

図33　東北地方の土偶3（結髪土偶）

(26. 岩手・物見崎 監物館跡　27. 青森・岩見町　28. 青森・宇田野 (2)　29・31. 宮城・山王囲　30・37・47〜49. 岩手・立花南　32. 岩手・川岸場Ⅱ　33・34. 岩手・馬場野Ⅱ　35. 秋田・地蔵田　36・39・42・43. 青森・砂沢　38・41・45. 岩手・金附　40. 宮城・旭壇　44. 青森・二枚橋　46. 岩手・谷起島)

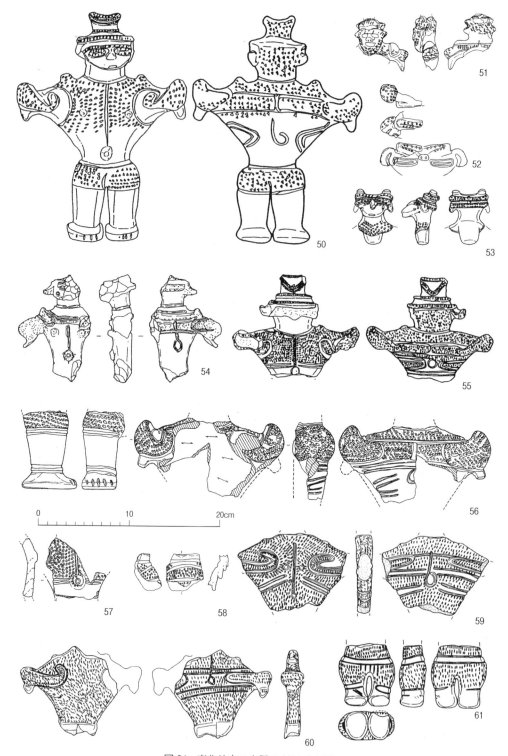

図34 東北地方の土偶4（刺突文土偶）
(50. 青森・程森 51. 岩手・金附 52. 秋田・上熊ノ沢 53・59〜61. 青森・宇田野 (2) 54. 秋田・柏崎館跡 55. 青森・大曲 56・57. 岩手・大日向Ⅱ 58. 岩手・立花南)

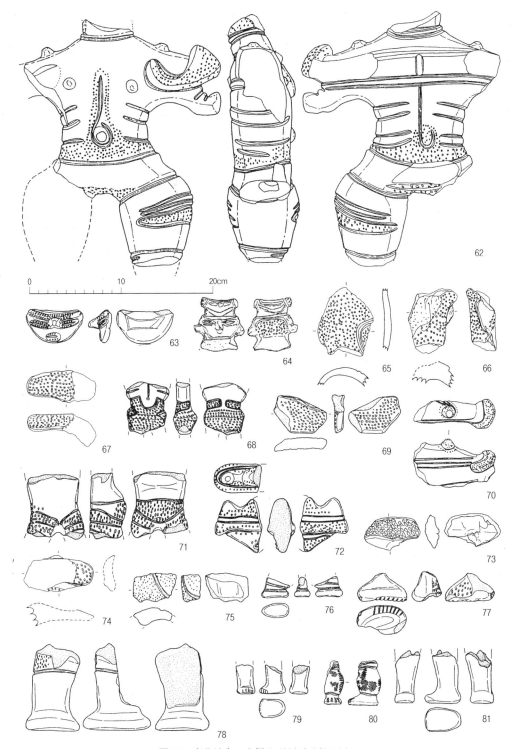

図35 東北地方の土偶5（刺突文土偶ほか）
(62. 宮城・御手足　63・68・69・71・72・75〜79・81. 青森・宇田野(2)　64. 岩手・草ヶ沢　65〜67・74. 岩手・物見崎監物館跡　70. 秋田・地蔵田　73. 岩手・金附　80. 宮城・青木畑)

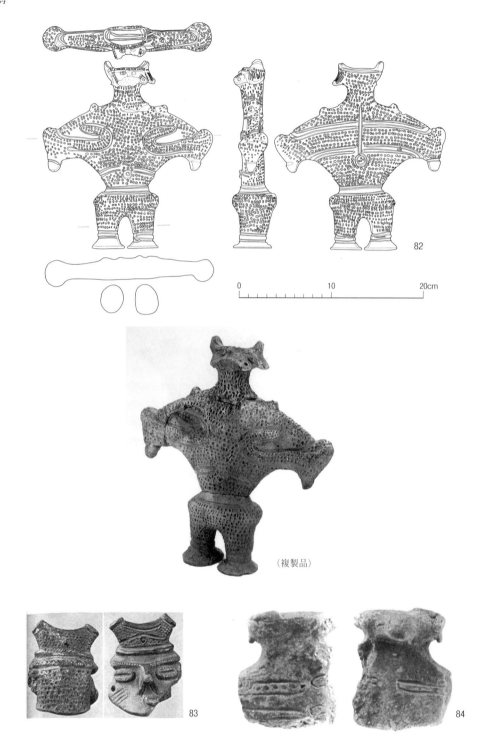

図36 東北地方の土偶6（結髪土偶・刺突文土偶）
(82. 青森・砂沢　83. 山形・上竹野　84. 青森・芋田)

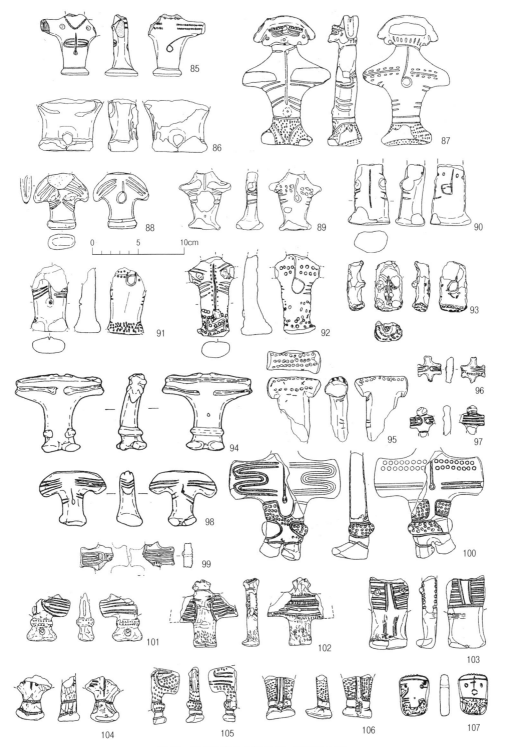

図 37　東北地方の土偶 7（台式奴凧形土偶）
(85. 岩手・九年橋　86・89. 岩手・川岸場Ⅱ　87. 岩手・芦渡　88. 岩手　90. 秋田・中屋敷Ⅱ　91・95. 岩手・金附　92. 岩手・八幡館跡　93. 岩手・立花館　94・98. 岩手・谷起島　96・99. 青森・清水森西　97・100〜107. 青森・砂沢)

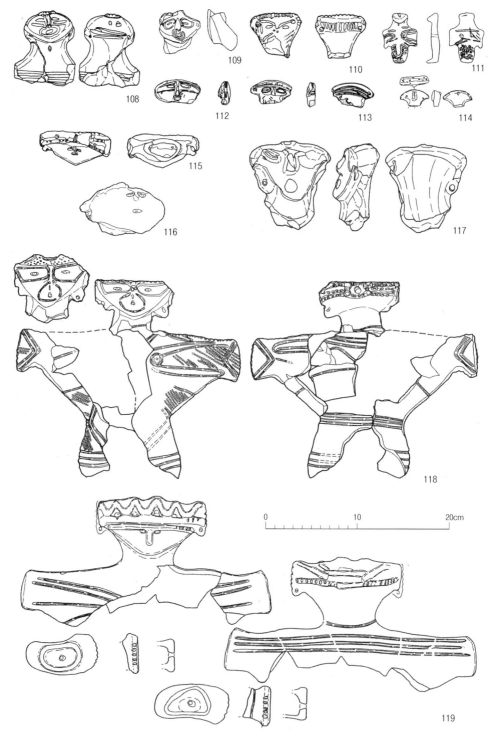

図38 東北地方の土偶 8（弥生中期の土偶）
(108〜110・115・116・118. 青森・垂柳　111・119. 青森・津山　112・113. 秋田・横長根A　114. 岩手・橋本　117. 宮城・南小泉)

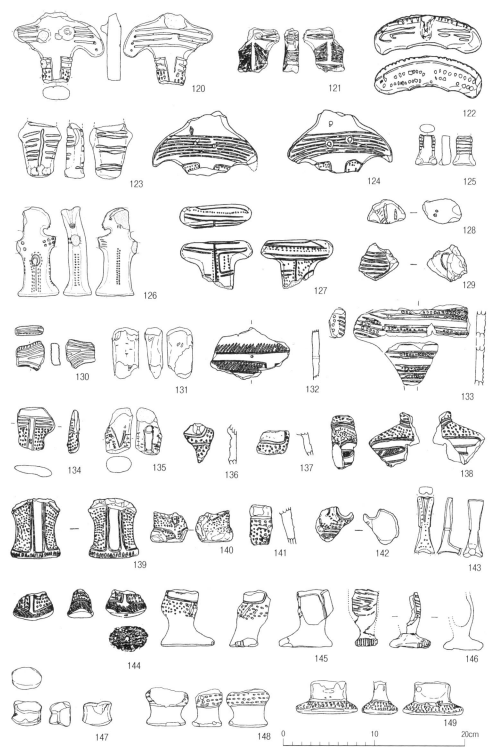

図39　東北地方の土偶9（弥生中・後期の土偶）

（120・125・135・143. 岩手・橋本　121. 青森・瀬野　122・147. 宮城・山王囲　123. 岩手・火行塚　124・128・129・139・140・142. 青森・垂柳　126. 福島・毛萱　127. 宮城・椿貝塚　130. 宮城・下ノ内浦　131. 岩手・金附　132・134・136〜138・141・144・145. 秋田・横長根A　133. 秋田・上熊ノ沢　146. 青森・宇鉄Ⅱ　148. 岩手・浅石　149. 岩手・立花南）

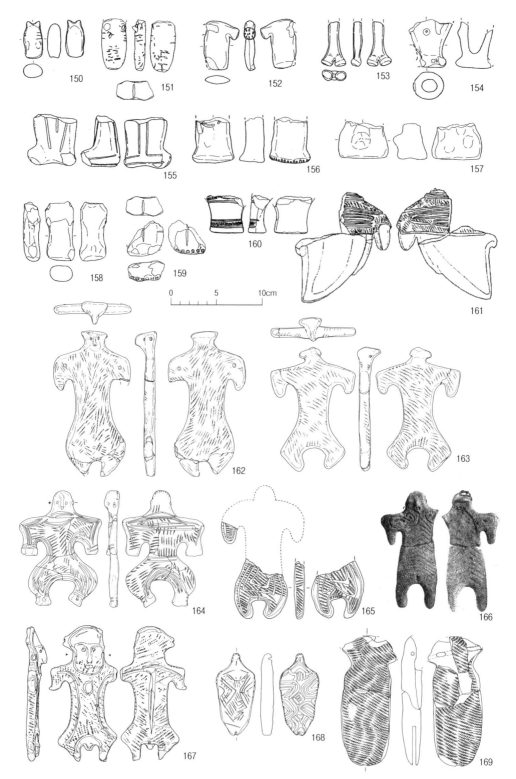

図40 東北地方の土偶10・北海道地方の土偶
(150. 岩手・細田 151・152・154・156・160. 岩手・金附 153. 青森・宇田野(2) 155. 岩手・草ヶ沢 157〜159. 岩手・立花南 161. 青森・宇鉄 162・163. 北海道・大麻3 164. 北海道・柏原18 165. 北海道・無頭川 166. 北海道・大川 167. 北海道・ウサクマイ 168・169. 北海道・札内N)

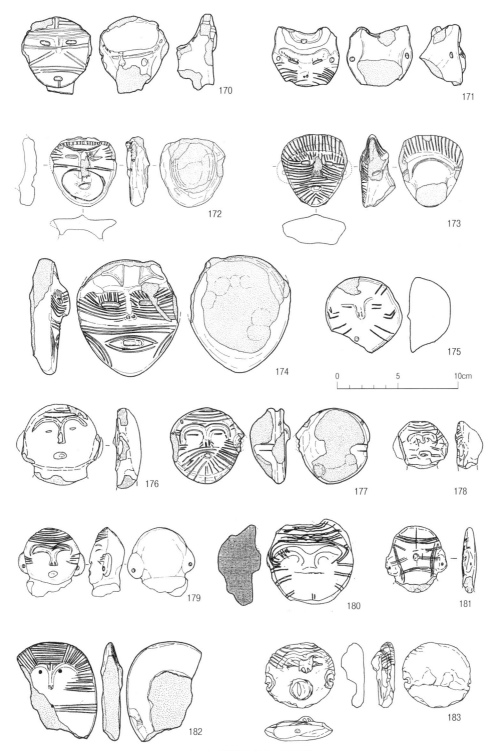

図41　顔面土偶1・その他

(170・171. 千葉. 西広　172. 埼玉・ささら　173. 栃木・三輪仲町　174. 栃木・後藤　175. 岐阜・北裏　176・178・181. 愛知・麻生田大橋　177. 愛知・伊川津貝塚　179. 山梨・金生　180. 滋賀・播磨田城　182. 岐阜・中村　183. 滋賀・赤野井浜)

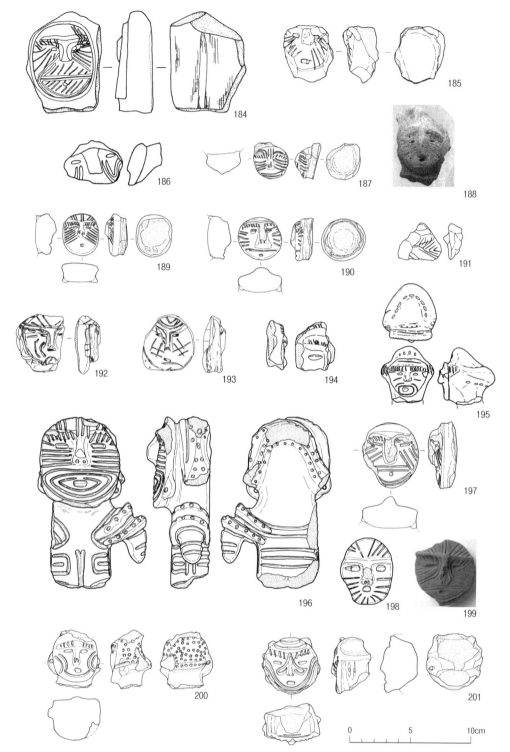

図42 黥面土偶2

(184. 長野・春日 185. 長野・石行 186. 新潟・尾立 187. 長野・篠ノ井 188. 長野・峯畑北 189・190. 長野・氷 191. 長野・屋代清水 192. 長野・阿島 193. 長野・湯渡 194. 長野・大日ノ木 195. 愛知・保美 196. 長野 197. 長野・中原 198. 新潟・松ヶ峰 199. 長野・東反り 200. 長野・屋代 201. 長野・ほうろく屋敷)

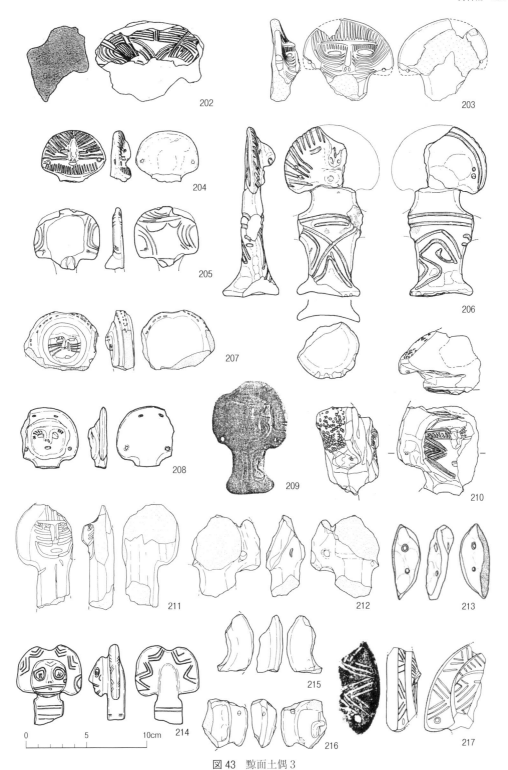

図 43　顆面土偶 3

(202. 滋賀・播磨田城　203. 千葉・池花南　204. 千葉・荒海　205・206. 群馬・沖Ⅱ　207・211・212・215・216. 長野・石行　208. 長野・福沢　209. 長野・唐沢原　210. 愛知・八王子　213. 愛知・朝日　214. 長野・柿ノ木　217. 長野・松節)

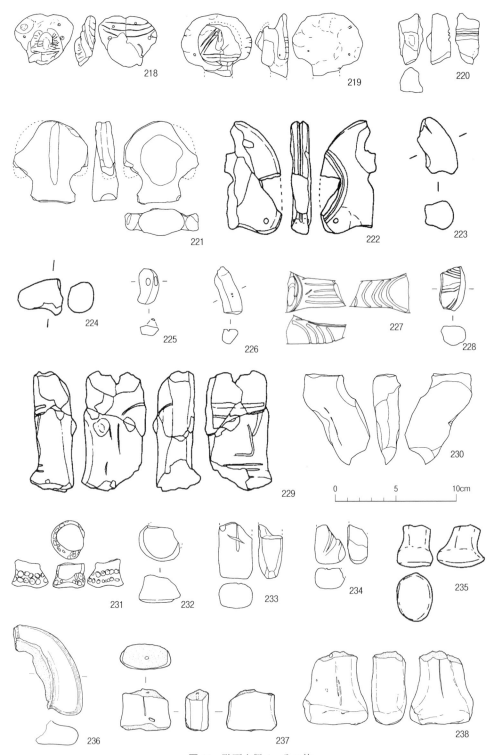

図44 鼹面土偶4・その他
(218〜226・228〜235. 長野・屋代清水 227. 長野・松節 236. 山梨・中道 237・238. 長野・石行)

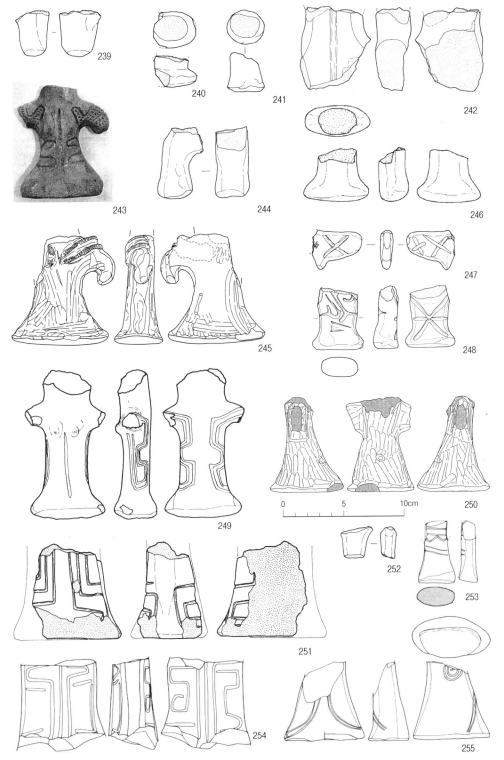

図 45　鼹面土偶 5・その他
(239〜242・244・247・252. 長野・石行　243・248. 長野・上田原　245. 愛知・八王子　246・251. 長野・福沢　249. 山梨・金ノ尾　250. 埼玉・前中西　253〜255. 長野・松節)

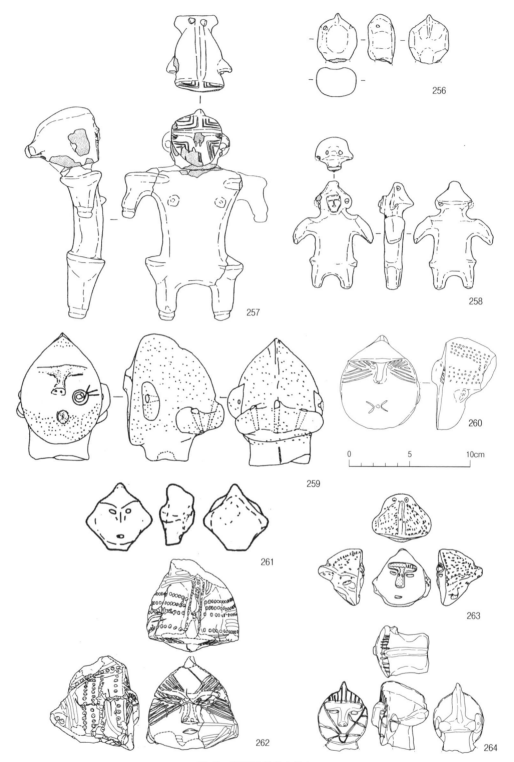

図46 後頭部結髪土偶1

(256〜258・261. 愛知・麻生田大橋 259. 愛知・古沢町 260. 静岡・姫宮 262. 愛知・八王子 263. 長野・大日ノ木 264. 長野・中島A)

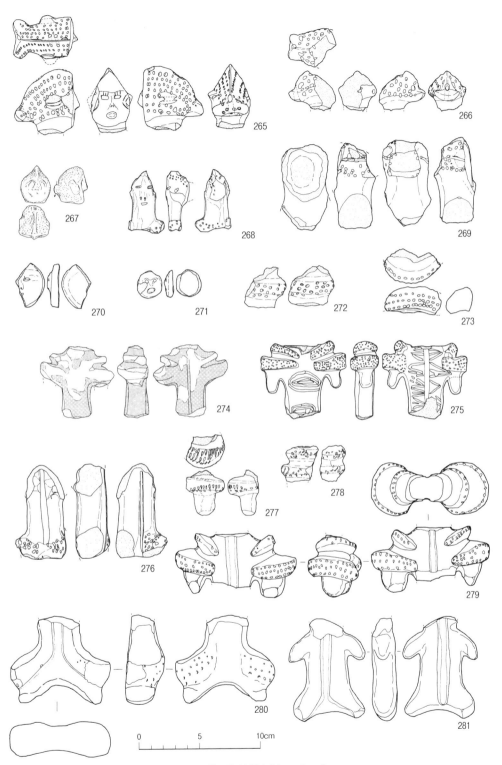

図47　後頭部結髪土偶2・その他
（265・266・268〜278. 長野・石行　267. 長野・氷　279〜281. 長野・中島A）

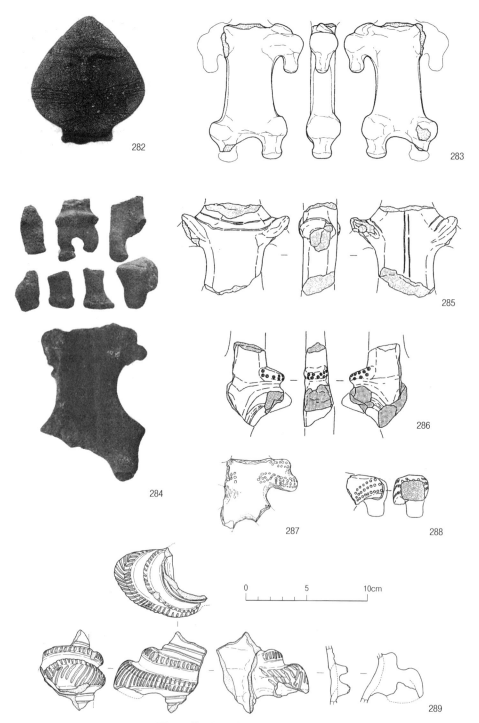

図48 後頭部結髪土偶3・その他

(282. 長野・庄ノ畑 283. 長野・青木沢 284. 愛知・稲荷山貝塚 285・286・288・289. 愛知・麻生田大橋 287. 長野・氷)

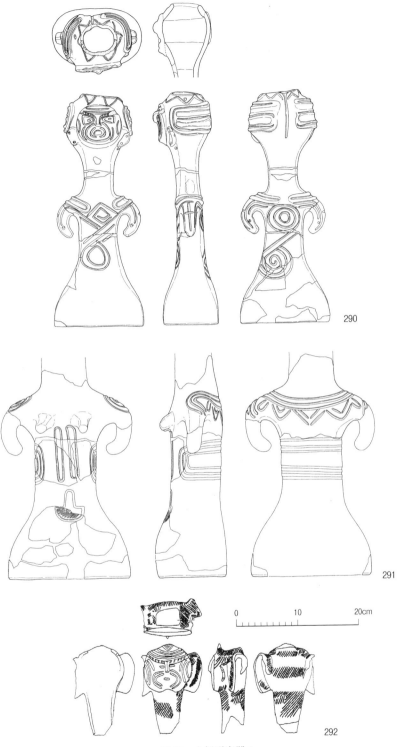

図49　土偶形容器1
（290・291. 長野・渕ノ上　292. 長野・玄与原）

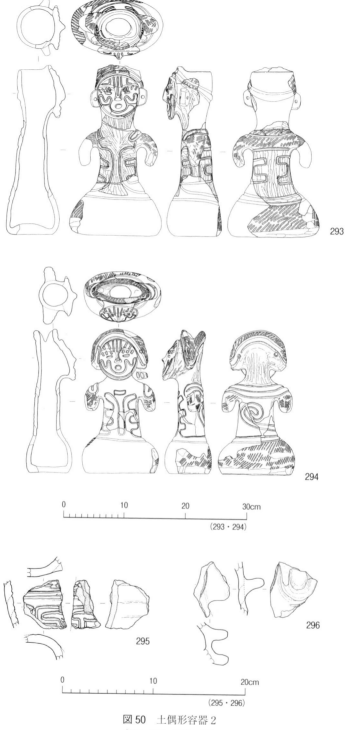

図 50 土偶形容器 2
(293〜296. 山梨・岡)

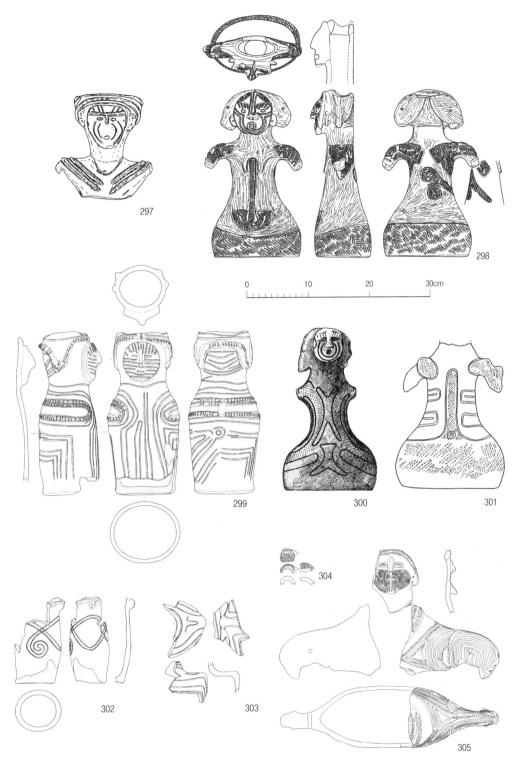

図51 土偶形容器3
(297. 愛知・下橋下　298. 神奈川・中屋敷　299. 長野・下境沢　300. 山梨・坂井　301. 長野・海戸　302. 長野・ほうろく屋敷　303. 長野・スズリ岩　304. 長野・松原　305. 埼玉・池上)

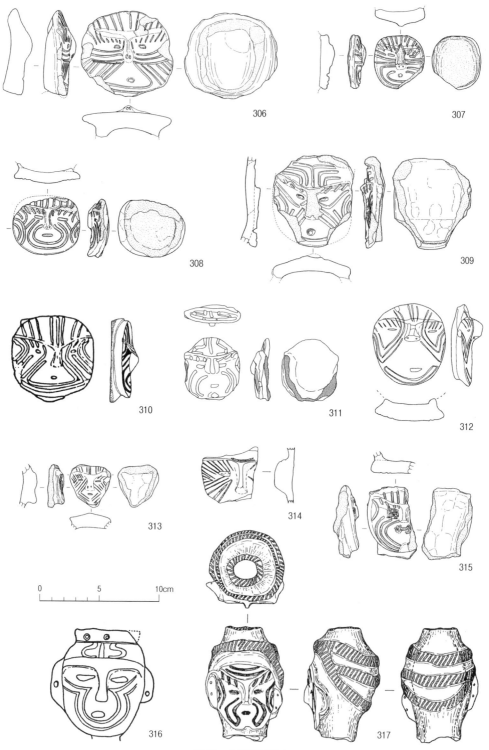

図52　土偶形容器4

(306. 愛知・大蚊里　307. 長野・平出　308. 長野・石行　309. 愛知・白石　310. 長野・上金　311. 岐阜・野笹　312. 長野・屋代清水　313. 愛知・稲荷山貝塚　314. 静岡・姫宮　315. 長野・篠ノ井　316. 長野・海戸（縮尺不明）　317. 長野・館)

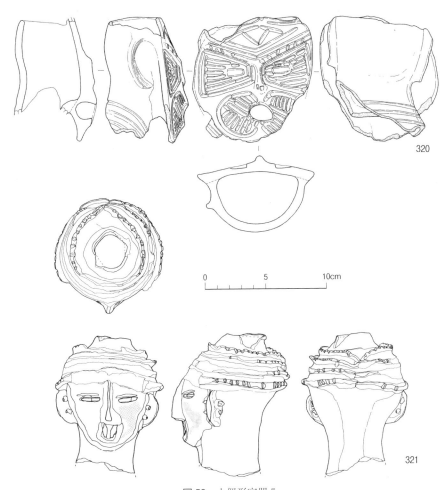

図53 土偶形容器5
(318. 長野・出川南 319. 長野・城ノ内 320. 愛知・矢作川河床 321. 長野・西一本柳)

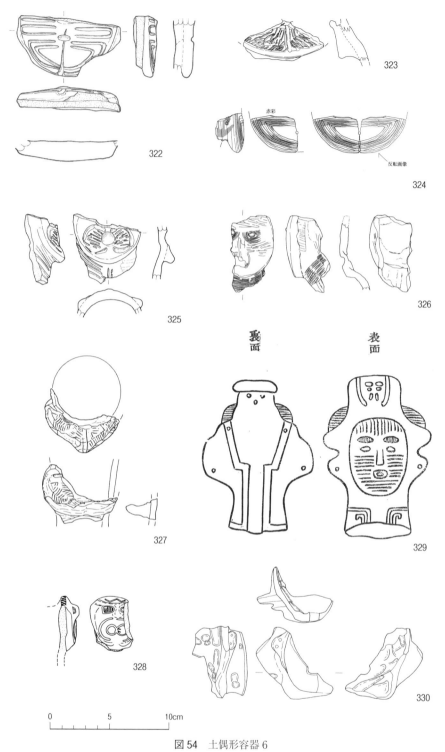

図54 土偶形容器6

(322. 静岡・清水天王山 323・324. 愛知・八王子 325. 愛知・勝川 326. 滋賀・赤野井浜 327. 神奈川・中里 328. 愛知・若磯神社 329. 神奈川(縮尺不明) 330. 長野・西一里塚)

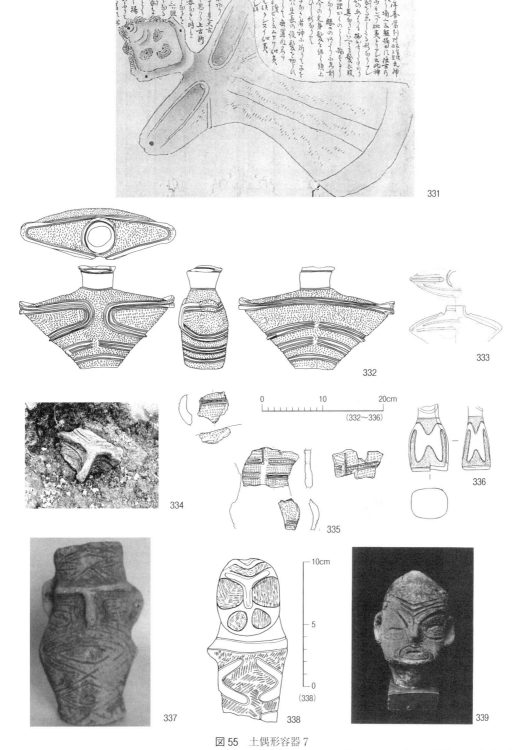

図 55　土偶形容器 7
(331. 北海道　332. 青森・八戸城跡　333・335. 青森・宇田野 (2)　334. 福島・番匠地　336. 宮城・鱸沼　337. 福島・墓料　338. 福島・上野尻　339. 茨城・女方)

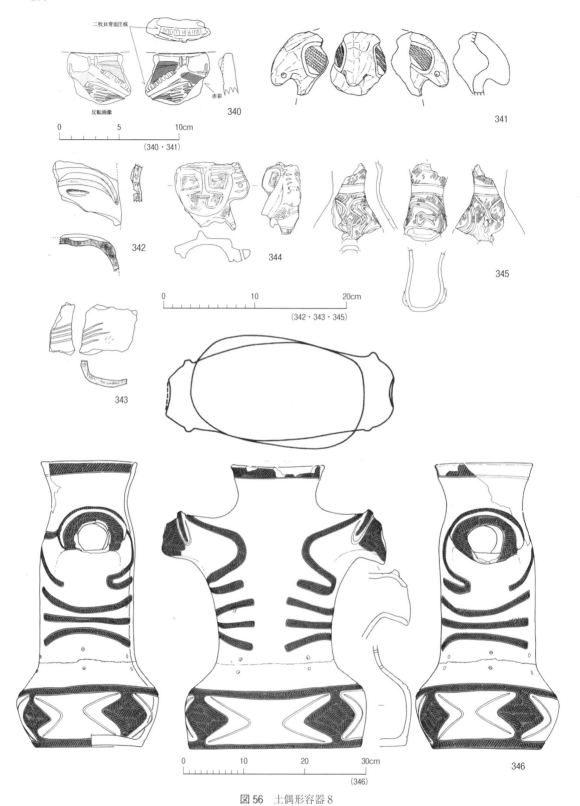

図56 土偶形容器8
(340. 愛知・八王子 341. 埼玉・前中西 342・343. 兵庫・大歳山 344. 福島・徳定A(縮尺不明) 345. 神奈川・中里 346. 新潟・村尻)

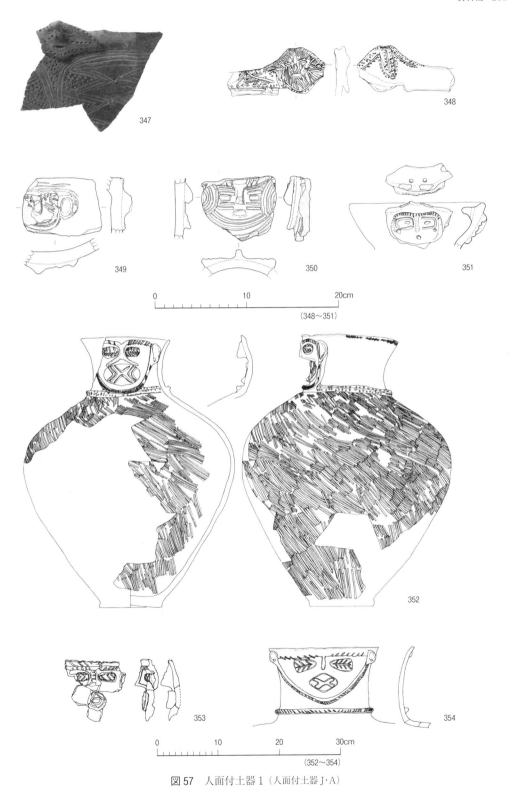

図57 人面付土器1（人面付土器J・A）

(347. 千葉・山武姥山貝塚　348. 千葉・大崎台　349. 長野・氷　350. 愛知・島田陣屋　351. 石川・八日市地方　352〜354. 茨城・小野天神前）

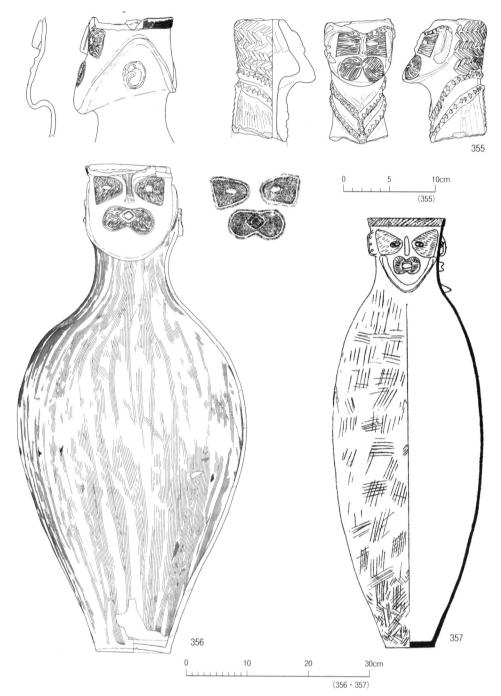

図58 人面付土器2（人面付土器A）
(355. 静岡・角江　356. 茨城・泉坂下　357. 茨城・女方)

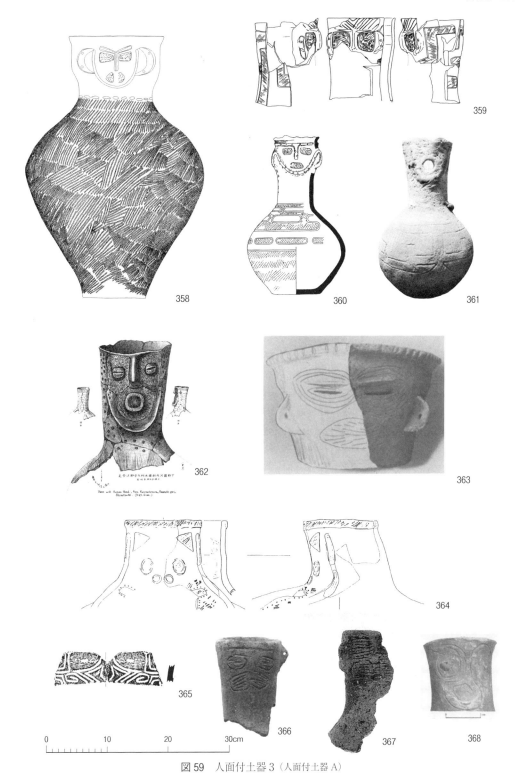

図59　人面付土器3（人面付土器A）

(358. 茨城・海後　359. 福島・鳥内　360. 福島・滝ノ森B　361. 北関東　362. 栃木・野沢　363. 福井・糞置　364. 新潟・緒立　365. 長野・十二ノ后　366. 愛知・市場　367. 長野・寺所　368. 山梨・尾崎原)

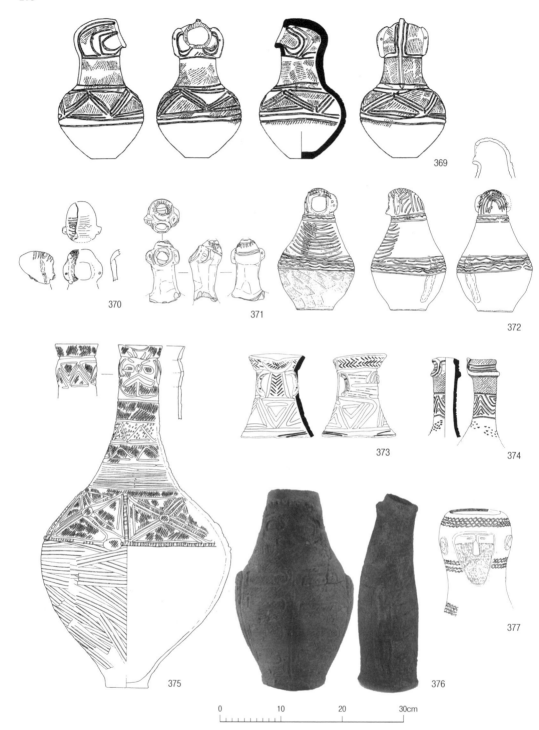

図60 人面付土器 4（人面付土器 A）

(369. 栃木・出流原　370・372. 長野・松原　371. 長野・大手消防署前　373. 福島・滝ノ森 B　374. 長野・杏林製薬 KK 岡谷工場敷地内　375. 埼玉・上敷免　376. 埼玉・広木　377. 千葉・新城）＊縮尺不同

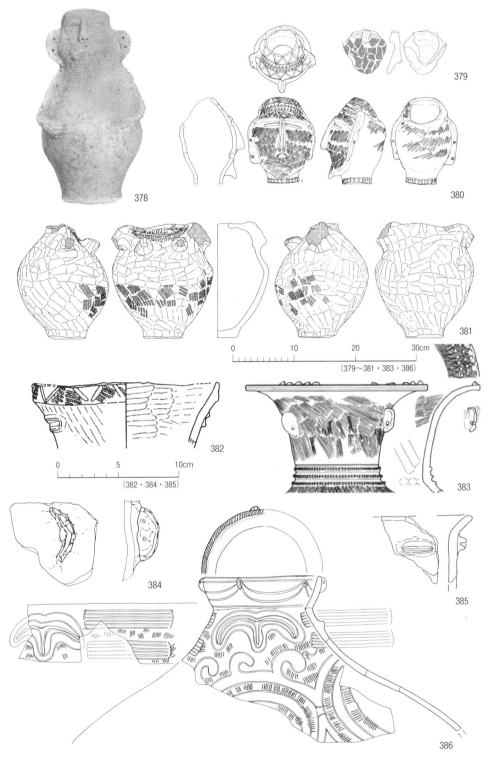

図 61　人面付土器 5（人面付土器 A）
(378. 埼玉・諏訪木　379・381・382. 埼玉・前中西　380. 栃木・大塚古墳群内　383. 愛知・朝日　384. 長野・榎田　385. 群馬・新保田中村前　386. 福島・川原町口)

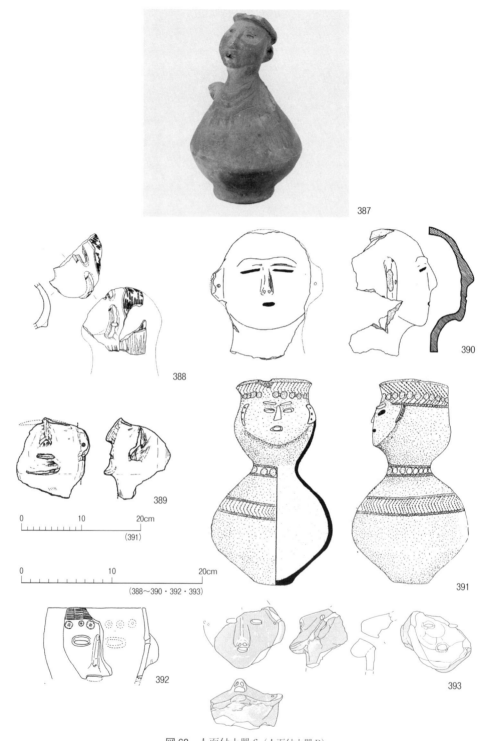

図62　人面付土器6（人面付土器B）
(387. 千葉・三嶋台　388・389. 静岡・有東　390. 神奈川・ひる畑　391. 神奈川・上台　392. 長野・町田　393. 長野)

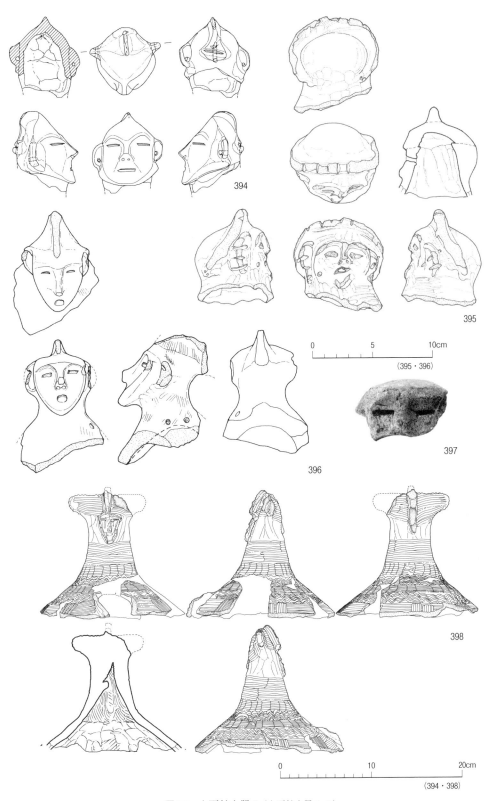

図63 人面付土器7（人面付土器A・B）
(394. 京都・温江 395. 大阪・目垣 396. 島根・西川津 397. 大阪・池島 福万寺 398. 石川・八日市地方)

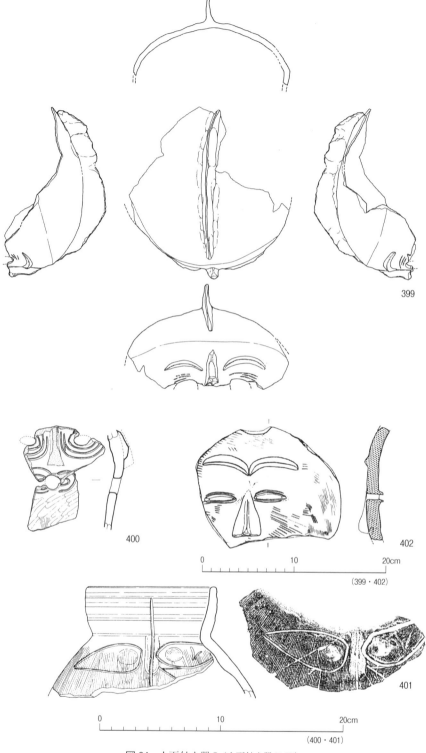

図64 人面付土器8（人面付土器B・W）
（399. 岡山・上原　400. 岡山・田益田中　401. 大阪・亀井　402. 京都・森本）

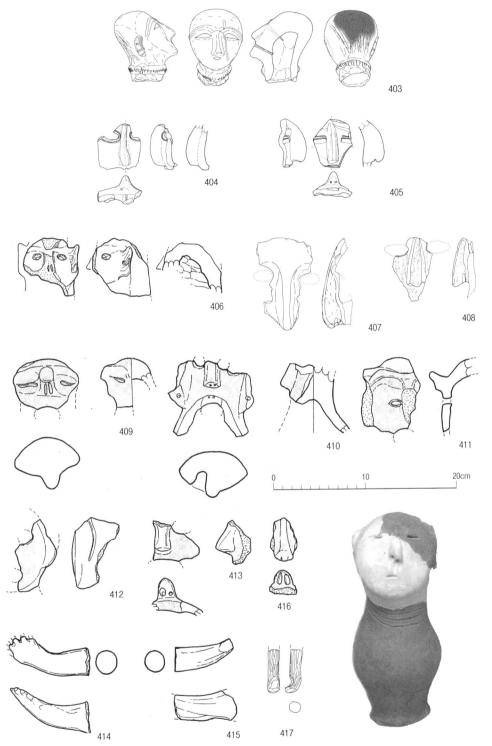

図65 人面付土器9（人面付土器B・C）

(403. 愛媛・祝谷畑中　404. 長野・百瀬　405. 長野・松原　406. 長野・八王子山B　407・408. 長野・榎田　409〜415. 群馬・川端　416・417. 群馬・有馬条里　418. 熊本・秋永)

□ 赤彩

図66 人面付土器10（人面付土器C）
(419〜421. 群馬・小八木志志貝戸　422. 群馬・有馬　423. 長野・西一里塚　424. 群馬・宮山)

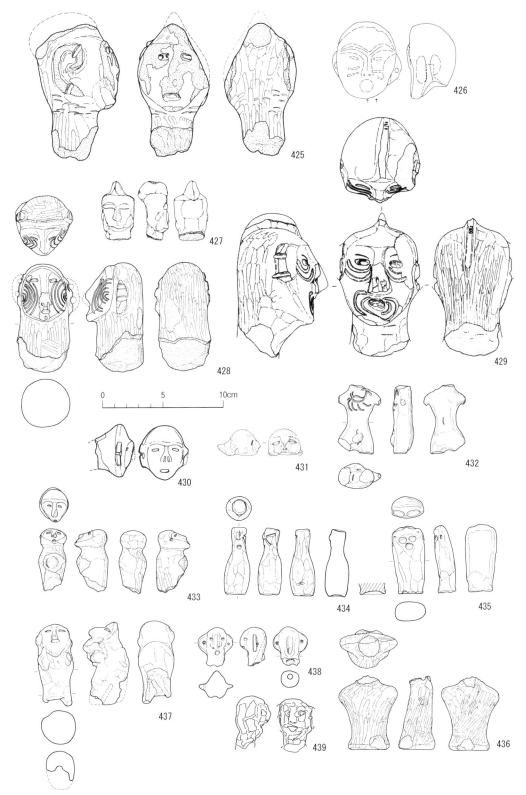

図67 西日本の土偶1（北陸・中部高地地方を含む）
(425. 大阪・東奈良 426. 奈良・纒向 427. 兵庫・長田神社境内 428. 山口・綾羅木郷 429. 香川・鴨部川田 430. 岡山・熊山田 431. 大阪・長原 432. 石川・八日市地方 433〜436. 奈良・唐古・鍵 437. 長野・七瀬 438. 長野・松原 439. 群馬・日高）

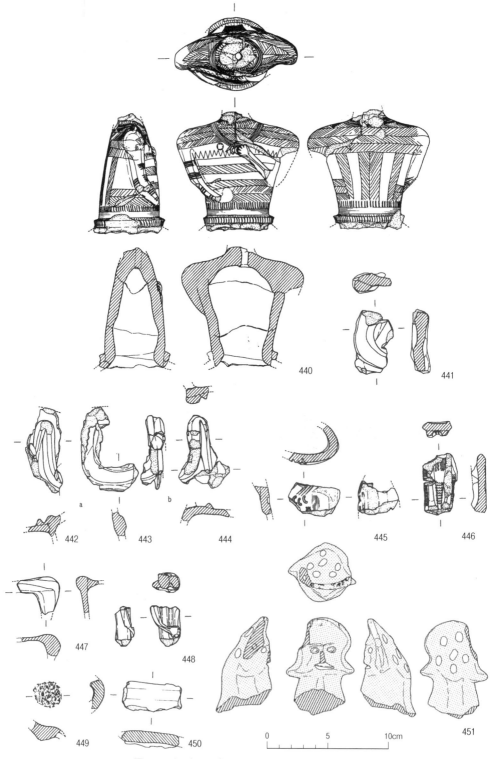

図68 西日本の土偶2（北陸・中部高地地方を含む）
（440～450. 岡山・楯築墳丘墓　451. 長野・寺所）

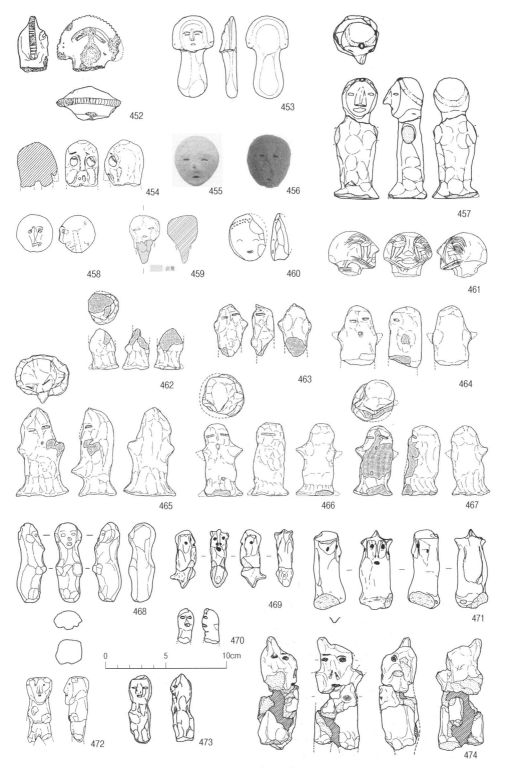

図69　西日本の土偶3

(452. 岡山・福田池尻　453. 岡山・百間川兼基　454. 岡山・熊山田　455. 岡山・南方(済生会)　456. 岡山・南方釜田　457. 岡山・伊福定国前　458. 佐賀・詫田西分　459. 愛媛・土居窪　460. 愛媛・道後鷲谷　461. 岡山・津寺(加茂小)　462〜467. 香川・空港跡地　468. 高知・田村　469・471. 熊本・諏訪原　470. 岡山・百間川原尾島　472. 岡山・高塚　473. 岡山・津島　474. 岡山・竹田)

図70　西日本の土偶 4
(475〜484. 福岡・御床松原　485・486. 福岡・三雲屋敷　487・488. 宮崎・源藤)

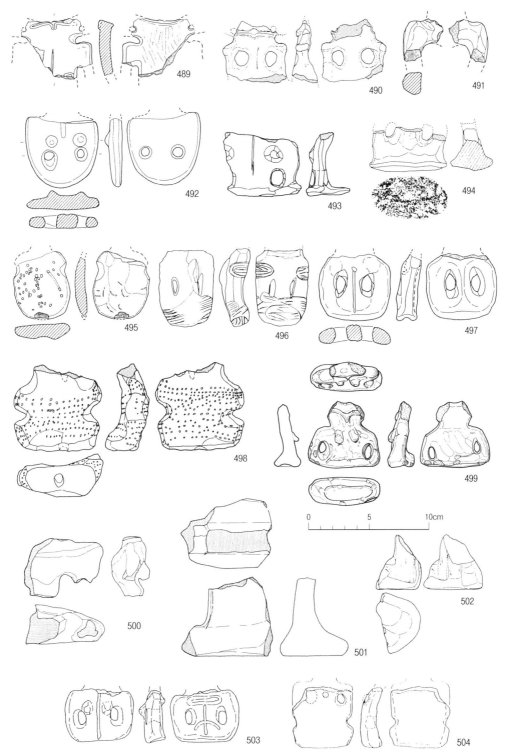

図 71 長原式台式土偶
(489・490・492・494. 大阪・長原　491・495. 京都・京大構内　493. 大阪・西ノ辻　496. 兵庫・雲井　497. 大阪・田井中　498. 大阪・鬼塚　499. 大阪・宮ノ下　500〜502. 兵庫・口酒井　503・504. 愛知・麻生田大橋)

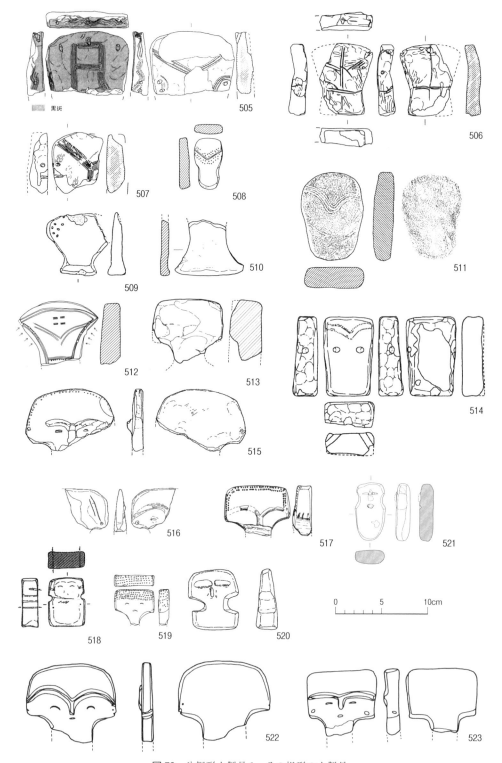

図72 分銅形土製品1・その祖形の土製品

(505〜507. 愛媛・阿方 508. 岡山・真壁 509. 兵庫・丁 柳ケ瀬 510・512. 愛媛・宮前川 511. 岡山・田益田中 513. 山口・明地 514. 香川・龍川五条 515. 愛媛・西石井 516. 愛媛・文京 517. 山口・井上山 518. 岡山・上東 519. 山口・追迫 520. 岡山・西吉田北 521. 岡山・九番丁場 522・523. 愛媛・祝谷六丁場)

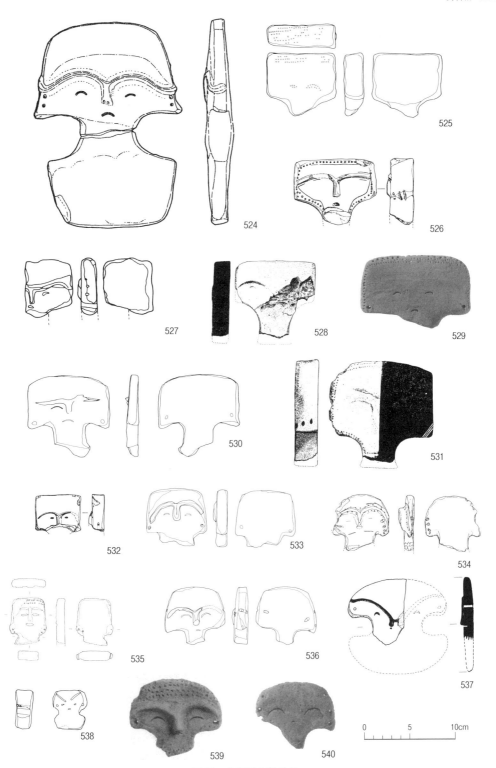

図73 分銅形土製品2

(524. 山口・明地 525・530. 愛媛・祝谷アイリ 526・532. 山口・井上山 527. 愛媛・祝谷六丁場 528. 山口・天王 529. 愛媛・久米高畑 531. 山口・岡山 533・536. 愛媛・福音小学校校内 534. 愛媛・来住廃寺 535. 大阪・新免 537. 愛媛・文京 538. 岡山・下郷原田代 539. 愛媛. 樽味四反地 540. 愛媛・久米地区)

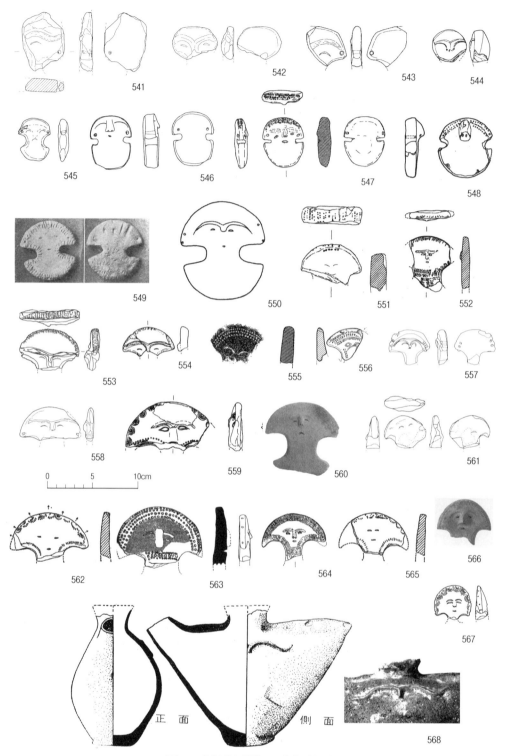

図74 分銅形土製品3・革袋形土器

(541・542・558・561. 愛媛・松山大学構内　543・545・554・557. 愛媛・文京　544. 山口・井上山　546. 鳥取・阿弥大寺　547. 岡山・加茂政所　548. 岡山・足守川矢部南向　549. 広島・御領　550. 愛媛・御幸寺山　551. 岡山・斎富　552. 岡山・足守川加茂B　553. 愛媛・来住廃寺　555. 岡山・旦山　556. 香川・紫雲出山　559. 岡山・上東　560. 香川・綾川河床　562・567. 岡山・用木山　563. 大阪・亀井寺山　564. 岡山・加茂政所　565. 岡山・さくら山　566. 徳島・西長峰　568. 山口・天王)

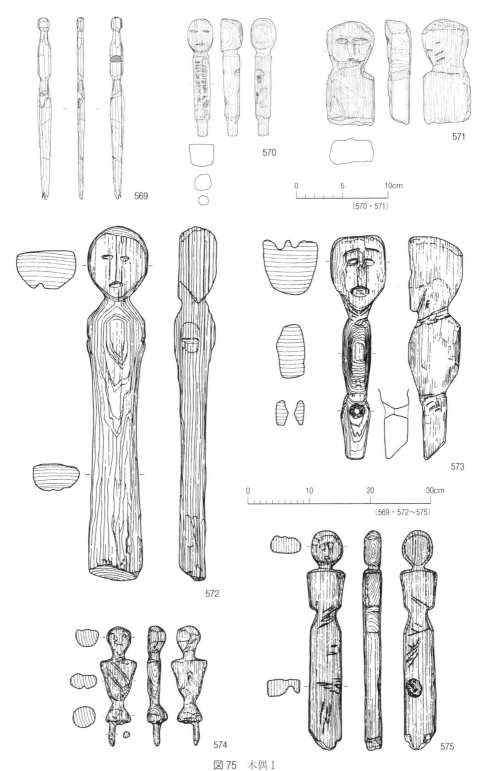

図75　木偶1
(569. 大阪・山賀　570. 愛知・朝日　571. 石川・八日市地方　572・573. 滋賀・大中ノ湖南　574・575. 滋賀・湯ノ部)

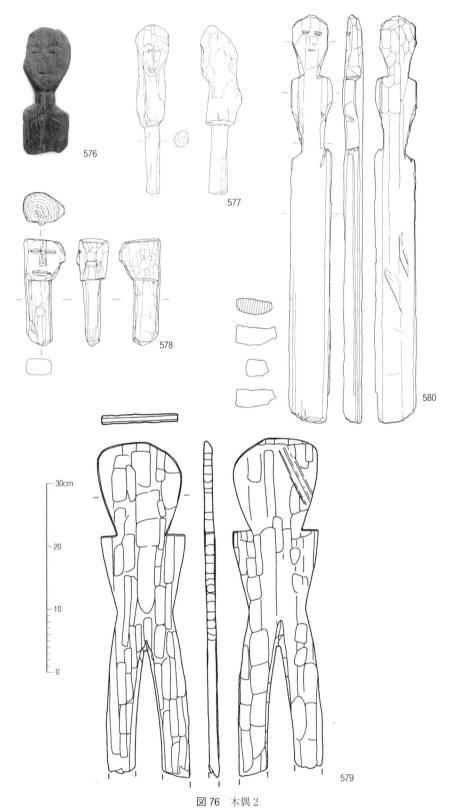

図76　木偶2
(576. 滋賀・下之郷　577. 島根・川向　578. 徳島・庄　579. 鳥取・青谷上寺地　580. 滋賀・赤野井浜)

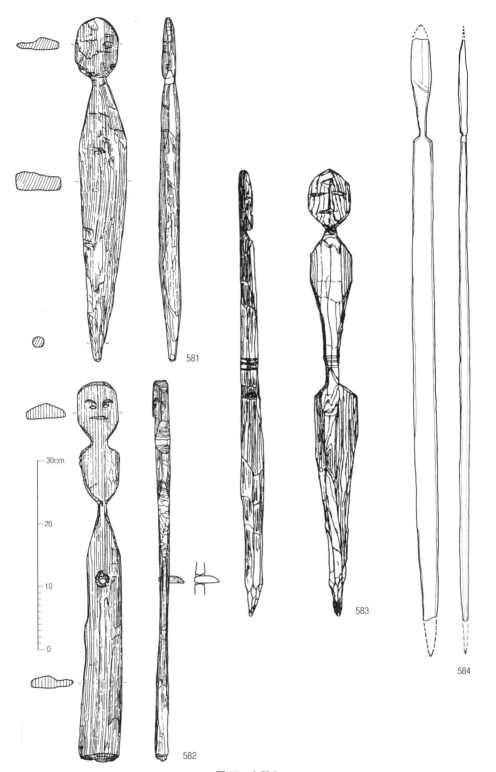

図77　木偶3
（581・582. 滋賀・湯ノ部　583. 滋賀・烏丸崎　584. 大阪・加美）

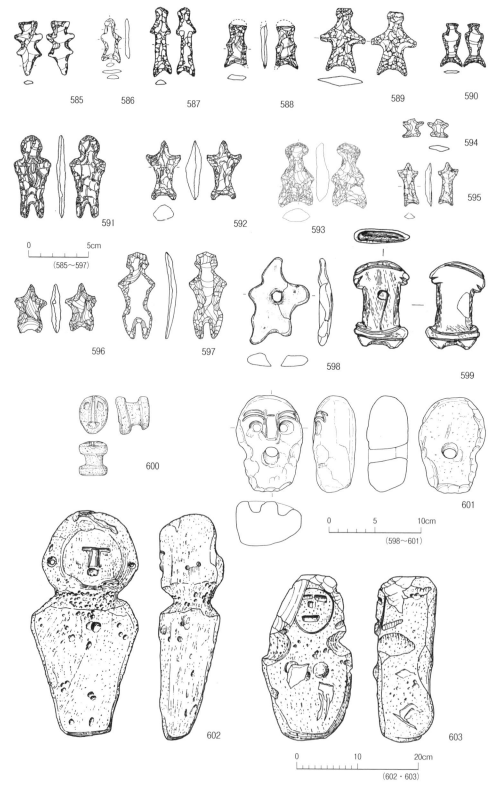

図78 石偶

(585. 北海道・トコロチャシ南尾根　586. 北海道・栄浦第一　587. 北海道・常呂川河口　588. 北海道・吉井の沢Ⅰ　589. 北海道・高砂　590. 北海道・下添山　591・598. 青森・坊主沢　592. 青森・是川中居　593. 青森・稲平　594. 青森・隠里　595. 青森・畑内　596・597. 青森・二枚橋　599. 岩手・蔵屋敷　600. 鳥取・青谷上寺地　601. 長崎・原の辻　602・603. 鹿児島・山ノ口)

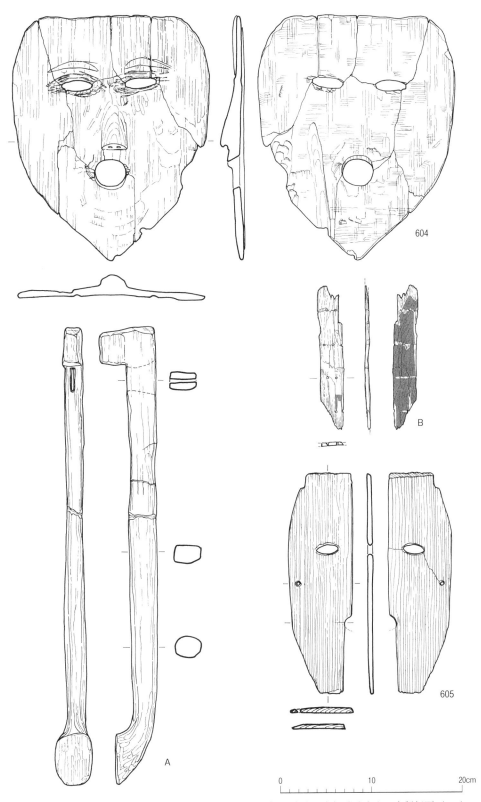

図79 奈良県纒向遺跡土坑出土の木製品（604・A・B）と奈良県大福遺跡出土の木製仮面（605）

弥生時代人物造形品集成一覧表

No.	種別	地図No.	Pref.	遺跡名	所在地	法量 (cm) 長or高 (容器)	幅or径 (容器)	厚
1	結髪土偶	1	秋田	鐙田	秋田県湯沢市山田	16	20.5	
2	結髪土偶	2	青森	大曲Ⅴ号	青森県西津軽郡鰺ヶ沢町建石町字大曲	15.9	4.9	
3	結髪土偶	3	岩手	谷起島	岩手県一関市萩荘字谷起島南方	(6.0)	(6.2)	
4	結髪土偶	4	青森	宇田野（2）	青森県弘前市大字小友字宇田野	2.2	3.4	3.7
5	結髪土偶	1	秋田	鐙田	秋田県湯沢市山田	7.5	10.0	
6	結髪土偶	5	宮城	青木畑	宮城県栗原市一迫島躰竹の内	(3.6)	(5.8)	
7	結髪土偶	3	岩手	谷起島	岩手県一関市萩荘字谷起島南方	(5.6)	(5.8)	
8	結髪土偶	6	岩手	草ヶ沢	岩手県一関市狐禅寺草ヶ沢	(4.2)	(7.0)	
9	結髪土偶	5	宮城	青木畑	宮城県栗原市一迫嶋躰竹の内	(5.0)	(8.6)	
10	結髪土偶	7	宮城	山王囲	宮城県栗原市一迫真坂	(6.4)	(11.6)	
11	結髪土偶	8	青森	清水森西	青森県弘前市十面沢字清水森	(5.2)	(4.2)	
12	結髪土偶	9	岩手	滝大神Ⅰ	岩手県花巻市東和町砂子	6.6	11.1	5.5
13	結髪土偶	10	青森	亀ヶ岡	青森県つがる市木造亀ヶ岡	9.5		
14	結髪土偶	9	岩手	滝大神Ⅰ	岩手県花巻市東和町砂子	(8.0)	(10.2)	
15	結髪土偶	11	岩手	細田	岩手県一関市舞川字細田	(12.2)	(8.2)	
16	結髪土偶	12	岩手	君成田Ⅳ	岩手県九戸郡軽米町大字軽米	(7.4)	(16.8)	
17	結髪土偶	6	岩手	草ヶ沢	岩手県一関市狐禅寺草ヶ沢	(8.0)	(7.6)	
18	結髪土偶	13	青森	砂沢	青森県弘前市三和	(9.0)	(9.4)	
19	結髪土偶	13	青森	砂沢	青森県弘前市三和	(9.6)	(14.2)	
20	結髪土偶	5	宮城	青木畑	宮城県栗原市一迫嶋躰竹の内	(7.6)	(7.8)	
21	結髪土偶		岩手	不明		(11.4)	(16.0)	
22	結髪土偶	14	岩手	大日向Ⅱ	岩手県九戸郡軽米町大字軽米	(6.0)	(7.8)	
23	結髪土偶	4	青森	宇田野（2）	青森県弘前市大字小友字宇田野	4	4.8	1.5
24	結髪土偶	15	岩手	金附	岩手県北上市稲瀬町字金附	(6.0)	(11)	
25	結髪土偶	16	岩手	長谷堂貝塚	岩手県大船渡市猪川町字中井沢	(4.2)	(9.8)	
26	結髪土偶	17	岩手	物見崎・監物館跡	岩手県北上市北上工業団地	5.4	8.3	3.2
27	結髪土偶	18	青森	岩見町	青森県五所川原市金木町喜良市字坂本	(9.4)	(8.2)	
28	結髪土偶	4	青森	宇田野（2）	青森県弘前市大字小友字宇田野	6.5	5.7	4.8
29	結髪土偶	7	宮城	山王囲	宮城県栗原市一迫真坂	(4.4)	(7.2)	
30	結髪土偶	19	岩手	立花南	岩手県北上市立花	5.1	6.1	2.9
31	結髪土偶	7	宮城	山王囲	宮城県栗原市一迫真坂	(5.4)	(9.8)	
32	結髪土偶	20	岩手	川岸場Ⅱ	岩手県奥州市前沢区白山字川岸場	(9.4)	(6.4)	
33	結髪土偶	21	岩手	馬場野Ⅱ	岩手県九戸郡軽米町大字軽米	6.2	4.25	1.67
34	結髪土偶	21	岩手	馬場野Ⅱ	岩手県九戸郡軽米町大字軽米	6.7	5.60	3.00
35	結髪土偶	22	秋田	地蔵田	秋田県秋田市四ツ小屋末戸松本字地蔵田	(7.6)	(8.8)	
36	結髪土偶	13	青森	砂沢	青森県弘前市三和	(6.8)	(6.0)	
37	土偶	19	岩手	立花南	岩手県北上市立花	(2.8)	(3.2)	
38	土偶	15	岩手	金附	岩手県北上市稲瀬町字金附	(4.6)	(2.8)	

出土状況	伴出遺物	時　期	備　考	文献No.
A地点出土	―	大洞A'式？		1
表採品	―	砂川系土器群Ⅲ期		2
―	―			3
遺物密集地点（谷）出土	土偶等	縄文晩期終末〜弥生時代		4
A地点出土	―	大洞A'式？		1
遺物包含層出土	土器、石器多数	弥生	丹塗りの痕跡あり	5
―	―			3
―	―	縄文晩期中葉〜弥生		6
遺物包含層出土	土器、石器多数	弥生	丹塗りの痕跡あり	5
―	―	弥生		7
表採品	―	続縄文		8
C1-5地点Ⅲc層出土	―	―		9
B3区上層出土	―			10
包含層出土	―	弥生時代初期		11
―	―	縄文晩期末葉		12
I57住居址埋土内出土	土器、石器	―		13
―	―	縄文晩期中葉〜弥生		6
A9区攪乱層出土	―	―		14・15
a9 Ⅳ区Ⅳ層出土	―	―		14・15
遺物包含層出土	土器、石器多数	弥生	丹塗りの痕跡あり	5
採集品	―	青木畑式	「岩手県九戸郡軽米町出土」	3
SA32住居跡出土	土器、石器多数	弥生初頭		16
遺物密集地点（谷）出土	土偶等	縄文晩期終末〜弥生時代		4
―	―	縄文晩期末〜弥生時代前期	表と裏の粘土板を貼り合わせる	17
16S攪乱層出土	―	縄文晩期後半	ヘソに刺突	18
E8区Ⅱ層出土	―	―		19
採集品？	土器小片	続縄文		20
遺物密集地点（谷）出土	土偶等	縄文晩期終末〜弥生時代		4
―	―	弥生		7
ⅡA11k地点Ⅲ層出土	―	弥生	刺突中に赤残存	21
―	―	弥生		7
遺構外整地層出土	―	縄文晩期最終末期以降		22
L5区遺構外出土	―	―		23
L5区遺構外出土	―	―	ベンガラ付着	23
遺構外出土	―	―		24
a8 Ⅲ区Ⅳ層出土	―	―		14・15
―	―	―		21
―	―	縄文晩期末〜弥生時代前期		17

No.	種別	地図No.	Pref.	遺跡名	所在地	法量（cm）		
						長or高（容器）	幅or径（容器）	厚
39	結髪土偶	13	青森	砂沢	青森県弘前市三和	(2.4)	(4.6)	
40	結髪土偶	23	宮城	旭壇	宮城県加美郡加美町宮崎字旭壇	(14.8)	(10.2)	
41	結髪土偶	15	岩手	金附	岩手県北上市稲瀬町字金附	(2.2)	(6.4)	
42	板状土偶	13	青森	砂沢	青森県弘前市三和	(6.8)	(4.8)	
43	土偶	13	青森	砂沢	青森県弘前市三和	(6.0)	(11.0)	
44	板状土偶	24	青森	二枚橋	青森県むつ市大畑町大畑二枚橋	6.5		
45	土偶	15	岩手	金附	岩手県北上市稲瀬町字金附	(3.8)	(4.0)	
46	土偶	3	岩手	谷起島	岩手県一関市萩荘字起島南方	(4.0)	(2.8)	
47	土偶	19	岩手	立花南	岩手県北上市立花	(2.0)	(3.4)	
48	土偶	19	岩手	立花南	岩手県北上市立花	3.3	1.6	1.2
49	結髪土偶	19	岩手	立花南	岩手県北上市立花	2.7	8.3	2.8
50	刺突文土偶	25	青森	程森	青森県平川市碇ヶ関	(24.4)	(18.8)	
51	刺突文土偶	15	岩手	金附	岩手県北上市稲瀬町字金附	(6.0)	(5.6)	
52	刺突文土偶	26	秋田	上熊ノ沢	秋田県にかほ市象潟町大須郷字上熊沢	(3.6)	(9.6)	
53	刺突文土偶	4	青森	宇田野（2）	青森県弘前市大字小友字宇田野	5.8	4.3	4.0
54	刺突文土偶	27	秋田	柏崎館跡	秋田県鹿角市十和田毛馬内字柏崎	(11.6)	(8.0)	
55	刺突文土偶	28	青森	大曲	青森県西津軽郡鰺ヶ沢町建石町字大曲	(11.4)	(14.0)	
56	刺突文土偶	14	岩手	大日向Ⅱ	岩手県九戸郡軽米町大字軽米	8.2	16.6	4.6
57	刺突文土偶	14	岩手	大日向Ⅱ	岩手県九戸郡軽米町大字軽米	6.4	6.7	3.4
58	刺突文土偶	19	岩手	立花南	岩手県北上市立花	3.9	2.9	4.1
59	刺突文土偶	4	青森	宇田野（2）	青森県弘前市大字小友字宇田野	8.3	11.6	1.9
60	刺突文土偶	4	青森	宇田野（2）	青森県弘前市大字小友字宇田野	9.5	10.7	2.7
61	刺突文土偶	4	青森	宇田野（2）	青森県弘前市大字小友字宇田野	6.6	6.9	4.0
62	結髪刺突文融合土偶	29	宮城	御手足	宮城県加美郡加美町	(26.4)	(21.8)	
63	土偶	4	青森	宇田野（2）	青森県弘前市大字小友字宇田野	3.5	6.3	2.6
64	刺突文土偶	6	岩手	草ヶ沢	岩手県一関市狐禅寺草ヶ沢	(5.6)	(5.6)	
65	刺突文土偶	17	岩手	物見崎・監物館跡	岩手県北上市北上工業団地	7.2	6.1	0.8
66	刺突文土偶	17	岩手	物見崎・監物館跡	岩手県北上市北上工業団地	6.8	5.4	1.9
67	刺突文土偶	17	岩手	物見崎・監物館跡	岩手県北上市北上工業団地	3.5	7.6	1.4
68	刺突文土偶	4	青森	宇田野（2）	青森県弘前市大字小友字宇田野	5.6	4.7	2.6
69	刺突文土偶	4	青森	宇田野（2）	青森県弘前市大字小友字宇田野	3	5.5	3.4
70	結髪刺突文融合土偶	22	秋田	地蔵田	秋田県秋田市四ツ小屋末戸松本字地蔵田	(5.2)	(9.2)	
71	刺突文土偶	4	青森	宇田野（2）	青森県弘前市大字小友字宇田野	6.6	6.9	4.0
72	刺突文土偶	4	青森	宇田野（2）	青森県弘前市大字小友字宇田野	5.6	5.2	3.0
73	刺突文土偶	15	岩手	金附	岩手県北上市稲瀬町字金附	(4.0)	(6.2)	
74	刺突文土偶	17	岩手	物見崎・監物館跡	岩手県北上市北上工業団地	3.8	7.5	1.3
75	刺突文土偶	4	青森	宇田野（2）	青森県弘前市大字小友字宇田野	3	4.4	1.5
76	土偶	4	青森	宇田野（2）	青森県弘前市大字小友字宇田野	2.2	3	1.5

出土状況	伴出遺物	時　期	備　考	文献No.
A9 Ⅲ区Ⅳ′層出土	—	—		14・15
—	—	縄文晩期後葉？		6
—	—	縄文晩期末～弥生時代前期		17
A10区攪乱層出土	—	—		14・15
a10 Ⅰ区Ⅳ層出土	—	—	中空	14・15
—	—	二枚橋式		25
—	—	縄文晩期末～弥生時代前期		17
弥生・縄文遺物包含層中間出土	土器、石器多数	縄文？弥生？		40
—	—	—		21
Ⅱ A13j 地点Ⅲ層	—	—	顔？	21
Ⅱ A16i 地点Ⅲ層	—	弥生	赤残存	21
—	—	—		26・27
—	—	縄文晩期末～弥生時代前期		17
遺構外出土	—	—		28
遺物密集地点（谷）出土	土偶等	縄文晩期終末～弥生時代		4
遺構外出土	—	—		29
—	—	縄文晩期		30
G Ⅳ～J区Ⅳa～Ⅳb層、G Ⅳ～P区Ⅴ～Ⅶ層出土	—	縄文晩期末		31
F Ⅳ区Ⅳ～Ⅴ層出土	—	縄文晩期末		31
Ⅱ A15h 地点Ⅲ層出土	—	弥生		21
遺物密集地点（谷）出土	土偶等	縄文晩期終末～弥生時代		4
遺物密集地点（谷）出土	土偶等	縄文晩期終末～弥生時代		4
遺物密集地点（谷）出土	土偶等	縄文晩期終末～弥生時代		4
採集品	—	縄文晩期		32・27
遺物密集地点（谷）出土	土偶等	縄文晩期終末～弥生時代		4
—	—	縄文晩期中葉～弥生		6
E5 Ⅰ層出土	—	—		19
F9区盛土出土	—	—		19
G6 Ⅱ層出土	—	—		19
遺物密集地点（谷）出土	土偶等	縄文晩期終末～弥生時代		4
遺物密集地点（谷）出土	土偶等	縄文晩期終末～弥生時代		4
遺構外出土	—	—		24
遺物密集地点（谷）出土	土偶等	縄文晩期終末～弥生時代		4
遺物密集地点（谷）出土	土偶等	縄文晩期終末～弥生時代		4
—	—	縄文晩期末～弥生時代前期		17
G9 Ⅱ層出土	—	—		19
遺物密集地点（谷）出土	土偶等	縄文晩期終末～弥生時代		4
遺物密集地点（谷）出土	土偶等	縄文晩期終末～弥生時代		4

No.	種別	地図No.	Pref.	遺跡名	所在地	法量（cm）		
						長or高（容器）	幅or径（容器）	厚
77	土偶	4	青森	宇田野（2）	青森県弘前市大字小友字宇田野	4	5.8	1.1
78	刺突文土偶	4	青森	宇田野（2）	青森県弘前市大字小友字宇田野	9.1	5.9	7.4
79	土偶	4	青森	宇田野（2）	青森県弘前市大字小友字宇田野	3.1	2.1	2.8
80	結髪土偶	5	宮城	青木畑	宮城県栗原市一迫躰竹の内	(4.8)	(3.6)	
81	土偶	4	青森	宇田野（2）	青森県弘前市大字小友字宇田野	5.5	2.7	4.0
82	刺突文土偶	13	青森	砂沢	青森県弘前市三和	20.1	18.7	4.8
83	結髪土偶	30	山形	上竹野	山形県最上郡大蔵村大字清水字上竹野	―		
84	刺突文土偶	31	青森	芋田	青森県むつ市脇野沢芋田	―		
85	台式土偶	32	岩手	九年橋	岩手県北上市九年橋	6.5	6.2	3.6
86	台式土偶	20	岩手	川岸場Ⅱ	岩手県奥州市前沢区白山字川岸場	(5.6)	(7.4)	
87	台式結髪土偶	33	岩手	芦渡	岩手県下閉伊郡普代村芦渡	(14.0)	(9.6)	
88	台式土偶		岩手	不明		(6.0)	(6.2)	
89	台式土偶	20	岩手	川岸場Ⅱ	岩手県奥州市前沢区白山字川岸場	(6.4)	(5.8)	
90	台式土偶	34	秋田	中屋敷Ⅱ	秋田県仙北郡美郷町土崎字中屋敷	(6.6)	(4.8)	
91	台式土偶	15	岩手	金附	岩手県北上市稲瀬町字金附	(7.0)	(4.4)	
92	台式土偶	35	岩手	八幡館跡	岩手県北上市和賀町煤孫・山口	(8.4)	(5.2)	
93	台式土偶	36	岩手	立花館	岩手県北上市立花	5.2	2.9	2.2
94	台式奴凧形土偶	3	岩手	谷起島	岩手県一関市萩荘字谷起島南方	(8.0)	(10.0)	
95	台式奴凧形土偶	15	岩手	金附	岩手県北上市稲瀬町字金附	(8.0)	(6.0)	
96	台式奴凧形土偶	8	青森	清水森西	青森県弘前市十面沢字清水森	(3.0)	(3.2)	
97	台式奴凧形土偶	13	青森	砂沢	青森県弘前市三和	(3.2)	(3.2)	
98	台式土偶	3	岩手	谷起島	岩手県一関市萩荘字谷起島南方	(6.0)	(7.4)	
99	台式奴凧形土偶	8	青森	清水森西	青森県弘前市十面沢字清水森	(2.8)	(5.2)	
100	台式奴凧形土偶	13	青森	砂沢	青森県弘前市三和	(11.6)	(12.2)	
101	台式奴凧形土偶	13	青森	砂沢	青森県弘前市三和	(5.2)	(4.6)	
102	台式奴凧形土偶	13	青森	砂沢	青森県弘前市三和	(7.4)	(6.4)	
103	台式土偶	13	青森	砂沢	青森県弘前市三和	(8.0)	(4.4)	
104	台式土偶	13	青森	砂沢	青森県弘前市三和	(5.2)	(4.0)	
105	台式奴凧形土偶	13	青森	砂沢	青森県弘前市三和	(6.0)	(3.2)	
106	台式土偶	13	青森	砂沢	青森県弘前市三和	(4.8)	(3.6)	
107	板状土偶	13	青森	砂沢	青森県弘前市三和	4.2	3.4	1.0
108	結髪土偶	37	青森	垂柳	青森県南津軽郡田舎館村大字垂柳字松立	(8.0)	(6.8)	
109	結髪土偶	37	青森	垂柳	青森県南津軽郡田舎館村大字垂柳字松立	(4.4)	(4.6)	

出土状況	伴出遺物	時　期	備　考	文献No.
遺物密集地点（谷）出土	土偶等	縄文晩期終末〜弥生時代		4
遺物密集地点（谷）出土	土偶等	縄文晩期終末〜弥生時代		4
遺物密集地点（谷）出土	土偶等	縄文晩期終末〜弥生時代		4
遺物包含層出土	土器、石器多数	弥生	丹塗りの痕跡あり	5
遺物密集地点（谷）出土	土偶等	縄文晩期終末〜弥生時代		4
採集品	—	砂沢式		33・34
採集品	—	弥生		35
—	—	弥生		30
I10区0層出土	—	縄文晩期終末		36
遺構外整地層出土	—	縄文晩期最終末期以降		22
—	—	弥生		6
採集品	—	青木畑式	「岩手県九戸郡軽米町出土」	3
遺構外整地層出土	—	縄文晩期最終末期以降		22
ST37捨て場出土	土器・石器多数	縄文晩期〜弥生前期	胴部のみ	37
—	—	縄文晩期末〜弥生時代前期		17
E26グリッドⅡ層下位面土坑No.3壁際出土	—	—		38
第1土壙（墓壙か？）堆積土中	蛤刃状磨製石斧	弥生前期		39
弥生包含層出土	土器、石器、土製品	—		40
—	—	縄文晩期末〜弥生時代前期		17
表採品	—	続縄文		8
A9 Ⅰ区Ⅳ層出土	—	—		14・15
弥生包含層出土	土器、石器、土製品	—		40
表採品	—	続縄文		8
A9 Ⅱ区攪乱層出土	—	—		14・15
A9 Ⅱ区攪乱層出土	—	—		14・15
a10区Ⅲ層出土	—	—		14・15
A10区攪乱層出土	—	—		14・15
A10区攪乱層出土	—	—		14・15
B9 Ⅰ区表土出土	—	—		14・15
A10区Ⅲ（Ⅳ？）層出土	—	—		14・15
表採品	多量の砂沢式土器片	—		41
—	—	田舎館式期		7
—	—	田舎館式期		7

No.	種別	地図No.	Pref.	遺跡名	所在地	法量（cm）		
						長or高（容器）	幅or径（容器）	厚
110	結髪土偶	37	青森	垂柳	青森県南津軽郡田舎館村大字垂柳字松立	(4.6)	(7.6)	
111	台式奴凧形土偶	38	青森	津山	青森県西津軽郡深浦町大字轟木字津山	(5.2)	(4.0)	
112	結髪土偶	39	秋田	横長根A	秋田県男鹿市払戸横長根	(2.8)	(5.2)	
113	結髪土偶	39	秋田	横長根A	秋田県男鹿市払戸横長根	(3.2)	(4.8)	
114	結髪土偶	40	岩手	橋本	岩手県奥州市水沢区姉体町	(2.0)	(3.2)	
115	結髪土偶	37	青森	垂柳	青森県南津軽郡田舎館村大字垂柳字松立	(3.6)	(8.0)	
116	結髪土偶	37	青森	垂柳	青森県南津軽郡田舎館村大字垂柳字松立	(5.6)	(9.6)	
117	結髪土偶	41	宮城	南小泉	宮城県仙台市若林区南小泉・遠見塚・古城	10	9.5	
118	結髪土偶	37	青森	垂柳	青森県南津軽郡田舎館村大字垂柳字松立	(21.2)	(24.8)	
119	結髪土偶	38	青森	津山	青森県西津軽郡深浦町大字轟木字津山	(14.0)	(27.6)	
120	結髪土偶	40	岩手	橋本	岩手県奥州市水沢区姉体町	(7.2)	(9.8)	
121	結髪土偶	42	青森	瀬野	青森県むつ市脇野沢瀬野	4.73	2.75	3.04
122	結髪土偶	7	宮城	山王囲	宮城県栗原市一迫真坂	(4.4)	(12.0)	
123	台式土偶	43	岩手	火行塚	岩手県二戸市石切所字火行塚	5.6	4.6	1.8
124	結髪土偶	37	青森	垂柳	青森県南津軽郡田舎館村垂柳	(6.8)	(11.6)	
125	台式土偶	40	岩手	橋本	岩手県奥州市水沢区姉体町	(3.2)	(1.8)	
126	台式結髪土偶	44	福島	毛萱	福島県双葉郡富岡町毛萱	(8.4)		
127	台式奴凧形土偶	45	宮城	椿貝塚	宮城県亘理郡亘理町逢隈上郡字椿	(5.2)	(8.0)	
128	土偶	37	青森	垂柳	青森県南津軽郡田舎館村大字垂柳字松立	(2.8)	(4.4)	
129	結髪土偶	37	青森	垂柳	青森県南津軽郡田舎館村大字垂柳字松立	(4.0)	(4.4)	
130	結髪土偶	46	宮城	下ノ内浦	宮城県仙台市太白区長町南他	3.15	3.0	0.9
131	土偶	15	岩手	金附	岩手県北上市稲瀬町字金附	(5.6)	(2.8)	
132	土偶	39	秋田	横長根A	秋田県男鹿市払戸横長根	(5.2)	(8.8)	
133	刺突文土偶	26	秋田	上熊ノ沢	秋田県にかほ市象潟町大須郷字上熊沢	(8.0)	(12.8)	
134	刺突文土偶	39	秋田	横長根A	秋田県男鹿市払戸横長根	(4.8)	(4.0)	
135	刺突文土偶	40	岩手	橋本	岩手県奥州市水沢区姉体町	(4.8)	(2.8)	
136	刺突文土偶	39	秋田	横長根A	秋田県男鹿市払戸横長根	(4.0)	(3.6)	
137	刺突文土偶	39	秋田	横長根A	秋田県男鹿市払戸横長根	(2.4)	(3.6)	
138	結髪刺突文融合土偶	39	秋田	横長根A	秋田県男鹿市払戸横長根	(6.0)	(6.0)	
139	刺突文土偶	37	青森	垂柳	青森県南津軽郡田舎館村大字垂柳字松立	(5.6)	(5.6)	
140	刺突文土偶	37	青森	垂柳	青森県南津軽郡田舎館村大字垂柳字松立	(3.6)	(4.4)	
141	刺突文土偶	39	秋田	横長根A	秋田県男鹿市払戸横長根	(4.4)	(2.4)	
142	刺突文土偶	37	青森	垂柳	青森県南津軽郡田舎館村大字垂柳字松立	(4.0)	(4.2)	
143	土偶	40	岩手	橋本	岩手県奥州市水沢区姉体町	(6.0)	(2.4)	
144	刺突文土偶	39	秋田	横長根A	秋田県男鹿市払戸横長根	(3.2)	(4.4)	
145	刺突文土偶	39	秋田	横長根A	秋田県男鹿市払戸横長根	(6.4)	(6.0)	

出土状況	伴出遺物	時　期	備　考	文献No.
―	―	田舎館式		7
柱穴群の柱穴内出土	土器	弥生		42
遺構外出土	―	弥生		43
遺構外出土	―	弥生		43
―	―	弥生中期中葉		44
柱穴出土	―	縄文晩期		45
発掘区内包含層出土	―	縄文晩期		45
―	―	桝形囲式		46
発掘区内包含層出土	―	縄文晩期		45
第1号竪穴住居跡出土	土器、石器、礫	弥生前期		42
―	―	弥生中期中葉		44
竪穴住居址内 S-4 区Ⅲb層出土	多量の土器	二枚橋式？		47
―	―	弥生		7
―	―	―		48
G11-A 区出土	大量の土器片	―		49
―	―	弥生中期中葉		44
土壙内出土	土器片	弥生中期初頭		50
―	―	縄文晩期後葉		6
発掘区内包含層出土	―	縄文晩期		45
発掘区内包含層出土	―	縄文晩期		45
Ⅲ区B15第7層（遺物包含層）出土	土器、石器多数	弥生		51
―	―	縄文晩期末～弥生時代前期	粘土板3枚を貼り合わせる	17
遺構外出土	―	弥生		43
遺構外出土	―	―		27
遺構外出土	―	弥生		43
―	―	弥生中期中葉		44
第1号竪穴住居址出土	―	弥生		43
遺構外出土	―	弥生		43
第1号竪穴住居址出土	―	弥生		43
発掘区内包含層出土	―	縄文晩期		45
発掘区内包含層出土	―	縄文晩期		45
遺構外出土	―	弥生		43
発掘区内包含層出土	―	縄文晩期		45
―	―	弥生中期中葉		44
遺構外出土	―	弥生		43
遺構外出土	―	弥生		43

No.	種別	地図No.	Pref.	遺跡名	所在地	法量（cm）		
						長or高（容器）	幅or径（容器）	厚
146	結髪刺突文融合土偶	47	青森	宇鉄Ⅱ	青森県東津軽郡外ヶ浜町字三厩釜野澤	5.7	3.1	
147	土偶	7	宮城	山王囲	宮城県栗原市一迫真坂	5.63	3.21	2.18
148	刺突文土偶	48	岩手	浅石	岩手県二戸市似鳥字嘔ノ坂	(4.0)	(4.8)	
149	刺突文土偶	19	岩手	立花南	岩手県北上市立花	3.5	3.9	6.7
150	板状土偶	11	岩手	細田	岩手県一関市舞川字細田	(4.0)	(2.0)	
151	板状土偶	15	岩手	金附	岩手県北上市稲瀬町字金附	(5.6)	(3.2)	
152	台式奴凧形土偶	15	岩手	金附	岩手県北上市稲瀬町字金附	(5.4)	(4.0)	
153	土偶	4	青森	宇田野（2）	青森県弘前市大字小友字宇田野	4.6	1.1	1
154	台式土偶	15	岩手	金附	岩手県北上市稲瀬町字金附	(5.2)	(4.8)	
155	台式土偶	6	岩手	草ヶ沢	岩手県一関市狐禅寺草ヶ沢	(5.6)	(5.2)	
156	台式土偶	15	岩手	金附	岩手県北上市稲瀬町字金附	(4.8)	(4.5)	
157	台式土偶	19	岩手	立花南	岩手県北上市立花	3.1	5.4	3.6
158	台式土偶	19	岩手	立花南	岩手県北上市立花	6.3	3.2	1.8
159	結髪土偶	19	岩手	立花南	岩手県北上市立花	3.7	4	2.1
160	結髪土偶	15	岩手	金附	岩手県北上市稲瀬町字金附	(4.0)	(4.0)	
161	結髪刺突文融合土偶	49	青森	宇鉄	青森県東津軽郡外ヶ浜町字三厩釜野澤	(11.8)	(10.6)	
162	土偶	50	北海道	大麻3	北海道江別市大麻元町	15.4	8.6	1.1～1.3
163	土偶	50	北海道	大麻3	北海道江別市大麻元町	13.3	9.2	1.1～1.2
164	土偶	51	北海道	柏原18	北海道苫小牧市字柏原	12.30	9.00	1.00
165	土偶	52	北海道	無頭川	北海道富良野市		5.7	
166	土偶	53	北海道	大川	北海道余市郡余市町大川町	16	11	1.5
167	土偶	54	北海道	ウサクマイ	北海道千歳市蘭越	14.5	7.6	1.2
168	土偶	55	北海道	札内N	北海道中川郡幕別町字札内西町・字依田	8.7	4.3	1.4
169	土偶	55	北海道	札内N	北海道中川郡幕別町字札内西町・字依田	13.6	5.9	2.2
	土偶	55	北海道	札内N	北海道中川郡幕別町字札内西町・字依田	－		
	土偶	55	北海道	札内N	北海道中川郡幕別町字札内西町・字依田	－		
	土偶	55	北海道	札内N	北海道中川郡幕別町字札内西町・字依田	－		
	土偶	55	北海道	札内N	北海道中川郡幕別町字札内西町・字依田	－		
	土偶	55	北海道	札内N	北海道中川郡幕別町字札内西町・字依田	－		
	土偶	55	北海道	札内N	北海道中川郡幕別町字札内西町・字依田	－		

出土状況	伴出遺物	時　期	備　考	文献No.
5号土壙第Ⅱ層出土	カップ形土器	縄文晩期後半～田舎館式？		52
M区第8号竪穴住居跡柱穴5出土	―	弥生Ⅱb期		53
ⅠD5e地点Ⅲa層出土	―	弥生前期～中期		54
ⅡA12j地点Ⅲ層（下）出土	―	弥生	足？赤残存	21
遺構外ⅡC2bNE区Ⅲ上層出土	―	縄文晩期末葉		12
―	―	縄文晩期末～弥生時代前期		17
―	―	縄文晩期末～弥生時代前期		17
遺物密集地点（谷）出土	土偶等	縄文晩期終末～弥生時代		4
―	―	縄文晩期末～弥生時代前期		17
―	―	縄文晩期中葉～弥生		6
―	―	縄文晩期末～弥生時代前期		17
ⅡA15i地点Ⅲ層	―	弥生	赤彩	21
ⅡA11k地点Ⅲ層	―	弥生	ごく少量の赤？	21
ⅡA15h地点Ⅲ層	―	弥生	赤彩	21
A区3層出土	―	縄文晩期末～弥生前期		55
―	―	弥生		56
土壙1出土	土器、土偶	―	163が上部、162が下部で重なった状態で出土	57
土壙1出土	土器、土偶	―	163が上部、162が下部で重なった状態で出土	57
I-13グリッド2B層出土	―	続縄文	両面の所々に赤色顔料がみられる	58
Pit218出土	土器	縄文晩期中葉	全面に朱塗り。全長は推定10～15cm程度	59
採集品？	―	続縄文		60
採集品	―	縄文晩期～続縄文		61
2区土壙25出土	土器、土偶等土製品、石器等	縄文晩期	器面の一部に僅かな赤色の彩色。女性像	62
2区土壙25出土	土器、土偶等土製品、石器等	縄文晩期	器面に赤色の彩色。男性像の可能性	62
2区発掘区内出土	―	縄文晩期？	（図非掲載）	62
2区発掘区内出土	―	縄文晩期？	（図非掲載）	62
2区発掘区内出土	―	縄文晩期？	（図非掲載）	62
2区発掘区内出土	―	縄文晩期？	上部側面のみに赤色の彩色（図非掲載）	62
2区土壙52、土壙61出土	土器、石器等	縄文晩期	（図非掲載）	62
2区発掘区内出土	―	縄文晩期？	（図非掲載）	62
2区土壙46出土	土器、石器	縄文晩期	2区土壙35出土品と同一個体の可能性（図非掲載）	62

No.	種別	地図No.	Pref.	遺跡名	所在地	法量（cm）		
						長or高（容器）	幅or径（容器）	厚
	土偶	55	北海道	札内N	北海道中川郡幕別町字札内西町・字依田	—		
170	土偶	56	千葉	西広	千葉県市原市西広字上ノ原	((5.1(顔面部))	((4.8(顔面部))	
171	土偶	56	千葉	西広	千葉県市原市西広字上ノ原	((5.8(顔面部))	((6.0(顔面部))	
172	土偶	57	埼玉	ささら	埼玉県蓮田市東	(5.7)	(5.4)	
173	顔面土偶	58	栃木	三輪仲町	栃木県那須郡那珂川町三輪字仲町	(5.85)	(5.4)	
174	顔面土偶	59	栃木	後藤	栃木県栃木市藤岡町都賀	((9.3(顔面部))	((8.1(顔面部))	
175	土偶	60	岐阜	北裏	岐阜県可児市土田北裏	((6.1(顔面部))	((6.2(顔面部))	
176	土偶	61	愛知	麻生田大橋	愛知県豊川市麻生田町大橋	(6.45)	(6.9)	
177	顔面土偶	62	愛知	伊川津貝塚	愛知県田原市伊川津町郷中	備考参照		
178	顔面土偶	61	愛知	麻生田大橋	愛知県豊川市麻生田町大橋	(3.9)	(4.2)	
179	顔面土偶	63	山梨	金生	山梨県北杜市大泉町谷戸字金生	(5.7)	(5.55)	
180	顔面土偶	64	滋賀	播磨田城	滋賀県守山市播磨田町	7.2	6.9	3.5
181	顔面土偶	61	愛知	麻生田大橋	愛知県豊川市麻生田町大橋	(5.1)	(5.1)	
182	顔面土偶	65	岐阜	中村	岐阜県中津川市中津川細山	8.8	7.4	
183	顔面土偶	66	滋賀	赤野井浜	滋賀県守山市赤野井町・杉江町	3.4	3.9	1.2
184	顔面土偶	67	長野	春日	長野県佐久市春日	6.4	5.5	3
185	顔面土偶	68	長野	石行	長野県松本市大字寿	4.45	4.08	2.85
186	顔面土偶	69	新潟	尾立	新潟県長岡市上富岡	(3.6)	(5.1)	
187	顔面土偶	70	長野	篠ノ井	長野県長野市篠ノ井塩崎	2.95	2.85	
188	顔面土偶	71	長野	峯畑北	長野県塩尻市峰原	6.6		
189	顔面土偶	72	長野	氷	長野県小諸市大字大久保字道木沢	(3.3)	(3.0)	
190	顔面土偶	72	長野	氷	長野県小諸市大字大久保字道木沢	(3.3)	(3.45)	
191	顔面土偶	73	長野	屋代清水	長野県千曲市大字屋代字清水	(3.0)	(3.6)	
192	顔面土偶	74	長野	阿島	長野県下伊那郡喬木村阿島	4.5	4.1	
193	顔面土偶	75	長野	湯渡	長野県飯田市上飯田	4.5	4.3	1.1
194	顔面土偶	76	長野	大日ノ木	長野県上田市芳田字山田	(3.75)	(3.3)	
195	顔面土偶	77	愛知	保美	愛知県田原市保美町	(3.0)	(4.5)	
196	顔面土偶		長野	不明		13.4		
197	顔面土偶	78	長野	中原	長野県塩尻市片丘北熊井	(4.8)	(4.5)	
198	顔面土偶	79	新潟	松ヶ峰	新潟県上越市中郷区江口新田松ヶ峰	((5.2(顔面部))	((4.2(顔面部))	
199	顔面土偶	80	長野	東反り	長野県東御市新張字舞台	—		

出土状況	伴出遺物	時期	備考	文献No.
2区土壙35出土	土器、石器	縄文晩期	器面全体に赤色の彩色。2区土壙46出土品と同一個体の可能性 （図非掲載）	62
E4区晩期包含層出土	—	前浦式？		63
E4区晩期包含層出土	—	大洞A式		63
包含層出土	—	—	設楽原図	64
—	—	—	設楽原図	65
表採品	—	大洞C2式併行（安行3d式）	設楽原図	66
—	—	西之山式〜五貫森式		67
包含層出土	—	（縄文晩期）		68
—	—	馬見塚式	「長二寸位」、「表面に朱を塗れる痕跡あり」設楽原図	69
包含層出土	—	（縄文晩期）		68
D-10区出土	—	縄文		70
旧河道あるいは沼状の落ち込み出土	—	縄文晩期	ベンガラが塗られている	71
包含層出土	—	（縄文晩期）		68
—	—	樫王式	設楽原図	72
方形周溝墓溝S3内出土	土器等	縄文晩期		73
表採品	—	縄文晩期最終末		74
S87W81区SWⅡ層出土	—	（氷Ⅰ式）		75
—	—	畿内第Ⅱ様式併行		76
2-3区検出面出土	—	縄文晩期	設楽原図	77
—	—	（氷Ⅰ式？）		78
—	—	氷Ⅰ式	設楽原図	79
—	—	氷Ⅰ式	設楽原図	79
検出面出土	—	（氷Ⅰ式）		80
表採品	—	縄文末〜弥生初		81
表採品	—	縄文末〜弥生初		81
包含層出土	—	縄文晩期		82
表採品	—	縄文晩期		83
表採品？	—	縄文晩期？	伝・長野県下伊那郡出土。設楽原図	84
楕円形土壙出土	土器	氷Ⅱ式	設楽原図	85
—	—	（弥生前〜中期？）		86
—	—	（氷Ⅱ式？）		

No.	種別	地図No.	Pref.	遺跡名	所在地	法量（cm）		
						長or高（容器）	幅or径（容器）	厚
200	顔面土偶	81	長野	屋代	長野県千曲市屋代	(4.8)	(4.5)	
201	顔面土偶	82	長野	ほうろく屋敷	長野県安曇野市明科南陸郷	(4.8)	(4.8)	
202	顔面土偶	64	滋賀	播磨田城	滋賀県守山市播磨田町	9	6.5	4.8
203	顔面土偶	83	千葉	池花南	千葉県四街道市黒田池花	(6.6)	(7.5)	
204	顔面土偶	84	千葉	荒海	千葉県成田市荒海根田	((3.7(顔面部))	((5.3(顔面部))	
205	顔面土偶	85	群馬	沖Ⅱ	群馬県藤岡市立石沖	4.3	5.3	
206	顔面土偶	85	群馬	沖Ⅱ	群馬県藤岡市立石沖	13.1		
207	顔面土偶	68	長野	石行	長野県松本市大字寿	4.68	5.95	2.37
208	顔面土偶	86	長野	福沢	長野県塩尻市塩尻長畝	4.0	5.2	
209	顔面土偶	87	長野	唐沢原	長野県下伊那郡高森町下市田	8.0		
210	顔面土偶	88	愛知	八王子	愛知県一宮市大和町苅安賀	(7.5)	(6.9)	
211	顔面土偶	68	長野	石行	長野県松本市大字寿	8.18	4.62	2.68
212	顔面土偶	68	長野	石行	長野県松本市大字寿	6.45	5.6	3.16
213	顔面土偶	89	愛知	朝日	愛知県清須市・名古屋市西区	6	2	
214	顔面土偶	90	長野	柿ノ木	長野県大町市大字常盤	(6.0)	(5.4)	
215	顔面土偶	68	長野	石行	長野県松本市大字寿	4.48	2.91	2.09
216	顔面土偶	68	長野	石行	長野県松本市大字寿	3.62	3.82	2.08
217	顔面土偶	91	長野	松節	長野県長野市篠ノ井塩崎	(6.9)	(5.1)	
218	顔面土偶	73	長野	屋代清水	長野県千曲市大字屋代字清水	(4.2)	(4.8)	
219	顔面土偶	73	長野	屋代清水	長野県千曲市大字屋代字清水	(5.1)	(5.7)	
220	土偶	73	長野	屋代清水	長野県千曲市大字屋代字清水	(4.2)	(1.8)	
221	顔面土偶	73	長野	屋代清水	長野県千曲市大字屋代字清水	(6.3)	(6.15)	
222	顔面土偶	73	長野	屋代清水	長野県千曲市大字屋代字清水	(9.15)	(4.5)	
223	顔面土偶	73	長野	屋代清水	長野県千曲市大字屋代字清水	(4.5)	(3.6)	
224	土偶	73	長野	屋代清水	長野県千曲市大字屋代字清水	(3.0)	(3.75)	
225	土偶	73	長野	屋代清水	長野県千曲市大字屋代字清水	(3.0)	(1.8)	
226	顔面土偶	73	長野	屋代清水	長野県千曲市大字屋代字清水	(3.9)	(2.4)	
227	土偶	91	長野	松節	長野県長野市篠ノ井塩崎	(3.3)	(5.1)	
228	土偶	73	長野	屋代清水	長野県千曲市大字屋代字清水	(3.6)	(2.4)	
229	土偶	73	長野	屋代清水	長野県千曲市大字屋代字清水	(9.3)	(5.1)	
230	土偶	73	長野	屋代清水	長野県千曲市大字屋代字清水	(7.2)	(5.4)	
231	土偶	73	長野	屋代清水	長野県千曲市大字屋代字清水	(1.8)	(2.7)	
232	土偶	73	長野	屋代清水	長野県千曲市大字屋代字清水	(2.4)	(3.6)	
233	土偶	73	長野	屋代清水	長野県千曲市大字屋代字清水	(4.5)	(3.0)	
234	土偶	73	長野	屋代清水	長野県千曲市大字屋代字清水	(3.3)	(2.7)	
235	土偶	73	長野	屋代清水	長野県千曲市大字屋代字清水	(3.3)	(3.0)	
236	顔面土偶	92	山梨	中道	山梨県韮崎市中田町小田川	(8.7)	(5.4)	

出土状況	伴出遺物	時期	備考	文献No.
①a区出土	—	弥生前期～中期	設楽原図	87
—	—	庄ノ畑式	設楽原図	88
旧河道あるいは沼状の落ち込み出土	—	縄文晩期	全体にベンガラ	71
千網期遺物包含層出土	—	縄文晩期		89
Eトレンチ1区混土貝層出土	土器破片等	荒海式	赤色塗彩。設楽原図	90
包含層出土	—	弥生前期		91・92
ED-2号土壙出土	土器片、凹石	弥生前期	設楽原図	91・92
S84W90区出土	—	（氷Ⅰ式）		75
縄文晩期終末～弥生中期初頭土器集中区出土	土器片	水神平式期併行		93
表採品？	—	林里式～阿島式	「30cm大の礫にはさまれてうめてあった」	94
溝SD38内出土	土器等	弥生前期		95
S78W84区Ⅱ層出土	—	（氷Ⅰ式）		75
S84W93区出土	—	（氷Ⅰ式）		75
検出面出土	—	（水神平式？）		96
—	—	（氷Ⅱ式？）		97
S81W93区出土	—	（氷Ⅰ式）		75
S84W90区Ⅱ層最下出土	—	（氷Ⅰ式）		75
120号住居址出土	土器、石器	弥生中期		98
34号土坑出土	—	（縄文晩期～弥生前期）		80
B-6グリッド検出面出土	多量の土器、石器	（縄文晩期～弥生前期）		80
D-7グリッド検出面出土	—	（縄文晩期～弥生前期）		80
7号土坑出土	土器片、加工具	（縄文晩期～弥生前期）	再葬墓？	80
検出面出土	—	（縄文晩期～弥生前期）		80
土坑出土	—	（縄文晩期～弥生前期）		80
検出面出土	—	（縄文晩期～弥生前期）		80
検出面出土	—	（縄文晩期～弥生前期）		80
3号ピット出土	—	（縄文晩期～弥生前期）		80
B区出土	—	弥生中期		98
2号ピット出土	—	（縄文晩期～弥生前期）		80
土坑出土	—	（縄文晩期～弥生前期）		80
E-4グリッド検出面出土	—	（縄文晩期～弥生前期）		80
B-7グリッド検出面出土	—	（縄文晩期～弥生前期）		80
B-8グリッド検出面出土	—	（縄文晩期～弥生前期）		80
C-4グリッド検出面出土	—	（縄文晩期～弥生前期）		80
D-7グリッド検出面出土	—	（縄文晩期～弥生前期）		80
検出面出土	—	（縄文晩期～弥生前期）		80
		（縄文晩期～弥生前期）		

No.	種別	地図No.	Pref.	遺跡名	所在地	法量（cm）		
						長or高（容器）	幅or径（容器）	厚
237	土偶	68	長野	石行	長野県松本市大字寿	3.28	4.15	1.91
238	土偶	68	長野	石行	長野県松本市大字寿	5.79	5.21	2.80
239	土偶	68	長野	石行	長野県松本市大字寿	3.65	3.39	2.95
240	土偶	68	長野	石行	長野県松本市大字寿	2.44	3.41	2.8
241	土偶	68	長野	石行	長野県松本市大字寿	3.08	3.02	2.63
242	土偶	68	長野	石行	長野県松本市大字寿	6.64	5.65	2.91
243	顔面土偶	93	長野	上田原	長野県上田市上田原	10.1	7.6	4.4
244	土偶	68	長野	石行	長野県松本市大字寿	5.6	3.75	2.83
245	顔面土偶	88	愛知	八王子	愛知県一宮市大和町苅安賀	(8.7)	(8.4)	
246	顔面土偶	86	長野	福沢	長野県塩尻市塩尻長畝	6.0		
247	土偶	68	長野	石行	長野県松本市大字寿	4.07	3.13	1.03
248	顔面土偶	93	長野	上田原	長野県上田市大字上田原	(5.1)	(4.2)	
249	顔面土偶	94	山梨	金ノ尾	山梨県甲斐市大下条金の尾	11.9		
250	顔面土偶	95	埼玉	前中西	埼玉県熊谷市上之	7.45		
251	顔面土偶	86	長野	福沢	長野県塩尻市塩尻長畝	7.6		
252	顔面土偶	68	長野	石行	長野県松本市大字寿	2.49	2.57	1.3
253	顔面土偶	91	長野	松節	長野県長野市篠ノ井塩崎	(5.1)	(3.0)	
254	顔面土偶	91	長野	松節	長野県長野市篠ノ井塩崎	(7.0)	(6.15)	
255	顔面土偶	91	長野	松節	長野県長野市篠ノ井塩崎	(6.3)	(6.6)	
256	後頭部結髪土偶	61	愛知	麻生田大橋	愛知県豊川市麻生田町大橋	(3.9)	(3.3)	
257	後頭部結髪土偶	61	愛知	麻生田大橋	愛知県豊川市麻生田町大橋	16.8		
258	後頭部結髪土偶	61	愛知	麻生田大橋	愛知県豊川市麻生田町大橋	8.5		
259	後頭部結髪土偶	96	愛知	古沢町	愛知県名古屋市中区古沢町	(10.2)	(7.8)	
260	後頭部結髪土偶	97	静岡	姫宮	静岡県賀茂郡河津町笹原	(7.5)	(6.6)	
261	後頭部結髪土偶	61	愛知	麻生田大橋	愛知県豊川市麻生田町大橋	(5.4)	(5.4)	
262	後頭部結髪土偶	88	愛知	八王子	愛知県一宮市大和町苅安賀	(7.5)	(6.9)	
263	後頭部結髪土偶	76	長野	大日ノ木	長野県上田市芳田字山田	(4.8)	(4.8)	
264	後頭部結髪土偶	98	長野	中島A	長野県岡谷市神明町	(5.4)	(4.2)	
265	後頭部結髪土偶	68	長野	石行	長野県松本市大字寿	5.21	3.51	5.31
266	後頭部結髪土偶	68	長野	石行	長野県松本市大字寿	3.15	3.11	3.76
267	後頭部結髪土偶	72	長野	氷	長野県小諸市大字大久保字道木沢	(3.0)	(2.7)	

出土状況	伴出遺物	時　　期	備　　考	文献No.
S84W87区Ⅱ層中出土	—	（氷Ⅰ式）		75
S84W90区出土	—	（氷Ⅰ式）		75
S81W89区Ⅱ層中出土	—	（氷Ⅰ式）		75
S78W96区Ⅱ層中出土	—	（氷Ⅰ式）		75
S87W78区Ⅱ層中出土	—	（氷Ⅰ式）		75
S81W81区Ⅱa層中出土	—	（氷Ⅰ式）		75
採集品	—	弥生前期		99
S66W75区出土	—	（氷Ⅰ式）		75
溝SD65内出土	土器等	弥生前期		95
縄文晩期終末〜弥生中期初頭土器集中区出土	土器片	水神平式併行		93
S81W93区Ⅱ層出土	—	（氷Ⅰ式）		75
		（弥生前期？）	設楽原図	
17号住居出土	土器、石器	（弥生前期）		100
2号溝址出土	土器	弥生中期後半		101
縄文晩期終末〜弥生中期初頭土器集中区	土器片	水神平式併行		93
S84W96区出土	—	（氷Ⅰ式）		75
77号住居址出土	—	弥生中期	他時期の住居址から出土	98
22号墓壙出土	石器	弥生中期		98
91号住居址出土	—	弥生中期	他時期の住居址から出土	98
—	—	（樫王式）		68
土壙SK125出土	土偶	Ⅲ期（樫王式）	女性	68
土壙SK125出土	土偶	Ⅲ期（樫王式）	男性	68
表採品	—	（樫王式）		102
第15溝覆土上部出土	—	弥生前期		103
Ⅷ G6tグリッド出土	—	縄文晩期後葉〜弥生前期		104
溝SD55内出土	土器等	弥生前期		95
包含層出土	—	縄文晩期		82
1号ブロック出土	土器、石器、石製品	弥生		105
S75W81区Ⅱ層中出土	—	（氷Ⅰ式）	「頭部1類（報告書）」	75
S90W90区Ⅰ・Ⅱ層上出土	—	（氷Ⅰ式）	「頭部1類（報告書）」	75
—	—	氷式		79

No.	種別	地図No.	Pref.	遺跡名	所在地	法量（cm）		
						長or高（容器）	幅or径（容器）	厚
268	後頭部結髪土偶	68	長野	石行	長野県松本市大字寿	4.85	2.95	1.91
269	土偶	68	長野	石行	長野県松本市大字寿	6.76	3.85	3.37
270	土偶	68	長野	石行	長野県松本市大字寿	3.43	2.29	0.99
271	土偶	68	長野	石行	長野県松本市大字寿	2.11	1.98	0.76
272	後頭部結髪土偶	68	長野	石行	長野県松本市大字寿	3.18	3.43	2.48
273	後頭部結髪土偶	68	長野	石行	長野県松本市大字寿	2.02	4.65	2.18
274	後頭部結髪土偶	68	長野	石行	長野県松本市大字寿	5.61	6.06	2.53
275	後頭部結髪土偶	68	長野	石行	長野県松本市大字寿	6.19	6.93	2.30
276	後頭部結髪土偶	68	長野	石行	長野県松本市大字寿	7.47	4.13	2.94
277	後頭部結髪土偶	68	長野	石行	長野県松本市大字寿	3.51	3.14	2.47
278	後頭部結髪土偶	68	長野	石行	長野県松本市大字寿	2.89	3.01	2.08
279	後頭部結髪土偶	98	長野	中島A	長野県岡谷市神明町	(4.8)	(9.75)	
280	後頭部結髪土偶	98	長野	中島A	長野県岡谷市神明町	(7.2)	(8.4)	
281	土偶	98	長野	中島A	長野県岡谷市神明町	(6.9)	(6.3)	
282	後頭部結髪土偶	99	長野	庄ノ畑	長野県岡谷市銀座	―		
283	後頭部結髪土偶	100	長野	青木沢	長野県塩尻市東山	10.8		
284	土偶	101	愛知	稲荷山貝塚	愛知県豊橋市小坂井町平井稲荷山	(12.6)	(8.7)	
285	後頭部結髪土偶	61	愛知	麻生田大橋	愛知県豊川市麻生田町大橋	(7.8)	(9.0)	
286	後頭部結髪土偶	61	愛知	麻生田大橋	愛知県豊川市麻生田町大橋	(6.9)	(3.9)	
287	後頭部結髪土偶	72	長野	氷	長野県小諸市大字大久保字道木沢	(6.0)	(6.3)	
288	後頭部結髪土偶	61	愛知	麻生田大橋	愛知県豊川市麻生田町大橋	(3.3)	(3.3)	
289	後頭部結髪土偶	101	愛知	稲荷山貝塚	愛知県豊橋市小坂井町平井稲荷山	(6.6)	(7.65)	
290	土偶形容器	102	長野	渕ノ上	長野県上田市腰越部屋田	36.7	14（底面左右径）8.5（前後径）	
291	土偶形容器	102	長野	渕ノ上	長野県上田市腰越部屋田	39	19（底面左右径）10.7（前後径）	

出土状況	伴出遺物	時期	備考	文献No.
土壙23出土	—	(氷Ⅰ式)	「頭部1類（報告書）」	75
S72W72区Ⅰ層中出土	—	(氷Ⅰ式)	顔面貼りつけ。「頭部1類（報告書）」	75
S81W96区出土	—	(氷Ⅰ式)		75
S84W93区出土	—	(氷Ⅰ式)	顔面貼りつけ	75
S75W87区Ⅱ層下出土	—	(氷Ⅰ式)		75
土器集中区5出土	—	(氷Ⅰ式)		75
溝7・N-1・東出土	—	(氷Ⅰ式)	赤色顔料塗彩。「胴部1類（報告書）」	75
土器集中区3出土	—	(氷Ⅰ式)		75
S87W93区Ⅱb層中出土	—	(氷Ⅰ式)	刺突文	75
第17号住居址覆土出土	—	(氷Ⅰ式)		75
第20号住居址覆土出土	—	(氷Ⅰ式)	赤色顔料塗彩	75
1号ブロック出土	土器、石器、石製品	弥生		105
K・L地区ブロック外出土	—	弥生		105
2号ブロック出土	土器、石器	弥生		105
—	—	弥生早期		78
表採品	—	縄文晩期		93
—	—	縄文晩期後半		106
包含層出土	—	(樫王式)		68
包含層出土	—	(樫王式)		68
—	—	氷Ⅰ式		79
包含層出土	—	(樫王式)		68
—	—	(縄文晩期)	設楽原図	107
地下3尺の所から2体並んで発見	土偶形容器	弥生Ⅰ期（新）	設楽が歴博複製を実測して原品で補筆	108・109
地下3尺の所から2体並んで発見	土偶形容器	弥生Ⅰ期（新）	設楽が歴博複製を実測して原品で補筆	108・109

No.	種別	地図No.	Pref.	遺跡名	所在地	法量（cm）		
						長or高（容器）	幅or径（容器）	厚
292	土偶形容器	103	長野	玄与原	長野県下伊那郡松川町	14.2		
293	土偶形容器	104	山梨	岡	山梨県笛吹市八代町岡	27.0		
294	土偶形容器	104	山梨	岡	山梨県笛吹市八代町岡	23.0		
295	土偶形容器	104	山梨	岡	山梨県笛吹市八代町岡	(5.6)	(4.6)	
296	土偶形容器	104	山梨	岡	山梨県笛吹市八代町岡	(4.0)	(5.4)	
297	土偶形容器	105	愛知	下橋下	愛知県安城市古井町	16.4		
298	土偶形容器	106	神奈川	中屋敷	神奈川県足柄上郡大井町	26.8		
299	土偶形容器	107	長野	下境沢	長野県塩尻市大字片丘南内田	25.8	9.5（頭部最大幅）11.9（肩部最大幅）9.8（底部最大幅）	0.5～0.7（器壁厚）約1（底部厚）
300	土偶形容器	108	山梨	坂井	山梨県韮崎市藤井町坂井	20.3	14.5(底面左右径)7.2（前後径）	
301	土偶形容器	109	長野	海戸	長野県岡谷市小尾口	(23.4)	(18.0)	
302	土偶形容器	82	長野	ほうろく屋敷	長野県安曇野市明科南陸郷	(13.8)	(7.8)	
303	土偶形容器	110	長野	スズリ岩	長野県大町市大字常盤西山	(3.3)	(3.3)	
304	土偶形容器	111	長野	松原	長野県長野市松代町東寺尾	(1.2)	(1.5)	
305	土偶形容器	112	埼玉	池上	埼玉県熊谷市大字上之字東覚	(19.8)	(36.6)	
306	土偶形容器	113	愛知	大蚊里	愛知県豊橋市大村町	(6.7)	(7.5)	
307	土偶形容器	114	長野	平出	長野県塩尻市宗賀	(5.6)	(5.6)	
308	土偶形容器	68	長野	石行	長野県松本市大字寿	4.66	5.59	1.73
309	土偶形容器	115	愛知	白石	愛知県豊橋市石巻本町	7.4	6.5	
310	土偶形容器	116	長野	上金	長野県上伊那郡箕輪町大字福与	6	7	
311	土偶形容器	117	岐阜	野笹	岐阜県美濃加茂市野笹町	(4.8)	(4.5)	

出土状況	伴出遺物	時　期	備　考	文献No.
備考参照	—	庄ノ畑式	段丘先端に1m大のくぼみを掘って埋められていた	94・110
深さ約50cmの層位から出土	—	(弥生中期前半)	近くにおびただしい灰や焼土があり、近くの土中にも多量の骨片が散乱していた、中に幼児の骨らしいものと歯を発見。設楽が歴博複製を実測して原品で補筆	111・112
深さ約50cmの層位から出土	—	(弥生中期前半)	近くにおびただしい灰や焼土があり、近くの土中にも多量の骨片が散乱していた、中に幼児の骨らしいものと歯を発見。設楽が歴博複製を実測して原品で補筆	111・112
		(弥生中期前半)	設楽原図	112
		(弥生中期前半)	設楽原図	112
—	—	(弥生前期)		113
旧地表下120cmほどの所からうつぶせになった状態で出土	—	弥生時代前期末	直下には灰のような骨片をまじえていた。内部に初生児の骨と歯。設楽が歴博複製を実測して原品で補筆	114・115
42号土壙底部に横倒しになっていた	土壙覆土から弥生中期の土器片（明確な共伴関係は不明）	弥生前期末	設楽原図	116
採集品？	—	弥生Ⅱ～Ⅲ期	出土時に大甕の中に入っていたとされる	117
採集品？	—	(弥生中期前半)		118
再葬墓C群出土	—	弥生時代中期前葉	設楽原図	116
			設楽原図	
溝SD1089覆土出土	—	栗林式		119
1号環濠中央4-F・5-Fグリッドから出土。顔面部、頸部背面、右腕部3片を環濠の底から25cm浮いた位置で検出	—	(弥生中期中葉)		120
採集品	—	樫王式	設楽原図	121
—	—	氷Ⅱ式	設楽原図	122
S84W90区出土	—	氷Ⅰ～Ⅱ式	顔面貼りつけ。赤色顔料塗彩。「頭部2類（報告書）」設楽原図	75
採集品？	—	水神平式？	設楽原図	123
—	—	縄文晩期～弥生時代		124
包含層出土	土器等	弥生中期前葉		125

No.	種別	地図No.	Pref.	遺跡名	所在地	法量（cm）		
						長or高（容器）	幅or径（容器）	厚
312	土偶形容器	73	長野	屋代清水	長野県千曲市大字屋代字清水	(6.6)	(6.0)	
313	人面付土器J	101	愛知	稲荷山貝塚	愛知県豊橋市小坂井町平井稲荷山	(3.6)	(3.6)	
314	土偶形容器	97	静岡	姫宮	静岡県賀茂郡河津町笹原	5	5.5	
315	土偶形容器	70	長野	篠ノ井	長野県長野市篠ノ井塩崎	5.6	3.78	
316	土偶形容器	109	長野	海戸	長野県岡谷市小尾口	22.2		
317	土偶形容器	118	長野	館	長野県南佐久郡佐久穂町	(9.0)	(6.3)	
318	土偶形容器	119	長野	出川南	長野県松本市芳野	―		
319	土偶形容器	120	長野	城ノ内	長野県千曲市大字屋代字城ノ内	10.6		
320	土偶形容器	121	愛知	矢作川河床	愛知県岡崎市渡町	9.9	9.7	
321	土偶形容器	122	長野	西一本柳	長野県佐久市岩村田	12		
322	土偶形容器	123	静岡	清水天王山	静岡県静岡市清水区宮加三字天王台		8.4（顔面部）	
323	土偶形容器	88	愛知	八王子	愛知県一宮市大和町苅安賀	(4.8)	(9.6)	
324	土偶形容器	88	愛知	八王子	愛知県一宮市大和町苅安賀	(4.2)	(5.4)	
325	土偶形容器	124	愛知	勝川	愛知県春日井市勝川町	5	5.6	
326	土偶形容器	66	滋賀	赤野井浜	滋賀県守山市赤野井町・杉江町	6.2	5.1	3.5
327	土偶形容器	125	神奈川	中里	神奈川県小田原市中里	(4.8)	(6.0)	
328	土偶形容器	126	愛知	若磯神社	愛知県湖西市太田	(6.9)	(5.4)	
329	土偶形容器		神奈川	不明				
330	土偶形容器	127	長野	西一里塚	長野県佐久市岩村田他	5.6～5.8		
331	土偶形容器		北海道	不明		―		
332	土偶形容器	128	青森	八戸城跡	青森県八戸市内丸	15.1	25.1	8.0
333	土偶形容器	4	青森	宇田野（2）	青森県弘前市大字小友字宇田野	(6.0)	(15.6)	
334	土偶形容器	129	福島	番匠地	福島県いわき市内郷御厩町番匠地	―		
335	土偶形容器	128	青森	八戸城跡	青森県八戸市内丸	(13.8)	(10.2)	
336	土偶形容器	130	宮城	鱸沼	宮城県角田市角田字鱸沼	10.6	6.8（体部径）6（底部径）	
337	土偶形容器	131	福島	墓料	福島県会津若松市一箕町	12.5	7.0（最大径）4.5（口径）	
338	土偶形容器	132	福島	上野尻	福島県耶麻郡西会津町上野尻	17.5		
339	土偶形容器	133	茨城	女方	茨城県筑西市女方		5.7（顔幅）	
340	土偶形容器	88	愛知	八王子	愛知県一宮市大和町苅安賀	(4.2)	(3.9)	
341	土偶形容器	95	埼玉	前中西	埼玉県熊谷市中西	5.5		
342	土偶形容器	134	兵庫	大歳山	兵庫県神戸市垂水区西舞子	5	8	1

出土状況	伴出遺物	時　期	備　考	文献No.
6号土坑出土	壺形土器	(弥生前期？)	再葬墓？	80
―	―	(縄文晩期)	設楽原図	107
包含層出土	―	弥生時代初期		126
自然流路SD7110 2-1区下層砂下出土	―	弥生中期	東海地方からの搬入品？ 設楽原図	77
採集品？	―	(弥生前～中期前半)		118
採集品。耕作土30cm下から発見	―	寺所式併行？		127・128
	備考参照	(弥生中期前半)	石器類とともに埋納か？	
―	―	(弥生中期前半)		129
採集品	―	水神平式～丸子式	設楽原図	130
H3号住居址覆土上面出土	―	弥生中期後半		131
D2区第2層出土	―	弥生中期初頭	設楽原図	132
溝SD09内出土	土器等	弥生中期前葉	人面付土器顎部片	95
溝SD24内出土	土器等	弥生前期	人面付土器顎付近片	95
―	―	朝日式～貝田町式	設楽原図	133
河道 第17層出土	土器等多数	弥生中期		73
遺構外出土	―	中里式		134
―	―	縄文晩期末葉～弥生中期前葉		135
―	―	(弥生中期前半)	旧・神奈川県都筑郡出土(『新編武蔵風土記稿』「都筑郡」の部に記載)	136
③-2区4層遺構外出土	―	弥生中期後半～後期		137
―	―	―	「当別村」(現・北海道石狩郡当別町)	138
竪穴住居址SI4床面出土	土器片、土偶	弥生		139
谷部の「捨て場」から発見	土器多数	弥生前期後葉		140
包含層出土	―	弥生中期～後期？		141
竪穴住居址SI4床面出土	土器片、土製品	弥生		139
Cトレンチ	―	(弥生中期前半)		142
S地点出土	―	弥生中期前半		143
採集品	―	(弥生中期前半)	頸部以上に朱彩を施す	144・145
第16号竪穴の東方出土	弥生土器片	弥生中期	中空	146
溝SD65内出土	土器等	弥生中期前葉	人面付土器口縁部片	95
19号住居址出土	土器、石器	弥生中期後半		147
採集品	土器	弥生		148

No.	種別	地図No.	Pref.	遺跡名	所在地	法量（cm）		
						長or高（容器）	幅or径（容器）	厚
343	土偶形容器	134	兵庫	大歳山	兵庫県神戸市垂水区西舞子	6	6.5	1
344	土偶形容器	135	福島	徳定A	福島県郡山市田村町徳定	—		
345	土偶形容器	125	神奈川	中里	神奈川県小田原市中里	11.1	5.1（脚部幅）	0.3
346	土偶形容器	136	新潟	村尻	新潟県新発田市大字下寺内字村尻	(45.0)	(36.6)	
347	人面付土器J	137	千葉	山武姥山貝塚	千葉県山武郡横芝光町姥山		14.6（口縁部幅）	
348	人面付土器J	138	千葉	大崎台	千葉県佐倉市六崎大崎台	(5.2)	(14.4)	
349	人面付土器J	72	長野	氷	長野県小諸市大字大久保字道木沢	(6.0)	(8.4)	
350	人面付土器J	139	愛知	島田陣屋	愛知県新城市野田字西郷	(7.2)	(8.4)	
351	人面付土器J	140	石川	八日市地方	石川県小松市八日市町地方	5.1	7.4	
352	人面付土器A	141	茨城	小野天神前	茨城県常陸大宮市小野	44.5	14.8（口径）35（胴径）10.3（底径）	
353	人面付土器A	141	茨城	小野天神前	茨城県常陸大宮市小野	(6.9)	(7.2)	
354	人面付土器A	141	茨城	小野天神前	茨城県常陸大宮市小野		18.0（口径）	
355	人面付土器A	142	静岡	角江	静岡県浜松市西区入野町	(19.8)	(12.0)	
356	人面付土器A	143	茨城	泉坂下	茨城県常陸大宮市泉字坂下	77.7	14.0（口径）12.0（頸径）38.0（胴径）12.5（底径）	
357	人面付土器A	133	茨城	女方	茨城県筑西市女方	68.5	13（口径）25（腹部最大径）8（底径）	
358	人面付土器A	144	茨城	海後	茨城県那珂市本米崎海後	42	15.4（口縁部径）10（底部径）	
359	人面付土器A	145	福島	鳥内	福島県石川郡石川町大字新屋敷	(13.2)	(8.2)	
360	人面付土器A	146	福島	滝ノ森B	福島県白河市表郷番沢滝ノ森	25.3	16.0	

出土状況	伴出遺物	時期	備考	文献No.
採集品	土器	弥生		148
AP区出土	土器の破片数十片、破砕された管玉	弥生中期		149
表採品	―	中里期	石野瑛により表採された資料	134
第12号土坑から出土。土坑底部に据えられ、土器の前面を土坑の中心に向けていた	壺形土器が共伴	弥生中期初頭		150
―	―	大洞A′式併行（荒海式）		151
第256号住居址出土	―	（荒海式）		152
表採品	―	氷Ⅰ式	設楽原図	153
方形周溝墓SZ06北溝出土	―	樫王式～水神平式	所々に赤色顔料あり。設楽原図	154
埋積浅谷xi層上面出土	祭祀関係遺物	弥生中期	設楽原図	155
16号土壙出土	壺	（弥生中期前半）	目・口に丹彩	156
2号土壙出土	壺	（弥生中期前半）		156
14号土壙出土	壺	（弥生中期前半）		156
自然流路SR01覆土中出土	―	弥生中期中葉（弥生中期前半）	赤彩。設楽原図	157
第1号墓壙から横位状態で出土	土器	弥生中期		158
第11号竪穴から顔を東に向けて東北に傾き、竪穴の壁によりかかっているような状況で出土	大型瓢形土器、広口壺	弥生中期		146
採集品	―	弥生中期中葉		159
ⅣE区M～A-25グリッド第2層、配石遺構の南約3mの地点出土	土器周辺から人骨片と管玉片が出土	弥生中期棚倉式	顔面部分が破片化し、密集して出土	160・161
C3地点近接地採集品	―	野沢Ⅱ式？		162

No.	種別	地図No.	Pref.	遺跡名	所在地	法量 (cm) 長or高 (容器)	法量 (cm) 幅or径 (容器)	厚
361	人面付土器A		北関東	不明		17.0		
362	人面付土器A	147	栃木	野沢	栃木県宇都宮市野沢町	(20.2)	(12.0 (口径) 7.2 (頸径))	
363	人面付土器A	148	福井	糞置	福井県福井市半田町	12.3		
364	人面付土器A	149	新潟	緒立	新潟県新潟市西区緒立流通	(14.1)	(12.6 (口径))	
365	人面付土器A	150	長野	十二ノ后	長野県諏訪市豊田有賀	(3.0)	(18.0)	
366	人面付土器A	151	愛知	市場	愛知県名古屋市南区笠寺町市場	7.0		
367	人面付土器A	152	長野	寺所	長野県飯田市松尾新井	―		
368	人面付土器A	153	山梨	尾崎原	山梨県都留市朝日馬場	(11.4)	(12.0)	
369	人面付土器A	154	栃木	出流原	栃木県佐野市出流原町荒神前	21.6	14.4 (胴部最大径) 8.0 (頭部径)	
370	人面付土器A	111	長野	松原	長野県長野市松代町東寺尾	(6.6)	(6.6)	
371	人面付土器A	155	長野	大手消防署前	長野県諏訪市大手町	10	5.5	0.7 (器壁厚)
372	人面付土器A	111	長野	松原	長野県長野市松代町東寺尾	(19.2)	(5.4 (顔部) 12.6 (胴径) 6.0 (底径))	
373	人面付土器A	146	福島	滝ノ森B	福島県白河市表郷番沢滝ノ森	13.5		
374	人面付土器A	156	長野	杏林製薬KK岡谷工場敷地内	長野県岡谷市湖畔	12	4 (口径)	
375	人面付土器A	157	埼玉	上敷免	埼玉県深谷市上敷免	54.0	10.5 (口縁部径) 33.8 (胴部径) 10.5 (底径)	
376	人面付土器A	158	埼玉	広木	埼玉県児玉郡美里町広木	―		
377	人面付土器A	159	千葉	新城	千葉県香取郡多古町西古内新城	20.5	10.6	
378	人面付土器A	160	埼玉	諏訪木	埼玉県熊谷市上之	―		
379	人面付土器A	95	埼玉	前中西	埼玉県熊谷市上之・箱田	7.58	7.9	2.1
380	人面付土器A	161	栃木	大塚古墳群内	栃木県栃木市大塚町	13.7	11	約0.5〜0.6
381	人面付土器A	95	埼玉	前中西	埼玉県熊谷市上之	17.85		

出土状況	伴出遺物	時期	備考	文献No.
―	―	弥生中期	北関東出土。大阪市四天王寺所蔵	163
―	―	（弥生中期前半）		164
―	―	弥生中期		165
C-23・24グリッドから出土	―	（弥生中期前半）	口縁部は正円にならない	166
包含層出土	―	（弥生中期前半）		167
採集品	―	（弥生中期）		168・163
―	―	（弥生中期前半）		129
地表下94cmにあった組石遺構から出土	縄文晩期土器	―		169
第11号墓壙出土。一般土器側部から発見	他に土器10点が共伴	弥生中期前半		170
SB1178住居址覆土第4層から出土	ミニチュア土器、甕、河原石	弥生中期	火焚きの痕跡あり	119
下水道工事で道路掘削時に、地表下4mの地点から出土	―	（弥生中期）	表面に赤色顔料が認められる	171
SB1162住居址覆土から出土	―	弥生中期	覆土中位で火焚きがおこなわれた住居	119
A3'地点溝状ピットから横倒しの状態で出土？	壺形土器	須和田式類似	「抽象化された人面付土器」	172
地表下1mほどから出土	―	阿島式	付近から白粘土が大量に出土した	173
採集品？	―	須和田式？	部分的に赤彩残る	174・175
―	―	弥生		176
26号住居址出土	―	弥生中期		177
第1号竪穴住居跡出土	―	弥生中期後半		178
2号方形周溝墓南溝出土	―	弥生	遺構の年代より古いと考えられる	179
土坑SK-16出土	―	弥生中期後半	土坑北部床面上約10cmの所から出土。土坑墓か	180
2号溝址出土	土器	弥生中期後半		101

No.	種別	地図No.	Pref.	遺跡名	所在地	法量（cm）		
						長or高（容器）	幅or径（容器）	厚
382	人面付土器A	95	埼玉	前中西	埼玉県熊谷市上之	5.2	15.0（口径）	
383	人面付土器A	89	愛知	朝日	愛知県清須市・名古屋市西区	17	30.2	
384	人面付土器A	162	長野	榎田	長野県長野市若穂綿内	(6.3)	(6.9)	
385	人面付土器A	163	群馬	新保田中村前	群馬県高崎市新保田中町字田中、字稲荷	(6.0)	(9.0)	
386	人面付土器A	164	福島	川原町口	福島県会津若松市湯川町	26	60（最大径）	
387	人面付土器B	165	千葉	三嶋台	千葉県市原市郡本	16.0		
388	人面付土器B	166	静岡	有東	静岡県静岡市駿河区有東	(6.8)	(7.2)	
389	人面付土器B	166	静岡	有東	静岡県静岡市駿河区有東	(8.0)	(8.0)	
390	人面付土器B	167	神奈川	ひる畑	神奈川県横須賀市小矢部	13.1	10.5	
391	人面付土器B	168	神奈川	上台	神奈川県横浜市鶴見区上末吉	33	10（口径）18.5（胴部最大径）	0.6（器壁）
392	人面付土器B	169	長野	町田	長野県安曇野市豊科田沢	7.3	10.8（推定口径）	
393	人面付土器B		長野	不明		6.5	7.7	5.2
394	人面付土器B	170	京都	温江	京都府与謝郡与謝野町加悦	8.5（残存高）9.15（顔面部長）	5.6（顔面部）	7.1（顔面部）
395	人面付土器B	171	大阪	目垣	大阪府茨木市目垣	(9.6)	(9.6)	
396	人面付土器B	172	島根	西川津	島根県松江市西川津町	10.2（全長）5.0（顔面部）	4.2（顔面部）	
397	人面付土器B	173	大阪	池島・福万寺	大阪府東大阪市池島町	2.9	4.9	4.0
398	人面付土器B	140	石川	八日市地方	石川県小松市八日市町地方	13.6		
399	人面付土器B	174	岡山	上原	岡山県総社市上原	11.1	17.6	18.1
400	人面付土器W	175	岡山	田益田中	岡山県岡山市北区田益	8.5	6.7	1.0（器壁）
401	人面付土器W	176	大阪	亀井	大阪府八尾市南亀井町	(8.8)	(10.8（口径）)(17.2（最大径）)	
402	人面付土器W	177	京都	森本	京都府向日市森本	11.9	15.4	1.2

出土状況	伴出遺物	時期	備考	文献No.
12号住居址出土	土器、石器	弥生中期後半		181
包含層出土	―	（弥生中期）		96
遺構外出土	―	弥生後期～古墳前期		182
2号河川跡出土	土器、石器、木器等	（弥生後期）		183
土壙墓YSK18出土	土器	（弥生中期後半）		184
―	―	弥生中期		185
―	―	（弥生中期後半）	設楽原図	186
河川跡出土	石器、木製品、土器	弥生中期中葉～後半		187
採集品	宮ノ台式土器片とともに採集	弥生（中期後半）		188
現地表下1m30cmにあった長径1m10cm、短径80cmの楕円形ピット内から出土	木炭が部分的に検出	弥生町式	器表一面に塗朱	189
採集品？	―	弥生中期後半		190
採集品？	―	弥生後期？	長野県佐久市中佐都地区出土？赤彩あり。佐久市中佐都小学校所蔵	191
7トレンチSD02から多量に廃棄された土器に混じって出土	多量の土器	弥生前期	ベンガラ塗布	192
調査区南半部大型土壙肩部出土	甕など	弥生中期初頭	設楽原図	193
V-1-2区南端砂礫B出土	―	I-3期～II-1期	設楽原図	194
第15面835溝出土	土器、土製品、木製品など	弥生前期	中実であったと考えられる	195
埋積浅谷x層出土	祭祀関係遺物	弥生中期中葉		155
溝2埋土中出土	土器	弥生前期		196
河道11出土	土器	弥生前期	設楽原図	197
溝SD-03W内出土	土器、石器、木器等	IV期	設楽原図	198
後期の水路底部から出土。地表下60cmで畿内第IV、V様式の土器が数多く含まれる層に作られた水路の底部に横たえられた堰木が側壁からはみ出した部分の下にはさまっていた	―	弥生後期		199

No.	種別	地図No.	Pref.	遺跡名	所在地	法量 (cm)		
						長or高（容器）	幅or径（容器）	厚
403	人面付土器B	178	愛媛	祝谷畑中	愛媛県松山市祝谷	(8.0)	(5.6)	
404	人面付土器B	179	長野	百瀬	長野県松本市寿豊丘	(4.8)	(4.8)	
405	人面付土器B	111	長野	松原	長野県長野市松代町東寺尾	(4.8)	(5.6)	
406	人面付土器C	180	長野	八王子山B	長野県千曲市戸倉	(6.4)	(6.0)	
407	人面付土器C	162	長野	榎田	長野県長野市若穂綿内	(10.0)	(6.0)	
408	人面付土器C	162	長野	榎田	長野県長野市若穂綿内	(6.8)	(6.6)	
409	人面付土器C	181	群馬	川端	群馬県吾妻郡中之条町伊勢町	5		
410	人面付土器C	181	群馬	川端	群馬県吾妻郡中之条町伊勢町	8		
411	人面付土器C	181	群馬	川端	群馬県吾妻郡中之条町伊勢町	8		
412	人面付土器C	181	群馬	川端	群馬県吾妻郡中之条町伊勢町	8		
413	人面付土器C	181	群馬	川端	群馬県吾妻郡中之条町伊勢町	4		
414	人面付土器C	181	群馬	川端	群馬県吾妻郡中之条町伊勢町	9.5		
415	人面付土器C	181	群馬	川端	群馬県吾妻郡中之条町伊勢町	6.5		
416	人面付土器C	182	群馬	有馬条里	群馬県渋川市八木原	(4)		
417	人面付土器C	182	群馬	有馬条里	群馬県渋川市八木原	(4.8)	(1.2)	
418	人面付土器	183	熊本	秋永	熊本県上益城郡益城町小池秋永	23.3	10.2	
419	人面付土器C	184	群馬	小八木志志貝戸	群馬県高崎市小八木町	23.7	16.6（最大径）10.4（底径）	
420	人面付土器C	184	群馬	小八木志志貝戸	群馬県高崎市小八木町	(4.8)	(3.0)	
421	人面付土器C	184	群馬	小八木志志貝戸	群馬県高崎市小八木町	(3.0)	(4.8)	
422	人面付土器C	185	群馬	有馬	群馬県渋川市八木原	36.5	14.0	
423	人面付土器C	127	長野	西一里塚	長野県佐久市岩村田他	28.2	12（胴部最大径）	
424	人面付土器C	186	群馬	宮山	群馬県利根郡川場村生品字宮山	12.4	9.1	
425	後頭部結髪土偶	187	大阪	東奈良	大阪府茨木市東奈良	11.7	5.9	
426	土偶	188	奈良	纒向	奈良県桜井市東田	5.6	5	3.7
427	後頭部結髪土偶	189	兵庫	長田神社境内	神戸市長田区長田町	4.7	2.3	2.5
428	顆面土偶	190	山口	綾羅木郷	山口県下関市綾羅木郷	8.7	4.1（直径）	
429	顆面土偶	191	香川	鴨部川田	香川県さぬき市鴨部	11.0	6.6（顔面部）4.5（頸部径）	7.0（顔面部）
430	土偶	192	岡山	熊山田	岡山県瀬戸内市邑久町尾張熊山田	4.25	4.0	3.2
431	土偶	193	大阪	長原	大阪府大阪市平野区長吉出戸	2.1	2.9	3.5
432	土偶	140	石川	八日市地方	石川県小松市八日市町地方	5.4	3.5	

出土状況	伴出遺物	時期	備考	文献No.
竪穴住居 SI01 出土	土器	弥生中期中葉		200
S9W6 グリッド出土	―	弥生	設楽原図	201
溝 SD12 出土	多量の土器	栗林式	火焚き行為の痕跡あり。設楽原図	119
採集品	丹塗り壺、高杯等	弥生後期～古墳前期		202
遺構外出土	―	弥生後期～古墳前期		182
遺構外出土	―	弥生後期～古墳前期		182
住居址出土	―	樽式		203
住居址出土	―	樽式		203
住居址出土	―	樽式		203
包含層出土	―	樽式		203
集落址出土	―	樽式		203
土壙出土	―	樽式		203
住居址出土	―	樽式		203
遺構外出土	―	樽式		204
遺構外出土	―	（弥生後期）		204
表採品	―	弥生後期		205
濠状 SK1－07 号遺構出土	土器	樽式		206
濠状 SK1－07 号遺構出土	土器	樽式		206
濠状 SK1－07 号遺構出土	土器	樽式		206
14 号墓、SK104 から出土	―	弥生後期		207
頭部：①-2 区遺構外出土。胴部～底部：②-2 区遺構外出土。腕部：溝 SD37 第 14 層出土	―	弥生後期	バラバラの状態で発見。異形の顔。設楽原図	137
表採品	―	弥生後期		208
環濠（SD-1）内出土堆積層（中層～下層）	―	弥生前期（新段階前半）	設楽原図	312
奈良時代の河道 5G9Z 区粗砂層 2 から出土	―	縄文後晩期		209
SB01 埋土中出土	―	縄文晩期～弥生前期		210
土壙 SK-20 出土	陽物状石製品、石器、ミニチュア土器等	弥生前期	設楽原図	211
環濠 SD01 2 区 中央 2 下層・最下層出土	―	弥生前期？	口左側外側沈線の凹みに赤色顔料が残る。設楽原図	212
土壙 1 出土	甕形土器等	弥生前期末		213
包含層出土	土器	V 期		214
方形周溝墓出土	―	弥生中期後半	設楽原図	155

No.	種別	地図No.	Pref.	遺跡名	所在地	法量（cm）		
						長or高（容器）	幅or径（容器）	厚
433	土偶	194	奈良	唐古・鍵	奈良県磯城郡田原本町大字唐古他	5	2.7	2.6
434	土偶	194	奈良	唐古・鍵	奈良県磯城郡田原本町大字唐古他	5.3	2.1	2.0
435	土偶	194	奈良	唐古・鍵	奈良県磯城郡田原本町大字唐古他	(5.4)	(2.7)	
436	土偶	194	奈良	唐古・鍵	奈良県磯城郡田原本町大字唐古他	(6.0)	(4.95)	
437	土偶	195	長野	七瀬	長野県中野市大字七瀬字前山	5.5		
438	土偶	111	長野	松原	長野県長野市松代町東寺尾	(3.0)	(3.0)	
439	土偶	196	群馬	日高	群馬県高崎市日高町小字村西他	(4.5)	(2.7)	
440	土偶	197	岡山	楯築墳丘墓	岡山県倉敷市矢部	(9.3)	(10.2)	
441	土偶	197	岡山	楯築墳丘墓	岡山県倉敷市矢部	(5.1)	(5.7)	
442	土偶	197	岡山	楯築墳丘墓	岡山県倉敷市矢部	(7.2)	(3.0)	
443	土偶	197	岡山	楯築墳丘墓	岡山県倉敷市矢部	(6.9)	(4.5)	
444	土偶	197	岡山	楯築墳丘墓	岡山県倉敷市矢部	(4.2)	(6.0)	
445	土偶	197	岡山	楯築墳丘墓	岡山県倉敷市矢部	(3.0)	(4.2)	
446	土偶	197	岡山	楯築墳丘墓	岡山県倉敷市矢部	(4.8)	(3.0)	
447	土偶	197	岡山	楯築墳丘墓	岡山県倉敷市矢部	(3.0)	(3.6)	
448	土偶	197	岡山	楯築墳丘墓	岡山県倉敷市矢部	(3.3)	(3.0)	
449	土偶	197	岡山	楯築墳丘墓	岡山県倉敷市矢部	(2.7)	(2.1)	
450	土偶	197	岡山	楯築墳丘墓	岡山県倉敷市矢部	(2.7)	(5.1)	
451	土偶	152	長野	寺所	長野県飯田市松尾新井	7.5		
452	土偶	198	岡山	福田池尻	岡山県勝田郡奈義町柿	(4.5)	(5.4)	
453	土偶	199	岡山	百間川兼基	岡山県岡山市中区兼基	6.3	3.2	
454	土偶	192	岡山	熊山田	岡山県瀬戸内市邑久町尾張熊山田	3.66	2.67	3.17
455	土偶	200	岡山	南方（済生会）	岡山県岡山市北区国体町	2.3	2.5	
456	土偶	201	岡山	南方釜田	岡山県岡山市北区南方	―		
457	土偶	202	岡山	伊福定国前	岡山県岡山市北区伊福町	9.6	3.6	2.2
458	土偶	203	佐賀	詫田西分	佐賀県神埼市千代田町詫田	約3		
459	土偶	204	愛媛	土居窪	愛媛県松山市緑台	3.3	2.5	2.5
460	土偶	205	愛媛	道後鷺谷	愛媛県松山市道後鷺谷町	3.7	2.9	1.5
461	土偶	206	岡山	津寺（加茂小）	岡山県岡山市北区津寺	(3.6)	(4.2)	
462	土偶	207	香川	空港跡地	香川県高松市林町	4.05	2.7	1.9
463	土偶	207	香川	空港跡地	香川県高松市林町	4.85	3.2	2.75
464	土偶	207	香川	空港跡地	香川県高松市林町	3.2	1.6	2.15

出土状況	伴出遺物	時　期	備　考	文献No.
第61次黒褐色土Ⅱ層出土	土器等	Ⅳ-4期	目周辺・胴部背面の一部に赤色顔料。設楽原図	215
第69次SK-1118出土	土器等	Ⅱ-3期？	設楽原図	215
			設楽原図	
大溝（SD-103）中層出土	卜骨、骨角器、土器等	弥生中期	設楽原図	313
谷状地形出土	―	弥生後期	設楽原図	216
SB1108覆土第2層出土	―	栗林式	火焚き行為後の堆積層から出土。設楽原図	119
平安154溝と弥生水田164号溝の重複する箇所から出土	―	（弥生後期）	胎土が弥生土器に共通	217
円礫堆出土	―	弥生後期		218
円礫堆出土	―	弥生後期		218
円礫堆出土	―	弥生後期		218
円礫堆出土	―	弥生後期		218
円礫堆出土	―	弥生後期		218
円礫堆出土	―	弥生後期		218
円礫堆出土	―	弥生後期		218
円礫堆出土	―	弥生後期		218
円礫堆出土	―	弥生後期		218
円礫堆出土	―	弥生後期		218
円礫堆出土	―	弥生後期		218
SM01出土	―	弥生中期	古墳時代遺構への混入	219
表採品	―	（弥生中期前半）		220
土器溜まり出土	土器	弥生後期		221
斜面堆積1出土	土器、石器、土製品、木器	弥生中期		213
―	―	弥生中期		185
―	―	弥生中期		222
柱穴1出土	無し	弥生後期後半？	やや倒れ気味に倒立した状態で出土。頭部に付属品装着痕あり	223
SD470溝上層の貝層出土	土器、石器、土製品等	―	遺構では一部中世の遺物の混入もあるが、弥生時代の遺物として報告	224
3区包含層Ⅷ'層出土	土器・石器	弥生		200
包含層出土	―	―		225
校舎調査区溝11出土	―	弥生後期		226
Ⅲ-43区溝SDe137出土	土器、石器、人形形土製品等	弥生後期～古墳前期	小児男性	227
Ⅲ-43区溝SDe137出土	土器、石器、人形形土製品等	弥生後期～古墳前期	小児男性	227
Ⅲ-43区溝SDe137出土	土器、石器、人形形土製品等	弥生後期～古墳前期	成人女性	227

No.	種別	地図No.	Pref.	遺跡名	所在地	法量（cm）		
						長or高（容器）	幅or径（容器）	厚
465	土偶	207	香川	空港跡地	香川県高松市林町	6.85	3.8	3.5
466	土偶	207	香川	空港跡地	香川県高松市林町	5.65	3.3	2.6
467	土偶	207	香川	空港跡地	香川県高松市林町	5.6	3.05	3.0
468	土偶	208	高知	田村	高知県南国市田村	6	2	
469	土偶	209	熊本	諏訪原	熊本県玉名郡和水町江田	4.4		
470	土偶	210	岡山	百間川原尾島	岡山県岡山市中区原尾島	2.75	1.4	
471	土偶	209	熊本	諏訪原	熊本県玉名郡和水町江田	5.8		
472	土偶	211	岡山	高塚	岡山県岡山市北区高塚	5	2	
473	土偶	212	岡山	津島	岡山県岡山市北区いずみ町	(5.4)	(2.1)	
474	土偶	213	岡山	竹田	岡山県苫田郡鏡野町竹田	(9.0)	(3.6)	
475	土偶	214	福岡	御床松原	福岡県糸島市御床	(10.8)	(5.4)	
476	土偶	214	福岡	御床松原	福岡県糸島市御床	(6.0)	(5.1)	
477	土偶	214	福岡	御床松原	福岡県糸島市御床	(6.6)	(3.9)	
478	土偶	214	福岡	御床松原	福岡県糸島市御床	(4.2)	(3.6)	
479	土偶	214	福岡	御床松原	福岡県糸島市御床	(6.6)	(3.3)	
480	土偶	214	福岡	御床松原	福岡県糸島市御床	(6.6)	(4.8)	
481	土偶	214	福岡	御床松原	福岡県糸島市御床	(6.0)	(4.5)	
482	土偶	214	福岡	御床松原	福岡県糸島市御床	(6.6)	(3.9)	
483	土偶	214	福岡	御床松原	福岡県糸島市御床	(5.7)	(4.2)	
484	土偶	214	福岡	御床松原	福岡県糸島市御床	(6.9)	(2.4)	
485	土偶	215	福岡	三雲屋敷	福岡県糸島市三雲	7.2	4.8	
486	土偶	215	福岡	三雲屋敷	福岡県糸島市三雲	7.2	3.5	
487	土偶	216	宮崎	源藤	宮崎県宮崎市藤源町藤源	(4.2)	(4.5)	
488	土偶	216	宮崎	源藤	宮崎県宮崎市藤源町藤源	(4.2)	(5.1)	
489	台式土偶	193	大阪	長原	大阪市平野区長吉川辺	4.9	5.8	0.9
490	台式土偶	193	大阪	長原	大阪市平野区長吉川辺	4.7	5.2	1.8
491	台式土偶	217	京都	京大構内	京都府京都市左京区吉田本町	(3.5)	(3.2)	(1.8)
492	台式土偶	193	大阪	長原	大阪市平野区長吉川辺	(5.9)	(6.0)	(1.0)
493	台式土偶	218	大阪	西ノ辻	大阪府東大阪市東石切・西石切町	4.9	6.3	0.6〜1.3
494	台式土偶	193	大阪	長原	大阪市平野区長吉川辺	3.4	6.4	
495	台式土偶	217	京都	京大構内	京都府京都市左京区吉田本町	(5.4)	(4.5)	(1)
496	台式土偶	219	兵庫	雲井	神戸市中央区雲井通	6.0	4.2	2.3
497	台式土偶	220	大阪	田井中	大阪府八尾市八尾空港	(5.3)	(5.9)	(1.2)
498	台式土偶	221	大阪	鬼塚	大阪府東大阪市箱殿町他	7.0	7.3	1.8
499	台式土偶	222	大阪	宮ノ下	大阪府東大阪市長堂	6.8	7.8	
500	台式土偶	223	兵庫	口酒井	大阪府伊丹市口酒井字穴森	(4.8)	(6.5)	(2.7)

出土状況	伴出遺物	時　期	備　考	文献No.
Ⅲ-43区溝SDe137出土	土器、石器、人形形土製品等	弥生後期～古墳前期	成人男性	227
Ⅲ-43区溝SDe137出土	土器、石器、人形形土製品等	弥生後期～古墳前期	成人女性	227
Ⅲ-43区溝SDe137出土	土器、石器、人形形土製品等	弥生後期～古墳前期	成人女性	227
D1区土坑SK1030出土	土器等	Ⅴ期	胴体部は動物か	228
B区27号住居址出土	土器	弥生後期末	子（親子像・471とセット）	205
竪穴住居6出土	土器、石器、鉄器、碧玉製管玉	弥生後期		229
B区27号住居址出土	土器	弥生後期末	親（親子像・469とセット）	205
方形土壙139出土	土器	Ⅳ期？		230
竪穴住居跡3出土	土器、石器	弥生後期後葉		231
竪穴住居埋土出土	—	弥生後期		232
表採品	—	弥生後期～古墳前期	設楽原図	109
表採品	—	弥生後期～古墳前期	設楽原図	109
表採品	—	弥生後期～古墳前期	設楽原図	109
表採品	—	弥生後期～古墳前期	設楽原図	109
表採品	—	弥生後期～古墳前期	設楽原図	109
表採品	—	弥生後期～古墳前期	設楽原図	109
表採品	—	弥生後期～古墳前期	設楽原図	109
表採品	—	弥生後期～古墳前期	設楽原図	109
表採品	—	弥生後期～古墳前期	設楽原図	109
表採品	—	弥生後期～古墳前期	設楽原図	109
4号住居址出土	ミニチュア土器、メノウ製勾玉	弥生後期～古墳前期	男性。設楽原図	233・109
4号住居址出土	ミニチュア土器、メノウ製勾玉	弥生後期～古墳前期	女性。設楽原図	233・109
33号住居址出土	土器	—		234
28号住居址出土	土器	弥生後期末～終末期		234
Ⅰ区縄文晩期河道内出土	土器	（縄文晩期終末長原式）		235
第9層出土	—	（縄文晩期終末長原式）		236・235
流路内黒褐色土層中出土	—	（縄文晩期終末長原式）		237
第7層出土	—	（縄文晩期終末長原式）		238・235
流路内出土	—	（縄文晩期終末長原式）		239・235
南Ⅳ区出土	—	（縄文晩期終末長原式）		240
—	—	（縄文晩期終末長原式）		241・235
C-4区包含層内出土	—	（縄文晩期終末長原式）		242
包含層出土	—	（縄文晩期終末長原式）		243
Ⅲ層出土	土器	（縄文晩期終末長原式）		244・235
貝層2下部出土	—	（縄文晩期終末長原式）	設楽原図	245
E区出土	土器、石器	（縄文晩期終末長原式）		246

No.	種別	地図No.	Pref.	遺跡名	所在地	法量（cm）		
						長or高（容器）	幅or径（容器）	厚
501	台式土偶	223	兵庫	口酒井	大阪府伊丹市口酒井字穴森	(6.2)	(7.2)	(1.5)
502	台式土偶	223	兵庫	口酒井	大阪府伊丹市口酒井字穴森	(4.2)	(3.6)	
503	台式土偶	61	愛知	麻生田大橋	愛知県豊川市麻生田町大橋	(4.2)	(5.8)	(1.4)
504	台式土偶	61	愛知	麻生田大橋	愛知県豊川市麻生田町大橋	(4.8)	(4.8)	(1.4)
505	プロト分銅形土製品	224	愛媛	阿方	愛媛県今治市阿方	6.8	9.2	1.9
506	プロト分銅形土製品	224	愛媛	阿方	愛媛県今治市阿方	7.6	5.7	1.8
507	プロト分銅形土製品	224	愛媛	阿方	愛媛県今治市阿方	6.4	5.7	2.0
508	プロト分銅形土製品	225	岡山	真壁	岡山県総社市真壁字切子田他	(5.6)	(3.2)	
509	台式土偶	226	兵庫	丁・柳ケ瀬	兵庫県姫路市勝原区丁	(6.4)	(5.6)	
510	分銅形土製品	227	愛媛	宮前川	愛媛県松山市別府町	5.9	7.5	0.8
511	プロト分銅形土製品	175	岡山	田益田中	岡山県岡山市北区田益	9	5〜6.4	2.3
512	分銅形土製品	227	愛媛	宮前川	愛媛県松山市別府町	6.6	8.6	2.1
513	分銅形土製品	228	山口	明地	山口県熊毛郡田布施町大波野	(6.4)	(7.6)	
514	プロト分銅形土製品	229	香川	龍川五条	香川県善通寺市原田町	8.3	5.4	2.7
515	分銅形土製品	230	愛媛	西石井	愛媛県松山市西石井町	6.5		
516	分銅形土製品	231	愛媛	文京	愛媛県松山市文京町	(4.8)	(5.2)	
517	分銅形土製品	232	山口	井上山	山口県防府市寿町	(5.2)	(7.2)	
518	分銅形土製品	233	岡山	上東	岡山県倉敷市上東	(5.2)	(4.0)	
519	分銅形土製品	234	山口	追迫	山口県周南市安田		4.3	1.1
520	分銅形土製品	235	岡山	西吉田北	岡山県津山市西吉田	(6.4)	(5.6)	
521	分銅形土製品	236	岡山	九番丁場	岡山県苫田郡鏡野町布原	6.05	3.25	1.55
522	分銅形土製品	237	愛媛	祝谷六丁場	愛媛県松山市祝谷	(8.4)	(10.0)	
523	分銅形土製品	237	愛媛	祝谷六丁場	愛媛県松山市祝谷	(6.8)	(7.6)	
524	分銅形土製品	228	山口	明地	山口県熊毛郡田布施町大波野	21.8	16.4	3.1
525	分銅形土製品	238	愛媛	祝谷アイリ	愛媛県松山市祝谷	6.5	7.5	2.0〜2.2
526	分銅形土製品	232	山口	井上山	山口県防府市寿町		9.0	2.6
527	分銅形土製品	237	愛媛	祝谷六丁場	愛媛県松山市祝谷	(6.0)	(5.2)	
528	分銅形土製品	239	山口	天王	山口県周南市大字安田字天王他	8.1	8.7	2
529	分銅形土製品	240	愛媛	久米高畑	愛媛県松山市来住町	―		
530	分銅形土製品	238	愛媛	祝谷アイリ	愛媛県松山市祝谷	8.5	9.0	1.2
531	分銅形土製品	241	山口	岡山	山口県周南市大字安田字岡山		11	2.4

出土状況	伴出遺物	時期	備考	文献No.
―	土器、石器	(縄文晩期終末長原式)		246
E区出土	土器、石器	(縄文晩期終末長原式)		246
包含層出土	―	(縄文晩期終末馬見塚式)		68
包含層出土	―	(縄文晩期終末馬見塚式)		68
包含層出土	―	弥生		247
包含層（A11-X層）出土	土器、石器	弥生		247
包含層出土	―	弥生		247
土壙2出土	土器片、石器	弥生前期		248
―	―	弥生前期後葉		249
第Ⅱ地区7-14グリッド出土	―	弥生前期～中期？	宮前川別府遺跡	250
旧河道内出土	土器、石器、土製品、木器	縄文晩期～弥生		251
第Ⅱ地区9-3グリッド出土	―	弥生前期～中期？	宮前川別府遺跡	250
―	―	弥生？		252
溝SD50出土	土器、石器	弥生前期後半～中期初頭		253
土坑SK408内出土	土器、分銅形土製品	弥生中期後半		254
住居址内包含層出土	―	弥生		255
表採品	―	弥生	眉や鼻の周り、縁辺の刺突文に赤色顔料がよく残っている	256
亀川斜面堆積中層出土	土器、木器、石器等	弥生後期？		257
7号住居跡埋土下位出土	土器、石器、石器	弥生後期初頭～中ごろ		258
B地区土壙41出土	土器	弥生中期～後期		259
堅穴住居7埋土内出土	土器、石器、石器未製品等	弥生後期後葉		260
包含層出土	土器等	六丁場Ⅱ式		261
包含層出土	土器等	六丁場Ⅱ式		261
土壙SK22出土	土器、石器	弥生中期後葉	祭祀行為に使用された後に二つに折られ、裏向きで土坑に埋納されたか	262
不明遺構SX010埋土内出土	―	弥生後期前半	眉と頭髪、左右側面、くり込み部にベンガラ塗彩の痕跡あり	263
包含層出土	―	弥生中期中葉		256
包含層出土	土器等	六丁場Ⅱ式		261
A地区第3号竪穴付近採集品	―	弥生		264
―	―	弥生中期		222
SB2号住居址内出土	土器、石器	弥生後期前半		263
A地区第1号竪穴住居址床面下小竪穴出土	土器、炭化植物	弥生		264

No.	種別	地図No.	Pref.	遺跡名	所在地	法量（cm）		
						長or高（容器）	幅or径（容器）	厚
532	分銅形土製品	232	山口	井上山	山口県防府市寿町		5.0	1.4
533	分銅形土製品	242	愛媛	福音小学校校内	愛媛県松山市福音寺町	6	6.5	1.2
534	分銅形土製品	243	愛媛	来住廃寺	愛媛県松山市来住町		6.0	1
535	分銅形土製品	244	大阪	新免	大阪府豊中市玉井町	4.8	3.6	0.9
536	分銅形土製品	242	愛媛	福音小学校校内	愛媛県松山市福音寺町	6	6.5	1.4
537	分銅形土製品	231	愛媛	文京	愛媛県松山市文京町	約11	約10	1.8
538	分銅形土製品	245	岡山	下郷原田代	岡山県真庭市蒜山西茅部下郷原	3.1	2.9	1.5
539	分銅形土製品	246	愛媛	樽味四反地	愛媛県松山市樽味	3.8	4.7	
540	分銅形土製品	247	愛媛	久米地区	愛媛県松山市	—		
541	分銅形土製品	248	愛媛	松山大学構内	愛媛県松山市文京町			1.4
542	分銅形土製品	248	愛媛	松山大学構内	愛媛県松山市文京町			1.35
543	分銅形土製品	231	愛媛	文京	愛媛県松山市文京町	(4.4)	(4.4)	
544	分銅形土製品	232	山口	井上山	山口県防府市寿町	約3.6（径）		
545	分銅形土製品	231	愛媛	文京	愛媛県松山市文京町	4.5	3.5	1.1
546	分銅形土製品	249	鳥取	阿弥大寺	鳥取県倉吉市下福田字阿弥大寺	4.5	5.6	1.6
547	分銅形土製品	250	岡山	加茂政所	岡山県岡山市北区加茂	(7.2)	(4.4)	
548	分銅形土製品	251	岡山	足守川矢部南向	岡山県倉敷市矢部南向	6.3	5.8	1.2
549	分銅形土製品	252	広島	御領	広島県福山市神辺町御領	3.4	3.4	0.5
550	分銅形土製品	253	愛媛	御幸寺山	愛媛県松山市御幸町御幸寺山	10	9	0.85～0.95
551	分銅形土製品	254	岡山	斎富	岡山県赤磐市斎富	4.4	6.6	1.22
552	分銅形土製品	255	岡山	足守川加茂B	岡山県岡山市北区加茂	5.83	4.60	1.10
553	分銅形土製品	243	愛媛	来住廃寺	愛媛県松山市来住町		6.5	1.6
554	分銅形土製品	231	愛媛	文京	愛媛県松山市文京町	(2.4)	(3.6)	
555	分銅形土製品	256	岡山	旦山	岡山県真庭市中原	(4.0)	(6.0)	
556	分銅形土製品	257	香川	紫雲出山	香川県三豊市詫間町大浜	3.5		0.8～1.3
557	分銅形土製品	231	愛媛	文京	愛媛県松山市文京町	(4.0)	(4.4)	
558	分銅形土製品	248	愛媛	松山大学構内	愛媛県松山市文京町			1.2
559	分銅形土製品	233	岡山	上東	岡山県倉敷市上東	(4.8)	(9.2)	
560	分銅形土製品	258	香川	綾川河床	香川県綾歌郡綾川町	—		
561	分銅形土製品	248	愛媛	松山大学構内	愛媛県松山市文京町	3.5	4.5	1.3
562	分銅形土製品	259	岡山	用木山	岡山県赤磐市河本野山	4.6	8.3	
563	分銅形土製品	260	大阪	亀井城山	大阪府八尾市亀井他	6.3	9.4	
564	分銅形土製品	250	岡山	加茂政所	岡山県岡山市北区加茂	(5.2)	(6.8)	
565	分銅形土製品	261	岡山	さくら山	岡山県赤磐市河本さくら山	4.5	5.1	

出土状況	伴出遺物	時期	備考	文献No.
A地区3号土坑出土	土器	弥生中期中葉		256
竪穴住居SB15床面直上出土	—	弥生中期以降		265
竪穴住居SB-02内柱穴SP-60出土	—	弥生		266
竪穴状遺構埋土下層出土	—	弥生中期		267
ピットSP4522埋土内出土	—	弥生		265
包含層出土	土器等	—	全体の約1/4が残存	268
No.1竪穴住居出土	土器、石器、玉類	弥生		269
—	—	弥生中期		222
—	—	弥生中期		222
包含層出土	土器等	弥生中期〜後期		270
包含層出土	土器等	弥生	赤色顔料が付着	270
住居址内包含層出土	—	弥生		255
表採品	—	—		256
住居址内包含層出土	—	弥生		255
1号住居址覆土出土	土器、土製品	弥生後期前半		271
竪穴住居44出土	土器、石器、銅製品等	弥生後期Ⅰ〜Ⅱ		272
竪穴住居37上層出土	土器等	オノ町Ⅰ式		273
採集品?	土器片	弥生中期?		274・106
採集品	土器片	弥生		275
MM2区出土	—	弥生中期〜後期		276
10B区包含層出土	—	弥生	丹塗り	273
古代の溝状遺構覆土出土	—	弥生		266
—	—	弥生		277
表採品	—	弥生		278
—	—	—		279
土坑床面直上出土	土器	弥生後期初頭		280
自然流路SR1内埋土出土	—	弥生		270
東鬼川市Ⅰ・Ⅱ溝12出土	土器等	弥生中期〜後期		281
現河床出土	—	弥生中期		222
自然流路SR2・3内埋土出土	土器、石器	弥生		282
第7住居址支群埋土内出土	土器等	弥生中期後葉		283
大溝SD3041出土	土器、土製品、石器、石製品	弥生Ⅳ〜Ⅴ期?	表面に朱を塗っている	284
袋状土壙47出土	土器、石器、作業台等	弥生後期Ⅰ		272
第2地点埋土内出土	—	弥生中期後葉		283

No.	種別	地図No.	Pref.	遺跡名	所在地	法量（cm）		
						長or高（容器）	幅or径（容器）	厚
566	分銅形土製品	262	徳島	西長峰	徳島県阿波市阿波町	―		
567	分銅形土製品	259	岡山	用木山	岡山県赤磐市河本野山	3.6	4.1	
568	革袋形土器	239	山口	天王	山口県周南市大字安田字天王他	(14.8)	(4.4（口径）24.4（側面最大径）10.0（正面最大径）4.4（底径）)	
569	木偶	263	大阪	山賀	大阪府東大阪市若江南町・八尾市新家町	(29.4)	(2.4)	
570	木偶	89	愛知	朝日	愛知県清須市・名古屋市西区	12.5	2.8	2.3
571	木偶	140	石川	八日市地方	石川県小松市八日市町地方	11..1	5.3	2.6
572	木偶	264	滋賀	大中ノ湖南	滋賀県近江八幡市安土町大中	(56.4)	(10.2（頭部）7.8（体部）)	
573	木偶	264	滋賀	大中ノ湖南	滋賀県近江八幡市安土町大中	(36.0)	(9.0)	
574	木偶	265	滋賀	湯ノ部	滋賀県野洲市西河原地先	19.2	6.0	3.1
575	木偶	265	滋賀	湯ノ部	滋賀県野洲市西河原地先	35.0	6.3	3.8
576	木偶	266	滋賀	下之郷	滋賀県守山市下之郷町	―		
577	木偶	267	島根	川向	島根県浜田市下府町	27.2		
578	木偶	268	徳島	庄	徳島県徳島市庄町	約16.8	約6.7	約5.2
579	木偶	269	鳥取	青谷上寺地	鳥取県鳥取市青谷町	53.5		1.4
580	木偶	66	滋賀	赤野井浜	滋賀県守山市赤野井町・杉江町	64.2	6.6	3.3
581	木偶	264	滋賀	湯ノ部	滋賀県野洲市西河原地先	57.4	7.4	3.2
582	木偶	264	滋賀	湯ノ部	滋賀県野洲市西河原地先	60.5	6.7	3.0
583	木偶	270	滋賀	烏丸崎	滋賀県草津市下物町地先	(70.8)	(7.2)	
584	木偶	271	大阪	加美	大阪府大阪市平野区加美	(92.4)	(3.6)	
585	石偶	272	北海道	トコロチャシ南尾根	北海道北見市常呂町字常呂	(4.4)	(2.4)	
586	石偶	273	北海道	栄浦第一	北海道北見市常呂町字栄浦	(2.2)	(1.0)	
587	石偶	274	北海道	常呂川河口	北海道北見市常呂町字常呂	(5.6)	(1.7)	
588	石偶	275	北海道	吉井の沢Ⅰ	北海道江別市元野幌	(2.2)	(1.2)	
589	石偶	276	北海道	高砂	北海道江別市高砂町	(3.4)	(2.6)	
590	石偶	277	北海道	下添山	北海道北斗市常磐	(3.5)	(1.0)	

出土状況	伴出遺物	時 期	備 考	文献No.
—	—	弥生中期	徳島県立埋蔵文化財総合センターオフィシャルサイトに画像あり	222
第9住居址支群埋土内出土	土器等	弥生中期中葉		283
A地区出土	—	—		264
溝6出土	土器・木器等	弥生前期	設楽が歴博複製を実測して原品で補筆	285
61E区SD22出土	—	V期以降	設楽原図	286
埋積浅谷出土	祭祀関係遺物	弥生	設楽原図	155
—	—	弥生Ⅲ期	男性。設楽が歴博複製を実測して原品で補筆	287
—	—	弥生Ⅲ期	女性。設楽が歴博複製を実測して原品で補筆	287
溝SD2532下層出土	土器等	弥生Ⅲ期	1号。女性。設楽が歴博複製を実測して原品で補筆	288・287
溝SD2532下層出土	土器等	弥生Ⅲ期	2号。女性。設楽が歴博複製を実測して原品で補筆	288・287
—	—	弥生中期		222
包含層第13層出土	—	弥生		289
—	—	弥生	設楽原図	290
溝SD11出土	木器等多数	弥生中期～後期		291
河道第17層出土	供献土器、木器、玉作り関係遺物	弥生Ⅲ期		73
溝SD2532下層出土	土器等	弥生Ⅲ期	3号。男性。設楽が歴博複製を実測して原品で補筆	288・287
溝SD2532下層出土	土器等	弥生Ⅲ期	4号。男性。設楽が歴博複製を実測して原品で補筆	288・287
—	—	—	設楽が歴博複製を実測して原品で補筆	287
1号墳丘墓出土	土器	弥生中期後半		292
竪穴埋土内出土	—	続縄文前葉		293
ピット41a埋土内出土	土器、石器等	縄文晩期または続縄文前葉		294
土坑出土	—	続縄文前葉		295
包含層出土	—	続縄文前葉		296
土壙635内出土	砥石	続縄文前葉		297
包含層出土	—	続縄文前葉		298・299

No.	種別	地図No.	Pref.	遺跡名	所在地	法量（cm）		
						長or高（容器）	幅or径（容器）	厚
591	石偶	278	青森	坊主沢	青森県北津軽郡中泊町小泊字坊主沢	6.37	3.06	0.58
592	石偶	279	青森	是川中居	青森県八戸市大字是川中居	5.9	3.6	1.6
593	石偶	279	青森	稲平	青森県むつ市脇野沢小沢稲平	5.1	2.7	1.0
594	石偶	280	青森	隠里	青森県むつ市川内町川内高野川	(1.0)	(1.2)	
595	石偶	282	青森	畑内	青森県八戸市南郷区島守字畑内	3.25	1.6	0.5
596	石偶	24	青森	二枚橋	青森県むつ市大畑町大畑二枚橋	3.71	2.58	0.73
597	石偶	24	青森	二枚橋	青森県むつ市大畑町大畑二枚橋	6.86	3.04	0.62
598	石偶	278	青森	坊主沢	青森県北津軽郡中泊町小泊字坊主沢	9.12	6.47	1.59
599	石偶	283	岩手	蔵屋敷	岩手県北上市下江釣子他	9.1	5.8	1.9
600	石偶	269	鳥取	青谷上寺地	鳥取県鳥取市青谷町	(4.4)	(3.2)	
601	石偶	284	長崎	原の辻	長崎県壱岐市芦辺町深江鶴亀触	10.2	7.4	4.5
602	石偶	285	鹿児島	山ノ口	鹿児島県肝付郡錦江町馬場	36.0	17.2	8.2
603	石偶	285	鹿児島	山ノ口	鹿児島県肝付郡錦江町馬場	26.5	14.3	8.0
604	木製仮面	188	奈良	纒向	奈良県桜井市太田	26	21.6	0.6前後
605	木製仮面	286	奈良	大福	奈良県桜井市大福	23.4	7	0.5
606	分銅形土製器	287	福岡	須玖岡本	福岡県春日市岡本	4.0	4.8	1.2
607	土偶	223	兵庫	口酒井	大阪府伊丹市口酒井字穴森	3.2	3.5	1.7
608	土偶形容器	288	長野	新諏訪町	長野県長野市新諏訪	7.0（顔面部）	8.0（顔面部）	
609	人面付土器C	289	長野	西近津	長野県佐久市長土呂字森下	—		

出土状況	伴出遺物	時　期	備　考	文献No.
—	—	—		300
G区33-J10遺構外表土層出土	—	弥生前期？		301
CW-100 1層出土	—	—		302
—	—	—		303
遺構外出土	—	弥生前期/続縄文？		304
B-1トレンチ包含層出土	土器	二枚橋式期		303
B-1トレンチ内円形小竪穴内出土	土器、石器	二枚橋式期		303
—	—	—		300
集礫群	土器等	弥生時代初期		305
		—	設楽原図	
溝SD-2区2層出土	土器等	弥生終末期〜古墳前期	設楽原図	306
東北地区出土	—	弥生中期後葉	設楽原図	307
東北地区出土	—	弥生中期後葉	設楽原図	307
土坑下層出土	少量の土器片	（弥生終末期〜古墳前期）	設楽原図	308
大溝第28次-SD1020出土	土器、木器等	（弥生終末期〜古墳前期）	設楽原図	309
31号溝出土	土器、石器、青銅器鋳造関連遺物、ガラス勾玉鋳型	弥生後期後半以降	（図非掲載）	310
第6次調査第二トレンチ凸帯文Ⅲ層出土	—	口酒井第1段階	（図非掲載）	311・239
—	—	弥生中期前半	（図非掲載）	167・92
—	—	弥生後期	竪穴住居跡などから18点（6個体以上）出土。（図非掲載）	314

弥生時代人物造形品および関連資料の集成参考文献

1. 秋田県教育委員会ほか 1974『鐙田遺跡発掘調査報告書』秋田県文化財調査報告書第 28 集、秋田県教育委員会
2. 新谷雄蔵 1980「青森県大曲Ⅴ遺跡出土の土偶と若干の考察」『考古風土記』5、181～188 頁
3. 佐藤嘉広 1996「東北地方の弥生土偶」『考古学雑誌』第 81 巻第 2 号、31～60 頁
4. 白鳥文雄ほか 1997『宇田野（2）遺跡・宇田野（3）遺跡・草薙（3）遺跡　県営津軽中部地区広域営農団地農道整備事業に伴う遺跡発掘調査報告』青森県埋蔵文化財調査報告書第 217 集、青森県埋蔵文化財調査センター
5. 加藤道男 1982『青木畑遺跡』宮城県文化財調査報告書第 85 集、宮城県教育委員会
6. 「土偶とその情報」研究会 1996『土偶シンポジウム 5 宮城大会　東北・北海道の土偶Ⅱ』
7. 須藤隆 1998『東北日本先史時代文化変化・社会変動の研究』纂集堂
8. 工藤国雄 1978「弘前市清水森西遺跡出土の続縄文土器」『考古風土記』3、60～70 頁
9. 瀬川司男ほか 2001『町内遺跡発掘調査報告書Ⅹ　滝大神Ⅰ遺跡』東和町文化財調査報告書第 28 集、岩手県東和町教育委員会　ふるさと歴史資料館
10. 三田史学会 1959『亀ヶ岡遺蹟』有隣堂出版
11. 瀬川司男ほか 2002『町内遺跡発掘調査報告書ⅩⅢ　滝大神Ⅰ遺跡-2』東和町文化財調査報告書第 33 集、岩手県東和町教育委員会　ふるさと歴史資料館
12. 晴山雅光ほか 1999『細田遺跡発掘調査報告書　一関遊水地事業第 3 遊水地管理用通路関連発掘調査報告書』岩手県文化振興事業団埋蔵文化財調査報告書第 283 集、岩手県文化振興事業団埋蔵文化財センター
13. 嶋千秋ほか 1983『君成田Ⅳ遺跡発掘調査報告書　東北縦貫自動車道関連遺跡発掘調査』岩手県埋文センター文化財調査報告書第 62 集、岩手県埋蔵文化財センター
14. 松本建速ほか 1988『砂沢遺跡発掘調査報告書—図版編—』弘前市教育委員会
15. 松本建速ほか 1991『砂沢遺跡発掘調査報告書—本文編—』弘前市教育委員会
16. 田鎖壽夫ほか 1995『大日向Ⅱ遺跡発掘調査報告書　国道 395 号改良工事関連遺跡発掘調査』岩手県文化振興事業団埋蔵文化財調査報告書第 225 集、岩手県文化振興事業団埋蔵文化財センター
17. 金子昭彦ほか 2006『金附遺跡発掘調査報告書　緊急地方道路整備事業関連遺跡発掘調査・県営ほ場整備事業下門岡地区関連遺跡発掘調査』岩手県文化振興事業団埋蔵文化財調査報告書第 482 集、岩手県文化振興事業団埋蔵文化財センター
18. 金子昭彦ほか 1999『長谷堂貝塚発掘調査報告書　県営長谷堂住宅替代事業関連遺跡発掘調査』岩手県文化振興事業団埋蔵文化財調査報告書第 296 集、岩手県文化振興事業団埋蔵文化財センター
19. 斎藤實 1990『物見崎遺跡・監物館跡発掘調査報告書　第三北上中部工業用水道施設関連遺跡発掘調査』岩手県文化振興事業団埋蔵文化財調査報告書第 157 集、岩手県文化振興事業団埋蔵文化財センター
20. 竹内正光 1978「青森県金木町出土の続縄文期土偶と擦文土器」『考古風土記』3、103～104 頁
21. 金子昭彦 2014『立花南遺跡発掘調査報告書　北上川中流部緊急治水対策事業（立花地区）関連遺跡発掘調査』岩手県文化振興事業団埋蔵文化財調査報告書第 621 集、岩手県文化振興事業団埋蔵文化財センター
22. 小山内透 2000『川岸場Ⅱ遺跡発掘調査報告書　北上川上流改修事業・白山地区築堤に係る発掘調査』岩手県文化振興事業団埋蔵文化財調査報告書第 317 集、岩手県文化振興事業団埋蔵文化財センター
23. 工藤利幸ほか 1986『東北縦貫自動車道建設関連遺跡発掘調査　九戸郡軽米町馬場野Ⅱ遺跡発掘調査報告書』岩手県文化振興事業団埋蔵文化財調査報告書第 99 集、岩手県文化振興事業団埋蔵文化財センター
24. 菅原俊行ほか 1986『秋田市秋田新都市開発整備事業関係埋蔵文化財発掘調査報告書　地蔵田遺跡　台 A

遺跡 湯ノ沢Ⅰ遺跡 湯ノ沢F遺跡』秋田市教育委員会
25. 青森県史編さん考古部会 2005『青森県史 資料編 考古3 弥生〜古代』青森県
26. サントリー美術館編 1969『土偶と土面：春の特別展』
27. 金子昭彦 2015「縄文土偶の終わり―東北地方北部・弥生時代土偶の編年―」『考古学研究』第62巻第2号、56〜77頁
28. 武藤祐浩ほか 1991『大砂川地区農免農道整備事業に係る埋蔵文化財発掘調査報告書2 上熊ノ沢遺跡』秋田県文化財調査報告書第213集、秋田県教育委員会
29. 鹿角市教育委員会 2010『柏崎館跡発掘調査報告書』鹿角市文化財調査資料100、鹿角市教育委員会
30. 鈴木克彦編 1978『青森県の土偶：故音喜多富寿先生追悼記念出版』故音喜多富寿先生追悼記念出版会
31. 高木晃 1998『大日向Ⅱ遺跡発掘調査報告書』岩手県文化振興事業団埋蔵文化財調査報告書第273集、岩手県文化振興事業団埋蔵文化財センター
32. 藤沼邦彦 1992「宮城県の土偶」『国立歴史民俗博物館研究報告』第37集、112〜135頁
33. 関根達人 2011「奇跡的に拾われた土偶」『新編弘前市史 通史編 岩木地区』182〜186頁、弘前市岩木総合支所総務課
34. 国立歴史民俗博物館 2014『弥生ってなに?!』国立歴史民俗博物館
35. 山形県 1969『山形県史 資料篇11 考古資料』
36. 藤村東男 1987『九年橋遺跡第10次調査報告書』北上市文化財調査報告第44集、北上市教育委員会
37. 伊藤伸吾ほか 2005『中屋敷Ⅱ遺跡 県営ほ場整備事業（土崎・小荒川地区）に係る埋蔵文化財発掘調査報告書Ⅱ』秋田県文化財調査報告書第384集、秋田県埋蔵文化財センター
38. 中川重紀ほか 1991『月館跡・八幡館跡発掘調査報告書 東北横断自動車道遺跡発掘調査』岩手県文化振興事業団埋蔵文化財調査報告書第149集、岩手県文化振興事業団埋蔵文化財センター
39. 岩手県文化振興事業団埋蔵文化財センター 2010『平成21年度発掘調査報告書』岩手県文化振興事業団埋蔵文化財調査報告書第571集、岩手県文化振興事業団埋蔵文化財センター
40. 工藤武 1982『第4次谷起島遺跡発掘調査概報』一関市教育委員会
41. 岡田康博 1981「弘前市砂沢遺跡出土の土版」『考古風土記』第6号、155〜156頁
42. 笹森一朗ほか 1997『津山遺跡 国道101号道路改良事業に伴う遺跡発掘調査報告』青森県埋蔵文化財調査報告書第221集、青森県埋蔵文化財調査センター
43. 児玉準ほか 1984『横長根A遺跡 秋田県南秋田郡若美町横長根A遺跡の調査報告』若美町教育委員会
44. 佐藤嘉広ほか 1995「岩手県水沢市橋本遺跡出土資料について（補遺）」『岩手県立博物館研究報告』第13号、27〜48頁
45. 田舎館村埋蔵文化財センター 2009『史跡垂柳遺跡発掘調査報告書（13）』田舎館村埋蔵文化財調査報告書第16集、田舎館村教育委員会
46. 須藤隆ほか編 1995『仙台市史 特別編2 考古資料』仙台市
47. 伊藤信雄ほか 1982『瀬野遺跡』東北考古学会
48. 高橋義介ほか 1981『二戸バイパス関連遺跡発掘調査報告書 二戸市上田面遺跡 大淵遺跡 火行塚遺跡』岩手県埋文センター文化財調査報告書第23集、岩手県埋蔵文化財センター
49. 田舎館村教育委員会 1993『垂柳遺跡発掘調査報告書（8）平成4年度垂柳遺跡確認緊急調査（7年次）』田舎館村埋蔵文化財調査報告書第8集、田舎館村教育委員会
50. 馬目順一ほか 1972『毛萱遺跡―南奥考古学研究叢刊第2冊』南奥考古学研究叢書刊行会
51. 吉岡恭平ほか 1996『下ノ内浦・山口遺跡 仙台市高速鉄道関係遺跡調査報告書Ⅴ』仙台市文化財調査報告書第207集、仙台市教育委員会
52. 三宅徹也ほか 1979『宇鉄Ⅱ遺跡発掘調査報告書』青森県立郷土館調査報告第6集、青森県立郷土館
53. 須藤隆ほか 1997『国史跡 山王囲遺跡発掘調査報告書Ⅱ』宮城県一迫町教育委員会

54. 菊池貴広 2002『浅石遺跡発掘調査報告書 主要地方道二戸安代線緊急地方道路整備事業関連遺跡発掘調査』岩手県文化振興事業団埋蔵文化財調査報告書第403集、岩手県文化振興事業団埋蔵文化財センター
55. 北上市教育委員会 2008『北上市内試掘調査報告（2006年度）』北上市埋蔵文化財調査報告第91集、北上市教育委員会
56. 東北大学文学部 1982『考古学資料図録』vol.2
57. 高橋正勝ほか 1986『大麻3遺跡』江別市文化財調査報告書ⅩⅩ、北海道江別市教育委員会
58. 佐藤一夫ほか 1995『苫小牧東部工業地帯の遺跡群Ⅴ 苫小牧市静川19・26遺跡、柏原18遺跡発掘調査報告書Ⅴ』苫小牧市教育委員会ほか
59. 杉浦重信 1994「平成5年度無頭川遺跡発掘調査の概要」『富良野市郷土館研究報告』2、45～53頁、富良野市郷土館
60. 名取武光 1933「故篠岡亮一氏の蒐集せる北海道先史的遺物の紹介（主として石鏃の形態と一土偶に就て）」『考古学雑誌』第23巻第3号、11～17頁
61. 高橋理 1995「ウサクマイA遺跡採集の男性土偶」『ウサクマイN・蘭越7遺跡における考古学的調査』千歳市文化財調査報告書ⅩⅩ、北海道千歳市教育委員会
62. 大矢義明ほか 2000『札内N遺跡―農地改良に伴う発掘調査報告書―』北海道幕別町教育委員会
63. 米田耕之助ほか 1977『西広貝塚』上総国分寺台遺跡調査団
64. 橋本勉 1985『ささら（Ⅱ）国道122号バイパス関連埋蔵文化財調査報告』埼玉県埋蔵文化財調査事業団報告書第47集、埼玉県埋蔵文化財調査事業団
65. 大川清ほか 1997『栃木県小川町 三輪仲町遺跡』小川町教育委員会
66. 上野川勝 1982「藤岡市後藤遺跡出土の土偶」『唐沢考古』2、31～33頁
67. 可児町北裏遺跡調査団 1973『北裏遺跡 国道41号線名濃バイパス建設地内埋蔵文化財発掘調査報告書』可児町北裏遺跡調査団
68. 前田清彦 1993『麻生田大橋遺跡発掘調査報告書』豊川市教育委員会
69. 中村士徳 1904「三河国発見の有髯石器時代の土偶に就いて」『考古界』第三篇第九号、511～519頁
70. 新津健ほか 1989『金生遺跡Ⅱ（縄文時代編）』山梨県埋蔵文化財センター調査報告書第41集、山梨県教育委員会
71. 守山市立埋蔵文化財センター 1999『乙貞』19巻第4号、守山市立埋蔵文化財センター
72. 楢崎彰一ほか 1979『中村遺跡発掘調査報告書』中津川市教育委員会
73. 木戸雅寿ほか 2009『赤野井浜遺跡 琵琶湖（赤野井湾）補助河川環境事業に伴う発掘調査報告書』滋賀県教育委員会事務局文化財保護課ほか
74. 福島邦男 1976「長野県北佐久郡望月町における土偶二例」『長野県考古学会誌』第23・24号、80～84頁
75. 太田守夫ほか 1987『松本市赤木山遺跡群Ⅱ』松本市文化財調査報告47、松本市教育委員会
76. 寺崎裕助ほか 1977『埋蔵文化財調査報告書―藤橋遺跡・尾立遺跡・旧富岡農学校跡遺跡―』長岡市藤橋遺跡等発掘調査委員会
77. 青木一男ほか 1997『長野市内その4 篠ノ井遺跡群 中央自動車道長野線埋蔵文化財発掘調査報告書16』長野県埋蔵文化財センター発掘調査報告書22、日本道路公団名古屋建設局ほか
78. 大阪府立弥生文化博物館 2001『弥生クロスロード 再考・信濃の農耕社会 平成13年秋季特別展』大阪府立弥生文化博物館
79. 永峯光一 1969「氷遺跡の調査とその研究」『石器時代』9、1～53頁
80. 小野紀男 2003『屋代清水遺跡Ⅱ 科野の里ゲートボール場建設に伴う発掘調査報告書』更埴市教育委員会
81. 酒井幸則 1971「黥面（有髯）土偶二例」『長野県考古学会誌』第10号、51～52頁
82. 若林卓ほか 1999『上信越自動車道埋蔵文化財発掘調査報告書21 上田市内・坂城町内：大日ノ木遺跡・七ツ塚古墳群・染屋台条里遺跡・陣馬塚古墳・宮平遺跡・上原古墳群・山崎古墳群・山崎遺跡・山崎北遺

跡・東平古墳群・土井ノ入窯跡・観音平経塚・小山製鉄遺跡』長野県埋蔵文化財センター発掘調査報告書41、長野県文化振興事業団長野県埋蔵文化財センター
83. 前田清彦 1988「縄文晩期終末期における土偶の変容」『三河考古』創刊号、9～23頁
84. 野口義磨 1959『日本の土偶』紀伊国屋書店
85. 川崎保 1992「中原遺跡」『長野県埋蔵文化財センター年報』9、長野県埋蔵文化財センター
86. 新潟県 1983『新潟県史 資料編1 原始古代1 考古編』新潟県
87. 茂原信生ほか 1998『更埴市内その4 更埴条里遺跡・屋代遺跡群（含む大境遺跡・窪河原遺跡）上信越自動車道埋蔵文化財発掘調査報告書25 弥生・古墳時代編』長野県埋蔵文化財センター発掘調査報告書第25集、長野県文化振興事業団長野県埋蔵文化財センター
88. 大沢哲ほか 1991『ほうろく屋敷遺跡—川西地区県営ほ場整備事業に伴う緊急発掘調査報告書—』明科町の埋蔵文化財第3集、明科町教育委員会
89. 千葉県文化財センター 1991『四街道市内黒田遺跡群—内黒田特定土地区画整理事業地内埋蔵文化財発掘調査報告書—』千葉県文化財センター調査報告第200集、千葉県住宅供給公社
90. 西村正衛 1976「千葉県成田市荒海貝塚（第二次調査）—東部関東における縄文後・晩期文化の研究（その二・続き）—」『早稲田大学教育学部学術研究』25号、1～25頁
91. 荒巻実ほか 1986『CⅡ 沖Ⅱ遺跡 藤岡市立北中学校分割校校舎・体育館建設工事に伴う埋蔵文化財発掘調査報告書』藤岡市教育委員会文化財課
92. 荒巻実ほか 1985「有髯土偶小考」『考古学雑誌』第71巻1号、1～22頁
93. 前田清彦ほか 1985『堂の前・福沢・青木沢 塩尻東地区県営圃場整備事業発掘調査報告書—昭和59年度—』塩尻市教育委員会
94. 神村透 1967「飯田市寺所遺跡とその他の遺跡」『長野県考古学会誌』4号、18～21頁
95. 樋上昇 2002『八王子遺跡』愛知県埋蔵文化財センター調査報告書第92集、財団法人愛知県教育サービスセンターほか
96. 石黒立人ほか 1994『朝日遺跡Ⅴ 土器編・総論編・図版編・索引編』愛知県埋蔵文化財センター調査報告書第34集、愛知県埋蔵文化財センター
97. 信濃史料刊行会 1956『信濃考古綜覧 下巻』
98. 長野市教育委員会 1986『塩崎遺跡群Ⅳ 市道松節—小田井神社地点遺跡』長野市の埋蔵文化財第18集、長野市教育委員会
99. 上田原誌編纂委員会 2011『上田原誌』上田原自治会
100. 末木健ほか 1987『金の尾遺跡 無名墳（きつね塚古墳）』山梨県埋蔵文化財センター調査報告第25集、山梨県教育委員会
101. 松田哲 2011『前中西遺跡Ⅵ 熊谷都市計画事業上之土地区画整理事業地内遺跡発掘調査報告書Ⅶ』埼玉県熊谷市埋蔵文化財調査報告書第9集、埼玉県熊谷市教育委員会
102. 吉田富夫ほか 1971『古沢町遺跡Ⅰ 縄文時代編』名古屋市教育委員会
103. 宮本達希 1987『姫宮遺跡発掘調査概報Ⅳ 第Ⅺ次調査』河津町教育委員会
104. 安井俊則ほか 1991『麻生田大橋遺跡』愛知県埋蔵文化財センター調査報告書第21集、愛知県埋蔵文化財センター
105. 市沢英利ほか 1987『中央自動車道長野線埋蔵文化財発掘調査報告書1—岡谷市内— 大久保B、下り林、西林A、大洞、膳棚A、膳棚B（白山）、膳棚B、中島A、中島B、柳海途』長野県埋蔵文化財センター発掘調査報告書1、日本道路公団名古屋建設局ほか
106. 江坂輝彌 1960『土偶』校倉書房
107. 小畑頼孝 1977「稲荷山貝塚出土の有髯人面付土器片」『足跡』東三河考古資料特集号、東三河西遠青年郷土研究会

108. 和田千吉 1917「信濃国腰越発掘土偶」『考古学雑誌』第 8 巻 3 号、62～63 頁
109. 設楽博己 2007「弥生時代の男女像―日本先史時代における男女の社会的関係とその変化―」『考古学雑誌』第 91 巻第 2 号、32～80 頁
110. 弥生土器を語る会 1995『第 18 回弥生土器を語る会資料』平成 7 年 11 月 18～19 日
111. 八代町誌編纂室 1975「銚子が原遺跡の遺物（岡地籍）」『八代町史』291～292 頁
112. 設楽博己 1999「土偶形容器と黥面付土器の製作技術に関する覚書―複製品の製作を通じて―」『国立歴史民俗博物館研究報告』第 77 集、113～128 頁
113. 野口義麿 1974「土偶から埴輪へ―土偶の意義を探る 3」『古代史発掘 3―土偶芸術と信仰―』84 頁・111～114 頁、講談社
114. 石野瑛 1934「足柄上郡山田村遺蹟と出土の土偶」『武相叢書 考古集録』第二、127～135 頁、武相考古学会
115. 設楽博己 2005「神奈川県中屋敷遺跡出土土偶形容器の年代」『駒澤考古』30 号、17～31 頁
116. 設楽博己 1998「下境沢遺跡出土の黥面付土器」『下境沢遺跡 片丘住宅団地造成工事に伴う埋蔵文化財発掘調査報告書』76～81 頁、塩尻市教育委員会
117. 鳥居龍蔵 1924『諏訪史 第一巻』信濃教育会諏訪部会
118. 大野雲外 1905「信濃国諏訪郡平野村小字小尾口田地発見石器時代土偶」『東京人類学会雑誌』第 20 巻第 226 号、215 頁
119. 青木一男ほか 2000『長野市内その 3 松原遺跡 上信越自動車道埋蔵文化財発掘調査報告書 5』長野県埋蔵文化財センター発掘調査報告書第 36 集、日本道路公団ほか
120. 木村俊彦ほか 1984『池守・池上 一般国道 125 号埋蔵文化財発掘調査報告書』埼玉県教育委員会
121. 久永春男 1939「三河国に於ける新発見の土偶」『ひだびと』第七年第八号、334～335 頁
122. 小林康男ほか 1987『史跡 平出遺跡 昭和 61 年度県営畑地帯総合土地改良事業桔梗ケ原地区埋蔵文化財包蔵地発掘調査報告書』長野県塩尻市教育委員会
123. 贄元洋 1976「白石遺跡出土の人面土器」『古代人』32 号、30 頁
124. 柴登巳夫ほか 1987『上金遺跡 長野県上伊那郡箕輪町緊急発掘調査報告書』長野県箕輪町教育委員会
125. 千道克彦ほか 2000『野笹遺跡Ⅰ 一般国道 248 号道路改良工事に伴う緊急発掘調査報告書』岐阜県文化財保護センター調査報告書第 66 集、岐阜県文化財保護センター
126. 宮本達希 1984『姫宮遺跡発掘調査概報Ⅲ』河津町教育委員会
127. 島田恵子 1980「南佐久郡佐久町館遺跡出土の容器形土偶」『信濃考古』No.58、1～2 頁
128. 小山岳夫 2012「館遺跡発見の土偶形容器」『佐久考古通信』No.110、4～5 頁、佐久考古学会
129. 飯田市上郷考古博物館 1999『段丘に住む弥生人の土地利用』飯田市上郷考古博物館
130. 岡本茂史 1989「矢作川河床採集の土偶形容器」『三河考古』第 2 号、11～16 頁
131. 林幸彦 1994『西一本柳遺跡Ⅰ調査報告書』佐久市埋蔵文化財調査報告書第 34 集、佐久市教育委員会埋蔵文化財課
132. 新井正樹 2008『清水天王山遺跡 第 4 次-5 次発掘報告』静岡市教育委員会
133. 赤塚次郎ほか 1984『勝川 名古屋環状 2 号線建設に伴なう発掘調査報告書』愛知県教育サービスセンター埋蔵文化財調査報告書第 1 集、愛知県教育サービスセンター
134. 戸田哲也ほか 2015『中里遺跡発掘調査報告書』玉川文化財研究所
135. 鈴木敏則 1986「若磯神社遺跡」『ホリデー考古』第 6 号、15～18 頁
136. 野中完一 1902「新編武蔵風土記稿に記されたる貝塚土偶」『東京人類学会雑誌』第 17 巻 192 号、253～254 頁
137. 櫻井秀雄 2012『佐久市内 4 濁り遺跡 久保田遺跡 西一里塚遺跡群 中部横断自動車道建設に伴う埋蔵文化財発掘調査報告書 4』長野県埋蔵文化センター発掘調査報告書第 106 集、国土交通省関東地方整備局ほか

138. 村上島之丞 1800『蝦夷島奇観』
139. 八戸遺跡調査会 2002『八戸城跡Ⅱ』八戸遺跡調査会埋蔵文化財調査報告書第3集、八戸遺跡調査会
140. 大坂拓 2013「弥生時代前期砂沢式土器の「ヒト形土器」―青森県弘前市宇田野2遺跡出土資料の位置―」『籾』第9号、19～23頁
141. いわき市教育文化事業団 2014「久世原館跡・番匠地遺跡の発掘調査―弥生時代の自然流路・平安時代の水田跡の調査―」『文化財ニュースいわき』第75号、1～4頁、いわき市教育文化事業団
142. 志間泰治 1971『鱸沼遺跡』東北電力株式会社宮城支店
143. 小滝利意 1977『初期弥生式墓制資料 墓料―福島県会津若松市一箕町墓料遺跡発掘調査概報』会津若松市教育委員会
144. 福島県 1927『福島県発見石器時代土偶図版』
145. 耶麻高等学校野沢校舎地歴クラブ 1958『上野尻遺跡調査報告書』
146. 田中國男 1943『接触文化の研究』小学館
147. 松田哲 2009『前中西遺跡Ⅳ 熊谷都市計画事業上之土地区画整理事業地内遺跡発掘調査報告書Ⅴ』埼玉県熊谷市埋蔵文化財調査報告書第3集、埼玉県熊谷市教育委員会
148. 渡辺伸之 1986「大歳山遺跡出土の人面土器」『神戸古代史』vol.3、No.1、12～18頁、神戸古代史研究会
149. 福島県教育庁文化課 1981『東北新幹線関連遺跡発掘調査報告Ⅲ』福島県文化財調査報告書第92集、福島県教育委員会
150. 石川日出志 1982「4. 村尻遺跡のヒト形土器」『村尻遺跡Ⅰ』新発田市埋蔵文化財調査報告4、99～103頁、新発田市教育委員会
151. 東京国立博物館編 1970『日本考古展図録』便利堂
152. 佐倉市大崎台B地区遺跡調査会 1985『大崎台遺跡発掘調査報告Ⅱ』佐倉市教育委員会
153. 設楽博己 1998「顰面の系譜」『氷遺跡発掘調査資料図譜 第三冊 ―縄文時代晩期終末期の土器群の研究―』153～164頁、氷遺跡発掘調査資料図譜刊行会
154. 都築暢也ほか 1995『島田陣屋遺跡』愛知県埋蔵文化財調査センター調査報告書58集、愛知県埋蔵文化財センター
155. 福海貴子ほか 2003『八日市地方遺跡 小松駅東土地区画整理事業に係る埋蔵文化財発掘調査報告書1』小松市教育委員会
156. 阿久津久 1977『茨城県大宮町小野天神前遺跡（資料編）』茨城県歴史館
157. 佐野五十三ほか 1996『角江遺跡Ⅱ 平成3～7年度二級河川新川住宅宅地関連公共施設整備促進（中小）工事に係わる埋蔵文化財調査報告書』静岡県埋蔵文化財調査研究所調査報告第69集、財団法人静岡県埋蔵文化財調査研究所
158. 鈴木素行 2011『泉坂下遺跡の研究 人面付土器を伴う弥生中期の再葬墓群について』
159. 川崎純徳 1970「茨城県海後遺跡出土の人面土器」『常総台地』520～22頁、常総台地研究会
160. 目黒吉明ほか 1971『鳥内遺跡発掘調査概報』石川町教育委員会
161. 目黒吉明ほか 1998『鳥内遺跡発掘調査報告書』石川町埋蔵文化財調査報告書第16集、福島県石川郡石川町教育委員会
162. 亀井正道 1957「人面土器の新例」『考古学雑誌』第43巻1号、45～47頁
163. 安城市考古学談話会 1986『図録 原始・古代人の顔』安城市教育委員会
164. 小林与三郎ほか 1900「下野国河内郡野沢村発見の土器に就いて」『東京人類学会雑誌』第百六十六號、129～132頁
165. 佐原真 1976『日本の美術125―弥生土器―』至文堂
166. 金子拓男ほか 1983『緒立遺跡発掘調査報告書』黒埼町教育委員会
167. 笹沢浩ほか 1976「十二ノ后遺跡」『長野県中央道埋蔵文化財包蔵地発掘調査報告書―諏訪市 その4―』

68-230 頁、長野県教育委員会
168. 吉田富夫 1936「人面付土器の一新例」『考古学雑誌』第 25 巻第 1 号、54〜55 頁
169. 山本寿々雄 1968『山梨県の考古学』吉川弘文館
170. 杉原荘介 1981『明治大学文学部研究報告　考古学　第八冊　栃木県出流原における弥生時代の再葬墓群』明治大学
171. 高見俊樹 1983「諏訪盆地沖積地発見の『容器型土偶』」『長野県考古学会誌』第 47 号、40〜42 頁
172. 江藤吉雄ほか 1967「福島県表郷村滝ノ森遺跡調査報告」『福島考古』8、1〜4 頁・14〜36 頁
173. 桐原健 1967「長野県岡谷市発見の顔面付土器新資料」『考古学集刊』第 3 巻第 4 号、22 頁
174. 高田儀三郎 1981『上敷免遺跡出土の弥生式土器』茨城県歴史館
175. 関義則 1979「須和田式土器の再検討」『埼玉県立博物館紀要』10、26〜71 頁、埼玉県立博物館
176. 鈴木素行 2009『企画展示解説「再葬墓と人面付土器のふしぎ」』常陸大宮市歴史民俗資料館
177. 多胡町教育委員会 1986『新城遺跡・土橋城跡—千葉県香取郡多胡町新城遺跡・土橋城跡調査報告書—』多胡町教育委員会
178. 埼玉県立さきたま史跡の博物館 2015『平成 27 年度最新出土品展　地中からのメッセージ（パンフレット）』
179. 松田哲 2010『前中西遺跡Ⅴ　熊谷都市計画事業上之土地区画整理事業地内遺跡発掘調査報告書Ⅵ』埼玉県熊谷市埋蔵文化財調査報告書第 7 集、埼玉県熊谷市教育委員会
180. 亀田幸久 2001『大塚古墳群内遺跡・塚原遺跡　県営広域農道整備事業 (下都賀西部地区) における埋蔵文化財発掘調査』栃木県埋蔵文化財調査報告第 244 集、栃木県教育委員会ほか
181. 松田哲 2012『前中西遺跡Ⅶ　熊谷都市計画事業上之土地区画整理事業地内遺跡発掘調査報告書Ⅷ』埼玉県熊谷市埋蔵文化財調査報告書第 12 集、埼玉県熊谷市教育委員会
182. 土屋積ほか 1999『長野市内その 10　榎田遺跡　上信越自動車道埋蔵文化財発掘調査報告書 12』長野県埋蔵文化財センター発掘調査報告書第 37 集、日本道路公団ほか
183. 下城正ほか　1994『新保田中村前遺跡　一級河川染谷川河川改修工事に伴う埋蔵文化財発掘調査報告書　第 4 分冊　第 6・7 次の調査』群馬県埋蔵文化財調査事業団調査報告第 176 集、群馬県埋蔵文化財調査事業団
184. 堀金靖 1994『川原町口遺跡　会津若松市立第三中学校建設 (市立第四中学校跡地) に伴う発掘調査事業』会津若松市文化財調査報告書第 36 号、会津若松市教育委員会
185. 国立歴史民俗博物館 1999『新　弥生紀行　—北の森から南の海へ—』朝日新聞社
186. 設楽博己 1999「黥面土偶から黥面絵画へ」『国立歴史民俗博物館研究報告』第 80 集、185〜201 頁
187. 伊藤寿男 1992「有東遺跡（第 8 次）」『静岡市の埋蔵文化財発掘調査の概要—平成 2 年度—』静岡市教育委員会
188. 神沢勇一 1967「神奈川県・ひる畑遺跡出土の人面土器」『考古学集刊』第 3 巻第 3 号、95〜98 頁
189. 坂詰秀一ほか 1962「弥生後期の人面土器について」『考古学雑誌』第 48 巻第 1 号、55〜59 頁
190. 豊科町誌編纂委員会 1995『豊科町誌　歴史編・民俗編・水利編』豊科町誌刊行会
191. 堤隆 2012「赤彩された弥生顔面—佐久市中佐都小学校所蔵資料—」『佐久考古通信』No.110、11 頁、佐久考古学会
192. 岩松保 2010『温江遺跡第 6 次』京都府遺跡調査報告集第 139 冊-1、京都府埋蔵文化財調査研究センター
193. 設楽博己 1999「目垣遺跡出土人面付き土器について」『平成 9・10 年度発掘調査事業報告　付．目垣遺跡（第 97-1、98-1 次）発掘調査略報』19 頁、茨木市教育委員会
194. 岩橋孝典 2001『西川津遺跡Ⅷ　朝酌川広域河川改修事業に伴う埋蔵文化財発掘調査報告書第 13 冊』島根県教育庁埋蔵文化財調査センター
195. 井西貴子ほか 2011『池島・福万寺遺跡 13　一級河川恩智川治水緑地建設に伴う発掘調査報告書（池島

Ⅱ期地区 08-2 調査区)』大阪府文化財センター調査報告書第 219 集、大阪府文化財センター
196. 総社市教育委員会 2011「上原遺跡発掘調査報告」『総社市埋蔵文化財調査年報 19』総社市教育委員会
197. 伊藤晃ほか 1999『田益田中遺跡 笹ケ瀬川調節池建設に伴う発掘調査』岡山県埋蔵文化財発掘調査報告第 140 集、岡山県教育委員会
198. 中西靖人ほか 1982『亀井遺跡―寝屋川南部流域下水道事業長吉ポンプ場築造工事関連埋蔵文化財発掘調査報告書Ⅱ―』大阪文化財センター
199. 長岡京発掘調査団 1971『森本遺跡発掘調査概報』
200. 真鍋昭文ほか 2002『土居窪遺跡 2 次 祝谷畑中遺跡 祝谷本村遺跡 2 次 都市計画道路道後祝谷線整備事業に伴う埋蔵文化財調査報告書』埋蔵文化財発掘調査報告書第 101 集、愛媛県埋蔵文化財調査センター
201. 赤羽裕幸ほか 2001『長野県松本市百瀬遺跡Ⅳ 緊急発掘調査報告書』松本市文化財調査報告 No.151、松本市教育委員会
202. 森嶋稔ほか 1999『戸倉町誌』第 2 巻 歴史編上、戸倉町史刊行会
203. 平野進一 2001「北関東西部における弥生後期の人面付土器とその性格」『考古聚英 梅澤重昭先生退官記念論文集』75～87 頁
204. 佐藤明人ほか 1989『有馬条里遺跡Ⅰ 弥生時代～古墳時代の集落と生産跡の調査関越自動車道 (新潟線) 地域埋蔵文化財発掘調査報告書第 29 集』群馬県埋蔵文化財調査事業団発掘調査報告第 97 集、群馬県教育委員会ほか
205. 緒方勉 1982「益城町秋永遺跡出土の容器形土偶について」『肥後考古』第 2 号、90～95 頁
206. 横山千晶 1999『小八木志志貝戸遺跡群 1 主要地方道高崎渋川線改築（改良）工事に伴う埋蔵文化財発掘調査報告書第 2 集』群馬県埋蔵文化財調査事業団発掘調査報告第 256 集、群馬県埋蔵文化財調査事業団
207. 佐藤明彦 1990『有馬遺跡Ⅱ 弥生・古墳時代編 ―関越自動車道（新潟線）地域埋蔵文化財発掘調査報告書第 32 集―』群馬県埋蔵文化財調査事業団発掘調査報告第 102 集、群馬県教育委員会ほか
208. 諸田康成ほか 2008「群馬県利根郡川場村出土の人物形土器について」『研究紀要』26、193～204 頁、群馬県埋蔵文化財調査事業団
209. 石野博信ほか 1976『纒向』奈良県桜井市教育委員会
210. 藤井太郎ほか 2000「長田神社境内遺跡第 10 次調査」『平成 9 年度神戸市埋蔵文化財年報』171～178 頁、神戸市教育委員会
211. 山口県教育財団ほか 2000『綾羅木郷台地遺跡 ―明神地区・久保之上田地区― 昭和 63 年度県営圃場整備事業に伴う発掘調査報告』山口県埋蔵文化財調査報告第 120 集、山口県教育財団ほか
212. 森下友子 2002『鴨部・川田遺跡Ⅲ 高松東道路建設に伴う埋蔵文化財発掘調査報告 10』香川県教育委員会ほか
213. 河本清ほか 2004『熊山田遺跡 吉井川農業水利事業邑久用水路工事に伴う発掘調査』邑久町埋蔵文化財発掘調査報告 1、岡山県邑久町教育委員会
214. 桜井久之 1986「長原遺跡出土の人形土製品」『大阪市文化財情報 葦火』5 号、8 頁、大阪市文化財協会
215. 豆谷和之ほか 2009『唐古・鍵遺跡Ⅰ―範囲確認調査―』田原本町文化財調査報告書 第 5 集、田原本町教育委員会
216. 関孝一ほか 1994『県道中野豊野線バイパス志賀中野有料道路―長野県中野市内一 栗林遺跡・七瀬遺跡』長野県埋蔵文化財センター発掘調査報告書 19、長野県ほか
217. 大江正行ほか 1982『日高遺跡―関越自動車道 (新潟線) 地域埋蔵文化財発掘調査報告書第 5 集―』群馬県教育委員会
218. 近藤義郎 1992『楯築弥生墳丘墓の研究』楯築刊行会
219. 山下誠一 1999『寺所遺跡』飯田市教育委員会
220. 近藤義郎ほか 1957「弥生土偶について」『私たちの考古学』第 3 巻第 4 号、22～24 頁

221. 平井泰男 1984「百間川兼基遺跡出土人形土製品」『考古学ジャーナル』No.238、27～29頁、ニュー・サイエンス社
222. 徳島市立考古資料館 2015『徳島市立考古資料館 平成27年度特別企画展展示図録 FACE ―表情の考古学―』徳島市立考古資料館
223. 杉山一雄ほか 1998『伊福定国前遺跡 県立岡山工業高等学校産業教育施設（実習棟）改築に伴う発掘調査』岡山県埋蔵文化財発掘調査報告125集、岡山県教育委員会
224. 徳富則久 1996『詫田西分遺跡 Ⅱ区の調査』千代田町文化財調査報告書第20集、千代田町教育委員会
225. 梅木謙一ほか 1994『道後城北遺跡群Ⅱ 道後今市9次 道後鷺谷 祝谷大地ヶ田』松山市文化財調査報告書第37集、松山市教育委員会ほか
226. 草原孝典 2008『津寺（加茂小・体育館）遺跡―吉備中枢地における集落遺跡の発掘調査報告』岡山市教育委員会
227. 蔵本晋司ほか 1997『空港跡地遺跡Ⅱ 空港跡地整備事業に伴う埋蔵文化財発掘調査報告2』香川県教育委員会ほか
228. 吉成承三ほか 2004『田村遺跡群2 高知空港再拡張整備に伴う埋蔵文化財発掘調査報告書』高知県埋蔵文化財センター発掘調査報告書第85集、高知県文化財団埋蔵文化財センター
229. 小嶋善邦ほか 2004『百間川原尾島遺跡6 旭川放水路（百間川）改修工事に伴う発掘調査15』岡山県埋蔵文化財発掘調査報告第179集、国土交通省岡山河川事務所ほか
230. 江見正己ほか 2000『高塚遺跡 三手遺跡2 山陽自動車道建設に伴う発掘調査18』岡山県埋蔵文化財発掘調査報告150、岡山県教育委員会
231. 松本和男ほか 2004『津島遺跡5 岡山県総合グラウンド第二次・第三次確認調査』岡山県埋蔵文化財発掘調査報告181、岡山県教育委員会
232. 河本清 1992「集成5 絵画土器、人形・鳥形スタンプ文土器」『吉備の考古学的研究（上）』553-564頁、山陽新聞社
233. 前原市教育委員会文化課 2004『三雲屋敷遺跡現地説明会資料』
234. 伊東但 1987『源藤遺跡』宮崎市教育委員会
235. 大野薫 1999「長原タイプ終末期土偶試論」『大阪市文化財協会研究紀要』第2号、11～29頁
236. 大阪市文化財協会 1982『大阪市平野区長原遺跡発掘調査報告Ⅱ―大阪市高速電気軌道第2号線延長工事に伴う発掘調査報告書―』大阪市文化財協会
237. 千葉豊ほか 1998「京都大学本部構内AU30区・AV30区の発掘調査」『京都大学構内遺跡調査研究年報 1994年度』3～40頁、京都大学埋蔵文化財研究センター
238. 大阪市文化財協会 1983『大阪市平野区長原遺跡発掘調査報告Ⅲ―(仮称)大阪市立第8養護学校建設に伴う発掘調査報告書―』大阪市文化財協会
239.「土偶とその情報」研究会 1997『西日本をとりまく土偶』
240. 田中清美ほか 1992『大阪市平野区長原遺跡発掘調査報告Ⅴ―市営長吉住宅建設に伴う発掘調査報告書―』後編、大阪市文化財協会
241. 亀井節夫ほか 1985『京都大学埋蔵文化財調査報告Ⅲ―北白川追分町縄文遺跡の調査―』京都大学埋蔵文化財研究センター
242. 丹治康明 1991『雲井遺跡 第1次発掘調査報告書』神戸市教育委員会
243. 亀島重則 1994『田井中遺跡発掘調査概要・Ⅳ』大阪府教育委員会
244. 東大阪市遺跡保護調査会 1975「鬼塚遺跡」『東大阪市遺跡保護調査会年報』Ⅰ、1～19頁
245. 下村晴文ほか 1996『宮ノ下遺跡第1次発掘調査報告書』東大阪市教育委員会ほか
246. 下條信行ほか 1988『伊丹市口酒井遺跡―第11次発掘調査報告書―』伊丹市教育委員会ほか
247. 真鍋昭文ほか 2000『阿方遺跡・矢田八反坪遺跡』埋蔵文化財発掘調査報告書第84集、愛媛県埋蔵文化

財調査センター

248. 谷山雅彦 1985「11 真壁遺跡」『総社市史 考古資料編』岡山県総社市
249. 石川日出志 1987「人面付土器」『季刊考古学』第 19 号、雄山閣、70～74 頁
250. 大滝雅嗣ほか 1986『宮前川遺跡 中小河川改修事業埋蔵文化財調査報告書』埋蔵文化財発掘調査報告書第 18 集、愛媛県埋蔵文化財調査センター
251. 伊藤晃ほか 1998『大岩遺跡 田益田中遺跡 白壁奥遺跡 山陽自動車道建設に伴う発掘調査16』岡山県埋蔵文化財発掘調査報告第 128 集、岡山県教育委員会
252. 土井勉ほか 1993『明地遺跡—平成 4 年度県営圃場整備事業に伴う発掘調査報告—』山口県埋蔵文化財調査報告第 162 集、山口県教育財団ほか
253. 宮崎哲治 1996『龍川五条遺跡Ⅰ』四国横断自動車道建設に伴う埋蔵文化財発掘調査報告第 23 冊、香川県埋蔵文化財調査センター
254. 宮内慎一ほか 2006『東石井遺跡・西石井遺跡—1・2・3 次調査地—』松山市文化財調査報告書第 112 集、松山市教育委員会ほか
255. 栗田茂敏 1992『文京遺跡 第 2・3・5 次調査』松山市文化財調査報告書第 28 集、愛媛大学
256. 乗安和二三ほか 1979『井上山—山口県防府市寿町所在弥生時代集落遺跡調査報告—』防府市土地開発公社
257. 柳瀬昭彦ほか 1977『川入・上東 都市計画道路(富本町・三田線)に伴う埋蔵文化財発掘調査』岡山県埋蔵文化財発掘調査報告第 16 集、岡山県教育委員会
258. 石井龍彦ほか 1988『追迫遺跡』日本道路公団徳山工事事務所ほか
259. 行田裕美ほか 1997『西吉田北遺跡』津山市埋蔵文化財発掘調査報告第 58 集、津山市教育委員会
260. 平井勝ほか 2002『立石遺跡 大開遺跡 六番丁場遺跡 九番丁場遺跡 一般国道 179 号道路改築工事に伴う発掘調査』岡山県埋蔵文化財発掘調査報告第 165 集、岡山県教育委員会
261. 宮崎泰好 1991『祝谷六丁場遺跡』松山市文化財調査報告書第 24 集、松山市教育委員会ほか
262. 岩崎仁志ほか 1994『明地遺跡Ⅱ —平成 5 年度県営圃場整備事業に伴う発掘調査報告—』山口県埋蔵文化財調査報告第 165 集、山口県教育財団ほか
263. 田城武志ほか 1992『祝谷アイリ遺跡』松山市文化財調査報告書第 25 集、松山市生涯学習振興財団埋蔵文化財センター
264. 小野忠熈ほか 1953『島田川 周防島田川流域の遺跡調査研究報告 1950—1953』山口大学島田川遺跡学術調査団
265. 梅木謙一ほか 1995『福音小学校構内遺跡—弥生時代編—』松山市文化財調査報告書 50 集、松山市生涯学習振興財団埋蔵文化財センター
266. 橋本雄一 2006『史跡久米官衛遺跡群調査報告書 2～「回廊状遺構」の発掘調査～ 来住廃寺 22 次調査地 B 地区・来住廃寺 23 次調査地』松山市文化財調査報告書第 114 集、松山市生涯学習振興財団埋蔵文化財センター
267. 服部聡士ほか 1987『新免遺跡 第 11 次発掘調査報告書 阪急宝塚線豊中市内連続立体交差事業に伴う埋蔵文化財発掘調査』豊中市文化財調査報告第 22 集、阪急宝塚線豊中市内連続立体交差遺跡調査団
268. 森光晴ほか 1976『文京遺跡』松山市文化財調査報告書第 11 集、愛媛大学ほか
269. 下澤公明ほか 1995『中山西遺跡 城山東遺跡 下郷原和田遺跡 下郷原田代遺跡 木谷古墳群 中原古墳群 中国横断自動車道建設に伴う発掘調査2』岡山県埋蔵文化財発掘調査報告第 93 集、岡山県教育委員会
270. 相原浩二ほか 2007『松山大学構内遺跡Ⅳ 6 次調査地』松山市文化財調査報告書第 115 集、松山市教育委員会ほか
271. 真田廣幸ほか 1981『上米積遺跡群発掘調査報告Ⅱ—阿弥大寺地区—』倉吉市教育委員会
272. 松本和男ほか 1999『加茂政所遺跡 高松原古才遺跡 立田遺跡 山陽自動車道建設に伴う発掘調査17』岡山県埋蔵文化財発掘調査報告第 138 集、岡山県教育委員会

273. 河本清ほか 1997『足守川加茂A遺跡 足守川加茂B遺跡 足守川矢部南向遺跡 足守川河川改修工事に伴う発掘調査』岡山県埋蔵文化財発掘調査報告第94集、岡山県教育委員会
274. 村上正名 1938『備後国深安郡御野村御領発見石器時代土偶に就いて』
275. 近藤義郎ほか 1957「分銅形土製品の新資料」『私たちの考古学』第4巻第2号、22～23頁
276. 下澤公明ほか 1996『斎富遺跡 山陽自動車道建設に伴う発掘調査13』岡山県埋蔵文化財発掘調査報告第105集、岡山県教育委員会
277. 光本順 2006『身体表現の考古学』青木書店
278. 福田正継ほか 1999『旦山遺跡 惣台遺跡 野辺張遺跡 先旦山遺跡 旦山古墳群 奥田古墳 水神ケ峪遺跡 岡山県北流通センター建設に伴う発掘調査』岡山県埋蔵文化財発掘調査報告第136集、岡山県教育委員会
279. 小林行雄ほか 1964『紫雲出』詫間町文化財保護委員会
280. 栗田茂敏ほか 1992『道後城北遺跡群 文京4次・道後今市6次・8次・道後樋又2次・祝谷本村』松山市文化財調査報告書第30集、松山市生涯学習振興財団埋蔵文化財センター
281. 小林利晴ほか 2001『上東遺跡 主要地方道箕島高松線道路改良に伴う発掘調査3』岡山県埋蔵文化財発掘調査報告第158集、岡山県教育委員会
282. 宮内慎一ほか 1995『松山大学構内遺跡Ⅱ 松山市道後城北遺跡群』松山市文化財調査報告書第49集、松山市生涯学習振興財団埋蔵文化財センター
283. 東潮 1977「東高月遺跡群出土の分銅形土製品」『岡山県営山陽新住宅市街地開発事業用地内埋蔵文化財発掘調査概報（4）用木山遺跡 他惣図遺跡第2地点・新宅山遺跡』486～517頁、山陽団地埋蔵文化財調査事務所
284. 髙島徹ほか 1980『亀井・城山 寝屋川南部流域下水道事業長吉ポンプ場築造工事関連埋蔵文化財発掘調査報告書』大阪文化財センター
285. 森井貞雄ほか 1983『山賀（その2） 近畿自動車道天理～吹田線建設に伴う埋蔵文化財発掘調査報告書』大阪府教育委員会ほか
286. 石黒立人ほか 1992『朝日遺跡Ⅲ』愛知県埋蔵文化財センター調査報告書第32集、財団法人愛知県埋蔵文化財センター
287. 濱修 1993「弥生時代の木偶と祭祀―中主町湯ノ部遺跡出土木偶から」『紀要』第6号、15～25頁、財団法人滋賀県文化財保護協会
288. 濱修ほか 1995『湯ノ部遺跡発掘調査報告書Ⅰ』滋賀県教育委員会ほか
289. 榊原博英 2000『川向遺跡 多陀寺川荒廃砂防事業に伴う埋蔵文化財発掘調査報告書』島根県浜田土木建築事務所ほか
290. 一山典ほか 1985「徳島市庄遺跡出土の弥生時代木製品」『考古学ジャーナル』No.252、23～25頁、ニュー・サイエンス社
291. 北浦弘人ほか 2001『青谷上寺地遺跡3』一般国道9号改築工事（青谷・羽合道路）に伴う埋蔵文化財発掘調査報告書Ⅶ、鳥取県教育文化財団調査報告書72、鳥取県教育文化財団
292. 田中清美 1986「36 大阪府大阪市加美遺跡の調査」『日本考古学年報』37、305～312頁、日本考古学協会
293. 武田修 1986『トコロチャシ南尾根遺跡―1985年度―』常呂町教育委員会
294. 東京大学文学部 1985『栄浦第一遺跡』
295. 武田修 1996『常呂川河口遺跡（1）』常呂町教育委員会
296. 北海道埋蔵文化財センター 1982『吉井の沢の遺跡―北海道縦貫自動車道江別地区埋蔵文化財発掘調査報告書―』北海道埋蔵文化財センター調査報告第5集、北海道埋蔵文化財センター
297. 園部真幸 1991『高砂遺跡（8）』江別市文化財調査報告書44、北海道江別市教育委員会

298. 石附喜三男 1982『北海道における農耕の起源（予報）―文部省科学研究費による―』
299. 杉浦重信 1998「考古学より見た北海道・千島・カムチャツカ」『野村崇先生還暦記念論集 北方の考古学』511〜540頁、野村崇先生還暦記念論集刊行会
300. 葛西勵ほか 2003 『坊主沢遺跡発掘調査報告書 村道鮫貝線道路改良事業に係る緊急発掘調査』小泊村文化財調査報告第3集、青森県小泊村教育委員会
301. 村木淳ほか 2004『是川中居遺跡 中居地区G・L・M』八戸遺跡調査会埋蔵文化財報告書第5集、八戸遺跡調査会
302. 西野元ほか 1998『青森県脇野沢村稲平遺跡 県営脇野沢地区中山間地域総合整備事業に伴う埋蔵文化財発掘調査報告書3』脇野沢村農林畜産課
303. 須藤隆 1974「青森県二枚橋遺跡出土の打製石偶について」『日本考古学・古代史論集』89〜118頁、吉川弘文館
304. 木村鐵次郎ほか 1999『畑内遺跡Ⅴ 八戸平原開拓建設事業(世増ダム建設)に係る埋蔵文化財発掘調査報告書』青森県埋蔵文化財調査報告書第262集、青森県埋蔵文化財調査センター
305. 江釣子村教育委員会 1983『江釣子遺跡群―昭和57年度発掘調査報告―（鳩岡崎上の台遺跡、蔵屋敷遺跡）』江釣子村教育委員会
306. 町田利幸ほか 2002『原の辻遺跡 原の辻遺跡特定調査事業発掘調査報告書Ⅳ』原の辻遺跡調査事務所調査報告第24集、長崎県教育庁原の辻遺跡調査事務所
307. 河口貞徳 1978「弥生時代の祭祀遺跡 大隅半島山ノ口遺跡」『えとのす』第10号、52〜57頁、新日本教育図書
308. 福辻淳 2013「纒向遺跡の木製仮面と土坑出土資料について」『纒向学研究センター研究紀要 纒向学研究』第1号、95〜103頁、桜井市纒向学研究センター
309. 丹羽恵二 2013「大福遺跡出土の仮面状木製品について」『纒向学研究センター研究紀要 纒向学研究』第1号、105〜112頁、桜井市纒向学研究センター
310. 平田定幸ほか 2010『須玖岡本遺跡3 福岡県春日市岡本所在遺跡の調査』春日市文化財調査報告書第58集、春日市教育委員会
311. 浅岡俊夫 1988「伊丹市口酒井遺跡の凸帯文土器」『高井悌三郎先生喜寿記念論集 歴史学と考古学』123〜184頁、高井悌三郎先生喜寿記念事業会
312. 濱野俊一 1994「東奈良遺跡（HN-D-6-N・0）出土の弥生前期土偶と調査概要」『大阪府下埋蔵文化財研究会資料 第29回』33〜40頁、大阪文化財センター
313. 藤田三郎 1994「唐古・鍵遺跡第51次調査」『田原本町埋蔵文化財調査年報4 1992・1993年度』7〜9頁、田原本町教育委員会
314. 柳沢亮ほか 2015「西近津遺跡群 中部横断自動車道建設に伴う埋蔵文化財発掘調査報告書Ⅱ ―佐久市内2―』長野県埋蔵文化財センター発掘調査報告書104、国土交通省関東地方整備局ほか

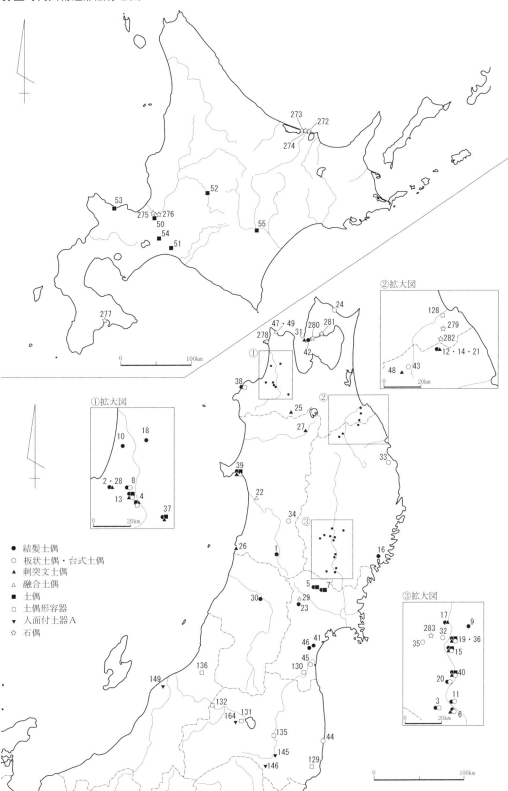

図 80 弥生時代の人物造形品および関連資料の分布図 1

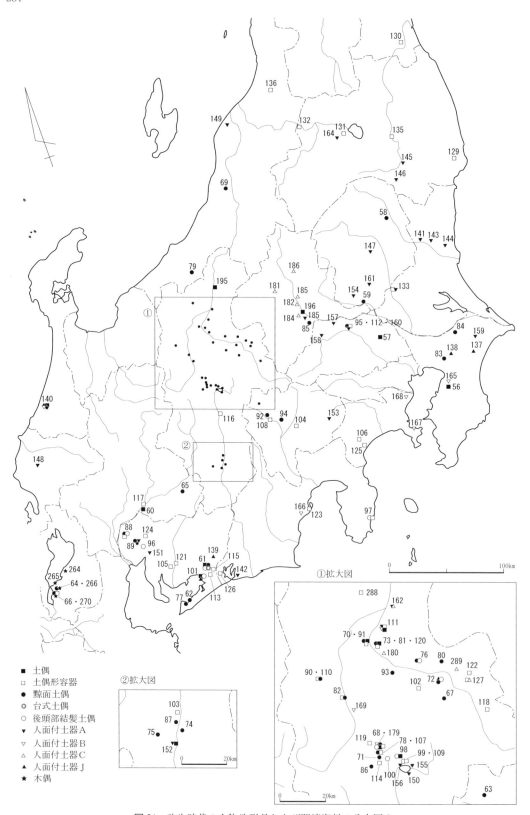

図81 弥生時代の人物造形品および関連資料の分布図2

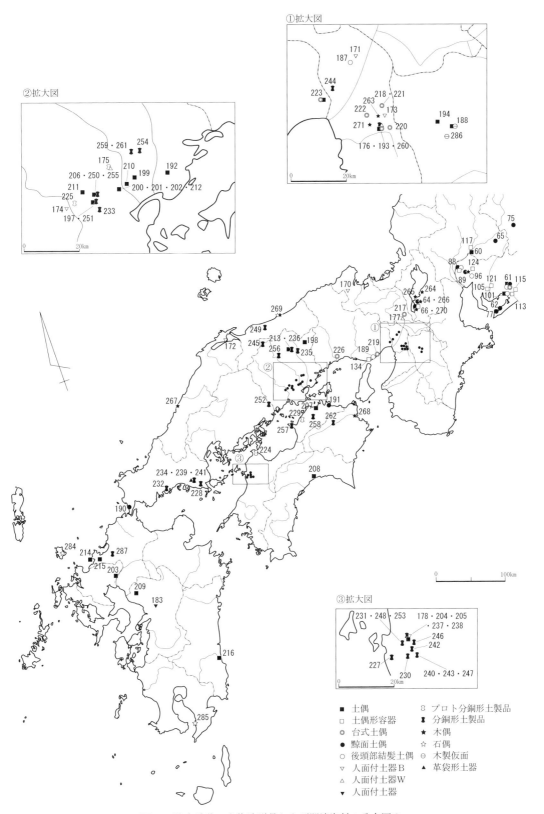

図 82　弥生時代の人物造形品および関連資料の分布図 3

おわりに

　設楽は 1985 年、荒巻実氏とともに群馬県藤岡市沖Ⅱ遺跡の顋面土偶（当時は有髯土偶としていた）を分析したが、再葬墓に伴う土偶であった。中部地方における弥生土器の成立過程を修士論文のテーマとしたこともあって、この地域における弥生文化の形成に興味を引かれ、再葬墓の研究もおこなった。土偶形容器や人面付土器などもその関係で研究し、副葬品として使われるようになるという縄文晩期終末〜弥生時代の土偶の性格の変化とともに、いくつかの論文にして発表した。本書は、今回の集成作業結果を踏まえたうえでそれらの諸論文にあらたな論文を加えて再構成したものである。

　集成作業と一覧表・分布図の作成は、東京大学大学院博士課程に在籍していた石川岳彦（現在、東京大学大学院人文社会系研究科助教）が担当した。専門である中国考古学の側から第 14 章を執筆した。弥生文化の人物造形品との比較検討の基礎となるであろう。

　本書は東京大学布施学術基金叢書出版助成を得て出版した。

　本書の初出論文は以下のとおりである。

第 1 章　新稿（設楽博己執筆）
第 2 章　荒巻　実・設楽博己　1985「有髯土偶小考」『考古学雑誌』第 71 巻第 1 号、1〜22 頁
　　　　設楽博己　1990「有髯土偶」『季刊考古学』第 30 号、40〜41 頁、雄山閣
第 3 章　設楽博己　1996「副葬される土偶」『国立歴史民俗博物館研究報告』第 68 集、9〜29 頁
第 4 章　設楽博己　1998「顋面の系譜」『長野県小諸市氷遺跡発掘調査資料図譜　第三冊—縄文時代晩期終末期の土器群の研究—』153〜164 頁、氷遺跡発掘調査資料図譜刊行会を改稿
第 5 章　設楽博己　2005「神奈川県中屋敷遺跡出土土偶形容器の年代」『駒澤考古』第 30 号、17〜31 頁、駒澤大学考古学研究室
第 6 章　新稿（設楽博己執筆）
第 7 章　設楽博己　1999「土偶形容器と顋面付土器の製作技術に関する覚書」『国立歴史民俗博物館研究報告』第 77 集、113〜128 頁にもとづいて書き下ろし
第 8 章　新稿（設楽博己執筆）
第 9 章　第 1〜第 3 節：設楽博己　1978「分銅形土製品に対する一考察」静岡大学人文学部人文学科考古学特殊講義期末レポート
　　　　第 4 節：新稿（設楽博己執筆）
第 10 章　設楽博己　2007「弥生時代の男女像—日本先史時代における男女の社会的関係とその変化—」『考古学雑誌』第 91 巻第 2 号、136〜184 頁、日本考古学会を改稿
第 11 章　設楽博己　2007「弥生時代の男女像—日本先史時代における男女の社会的関係とその変化—」『考古学雑誌』第 91 巻第 2 号、136〜184 頁、日本考古学会を改稿
第 12 章　設楽博己　2011「盾持人埴輪の遡源」川西宏幸編『東国の地域考古学』六一書房、123〜

134 頁
第 13 章　設楽博己　2014「日本列島における方相氏の起源をめぐって」『中華文明の考古学』342〜353 頁、同成社
第 14 章　新稿（石川岳彦執筆）
終　章　新稿（設楽博己執筆）

　本書の原著論文作成や資料実測にあたり、下記の方々のお世話になった。敬称は略させていただいたが、記して感謝を申し上げる。
　赤澤威、赤塚次郎、秋山浩三、新井潔、石川日出志、新井正樹、池上良正、市原壽文、伊藤久美子、井上尚明、岩崎卓也、岩瀬彰利、上野和男、江見正己、及川司、大木紳一郎、大久保徹也、大坂拓、大沢哲、大野薫、奥井哲秀、忍澤成視、片山洋、勝田徹、金関恕、金子昭彦、上野川勝、神村透、禿仁志（故人）、川合剛、川口貞徳、川口徳治朗、川崎保、君嶋俊行、倉澤正幸、小泉玲子、甲元眞之、小杉康、後藤信祐、小林青樹、小林康男、小宮操、小森哲也、斎藤努、斎野裕彦、坂川幸祐、櫻井秀雄、佐々木由香、笹沢浩、佐藤嘉広、佐原真（故人）、塩谷修、島田哲男、眞保昌弘、鈴木徹、鈴木正博、角浩行、清家章、千賀康孝、高橋信明、滝山雄一、谷口俊治、堤隆、土屋積、都出比呂志、徳澤啓一、富田和夫、外山和夫、直井雅尚、中沢道彦、長瀬衛、長沼孝、永峯光一（故人）、中村文哉、中山誠二、贄元洋、西村正衛（故人）、西村広経、丹羽恵二、野沢昌康（故人）、乗安和二三（故人）、橋本富夫、羽生淳子、濱修、濱野俊一、原田幹、原田昌幸、春成秀爾、樋口昇一（故人）、平野進一、広瀬和雄、福辻淳、福海貴子、藤田三郎、藤田等、古里節夫、古澤義久、古谷毅、前田清彦、正岡睦夫、松井和幸、松浦宥一郎、光本順、宮下健司、宮崎泰史、牟田華代子、百瀬長秀、山田康弘、山磨康平、山本暉久、吉村郊子、渡辺朋和、渡辺誠、愛知県埋蔵文化財センター、安城市教育委員会、糸島市立伊都国歴史博物館、茨木市立文化財資料館、大阪府文化財センター、大阪府立弥生文化博物館、岡崎市郷土館、岡山県教育委員会、唐古・鍵考古学ミュージアム、国立歴史民俗博物館、小坂井町教育員会、小松市教育委員会、埼玉県埋蔵文化財事業団、桜井市教育委員会、佐野市郷土博物館、塩尻市立平出博物館、滋賀県安土城考古博物館、静岡県埋蔵文化財調査研究所、静岡市教育委員会、信濃国分寺資料館、島根県立古代出雲歴史博物館、昭和女子大学、東京国立博物館、東京大学総合資料館（総合研究博物館）、徳島市教育委員会、栃木県教育委員会、鳥取県埋蔵文化財センター、豊橋市教育委員会、中津川市教育委員会、長野県埋蔵文化財センター、長野県立歴史館、名古屋市博物館、福岡県立糸島高等学校付属博物館、藤岡市教育委員会、松本市立考古博物館、山口県埋蔵文化財センター、早稲田大学考古学研究室
　東京大学大学院の太田圭、原田功至、増子義彬、山下優介の諸氏に、一覧表の作成と索引づくりのお力添えをいただいた。
　最後になったが、いつも支えてくれている妻まゆみに感謝しつつ、筆をおく。

2017 年 1 月 22 日

設楽博己

索　引（事項・遺跡名・人名）

【あ行】

青木畑式　5-7, 15, 54
麻生田大橋遺跡　18, 19, 34, 35, 100, 101, 160
有馬遺跡　66, 70, 79, 111-114, 116-119, 124, 125, 163
伊川津系列　18, 19, 45, 46, 67
池花南系列　5, 8, 18, 19, 45, 47, 67
石川岳彦　129, 143
石川日出志　43, 44, 47, 48, 52, 59, 63, 65, 67-71, 77, 91, 114
石行系列　19, 22, 45, 46
泉坂下遺跡　69, 78, 79
出流原遺跡　68
今村佳子　130, 131, 133, 134, 148
イレズミ　11, 23, 25, 68, 71, 82-84, 92, 114-116, 123, 125, 159
江坂輝弥　12, 28, 44, 89, 91, 93
大貫静夫　109, 129, 130, 133, 134, 148, 149
大洞A式　3-6, 8, 12, 15, 17, 20, 48, 102, 159
大洞A′式　3-6, 8, 12, 13, 15, 17, 20, 22, 24, 34, 43, 44, 47, 48, 52, 54, 57, 63, 161
大洞C_2式　5, 15, 20, 24, 33, 36, 59, 101, 163
岡遺跡　19, 35, 44-47, 49, 54, 61, 73, 74, 76, 77, 79
大蚊里系列　19, 45-48, 50, 61
沖Ⅱ遺跡　8, 9, 16-19, 21, 34, 35, 57, 109
女方遺跡　12, 68, 69, 79, 111
小野天神前遺跡　59, 68
遠賀川　8, 9, 18, 41, 44, 46, 54, 61, 75, 102, 106, 161

【か行】

戈　110, 117-125, 127
夏家店下層文化　134, 143, 149, 162
夏家店上層文化　144, 149, 162
郭大順　132, 133, 135, 143, 149
樫王式　17, 20, 25, 34, 46-48, 55, 57, 100, 101, 161
春日系列　19, 20, 22, 45, 48, 50, 67
画像石　119, 120, 122, 123
金関恕　95-97, 102
金子昭彦　3, 4, 8, 9
仮面　4, 14, 28, 38, 43, 48, 81, 112, 117, 119-121, 123, 125
唐古・鍵遺跡　83, 124
漢　120-122, 124, 125, 135, 147, 149, 163
牛河梁遺跡　129, 131, 133, 139-143, 147, 148
玉皇廟文化　144
儀礼　9, 23-25, 27-29, 38-41, 96, 97, 107-109, 111, 112, 117-119, 124, 128, 159-162
屈折土偶　6, 7, 48, 83, 92, 159
黒沢浩　65, 69, 70, 77, 114
鯨面付土器　66, 73, 77, 78
鯨面土偶　5, 7-9, 11-17, 20-25, 34, 40, 43-48, 50, 51, 66-68, 70, 71, 78, 81, 91, 92, 100, 102, 109, 112, 159, 160
結髪土偶　3-9, 14, 16, 20, 22, 34, 36, 44, 47, 48, 68, 92, 159-161
紅山文化　129, 130, 133, 134, 148, 162
甲野勇　36, 49, 51, 52
甲元眞之　109, 110, 130, 147
後窪遺跡　131, 134, 143
氷遺跡　12, 13, 16-21, 43, 67, 78
後藤系列　18-20, 22, 45, 48, 50
小林青樹　9, 92, 94, 102, 119, 144, 146, 159
小林太市郎　120, 121, 123, 125
小林行雄　86, 88, 89, 91, 93, 106
古墳時代　23, 81, 82, 106, 111, 113-115, 119, 127, 160

【さ行】

再生　29, 38-40, 108
再葬　24, 27, 34, 36, 37, 40, 48, 49, 51, 59, 61, 67-70, 73, 78, 79, 108, 109, 111, 112, 114, 117, 124, 160, 163
佐藤嘉広　3-9, 24, 48, 162
佐原真　68, 86, 88-91, 93, 109, 120
三角連繋文　52, 54, 57, 59, 62, 63
ジェンダー　105
塩谷修　115-117, 119, 123, 124
設楽博己　8, 9, 11, 13, 14, 23, 24, 34, 36, 40, 41, 43, 44, 46, 48, 50, 54, 71, 73, 77, 78, 82, 92, 93, 97, 100, 102, 108-110, 112, 114, 116, 118, 119, 124, 160, 161
刺突文土偶　3-7, 9, 17, 20, 24, 47, 50, 92, 159, 160
人面付土器　13, 17, 23, 43, 53, 65-71, 73, 77-79, 81-84, 109, 111-114, 116-119, 124, 125, 160-163
人面付土器A　65-70, 79, 114, 117, 124, 161, 163
人面付土器W　65, 66, 70
下橋下系列　19, 45, 46
社会組織　40, 99, 109
遮光器土偶　5, 7, 9, 29, 43, 48
周礼　117, 119, 120
小河沿文化　133-135, 148, 162
城野遺跡　119, 120, 126-128
縄文時代　3, 4, 7, 8, 11, 12, 14, 15, 17, 18, 22-24, 27-31, 33, 34, 36-44, 48-52, 54, 66, 67, 78, 83, 88-

93, 95, 97, 99-110, 111, 112, 129, 159-163
縄文文化　9, 12, 52, 99, 109, 130, 162
人物埴輪　66, 115
人面付土器C　65, 66, 70, 79, 114-118, 124, 125, 163
人面付土器J　65-68, 161, 163
人面付土器B　65-67, 69-71, 79, 82, 114, 117, 161, 163
水田稲作　9, 96, 97, 101, 102, 105, 106, 108, 161
鈴木正博　8, 14, 18, 20, 22, 24, 25, 29, 31, 36, 48, 50, 92, 100, 109, 160
砂沢式　4-7, 10, 15, 61, 63
磨消縄文　7, 46, 51, 52, 54, 61-63
生業　40, 99, 102, 103, 105-108, 110, 129, 132, 133, 135, 148, 149, 161, 162
石偶　81, 95, 97, 99, 101, 106, 107, 130, 131, 162
石棒　28, 31, 36, 38-42, 97, 106, 107, 162
石棺　23, 37, 119, 126, 127
蔵骨器　31, 36, 37, 43, 48, 50, 51, 65, 67, 68, 73, 78, 79, 109, 111, 112, 117, 124, 160
続縄文　9, 97, 101

【た行】
台式土偶　5, 6, 8, 9, 48, 50-52, 83, 91, 92, 109, 159, 160
盾　110, 115-128
盾持人埴輪　111, 115-119, 123-125, 127, 128
垂柳遺跡　3, 7, 9, 162
男女　8, 9, 40, 49, 50, 81, 82, 95-97, 99-110, 130, 133, 144, 147, 149, 162
朝鮮半島　96-98, 101, 109, 118, 125, 129, 130, 135, 147, 149, 163
趙宝溝文化　132, 134, 148
都出比呂志　102-104, 106, 128
壺形土器　6, 12, 33, 51, 54, 55, 57, 59, 62, 65-70, 73, 78, 82, 111, 113, 133, 148, 162
土偶　3-25, 27-54, 65-71, 77, 78, 81-84, 88-94, 99-102, 106-110, 112, 129, 130, 131, 159-163
土偶形容器　6-9, 12, 13, 17-22, 24, 25, 27, 31, 35, 36, 40, 43-55, 59, 61-63, 65-71, 73-79, 82, 84, 92, 99-102, 106-110, 112, 114, 124, 159-163
鳥形木製品　95-98, 160, 161

【な行】
長原式　8, 9, 41, 48, 50, 83, 91, 92, 106, 109, 159, 160
永峯光一　11-14, 28, 43, 67

中屋敷遺跡　12, 19, 36, 45-47, 49, 51-57, 59, 61-63
南山根遺跡　131, 144, 146
西川津遺跡　65, 68-70, 109, 114, 161
農耕文化　8, 9, 65, 68, 70, 78, 96, 98, 101, 102, 107-109, 114, 161-163

【は行】
春成秀爾　40, 41, 95, 97, 99, 102, 106, 107, 119, 121, 124, 146
副葬　8, 27, 29, 31-33, 35-41, 48, 101, 108, 111, 112, 126, 148, 160
渕ノ上遺跡　12, 13, 19, 35, 45-47, 49, 52
分業　40, 102-105, 107, 162
分銅形土製品　69, 71, 81-94, 160
僻邪　92, 120-122, 124, 127
変形工字文　52, 54, 57, 59, 61-63
方形周溝墓　69, 95, 107, 119, 126, 127
方相氏　117-125, 127, 128, 163

【ま行】
マードック　102, 105, 110
前田清彦　14, 17, 20, 24, 34, 41, 100, 109, 159
纒向遺跡　119, 120, 125, 127
松浦宥一郎　129, 130
水野正好　28-30, 40
ミミズク土偶　11, 22, 24, 50, 161
宮下健司　13, 43, 44, 53, 54, 63
宮本一夫　129, 134, 135, 149
明器　121
木偶　48, 81, 95-99, 101, 106, 107, 162

【や行】
矢作川系列　19, 22, 45, 46
弥生時代　3-7, 9, 11, 12, 14, 15, 18, 21, 23, 27, 34-36, 40, 41, 43, 46-52, 54, 55, 57-59, 61-63, 65-71, 73, 77-79, 81-83, 85, 89-93, 95-97, 99-102, 105-114, 116-120, 123-127, 149, 159-163
弥生文化　8, 10, 12, 27, 48, 54, 63, 65, 67, 97, 107, 109, 110, 161-163
有髯土偶　11-14, 43, 44, 50, 159
湯ノ部遺跡　95
八日市地方遺跡　65, 68, 69, 96, 114, 125

【ら行】
凌河文化　144

■著者略歴■

設楽　博己（したら・ひろみ）
1956 年生
静岡大学人文学部卒業、筑波大学大学院歴史人類学研究科博士課程単位取得退学
東京大学大学院人文社会系研究科教授
博士（文学）
〔主要著作論文〕『先史日本を復元する 4』（共著）岩波書店、2005 年。『原始絵画の研究　論考編』（編著）六一書房、2006 年。『日本の美術 499　縄文土器　晩期』至文堂、2007 年。『弥生再葬墓と社会』塙書房、2008 年。『縄文社会と弥生社会』敬文舎、2014 年。『複雑採集狩猟民とはなにか』（翻訳）雄山閣、2016 年。

石川　岳彦（いしかわ・たけひこ）
1975 年生
東京大学大学院人文社会系研究科博士課程修了
東京大学大学院人文社会系研究科助教
博士（文学）
〔主要著作論文〕「春秋戦国時代の燕国の青銅器―紀元前 5・6 世紀を中心に―」『新弥生時代のはじまり』第 3 巻、雄山閣、2008 年。「青銅器と鉄器普及の歴史的背景」『弥生時代の考古学 3　多様化する弥生文化』同成社、2011 年。「東北アジア青銅器時代の年代」『季刊考古学』第 135 号、雄山閣、2016 年。

弥生時代人物造形品の研究

2017 年 3 月 31 日発行

著 者　設楽　博己
　　　　石川　岳彦
発行者　山脇由紀子
印　刷　亜細亜印刷㈱
製　本　東和製本㈱

発行所　東京都千代田区飯田橋 4-4-8　㈱同成社
　　　　（〒102-0072）東京中央ビル
　　　　TEL 03-3239-1467　振替 00140-0-20618

ⒸShitara Hiromi & Ishikawa Takehiko 2017. Printed in Japan
ISBN978-4-88621-758-5 C3021